आलोचना

निर्गुण काव्य में नारी

निर्गुण काव्य में नारी

अनिल राय

राधाकृष्ण प्रकाशन

पहला संस्करण 2001 में सार्थक प्रकाशन, दिल्ली से प्रकाशित

ISBN : 978-81-19989-38-6

निर्गुण काव्य में नारी

पहला राधाकृष्ण संस्करण : 2024

मूल्य : ₹795

प्रकाशक

राधाकृष्ण प्रकाशन प्राइवेट लिमिटेड
जी-17, जगतपुरी, दिल्ली-110 051

शाखाएँ : अशोक राजपथ, साइंस कॉलेज के सामने, पटना-800 006
पहली मंजिल, दरबारी बिल्डिंग, महात्मा गांधी मार्ग, प्रयागराज-211 001
1, अनमोल सोराबजी सन्तुक लेन, धोबी तलाव, मरीन लाइंस, मुम्बई-400 002

वेबसाइट : www.radhakrishnaprakashan.com
ई-मेल : info@radhakrishnaprakashan.com

मुद्रक

विकास कंप्यूटर एंड प्रिंटर्स
ट्रॉनिका सिटी-201 102

NIRGUN KAVYA MEIN NARI
Criticism by Anil Rai

स्वर्गस्थ बाबा, अम्मा

और

गीता

की पुण्य स्मृति को

क्रम

पुरोवाक्

भारतीय साहित्य में निर्गुण काव्य का महत्त्व अक्षुण्ण है। हर दृष्टि से यह काव्य प्रेरणास्पद है। कुछ अतिवादों को छोड़ दिया जाए, तो आज के अति उत्तरवादी साहित्य और समाज के लिए भी वह प्रेरणा देता है। ऐसे में, बल्कि कबीरादि की बातें और भी प्रासंगिक प्रतीत होती हैं जहाँ मनुष्य का अस्तित्व ही ओरांग उटांग हो गया हो। संतों-सूफ़ियों के चिन्तन का केन्द्र ही मानवीय चेतना का विकास था। इन कवियों के लिए मनुष्य से बढ़कर कुछ और था ही नहीं—चाहे कबीर हों, नानक हों या जायसी। सभी जीवन-भर मानवतावाद की प्रतिष्ठा में संलग्न रहे। उनका काव्य बहुआयामी है। इसका कारण यह है कि उनका अनुभव-जगत बहुत व्यापक है और सर्वथा प्रामाणिक भी। अत: वह कालजयी है। जीवन के किसी भी पक्ष को इन कवियों ने छोड़ा नहीं है। उनके काव्य के अध्ययन से उस समय की धार्मिक, सामाजिक, सांस्कृतिक, राजनीतिक, आर्थिक स्थितियों पर भी यथेष्ट प्रकाश पड़ता है।

नारी सृष्टि का आधार है। वह जीवनी शक्ति है। इसलिए वह आरम्भ से ही चिन्तन का केन्द्र रही है। निर्गुण कवियों का भी उसकी तरफ़ ध्यान जाना स्वाभाविक है। उन्होंने नारी पर काफ़ी कुछ लिखा है। लेकिन उसका सही-सही मूल्यांकन भी हुआ है, ऐसा कहना सम्भव नहीं। बहुत से आलोचकों ने या तो सतही मूल्यांकन किया या फिर अपना एकांगी दृष्टिकोण प्रस्तुत कर दिया जो बहुत दिनों तक लकीर का फ़क़ीर बना रहा। कम-से-कम संतों के नारी-विषयक चिन्तन के प्रति यह धारणा ही बद्धमूल हो गई थी कि वे नारी के घोर निन्दक और विरोधी रहे हैं। इसका कारण सम्भवत: यह रहा कि उनके साहित्य को समग्रता में नहीं देखा गया और न ही सन्दर्भ के सही परिप्रेक्ष्य में उसे विश्लेषित करने की कोशिश की गई। इसके लिए यह बहुत आवश्यक है कि उस समय की सामाजिक, धार्मिक, आर्थिक, ऐतिहासिक तथा सांस्कृतिक स्थितियों के आलोक में उसका मूल्यांकन किया जाए। इन तमाम सन्दर्भों के सही परिप्रेक्ष्य में निर्गुण कवियों की नारी-भावना का जब हम विश्लेषण करते हैं तो सारी पिछली बद्धमूल धारणाएँ निराधार हो जाती हैं। एक नई दृष्टि से, यह पुस्तक इसी मिथक को तोड़ने और निर्गुण काव्य के इस पक्ष विशेष के मूल्यांकन में कुछ नये आयाम जोड़ने का एक विनम्र प्रयास है।

निश्चय ही, यह दृष्टि मुझे श्रद्धेय गुरुवर डॉ. विश्वनाथ त्रिपाठी से मिली है जिनके स्नेह-निर्देश के फलस्वरूप यह पुस्तक अपना स्वरूप ग्रहण कर सकी। कबीरदास के शब्दों में, उनके प्रति मौन कृतज्ञता के सिवाय मेरे पास कुछ भी नहीं—"क्या लै गुरु सन्तोषिये, हौंस रही मन माँहि।" आदरणीय प्रो. प्रेमशंकर (सागर) निरन्तर अपने पत्रों के माध्यम से पुस्तक को शीघ्र छपवाने के लिए प्रोत्साहित न करते तो इसके प्रकाशन में पता नहीं और कितना विलम्ब होता। पुस्तक की आरम्भिक काट-छाँट तो उन्होंने ही शुरू की थी; उनके प्रति विनम्र आभार।

सार्थक प्रकाशन के डॉ. कृष्णदेव शर्मा और श्री पीयूष पंडित को मैं धन्यवाद देता हूँ जिन्होंने पुस्तक को सुरुचिपूर्वक प्रकाशित की। उन विद्वान लेखकों के प्रति आभार, जिनकी पुस्तकों से लेखन में सहायता ली है। उनकी विधिवत सूची भी परिशिष्ट में दे दी गई है।

अन्त में, इस पुस्तक के माध्यम से निर्गुण काव्य के मूल्यांकन में कुछ नया जुड़ सका तो मैं अपना श्रम सार्थक समझूँगा।

—अनिल राय

पुनर्निवेदन

यह पुस्तक अप्राप्य हो गई थी और निरन्तर इसकी माँग हिन्दी जगत में हो रही थी। भारत के कुछ महत्त्वपूर्ण विश्वविद्यालयों में सन्दर्भ ग्रन्थ के रूप में भी यह पुस्तक समादृत हुई है। अत: इसका पुनर्प्रकाशन आवश्यक हो गया था। मित्रवर श्री अशोक महेश्वरी ने इसे यथारूप पुनर्प्रकाशित करने का बीड़ा उठाया, उन्हें हार्दिक धन्यवाद।

जनवरी, 2024

—अनिल राय
हिन्दी विभाग
दिल्ली विश्वविद्यालय, दिल्ली

मध्यकालीन समाज एवं नारी की स्थिति

समाज का स्वरूप

भारतीय इतिहास में मध्यकाल का कई दृष्टियों से विशेष महत्त्व है। सामाजिक-सांस्कृतिक दृष्टि से मध्यकाल का स्वरूप वैविध्यपूर्ण रहा है। एक ओर साहित्यिक दृष्टि से इस काल में अनेक मानक ग्रन्थों का निर्माण हुआ और उनके माध्यम से लोक-चेतना की अभिव्यक्ति हुई, तो दूसरी ओर सामान्य जन शोषण और अशिक्षा का प्राय: शिकार ही रहा। वस्तुत: मध्यकालीन समाज हर अनुशासनों में बिखरा हुआ था, चाहे वह धर्म हो, राजनीति हो अथवा समाज का आर्थिक ढाँचा हो।

मध्यकालीन समाज की बाह्य परिस्थितियाँ भी अनुकूल से अधिक प्रतिकूल ही थीं। आन्तरिक बिखराव एवं बदलाव का बोलबाला था। फलस्वरूप, अन्तर्विरोध के कारण संघर्ष की स्थिति बनी रहती थी। परस्पर स्नेह, सद्भाव तथा सहयोग का स्थान वैर, विरोध एवं विद्वेषपूर्ण वातावरण ग्रहण करने लगा था। इस प्रकार की सामाजिक परिस्थितियों में नारी का भी वह महत्त्व नहीं रहा जो वैदिक काल एवं स्मृतियों में था। मध्यकाल तक आते-आते नारी का सामाजिक-सांस्कृतिक स्वरूप विघटित हो गया। सम्मान यदि था तो नारी के माँ और बहन-बेटी रूप का।

मध्यकाल का समाज सामन्ती ढाँचे पर निर्मित था जिसमें नारी का उपयोग सम्पत्ति के रूप में होता था। व्यापक परिप्रेक्ष्य में नारी का कोई स्थान नहीं था। वह हर तरह से पति पर ही आश्रित थी। उसका एकमात्र कर्तव्य भी पति-सेवा ही था। स्मृति-ग्रन्थों में नारियों और शूद्रों का सह-उल्लेख मिलता है। इस प्रकार के सह-उल्लेख का मतलब होता है दोनों को एक ही परिप्रेक्ष्य में देखना—अर्थात सामाजिक संरचना में नारी का वही स्थान है जो सामाजिक ढाँचे में शूद्र का। प्रो. रामशरण शर्मा ने लिखा है, "अनेक धर्म-ग्रन्थों में नारी और शूद्र तथा अन्य निम्नवर्गीय लोगों के धार्मिक-सामाजिक अधिकारों से वंचित होने के उल्लेख मिलते हैं। वे अग्नि-समर्पण के अधिकार से वंचित थे तथा धार्मिक अनुष्ठान भी बिना मंत्रोच्चार के ही कर सकते थे।" लेकिन इस बात को भी ध्यान में रखना होगा कि जो स्थिति समाज में उच्च वर्ग या वर्ण की स्त्रियों की होती थी वही निम्न वर्ग या वर्ण की स्त्रियों की नहीं।

निम्न वर्ग की स्त्रियों का भले ही कोई सामाजिक अस्तित्व न था, किन्तु वे अनेक प्रकार के सामाजिक बन्धनों से प्रायः मुक्त थीं। वे अपने घरों से बाहर निकलकर सारा काम करती थीं—यहाँ तक कि कुटुम्ब की रोजी-रोटी तक की समस्या भी हल करती थीं। आधुनिक युग में कथाकार प्रेमचन्द की कहानी 'कफ़न' की बुधिया में इसकी झलक स्पष्ट रूप से देखी जा सकती है। प्रो. रोमिला थापर[1] के अनुसार दक्षिण भारत में चोल राजाओं के समय में उच्चवर्ग की स्त्रियों को अधिक स्वतंत्रता प्राप्त थी क्योंकि वे अधिकांश स्त्रियों की अपेक्षा सामाजिक परम्पराओं की बहुत कुछ उपेक्षा कर सकती थीं। बाक़ी स्त्रियों के एक बड़े तबक़े को घरों या खेतों में काम करना पड़ता था। किन्तु सामाजिक स्तर के उच्च न होने पर भी उनका अपने परिवार में सम्मान अवश्य था; क्योंकि वे अपने परिवार के लिए बहुत उपयोगी थीं।

मातृ-सत्ता की समाप्ति के साथ ही नारी की आर्थिक पराधीनता बढ़ गई। तुलसीदास ने नारी की इस पराधीन स्थिति पर बड़े ही करुण स्वरों में लिखा है :

कत विधि सृजी नारि जग माहीं।
पराधीन सपनेहुँ सुख नाहीं॥

(रामचरितमानस, बालकांड)

और नारी के प्रति यही करुणा भाव तुलसीदास को नारी-विरोधी आरोपों से मुक्त करता है। फिर भी, समाज में पत्नी, माँ, बेटी और बहन का सम्मान दिखाई पड़ता है।

जैसा कि हमने ऊपर कहा है, मातृ-सत्ता की समाप्ति के साथ नारी पराधीन हो गई। एंगेल्स भी मातृ-सत्ता की समाप्ति को नारी-जाति का पराजय मानते हैं और इसी अनुशासन में वे नारी-दासता का आरम्भ पाते हैं, क्योंकि जब तक सम्पत्ति या कुटुम्ब पर माता का अधिकार होता था तब तक पुरुष के वर्चस्व और उसकी अस्मिता का कोई औचित्य न था। एंगेल्स के अनुसार, "जब तक मातृ अधिकार के अनुसार वंश चल रहा था, तब तक ऐसा करना सम्भव न था।"[2] किन्तु जैसे ही नारी का परिवार से आधिपत्य हटा कि घर के अन्दर पुरुष ने अपना आधिपत्य जमा लिया। नारी पदच्युत कर दी गई। वह पुरुष की वासना की दासी, सन्तान उत्पन्न करने का यंत्र मात्र बनकर रह गई। दासता के युग में नारी को ख़रीदा और बेचा जाता था, अपने स्वामी द्वारा पशुओं की भाँति नारी किराये पर बेची जाती थी या उधार दी जाती थी। महाभारत के उद्योग पर्व में गालव ऋषि की कथा है, जिसमें गालव द्वारा राजा ययाति से याचित कन्या को लगातार किराये पर बेचने का लम्बा आख्यान है। ययाति से प्राप्त कन्या—माधवी को गालव ने तीन राजाओं को तीन बार दो-दो सौ घोड़ों के बदले में किराये पर दिया। गुरु दक्षिणा चुकाने के लिए गालव ने उन घोड़ों और कन्या को अपने गुरु विश्वामित्र के हाथों सौंपा।

विश्वामित्र ने भी उससे एक सन्तान प्राप्त कर उसे गालव को वापस कर दिया और उसके पश्चात गालव ने उस कन्या को राजा ययाति के पास लौटा दिया। पुरुष की गुलामी से तंग आकर माधवी नाम की उस कन्या ने वन में जाकर तपस्या करना आरम्भ किया और तभी उसे दासता से मुक्ति मिली—

अवतीर्य रथात् कन्या नमस्कृत्य च बन्धुषु।
उपगम्य वनं पुण्यं तपस्तेते ययातिजा॥

महाभारत की इस कथा से नारी की परवशता का जो चित्र सामने उपस्थित होता है वह केवल महाभारत युग का ही नहीं है। आज के वैज्ञानिक युग में भी एक सीमा तक नारी की पराधीनता का प्रतिशत लगाया जाए तो पता चलेगा कि समाज में 40-45 प्रतिशत से अधिक स्त्रियाँ, कम-से-कम आर्थिक दृष्टि से, स्वतंत्र नहीं हैं। वे पुरुष पर ही आश्रित रहती हैं। इसलिए पुरुष जिस रूप में चाहता है उस रूप में उनका इस्तेमाल करता है।

ऊपर हम कह चुके हैं कि सामन्ती समाज में नारी का उपयोग सम्पत्ति के रूप में होता है। इसलिए यदि महाभारत में माधवी और द्रौपदी के प्रसंग में हमें नारी-दासता का संकेत मिलता है तो कोई आश्चर्य नहीं। किन्तु यह तथ्य भी उल्लेख्य है कि जहाँ महाभारत में नारी की परवशता और पराधीनता की लम्बी कथा मिलती है वहाँ नारी के प्रति सम्मान का भाव भी मिलता है। द्रौपदी के थक जाने पर उसके पति लोग उसका चरण भी दबा देते थे। इसके साथ ही अनुशासन पर्व में कहा गया है कि जिस जगह स्त्रियों के मन में दुख पहुँचता है वहाँ शुभ नहीं होता।

चौथी-पाँचवीं शताब्दी के मध्य भारतीय समाज में सामन्ती-व्यवस्था को स्थायी आधार मिला। तेरहवीं-चौदहवीं शताब्दी तक आते-आते यह अपनी चरम सीमा पर जा पहुँचा। इस प्रकार नारी का उत्पीड़न और उसकी दासता की कथा का और विस्तार हुआ। सामन्ती समाज में नारी की स्थिति सर्वथा दयनीय होती है। इतिहास में ऐसे बहुत से तथ्य मिलते हैं जब विजेता अपने शत्रु पर विजय प्राप्त कर लेने के उपरान्त उसकी सम्पत्ति के साथ-साथ पशुओं, गुलामों और उनकी स्त्रियों को भी लूट के सामान के रूप में अपने साथ ले जाता था; क्योंकि उसकी गणना भी वह सम्पत्ति के ही रूप में करता था। तैमूरलंग के सिपाहियों और सरदारों ने अनेक हिन्दू स्त्रियों तथा पुरुषों एवं बच्चों को गुलाम बनाया और अपने साथ ले गए। इसके अतिरिक्त पूर्वकाल में दासवर्ग का स्वामी भी अपनी सम्पत्ति में दासों के साथ पत्नी और पुत्र आदि को भी गिन लेता था। यह स्थिति सामन्ती व्यवस्था में सामन्तों पर भी कार्यान्वित होती है। सामन्त भी अपनी स्त्रियों, विशेषत: बेटियों को बेचने का-सा कार्य करते थे, क्योंकि 'राजा प्रदत्त भूमि के बदले में उनसे कुछ भी माँग लेता था। उन्हें अपनी पुत्री का विवाह राजा के साथ करने के लिए भी बाध्य किया जा सकता था।'[3]

मध्यकालीन समाज के अध्ययन से हम पाते हैं कि उसमें नारी की स्थिति सन्तोषप्रद नहीं थी। उस समय के समाज में नारी का भोगवादी रूप अधिक उभरकर आता है। मुसलमानों के शासन-काल में विलासी सामन्तों के कारण स्त्रियों को अनेक प्रकार की कठिनाइयों का सामना करना पड़ा। वे अधिकतर विलासप्रिय थे इसके साथ ही अधिकांश मुस्लिम शासक भी विलासी थे जो नारी को केवल भोग-विलास की वस्तु समझते थे। 'हेरात में राजकुमार मसूद के निवास-गृहों में उनके विषयासक्त वातावरण और नग्न स्त्रियों के चित्रों की गुप्त चित्रशाला इस बात का प्रमाण है।'[4]

मध्यकाल में, सामान्यतः मुस्लिम सुल्तान (साथ ही हिन्दू राजा भी) अत्यधिक विषयासक्त थे। स्त्रियों और रखैलों में उनका अधिकांश समय चला जाता था। उनमें से कुछ ने तो चुनी हुई सुन्दरियों की प्रदाय-व्यवस्था के लिए एक विभाग ही खोल रखा था। फिर भी वे काम-क्षुधा से पूर्णतः सन्तुष्ट नहीं हो पाते थे। दक्षिण के हिन्दू राजाओं की अतिविलासप्रियता और उनकी हज़ारों पत्नियों और दासों का वर्णन दक्षिण का भ्रमण करनेवाले प्रायः प्रत्येक विदेशी यात्री ने किया है। मालवा के एक मंत्री के पास मुसलमान स्त्रियों को मिलाकर दो हज़ार स्त्रियाँ थीं। चम्पानेर का राजा पतुरियों के साथ अपना मनोरंजन करने में इतना व्यस्त था कि उसे मालूम ही नहीं पड़ा कि अफ़गान आक्रामकों ने नगर को अधिकृत कर लिया है। 'मालवा के महाविलासी सुलतान गयासुद्दीन ख़िलजी के अन्तर्गत स्त्रियों का एक अलग ही विभाग था, किन्तु वह इस दुख में मरा कि उसे उसकी रुचि की स्त्री कभी नहीं मिली।'[5] इस युग में साधारण श्रेणी का सामन्त भी बहुसंख्यक स्त्रियों, दासियों एवं नर्तकियों से घिरा रहता था। इनका अधिकांश समय भी सुरा-सुन्दरियों के सेवन में ही बीतता था। फ़ीरोज़ तुग़लक के मंत्री खानेजहाँ ने अपने अन्तःपुर में विभिन्न जातियों की लगभग दो सहस्त्र स्त्रियाँ रख छोड़ी थीं। इसी प्रकार मुग़ल बादशाह अकबर के हरम में भी पाँच हज़ार स्त्रियाँ थीं। इस प्रकार हम देखते हैं कि तुर्क-मुग़लकाल में भी स्त्रियों की दशा प्रायः शोचनीय थी, क्योंकि बादशाहों की दृष्टि में भी नारी का केवल कामिनी रूप ही काम्य था। प्रो. सावित्री सिन्हा ने मध्यकालीन समाज में नारी की इस स्थिति पर प्रकाश डालते हुए लिखा है 'मध्यकालीन भारतीय जीवन-व्यवस्था में नारी के पृथक् अस्तित्व का प्रायः लोप ही हो गया था। यदि कहीं किसी उर्मि को स्वतंत्र गति का अवसर मिला है या उसकी प्रखरता स्वयं ही अपना अस्तित्व बनाए रखने में समर्थ हो सकी है तो वहीं नारी का व्यक्तित्व कुछ विकास प्राप्त कर सका है।'[6] किन्तु यह सब तो राजाओं-सुलतानों और नवाबों की बात थी। सामान्य लोगों की स्थिति ऐसी न रही होगी। सामान्य जनता में यह विलासप्रियता सम्भव न थी। वहाँ नारी का परिवार में सम्मान और आदर भी था; विशेषतः माँ, बहन और बेटी के रूप में।

ऐसे अनेक अवसर और अनुष्ठान होते हैं जब क्वाँरी कन्याओं की पूजा की जाती है। कन्या का महत्त्व मध्यकाल में भी था। बेटी-बहू का गृहलक्ष्मी के रूप में सम्मान होता था। विवाहादि के अवसरों पर, कन्या के विदाई के समय, बन्धु-बान्धवों द्वारा कन्या के प्रति स्नेह और वात्सल्य के उल्लेख मिलते हैं। कालिदास ने शकुन्तला के विदा होते समय समग्र आश्रम-समाज के ही विलाप करने का चित्रण किया है—यहाँ तक कि पशु-पक्षी भी अवसादग्रस्त दिखाई देते हैं। विदा होती हुई कन्या का ऐसा ही वर्णन कबीरदास के एक पद में है, जिसमें कन्या कहारों से डोली रोकने और क्षण-भर अपने कुल-परिवार के लोगों से मिलने का आग्रह करती है। जायसी कृत पद्मावत में पद्मावती के विदा के समय सारा सिंहल-समाज ही रोता दिखाई देता है। कवि नूरमुहम्मद ने कन्या की कल्पना कुल में उजाला करनेवाली शक्ति के रूप में की है। इस प्रकार सामान्य जनता में तो नारी को सम्मान प्राप्त था ही, राज-परिवारों में भी उसके प्रति आदर-सम्मान का भाव था। मुस्लिम शासकों के यहाँ भी माँ, बहन और बेटी की इज़्ज़त की जाती थी। "शाही हरमों में सुलतान की माँ-बहनें भी रहती थीं, और सुलतान की माँ तो उसकी प्रधान बेग़म से भी अधिक सम्मान्य थी।"[7] अतः, मध्यकाल में सुलतानों और नवाबों की विलासिता के बावजूद बृहत्तर समाज में नारी के आदर और सम्मान के संकेत मिलते हैं।

समाज का आर्थिक, वर्ण-व्यवस्थापरक और वर्गीय ढाँचा नारी को विविध रूपों में प्रभावित करता है। समाज और परिवार की द्वंद्वात्मक स्थिति का भी नारी-जीवन पर गहरा असर पड़ता है। परिवार और समाज में यह विविध भूमिकाओं में रही, किन्तु कुछ एक रूपों को छोड़कर सामान्यतः उसकी स्थिति अच्छी नहीं रही। आज भी समाज में स्त्रियों की अशिक्षा पुरुषों की अपेक्षा अधिक है और इसी कारण वे पिछड़ी तथा शोषण की शिकार हैं। 'सन् 1990 में देश में लगभग 33 करोड़ औरतें रही हैं जिनमें 13 करोड़ की उम्र 15 वर्ष से कम और इनमें से मात्र एक-चौथाई साक्षर रही हैं।'[8] इस प्रकार अशिक्षा भी नारियों के शोषण का एक अपर यंत्र है। यह स्थिति केवल मध्ययुग में ही नहीं रही है। आज भी बहुत सी महिलाएँ अशिक्षा के कारण शोषण और रूढ़ियों की शिकार हैं। अशिक्षा में जीवन-यापन करनेवाली नारियों का श्रम-शोषण भी होता है जिसका प्रभाव उनके सामाजिक जीवन-स्तर पर पड़ता है। बिहार, पश्चिम बंगाल और तमिलनाडु की ग्रामीण औरतें परिवार की कमाई में 50 प्रतिशत से अधिक योगदान देती हैं पर अपनी कमाई को ख़र्च करने पर उनका बहुत कम वश चलता है। इसका एकमात्र कारण उन स्त्रियों के जीवन में व्याप्त अशिक्षा है। इस अशिक्षा के कारण उनका जीवन-स्तर तो ऊपर नहीं ही उठ पाता, उनकी आनेवाली सन्ततियाँ भी इस अभिशाप से नहीं बच पातीं। 'बंगलौर के इंडियन इंस्टीट्यूट ऑफ़ साइंस' की सूचना के अनुसार एक खेतिहर गृहस्थ स्त्री रोज़ गृहस्थी के (ईंधन पानी लाना, खाना पकाना तथा खेत तक ले जाना और ढोर-डंगरों

की सानी-पानी) तथा खेत के कामों (खोदना, गोड़ना, पानी लगाना, रोपाई-निराई करना, कटाई, दराई, खाद देना, पौधों की देखभाल तथा अन्न की लदाई) पर लगभग 8 से 10 घंटे बिताती हैं।[9] इस कार्य में स्वभावतः उनके बच्चे भी अशिक्षित रह जाते हैं, क्योंकि इस काम में वे अपने बच्चों से भी सहायता लेती हैं। इस प्रकार नारी की स्थिति समाज में निरन्तर बिगड़ती गई है। ये शोषण से मुक्त नहीं हो सकी हैं। बल्कि इस दृष्टि से देखा जाए तो स्मृति-काल में नारी की स्थिति एक सीमा तक ठीक थी। महामहोपाध्याय डॉ. गौरीशंकर हीराचन्द ओझा ने लिखा है, "उस समय नारियों की क़ानूनी स्थिति भी कम नहीं थी। उनकी व्यक्तिगत सम्पत्ति के लिए राज-नियम बने हुए थे। उन्हें भी जायदाद मिल सकती थी।"[10] किन्तु नारी का यह स्वरूप क्रमशः धूमिल होता गया और मध्यकाल तक आते-आते केवल उसका कामिनी रूप शेष रह गया। यही कारण है कि मध्यकालीन निर्गुण संत कवियों ने नारी के इस भोगवादी रूप की निन्दा की है। मध्यकालीन समाज के आर्थिक तथा वर्गीय ढाँचे ने भी नारी को अनेक रूपों में प्रभावित किया। इसके अतिरिक्त वर्ण-व्यवस्था में भी नारी को कोई स्थान नहीं मिला, बल्कि उसको शूद्र के साथ जोड़ा गया। उसे सर्वथा पुरुष वर्ग पर आश्रित रहकर ही अपनी अस्मिता बनाए रखने का विधान किया गया। अतः मध्यकालीन समाज में नारी की स्थिति पर प्रकाश डालने के लिए तत्कालीन समाज के आर्थिक, तथा वर्गीय ढाँचे के अतिरिक्त वर्ण-व्यवस्था और उसमें नारी के स्थान का विश्लेषण करना आवश्यक है।

आर्थिक ढाँचा

भारत एक विशाल देश है। इसकी बृहत्तर आबादी का बहुत बड़ा भाग गाँवों में रहता है। मध्यकाल में, अर्थतंत्र की दृष्टि से ग्राम आत्मनिर्भर होते थे, जहाँ उत्पादन स्थानीय अपेक्षाओं के अनुकूल होता था। गाँवों की सिर्फ़ कुछ ही आवश्यकताएँ बाहर से पूरी होती थीं।

मध्यकालीन समाज का आर्थिक ढाँचा मूलतः सामन्ती व्यवस्था पर आधारित था। सामन्ती व्यवस्था में समाज के आर्थिक ढाँचे का सीधा सम्बन्ध भूमि से होता था। भूमि सम्पत्ति और आय का मूलस्रोत थी। सभी ग्रामीण उद्योग-धन्धे भी एक प्रकार से भूमि से सम्बद्ध थे। प्राचीन काल में भूमि पर समाज के लोगों का सामूहिक अधिकार होता था, किन्तु कालान्तर में—(सामन्ती समाज में) भूमि का सामूहिक स्वामित्व ख़त्म हो गया और भूमि का निजीकरण हो गया। भूमि बड़े-बड़े श्री-सामन्तों की निजी सम्पत्ति हो गई और किसान, जो भूमि के असली हक़दार थे, मात्र जोतने-बोने के अधिकारी रह गए। उन्हें उत्पादन का बहुत बड़ा हिस्सा ज़मीन के मालिकों को अनिवार्य रूप से देना पड़ता था और इस प्रकार किसान की दशा अत्यन्त दयनीय हो गई।

भूमि के एवज में किसानों को सामन्तों की बेगारी भी करनी पड़ती थी। सामन्त कृषकों की स्त्रियों से बेगार भी लिया करता था। वात्स्यायन के कामसूत्र से जान पड़ता है कि गुप्तकाल तथा उसके पश्चात ग्राम-प्रधान भी अपनी सुख-सुविधाओं के लिए कृषक-स्त्रियों से बेगार लिया करता था। इसके अनुसार बिना कोई पारिश्रमिक दिये कृषक स्त्रियों से तरह-तरह के काम लिये जाते थे। 'उन्हें गाँव के प्रधान के धान्यागार में अन्न रखना पड़ता था, उसके घर में सफ़ाई और सजावट करनी पड़ती थी, उसके खेतों में काम करना पड़ता था और रुई, ऊन, पटुए एवं सन से उसके कपड़े के लिए सूत कातना पड़ता था।'[11] इस प्रकार के शोषण के अनेक उदाहरण मध्यकालीन संत कवियों के यहाँ मिलते हैं। कबीर साहब ने स्पष्ट संकेत किया है कि ठाकुर की बेगारी करने पर उसका पारिश्रमिक नहीं मिलता था—

जनम अनेक गया अरु आया, की बेगारि न भाड़ा पाया।

ऊपर, जैसा कि हमने स्पष्ट किया है कि सामन्ती समाज में अर्थ की दृष्टि से उत्पादन का स्रोत भूमि थी और उस पर ज़मींदारों और सामन्तों का अधिकार होता था। किसान मज़दूर केवल उस भूमि पर उत्पादन करते थे और उसका नियतांश भू-स्वामी को देते थे। लेकिन किसान-मज़दूर वर्ग की सबसे बड़ी विडम्बना यह होती थी कि दुर्भिक्ष के समय भी उन्हें लगान और भू-स्वामी का नियतांश देना पड़ता था। उसके न देने पर किसानों के पास जो थोड़ी-बहुत ज़मीन होती थी उसे भी गाँव के ठाकुर ज़बर्दस्ती हस्तगत कर लेते थे। कबीर ने इस स्थिति का जीवन्त चित्र प्रस्तुत किया है :

गांइकु ठाकुर खेतकु नापै, काइथ खरच न पारे।

सामन्तवादी अर्थव्यवस्था में कृषकों की स्थिति प्राय: दयनीय हो गई थी। इसके विपरीत राजाओं ने स्वयं को राज्य समझ लिया था और ऐसा सोचने के लिए उनके पास उचित कारण भी थे, क्योंकि 'राजा या सम्राट की अखंड सत्ता भू-स्वामी वर्ग की इच्छा की अभिव्यक्ति थी।'[12]

मध्यकाल में दैनिक आवश्यकता की बहुत सी चीजें, मुख्यत: बर्तन-भाँडे, वस्त्रादि दस्तकारी से तैयार होती थीं। यह उत्पादन-व्यवस्था गाँवों में आज भी है। कारख़ानों में होनेवाले उत्पादन के साथ प्रतिस्पर्धा होने पर भी ये उद्योग किसी-न-किसी रूप में अब भी जीवित हैं। आज भी गाँवों में मिट्टी के बर्तन बनानेवाले कुम्हार, ताँबे और जस्ते के बर्तन बनानेवाले ठठेर और लुहार आदि ऐसी अनेक चीजों का निर्माण करते हैं जो नगरीय जीवन व्यतीत करनेवाले लोगों के काम आते हैं। यह कार्य स्त्री एवं पुरुष मिलकर एक साथ करते हैं। धान की रोपनी तथा फ़सलों की कटाई मल्लाह, चमार तथा अन्य शूद्र जन्मा स्त्रियाँ आज भी करती हैं।

यह बात दूसरी है कि नगरीय सम्पर्क के कारण कुछ अवर्णों की स्थिति अच्छी हो गई है और उनकी स्त्रियाँ इस प्रकार के कार्य कम करने लगी हैं।

गाँव की स्थिति नगर से भिन्न होती है। गाँव में सभी स्त्रियाँ बाहर जाकर काम नहीं करतीं—केवल अवर्ण स्त्रियाँ ही गाँव-घर से बाहर निकलकर अर्थोपार्जन करती हैं। अनेक सवर्ण स्त्रियाँ आज भी सामन्ती या अर्द्ध-सामन्ती स्थिति में जी रही हैं और उनका घर से बाहर निकलकर काम करना सामन्ती बोध वाले पुरुषों को नागवार लगता है। यही कारण है कि इस प्रकार की स्त्रियाँ न तो सामाजिक दृष्टि से स्वतंत्र हैं न आर्थिक दृष्टि से। नारी की यह स्थिति मध्यकाल में भी थी और एक सीमा तक आज भी है। मध्यकालीन सामन्ती समाज में नारी को—विशेषत: उच्चवर्ग की नारी को—घर से बाहर निकलने की आज्ञा नहीं थी। कौटिल्य ने बताया है कि अभिनेता, खिलाड़ी, गायक, मछुआरे, शिकारी, पशु-पालक, आसवक और इसी प्रकार के अन्य लोग साधारणतया अपनी औरतों के साथ घूमते थे। उच्चवर्णों की महिलाएँ ऐसा नहीं कर सकती थीं। उनका कार्य-कलाप केवल घर तक सीमित था। शूद्रवर्ण की महिलाएँ इसलिए घर से बाहर जाती थीं कि उन्हें परिवार के गुज़ारे के लिए खेतों-चरागाहों में काम करना पड़ता था।[13] डॉ. कौसम्बी ने लिखा है, "सामन्तों और सेठ-साहूकारों के परिवार, विशेषत: इनका स्त्री-समाज धार्मिक अन्धविश्वासों के बाह्याडम्बरों से कभी मुक्त नहीं हुए।"[14] इसका मूल कारण यह था कि इनका जीवन रूढ़ियों और धार्मिक विश्वासों से परिचालित था। उन्हें अपनी वस्तुस्थिति से अवगत होने के साधन उपलब्ध न थे। विषमताओं और विवशताओं में जीवन-यापन करना उनकी नियति हो गई थी। आर्थिक परतंत्रता ने भी नारी को इस नियति से त्राण पाने में बाधा पहुँचाई।

ग्रामीण अर्थतंत्र पर अब भी सामन्ती प्रभाव है। इस प्रकार की अर्थव्यवस्था का प्रभाव अधिकतर किसानों और ग़रीब मज़दूरों पर पड़ता है। अधिकांश जनता अशिक्षित है और उसकी इस अशिक्षा का लाभ उठाते हैं शासकीय कर्मचारी। इसमें अमीन, पटवारी और कानूनगो से लेकर पुलिस तक शामिल हैं।

समाज में जिस जाति का आर्थिक स्तर जितना नीचा होता है, सब मिलाकर उसका सामाजिक स्तर भी उतना ही नीचा होता है। 'सबसे नीचे के स्तर में आज भी विशुद्ध कबीलाई समूहों को देखा जा सकता है जिनमें अधिकांश कबीले अन्न संग्राहक की अवस्था में हैं। मध्यकाल में भी कृषक वर्ग की स्थिति काफ़ी शोचनीय थी। वे निरन्तर क़र्ज़ के बोझ से दबे रहते थे। अकबर-जहाँगीर काल में भी किसानों को बीज आदि के लिए रियाया से क़र्ज़ लेना पड़ता था। इस काल में किसानों की आर्थिक स्थिति पर प्रकाश डालते हुए प्रो. इरफ़ान हबीब ने लिखा है, "धन के अभाव के कारण वे अपने बीज तथा मवेशियों के लिए क़र्ज़ लेते थे तथा राजस्व-माँग को पूरा करने के लिए भी क़र्ज़ लेते थे।"[16]

साथ ही किसानों के साथ गुलामों का-सा व्यवहार किया जाता है। सत्रहवीं शताब्दी के गुजरात से इस बात के अधिक सही प्रमाण मिलते हैं कि कैसे किसानों से अर्द्धग़ुलाम (अर्द्ध-कृषिदास) जैसा व्यवहार किया जाता था।

सामान्यतः किसानों में बहुत अधिक आर्थिक अन्तर मौजूद था। एक छोर पर मुखिये और बड़े किसान बाक़ी लोगों पर हावी रहते थे, दूसरे छोर पर छोटे किसान थे जो खेती सम्बन्धी ख़र्चों के कारण और बीज तथा मवेशी की व्यवस्था के लिए लिये गए क़र्ज़ में डूबे रहते थे। वास्तव में ग्रामीण अर्थव्यवस्था गाँव के मुखिया और छोटे ज़मींदारों से अनुशासित थी। इनकी स्थिति काफ़ी मज़बूत थी। अपनी ज़मीन के अतिरिक्त उनके पास कर-मुक्त ज़मीन या रियायती दर पर कर वाली ज़मीन भी होती थी। कभी-कभी वे अपने कर्मचारियों का दुरुपयोग करते हुए सामान्य किसानों को इस बात के लिए भी विवश करते थे कि वे उनके हिस्से का भी भूमि-कर अदा करें। यद्यपि अकबर ने अपने समय में कई छोटे-छोटे करों को ख़त्म कर दिया था, फिर भी सामन्त ज़मींदार इन करों को किसानों से वसूलते थे और अपनी ज़रूरतों पर ख़र्च करते थे। लेकिन इतना अवश्य है कि अकबर ने न केवल राजनीतिक रूप से उत्तर भारत को एक किया, अपितु जागीरदारों को भी अपनी निरंकुश राज्यसत्ता के अधीन रखा। शेरशाह ने तो अकबर से पूर्व ही गाँव के मुखियों से यह अधिकार ले लिया था कि वे किसानों के लिए भूमि-कर निश्चित करें। उसने काश्तकारों से सीधा सम्बन्ध स्थापित किया। उसके समय में टोडरमल ने जो भूमि की व्यवस्था कायम की थी उसे अकबर ने बनाए रखा। प्रो. नूरुलहसन ने मुग़लकालीन कृषि अर्थ-व्यवस्था पर प्रकाश डालते हुए लिखा है, "मुख्यतः यह ऐसी व्यवस्था है जिसमें उत्पादन का मुख्य स्रोत कृषि-उत्पादन है, जिसमें अतिरिक्त उत्पादन का बड़ा हिस्सा सैन्य सत्ताधारी वर्ग हड़पता है।"[17]

मध्यकाल में ग्राम समुदाय क्रियाशील व शक्तिशाली संस्था थे और ये हिन्दुस्तान की जनसंख्या के विशाल बहुमत के दृष्टिकोण को निश्चित करते थे। ग्राम-समुदाय की प्रमुख आर्थिक विशेषता थी—स्थानीय उपयोग के लिए उत्पादन। 'यद्यपि शहर सामाजिक और बौद्धिक संस्कृति में देश का नेतृत्व करते थे, फिर भी वे इतने आर्थिक महत्त्व के नहीं थे कि वे साधारणतः जनता की आर्थिक स्थिति सुधार सकें।'[18]

इस दृष्टि से गाँव नगर की अपेक्षा ज़्यादा सक्षम थे। यहाँ कृषि सम्बन्धी उत्पादन में गुड़, शराब, गुलाब जल तथा इत्र आदि भी थे। किन्तु इनमें इत्र तथा अन्य सुगन्धित पदार्थ वहीं बनाए जाते थे जहाँ पर इसके उत्पादन की सम्भावनाएँ थीं। बंगाल में इनके विक्रेताओं का एक समूचा वर्ग ही था जिन्हें 'गन्धा वानिक' कहा जाता था। जायसी ने 'पद्मावत' में 'मैदू' और 'चोवा' नामक दो इत्रों का विशेष रूप से उल्लेख किये हैं। 'मैदू' मूलतः 'मेद' है जो कस्तूरी केसर आदि के

संयोग से बनाया गया सुगन्धित द्रव्य है तथा 'चोवा' ऐसा द्रव पदार्थ है जो कई गन्ध द्रव्यों को एक साथ मिलाकर उनका रस टपकाने से तैयार होता है।

मध्यकालीन आर्थिक ढाँचे को प्रभावित करनेवाली इन वस्तुओं का उत्पादन मशीनों और कारख़ानों में न होकर, खेत, घर या दुकानों पर होता था और इनका उत्पादन बड़े पैमाने पर नहीं होता था, बल्कि छोटे पैमाने पर होता था।

गृह उद्योगों में कपास की रुई से सूत बनाना, कपड़े बुनना, जूते बनाना, खेती-बारी के लिए हथियार बनाना प्रसिद्ध हैं। ज़ाहिर है कि इस प्रकार का कार्य स्त्री-पुरुष दोनों ही साथ मिलकर करते थे और अवर्ण स्त्रियाँ ही इसमें संलग्न होती थीं। सवर्ण या उच्चवर्ग की स्त्रियाँ सामन्ती शिकंजे की अभेद्य दीवार की उपेक्षा कर, बाहर निकलकर, यह कार्य नहीं कर सकती थीं।

आर्थिक ढाँचे को व्यवस्थित करने में उद्योग-व्यापार का विशेष योगदान होता है। भारत में प्राचीनकाल से ही उद्योग और व्यापार का कार्य होता रहा है। डॉ. कोसम्बी के अनुसार दक्षिण भारत में ईसा की दूसरी सदी के लुहार व मछुआरे इतने धनी थे कि उनमें से कइयों ने विहारों को महत्त्वपूर्ण दान दिये।

भारत का वस्त्र-उद्योग प्रसिद्ध रहा है। यहाँ उत्तर भारत से लेकर दक्षिण भारत तक वस्त्र-निर्माण के अनेक मशहूर केन्द्र थे जहाँ के कपड़े अपनी अस्मिता के लिए प्रसिद्ध हैं। बंगाल के रेशमी वस्त्र, ढाका का मलमल तथा दक्षिण में कांचीपुरम् के सिल्क-वस्त्र प्रसिद्ध रहे हैं। वस्त्रों के निर्माण और निर्यात में, सारे भारत में बंगाल और गुजरात सबसे आगे थे। उत्तर भारत में, विशेषत: बनारस में जहाँ कबीर 'तनना बुनना' करते थे, ज़री का काम होता था। यहाँ की ज़री तथा आज़मगढ़ ज़िले की ताँत की साड़ियाँ आज भी प्रसिद्ध हैं। इस प्रकार का कार्य ग्राम और नगर दोनों स्तरों पर होता था। कुछ गाँव शिल्पों की विशेषज्ञता रखते थे; और न केवल स्थानीय उपभोग बल्कि बड़े बाज़ार के लिए उत्पादन करते थे। कोरोमंड, सूरत, अहमदाबाद, आगरा तथा लाहौर के आसपास की पट्टियों में और अवध एवं बंगाल के कुछ भागों के देहाती इलाक़ों में बड़े बाजार के लिए वस्त्र-उत्पादन का कार्य व्यापक रूप से फैला हुआ था। यद्यपि 'इन इलाक़ों में उद्योग कुटुम्बों के आधार पर संगठित था; किन्तु वह बड़े सौदागरों या उनके एजेंटों के बड़े नियंत्रण में था। वे ही उसके लिए वित्तीय प्रबन्ध करते थे।'[19]

आर्थिक ढाँचे को प्रभावित करनेवाला एक अन्य तत्त्व है विदेश व्यापार। भारत का विदेशों से व्यापार-सम्बन्ध प्राचीन काल से ही रहा है। मध्यकाल में समुद्र पर इस्लाम और मूरों के प्रभुत्व ने भारत को यूरोप से सीधे वाणिज्य-व्यापार से अलग कर दिया था, फिर भी इससे भारतीय व्यापार के आयातन या पश्चिमी देशों में भारतीय वस्तुओं के वितरण पर कोई असर नहीं हुआ। डॉ. कोसम्बी ने भी इस तथ्य की पुष्टि करते हुए लिखा है, "लेखों और पुरातात्त्विक प्रमाणों से प्रकट होता है

कि रोमन-यूनानी दुनिया के सीसे, ताँबे, चाँदी व शराबों की, घरेलू कामकाज के लिए दासों की, रखैलों व नर्तकियों की और कला वस्तुओं व कारीगरों की भारत में बड़ी माँग थी। बदले में भारत से कपड़ों, मसालों, हाथी दाँत और चमड़े की चीजों का निर्यात किया जाता था।"[20] चीनी और अरब विवरणों के अनुसार मालवा और गुजरात से ईख तथा अदरक भी बाहर भेजा जाता था। भारत का व्यापार स्वदेशी और विदेशी दोनों ही प्रकार की वस्तुओं का था। भारत के गुजराती बनिये भारतीय और विदेशी दोनों प्रकार के मालों का व्यापार करते थे और ये मालाबार तथा कोचीन तक फैले हुए थे। मुग़लकालीन भारत का सबसे उन्नत प्रदेश और उसका आर्थिक केन्द्र गुजरात था। इस प्रदेश का सूरत नगर भारत के साथ ब्रिटिश तथा डच व्यापार का भी एक महत्त्वपूर्ण केन्द्र बन गया था।

विदेश व्यापार तथा अन्य अनुशासनों के अतिरिक्त मध्यकालीन आर्थिक ढाँचे का वह स्वरूप भी उभरकर सामने आता है जिसमें दासपुरुषों और स्त्रियों का क्रय-विक्रय भी होता था। दास-परम्परा भारत में पुराकाल से ही रही है किन्तु मध्यकाल में इस प्रथा ने और ज़ोर पकड़ लिया। अलाउद्दीन के समय घरेलू काम-काज के लिए एक स्त्री पाँच से दस टँकों में, रखैल दस से पन्द्रह टँकों में और सजीला पुरुष दास बीस से चालीस टँकों में मिलता था। इस प्रकार के विवरण से पता चलता है कि पुरुष दासों की अपेक्षा दासी स्त्रियों का क्रय-विक्रय मूल्य भी कम होता था। आर्थिक स्तर पर यह एक प्रकार से नारी का शोषण ही कहा जा सकता है। 'यवन स्त्रियाँ भी भारत में दासी बनाकर लाई जाती थीं और ये यहाँ के श्री-सामन्तों की दासियों और उपपत्नियों के रूप में रहती थीं।'[21]

मध्यकाल में विशेष आय के स्त्रोत मन्दिर भी थे। भारतीय मन्दिरों के पास इतनी सम्पत्ति होती थी कि ये कई गाँवों का ख़र्च तक चला सकते थे। इनके पास अधिक मात्रा में भूमि और सोना-चाँदी होती थी। कहा जाता है कि " 1008-9 ई. में ऊपरी सिन्धु घाटी में स्थित नगरकोट दुर्ग में बने मन्दिर से महमूद गज़नवी ढले हुए सिक्कों के रूप में सात करोड़ दिरहम, 70000 मन सोने और चाँदी के डले, क़ीमती जड़ाऊ कपड़े, चाँदी की एक घर की आकृति तथा क़ीमती पत्थरों से जड़ा हुआ एक सिंहासन ले गया।"[22] यही नहीं गुजरात के प्रसिद्ध सोमनाथ मन्दिर से वह दो करोड़ दिनार मूल्य का लूट का माल ले गया था। सोमनाथ से वह अपार धनराशि तो ले ही गया, कहा जाता है कि महमूद अपने साथ मन्दिर का फाटक भी ले गया। निस्सन्देह मन्दिर के फाटक में सोने-चाँदी तथा अन्य क़ीमती वस्तुएँ संलग्न थीं, अन्यथा इतना बड़ा और भारी फाटक ढोकर ले जाने का कोई औचित्य नहीं था।

मध्यकाल में मन्दिरों की आय और व्यय के लिए शासन की ओर से गाँव तथा भूमि दोनों ही अनुदान में दिये जाते थे। सोमनाथ मन्दिर के नियंत्रण में दस हज़ार गाँव ऐसे थे जिनमें भली-भाँति खेती-बाड़ी होती थी।

मन्दिरों के रखरखाव की तुलना आजकल किसी भी बड़े पैमाने की संस्था से की जा सकती है। अति सम्पन्न तंजौर के मन्दिर की आय 500 पौंड सोना, रत्न तथा 600 पौंड चाँदी थी, जो सैकड़ों ग्रामों के राजस्व के अतिरिक्त दान एवं सहायता से प्राप्त होती थी। मन्दिर के कर्मचारियों के रूप में इसमें 400 देवदासियाँ, 212 सेवक, 57 संगीतज्ञ तथा कथावाचक होते थे। इनके अतिरिक्त कई सौ ब्राह्मण भी होते थे, जो मन्दिर की आय से अपना निर्वाह करते थे।

ध्यातव्य है कि मध्यकाल में दक्षिण के मन्दिरों में देवदासियों की पर्याप्त संख्या होती थी। ये देवदासियाँ बहुत नाज़ुक उम्र में ही मन्दिरों की सेवा में भेज दी जाती थीं। इनका जीवन पूर्णत: मन्दिर के लिए समर्पित होता था। ये देवदासियाँ कुछ समय पश्चात वेश्याओं का-सा जीवन व्यतीत करने लगती थीं। मन्दिर के अधिकारी-वर्ग इनका शोषण करते थे जिससे इनका जीवन अत्यन्त तिरस्कृत हो जाता था। प्रो. रोमिला थापर ने लिखा है, "मूल रूप में यह सेविकाओं का एक विशिष्ट एवं सम्मानित समूह होता था जिनमें से कुछ रोम की 'वैस्टल वरजिन्स' की भाँति जन्म होते ही या बहुत छोटी उम्र में ही मन्दिर को समर्पित कर दी जाती थीं।"[23]

कालान्तर में इनकी बहुत दुर्दशा होने लगी और आर्थिक विपन्नता के कारण अनेक मन्दिरों की देवदासियाँ निर्लज्जतापूर्वक शोषित वेश्याएँ बन गईं और मन्दिर के अधिकारी उनकी आय प्राप्त करने लगे। इस प्रकार देवदासी स्त्रियों का दोहरा शोषण होता था। एक तरफ़ तो देह-व्यापार से प्राप्त उनकी आय का बहुत बड़ा भाग मन्दिर के अधिकारी ले लेते थे और दूसरी तरफ़ उन्हें समाज में अत्यन्त तिरस्कृत जीवन बिताना पड़ता था। इसके विपरीत नगर की वेश्याएँ—जो बहुधा उच्च कला सम्पन्न होती थीं, सम्मान की दृष्टि से देखी जाती थीं। 'वेश्याओं और उच्चवर्ग की स्त्रियों को अधिक स्वतंत्रता प्राप्त थी, क्योंकि वे अधिकांश स्त्रियों की अपेक्षा सामाजिक परम्पराओं की बहुत कुछ उपेक्षा कर सकती थीं।'[24]

इस प्रकार मध्यकालीन समाज के आर्थिक ढाँचे के अध्ययन से ज्ञात होता है कि वास्तव में उस समय नारी की स्थिति सन्तोषप्रद नहीं थी। इस काल के आर्थिक जीवन में नारी का न तो कोई महत्त्वपूर्ण स्थान था और न ही वे आर्थिक दृष्टि से स्वतंत्र थीं। निम्न वर्ग की स्त्री पति के साथ बाहर काम करती थी और अन्य धन्धे भी करती थी किन्तु उसकी आर्थिक स्थिति ज्यों की त्यों बनी रहती थी। वे तो आर्थिक दृष्टि से किंचित स्वतंत्र हो सकती थीं, किन्तु उच्च वर्ग की नारी के लिए न जीविका का कोई साधन था और न आवश्यकता ही महसूस की जाती थी। वह पूर्णत: पुरुष के ही अधीन थी और उसी की मुखापेक्षी। वास्तव में उस समय नारियों के लिए कोई स्वतंत्र व्यवसाय भी न था। हाँ, निम्न वर्ग की नारी को अवश्य राजमहलों के अन्त:पुरों में पान ढोनेवाली, छत्र वहन करनेवाली, चँवर डुलानेवाली दासी या सेविकाओं के रूप में काम मिल जाता था।

वर्ण-व्यवस्था

वर्ण-व्यवस्था भारतीय समाज की प्राचीनतम संस्था है। इसकी नींव प्राचीन काल से ही इतनी गहरी रही है कि इस पर आधारित हिन्दू समाज का भवन आज भी अनन्त बाधाओं का सामना करते हुए खड़ा है। मध्यकाल से बहुत पूर्व ही वर्ण-व्यवस्था का विकास हो चुका था। यद्यपि बौद्ध एवं जैन धर्म ने वर्णाश्रम-व्यवस्था का विरोध किया और काफ़ी सीमा तक इसके ढाँचे को प्रभावित भी किया, किन्तु इसके मूल में कोई विशेष परिवर्तन नहीं हुआ। नगरीय संस्कृति में तो नहीं, किन्तु ग्रामीण समाज और संस्कृति में वर्ण-व्यवस्था का एक रूप जाति-व्यवस्था के रूप में आज भी दिखाई देता है। किन्तु, वर्णजन्य जाति-पाँति का वह रूप अब शायद ग्रामीण समाज में भी उतना नहीं दिखाई देता, जितना शायद मध्यकाल में था। खान-पान में भी अब उतनी अस्पृश्यता नहीं रह पाई है। इसका कारण शायद गाँवों में आधुनिक सभ्यता एवं संस्कृति का आदान-प्रदान और रूढ़ियों की टूटन है। बहुत सारे लोक-विश्वास भी अब नगरीय संस्कृति एवं सभ्यता के संस्पर्श से टूट चुके हैं।

भारतीय वर्ण-व्यवस्था के अनुसार समाज को चार वर्णों में बाँटा गया है। पहला ब्राह्मण, दूसरा क्षत्रिय, तीसरा वैश्य और चौथा शूद्र। इस व्यवस्था में सभी वर्गों का स्वकर्म विहित था। गीता में भगवान श्रीकृष्ण ने कहा है कि गुण और कर्म के भेद से मैंने चारों वर्णों की सृष्टि की है। साथ ही उन्होंने इन वर्णों के कर्तव्य-कर्म का भी निर्देश दिया है। ब्राह्मण का कर्तव्य पूजा-पाठ, धर्मशास्त्र-अध्ययन, विवाहादि तथा अनेक धार्मिक-यज्ञादि अनुष्ठान सम्पन्न करवाना होता था। ब्राह्मण प्राचीनकाल से ही पूज्य रहा है और अन्य अनेक सम्मान्य पद उसे ही प्राप्त रहे हैं। किन्तु कालान्तर में ब्राह्मणों का स्वकर्म खंडित हो गया और वे समाज में पाखंड और अनाचार बढ़ाने लगे। धर्म के नाम पर उन्होंने जनता को मूर्ख बनाया। वे सामान्य जनता को स्वर्ग और नरक का भय दिखाकर लूटते थे। मध्ययुग में ब्राह्मणों का पाखंड और बाह्याचार अपनी चरम सीमा पर था, जिसका मध्यकालीन निर्गुण कवियों ने जमकर विरोध किया है। कबीर जैसे प्रखर संतों ने तो बड़े उत्साहपूर्वक पंडितों की 'करनी-कथनी' का उद्घाटन किया है।

वर्ण-व्यवस्था में दूसरा स्थान क्षत्रिय का था, जिसका प्रधान कर्तव्य-कर्म समाज की रक्षा करना था। युद्ध करना, साम्राज्य का विस्तार करना तथा दान इत्यादि करना भी उसका स्वकर्म बतलाया गया है। किन्तु मध्यकाल का समाज विप्लवपूर्ण था। निरन्तर होनेवाले बाहरी आक्रमणों से वर्ण-व्यवस्था का यह ढाँचा चरमरा गया था। विशुद्ध क्षत्रियत्व की भावना निरर्थक हो गई थी, क्योंकि समाज पूर्णत: म्लेच्छाक्रान्त हो गया था। आर्थिक-राजनीतिक दबाव के कारण बहुत-सी हिन्दू जातियों का धर्मान्तरण हो गया था और न वे ब्राह्मण रह गईं न क्षत्रिय, न हिन्दू न मुसलमान।

डॉ. घुर्ये के अनुसार, "अन्त्यजों में, नीच कर्म करनेवाली चांडाल जाति भी मिश्र सम्बन्ध की यानी ब्राह्मण स्त्री तथा शूद्र पुरुष की सन्तान हैं।"[25] इस प्रकार वर्ण संकरता के उदाहरण अति प्राचीन काल से ही मिलते हैं। यह एक प्रकार से अवर्णों और सवर्णों के सम्बन्ध को द्योतित करता है—चाहे वह नैतिक हो अथवा अनैतिक। पुराणों में भी इस तरह के संकेत मिलते हैं। आचार्य हजारीप्रसाद द्विवेदी ने ब्रह्म वैवर्त पुराण का उदाहरण प्रस्तुत कर यह सिद्ध किया है कि क्षत्रिय पिता और शूद्रा माता के संयोग से म्लेच्छ की उत्पत्ति हुई।[26]

वर्णाश्रम-व्यवस्था में तीसरा स्थान वैश्य का था। इसके अन्तर्गत आर्थिक ढाँचे को प्रभावित करनेवाले व्यापारी व किसान जैसे उत्पादन कर्ता आते थे। इनका मुख्य कर्तव्य-कर्म था पशु-पालन, दान, यज्ञ, व्यापार, ब्याजवृत्ति, और कृषि-कार्य। भगवान कृष्ण ने वैश्यों और शूद्रों का कर्म निर्धारित करते हुए कहा है कि वैश्य का कार्य खेती, गौ-पालन और क्रय-विक्रय रूप सत्य व्यवहार है तथा सब वर्णों की सेवा करना ही शूद्र का स्वाभाविक कर्म है।

आरम्भ में शूद्र अस्पृश्य वर्ण नहीं था। ब्राह्मण, क्षत्रिय और वैश्यों की तरह शूद्रों को भी पंच महायज्ञ करने का अधिकार था। पतंजलि कृत महाभाष्य और उसके टीकाकार कैय्यट की (जो भर्तृहरि के पीछे हुआ) टीका—महाभाष्यप्रदीप-से जान पड़ता है कि शूद्रों को पंचयज्ञ का अनुष्ठान अधिकार था। किन्तु कालान्तर में शूद्रों के प्रति यह धारणा न रही। हिन्दू समाज में कृषि, दस्तकारी और कारीगरी आदि का काम तुच्छ समझा जाने लगा। हाथ के काम शूद्र करने लगे। शूद्र ही किसान, लुहार, रंगरेज, नाई, धोबी, जुलाहे आदि हो गए। वास्तव में शूद्र वर्ण पेशे पर आधारित होकर विविध जातियों में बँट गया। शूद्रों से भी नीचे अन्त्यज थे, जो भिन्न-भिन्न प्रकार से सेवा करने के बावजूद चतुर्वर्णों में नहीं गिने जाते। चमार, मदारी, मल्लाह, जंगली पशुओं का शिकार वाले नेटुए तथा डोम आदि प्रायः इन्हीं अन्त्यजों में आते हैं। डोम और नेटुए जैसी जातियाँ अत्यन्त अस्पृश्य मानी जाती हैं और इनका निवास भी प्रायः ग्राम अथवा नगर के बाहर ही होता है।

वैदिक काल में शूद्रों की स्थिति नगण्य न थी। आर्य अनार्य स्त्रियों से विवाह करते थे और बहुपत्नीय भी होते थे। किन्तु ब्राह्मण, आरण्यक और उपनिषद् काल में आकर शूद्रों की स्थिति काफ़ी दयनीय-सी हो गई थी। ब्राह्मण साहित्य में शूद्रों और नारियों के प्रति हेय भाव का प्रकाशन मिलता है। वहाँ नारी को सर्वथा उपेक्षित और त्याज्य बताया गया है। ऐतरेय ब्राह्मण में नारी को भारी अनर्थ की जड़ और कन्या का जन्म संकट उत्पन्न करनेवाला बताया गया है। उपनिषद् काल तक आते-आते तो उनकी स्थिति और भी निम्नतर हो गई। इस काल में युवती शूद्राओं को यौवन का विक्रय करना पड़ता था। इसके साथ ही पुराणों में नारियों और शूद्रों को अत्यन्त तिरस्कारपूर्वक देखा गया है।

वर्ण-व्यवस्था तथा वर्णों के निर्माण में 'अर्थतत्त्व' (आजीविका या श्रम) की महती भूमिका रही है। प्राचीनकाल में भी जब वर्ण-व्यवस्था कर्मानुसार थी तब विभिन्न वर्णों को श्रम से (चाहे वह जिस प्रकार का रहा हो) ही जीविका प्राप्त होती थी। इस बात से प्राय: सभी सहमत हैं कि वर्णों के उदय के मूल में 'अर्थतत्त्व' की भूमिका रही है। डॉ. भगवतशरण उपाध्याय के अनुसार, "भारतीय वर्णों का आरम्भ कब और किन कारणों से हुआ यह बताना कठिन है, पर इसमें सन्देह नहीं कि इनके कारण भी सम्भवत: वे ही रहे होंगे जो अन्य देशों में वर्गों के उदय और विकास के रहे हैं। इन कारणों में मुख्य आर्थिक रहे हैं, इसे स्वीकार करने में शायद किसी को आपत्ति न होगी।"[27] इस तथ्य की पुष्टि प्रो. हुमायूँ कबीर, श्री के. दामोदरन तथा डॉ. गौरीशंकर हीराचन्द ओझा ने भी की है। प्रो. कबीर ने लिखा है, "यद्यपि भारतीय अर्थ-व्यवस्था प्रमुख रूप से कृषि प्रधान रही है पर वह केवल कृषि पर आधारित नहीं रह सकी। जल्दी ही यहाँ व्यापार और वाणिज्य की उन्नति हुई जिसके फलस्वरूप आगे चलकर श्रम का विभाजन हो गया। इसी ने आगे चलकर वर्ण-व्यवस्था का स्वरूप ग्रहण कर लिया।"[28] इस प्रकार यह स्पष्ट हो जाता है कि वर्णों के उदय के मूल में आर्थिक कारण ही रहे हैं।

वर्णों का आरम्भ पेशों अथवा कर्मों के आधार पर हुआ। हर वर्ण का अपना पेशा होता था और वह अपने पेशे के माध्यम से ही अपनी सामाजिक स्थिति बनाए हुए था। लेकिन यह गुण-कर्म वाला विभाजन कालान्तर में टूट गया और वर्ण का आधार कर्मगत नहीं जन्मगत या वंशानुगत हो गया। ब्राह्मण का पुत्र यदि शूद्र का कर्म करे तब भी उसका वर्ण ब्राह्मण ही रहता। लेकिन शूद्र ब्राह्मण-कर्म नहीं कर सकता था, यह विचित्र बात थी। वास्तव में वर्ण-व्यवस्था एक सामाजिक संरचना थी जिसके तहत प्रत्येक जाति अपने कर्मानुसार समाज में जीवन बिता सकती थी। वर्ण-व्यवस्था का यदि कुछ औचित्य था तो इसीलिए कि उसके माध्यम से विभिन्न जातियों को एक सामाजिक इकाई के रूप में संगठित करने का प्रयास किया गया और सांस्कृतिक इकाई की सीमा-रेखा में सभ्यता तथा संस्कृति के अलग-अलग अवस्थानों के लिए गुंजाइश की गई थी। इसलिए आरम्भ में वर्ण-व्यवस्था का यही स्वरूप था और उसके परिप्रेक्ष्य में निहितार्थ भी प्राय: यही था कि अलग-अलग जातियों (वर्णों) के लोग समाज में सद्भाव से रह सकें। प्राचीन भारत में आर्थिक संघर्ष के उभरकर न आने का एक कारण शायद यह भी था कि यहाँ की अर्थ-व्यवस्था कृषिप्रधान थी और कृषि-कार्य अनेक वर्ण मिलकर करते थे। 'पाराशर स्मृति' में सभी वर्णों को कृषि करने की आज्ञा दी गई है फिर भी मनु जैसे स्मृतिकारों ने शूद्रों के प्रति जो शब्द लिखे, वे भारतीय समाज और संस्कृति के लिए सर्वथा अभिशाप ही बन गए। मनु ने शूद्रों के लिए यहाँ तक विधान किया कि यदि कोई शूद्र वेद आदि धर्म-ग्रन्थों का अध्ययन करे तो उसका अंगभंग कर देना चाहिए।

उन्होंने शूद्र को केवल तीन वर्णों की सेवा के ही योग्य माना तथा अन्य सामाजिक अधिकारों से उन्हें प्राय: वंचित ही रखा। वर्णगत सम्बन्धों को लेकर याज्ञवल्क्य भी प्राय: उतने ही आग्रही थे। वे ब्राह्मणों को निर्देश देते हैं कि उन्हें शूद्रा कन्याओं से विवाह नहीं करना चाहिए। निस्सन्देह इस प्रकार की अवधारणा से भारतीय समाज में असमानता और अनेकता को प्रश्रय मिला। इससे लोकतंत्र के विकास में बाधा पड़ी। प्रो. कबीर के अनुसार, "उच्चवर्णों में इसके कारण दिखावे और अहंकार की भावना पैदा हुई। निम्न वर्णों में इससे हीन भावना और दासत्व की भावना को प्रश्रय मिला।"[29]

भारतीय समाज एवं संस्कृति में वर्ण-व्यवस्था के साथ ही आश्रम-व्यवस्था की गई है। किन्तु इस आश्रम-व्यवस्था में भी शूद्र और नारी के लिए कोई स्थान नहीं है। मनुस्मृति में तो यहाँ तक विधान किया गया था कि शूद्र या दास को सम्पत्ति रखने का अधिकार नहीं, बल्कि इसके विपरीत स्वामी को अपने दास की सम्पत्ति छीन लेने का अधिकार था। डॉ. भगवतशरण उपाध्याय ने लिखा है, "इन आश्रमों का वास्तविक उपयोग उनके अनुसरण में कम, भंजन में अधिक हुआ। वर्णाश्रम जन्य अनन्त नियमों ने वर्णों को उनके कर्तव्याकर्तव्य का ज्ञान कराया, राजधर्म का प्रणयन किया, शूद्रों और नारियों को स्वत्वहीन कर निर्वर्ण कर दिया; उन्हें दासों की कोटि में ला बिठाया।[30] इस प्रकार की सामाजिक असमानता किसी भी समाज में अधिक दिनों तक नहीं चल सकती है। इसलिए वर्णाश्रम-व्यवस्थाजन्य असमानता को तोड़ना आवश्यक हो गया था। इस व्यवस्था को एक भारी झटका दिया जैन तथा बौद्ध आन्दोलनों ने और वर्ण-व्यवस्था का सारा ढाँचा चरमराकर विशृंखल हो गया। इस प्रकार अनेक प्रकार की संकीर्णताओं के कारण वर्ण-व्यवस्था जाति-व्यवस्था में परिणत हो गई और अनेक जातियों-उपजातियों का उदय होने लगा। अत: शास्त्र वर्णित जातियों में भी अशुद्धता का संचार हो गया। इस प्रकार का संचरण और संक्रमण महाभारत और स्मृतिकाल में ही देखने को मिल जाता है। श्री बटुकदेव मिश्र ने अपने एक लेख में लिखा है : "चारों वर्णों के मिश्रण से मनु ने अन्य जातियों की उत्पत्ति मानी है। इन जातियों के भी आपस में मिश्रण से और अधिक जातियों की उत्पत्ति का विस्तार मनु ने दिया है।"[31]

वर्ण-व्यवस्था के विशृंखल होने तथा उसके टूटने की प्रक्रिया काफ़ी लम्बी रही है। महापंडित राहुल सांकृत्यायन ने ई. पू. द्वितीय शताब्दी से पहले ही वर्ण-मिश्रण की प्रक्रिया को स्वीकार किया है। तुर्क काल में अस्पृश्यता भी अधिक बढ़ी और इस्लाम के आक्रमण के अनन्तर बहुत-सी जातियों ने (बाध्य होकर) धर्म-परिवर्तन कर लिया।

भारत में विदेशी आक्रमणों की परम्परा तुर्कों से भी प्राचीन रही है। शकों, हूणों ने तो उनसे पूर्व ही भारतीय वर्ण-व्यवस्था की जड़ों को हिला दिया था।

वर्ण-व्यवस्था में जो शिथिलता आई यानी नीचे की जातियों का ऊपर आना शुरू हुआ, वह कुषाणों, शकों के आक्रमण और विजय का ही परिणाम था। इन शकों और हूणों की ही भाँति आभीरों और कुषाणों ने भी भारतीय वर्ण-व्यवस्था पर जाने-अनजाने घाव किये। लेकिन पुष्यमित्र शुंग जैसे ब्राह्मण सम्राटों ने फिर से वर्णाश्रम-व्यवस्था स्थापित कर लिया। मनुस्मृति पुष्यमित्र शुंग के समय में लिखी गई थी। किन्तु, आगे चलकर हर्षवर्धन जैसे महान (वैश्य) प्रतापी राजा का साम्राज्य स्थापित हुआ जिसमें वैश्यों और शूद्रों को उच्च स्थान दिया गया।

वर्ण-व्यवस्था और नारी-पराधीनता का गहरा सम्बन्ध है। वह इस अर्थ में कि वर्ण-व्यवस्था को फूलने-फलने तथा पूर्ण विकास पाने का अवसर सामन्ती समाज-व्यवस्था में प्राप्त होता है। सामन्ती समाज-व्यवस्था के बिना वर्णाश्रम-व्यवस्था पनप ही नहीं सकती। इस सामन्ती समाज-व्यवस्था में शूद्र और नारी दोनों का शोषण होता है। ये दोनों ही परमुखापेक्षी होते हैं, दासत्व की स्थिति में होते हैं। डॉ. रामविलास शर्मा ने लिखा है, "पुराने कबीले टूटने पर जैसे वर्ण-व्यवस्था उत्पन्न होती है, वैसे ही श्रम-विभाजन के आधार पर स्त्री-पुरुष में छोटे-बड़े का भेद उत्पन्न होता है। स्त्री घर का काम करती है पुरुष बाहर का काम करता है। सम्पत्ति का स्वामी पुरुष होता है। वह युद्ध करता है, शास्त्र रचता है, व्यापार करता है, स्वभावत: उसके काम के आगे स्त्री का घरेलू काम छोटा लगता है। शूद्रों में जहाँ स्त्री पुरुष के साथ काम करती है, वह द्विज वर्ण की देवियों की तुलना में अधिक समर्थ होती है। जैसे वर्ण-व्यवस्था विश्वव्यापी है, वैसे ही नारी की पराधीनता।"[32] वर्ण-व्यवस्था से परिपोषित सामाजिक रूढ़ियाँ जैसे शूद्रों को दास बनाए हुई थीं, वैसे ही वे स्त्रियों की पराधीनता का कारण भी थीं। इस प्रकार की रूढ़ियाँ मध्यकाल में पर्याप्त थीं जिससे निम्न जनता और नारी का शोषण होता था। शूद्रों या अवर्ण जातियों के शोषण का एक अन्य कारण उनकी अशिक्षा भी थी। प्रो. पी. सी. जोशी ने लिखा है—"भारतीय सामन्तवाद ने नीचे की जातियों तक अक्षर ज्ञान पहुँचाने पर पाबन्दी लगा दी थी ताकि वे ज्ञान से वंचित होने के कारण मनुष्य होकर भी पशु ही बने रहें।"[33]

निरक्षरों की अधिक संख्या निम्न वर्ग या अवर्णों की ही रही है। निरक्षर व्यक्ति अपनी सामाजिक स्थिति को नहीं देख पाता और इसीलिए वह अपनी स्थिति को बदलने में भी असमर्थ होता है। डॉ. रामविलास शर्मा के अनुसार, "पुरोहितों ने नीची जातियों और स्त्रियों को उपासना और उच्च शिक्षा से वंचित कर उनकी दुरवस्था जन्य कोढ़ और खाज को ही आगे बढ़ाया।"[34]

6वीं से लेकर 14वीं शताब्दी के मध्य व्यापार और उद्योग-धन्धों का पर्याप्त विकास हुआ। इस विकास के परिणामस्वरूप निम्न वर्ण के लोगों की आर्थिक-सामाजिक स्थिति में भी थोड़ा-बहुत सुधार हुआ। भक्ति-आन्दोलन की पृष्ठभूमि में भी ये निम्न वर्ण ही थे जिसकी आर्थिक स्थिति में कुछ सुधार हो गया था।

भक्ति-आन्दोलन का प्रवर्तन दक्षिण में हुआ और उसका कारण भी सामाजिक-आर्थिक ही था। सामाजिक दृष्टि से वर्ण-व्यवस्था उत्तर की अपेक्षा दक्षिण में प्राय: अधिक थी, किन्तु आर्थिक दृष्टि से दक्षिण भारत अधिक स्वतंत्र था। आलवार भक्तों में अधिकतर निम्न वर्ण के थे। ये भक्त पल्लववंशीय राजाओं के अन्तिम युग (576-900 ई.) के थे। इस समय दक्षिण भारत में व्यापार और वाणिज्य का काफ़ी विकास हुआ था। व्यापार एवं वाणिज्य के विकास के कारण वर्ण-व्यवस्था (जो सामन्ती ढाँचे का आधार थी) सबसे पहले दक्षिण भारत में विघटित हुई; अत: वहाँ भक्ति का प्रसार पहले हुआ। वर्ण-व्यवस्था के टूटने से आम जनता में जागृति आई। उसने सामन्ती शासन के रूप को पहचाना और उसका विरोध किया। आलवार भक्त इसी जन-चेतना के प्रतिनिधि थे। अत: उन्होंने सामन्ती शासन के शोषक रूप पर तीव्र प्रहार किया। इन आलवार भक्तों में अवर्ण और सवर्ण, नारी और पुरुष दोनों ही थे, किन्तु इन्होंने जाति-पाँति और भेदभाव का त्याग किया। वर्णाश्रम-व्यवस्था के प्रति इन्होंने पूरी उपेक्षा जताई। मधुर कवि आलवार ब्राह्मण थे, किन्तु उन्होंने शूद्र नाम्मालवार को अपना गुरु बनाया था। इस प्रकार भक्ति-आन्दोलन को जन आन्दोलन का व्यापक रूप प्रदान करने में आलवार भक्तों का विशेष योगदान रहा है। इन्होंने एक अपूर्व ढंग के भगवद्‌राधन एवं विश्व प्रेम का प्रचार किया। इसी भावना को आधार बनाकर रामानुजाचार्य जैसे मेधावी आचार्यों ने भक्ति को देशव्यापी बना दिया। आचार्य ह. प्र. द्विवेदी ने लिखा है, "वे उच्च कुलोत्पन्न थे, परन्तु उन्होंने तथाकथित नीच जातियों में प्रचलित ऐकान्तिक भक्ति-धर्म को बहुमान दिया और देशी भाषा में लिखित शठकोप, तिरुवल्लुवर प्रभृति के शास्त्रों को वैष्णवों के वेद का सम्मान देकर समादर किया।"[35]

इन संत भक्तों की वर्णाश्रम-व्यवस्था के प्रति विरोधी चेतना के फलस्वरूप बहुत से अन्त्यज, श्वपच और नीची समझी जानेवाली जातियों को अधिकारपूर्वक जीने और भक्ति करने का अधिकार मिला। निर्गुण काव्यधारा में बहुत से अवर्णों और नारी संतों ने रचनाएँ कीं। पद्मावती, सुरसुरी, दयाबाई और सहजोबाई आदि रामानन्द जी की शिष्याएँ थीं। निर्गुण संत कवियों में दयाबाई और सहजोबाई का विशेष महत्त्व है।

मुस्लिम संस्कृति के भारतीय सम्पर्क से पूर्व ही इस देश की अनेक निम्न जातियाँ आर्थिक दृष्टि से स्वतंत्र हो गई थीं—इस प्रकार का संकेत हम ऊपर भी कर चुके हैं। 13वीं-14वीं शताब्दी के आसपास शिल्पकार आदि, विशेषत: वयनजीवी लोगों की स्थिति काफ़ी अच्छी हो गई थी। वे ब्राह्मणों को चुनौती देने लगे थे। कबीर जब यह कहते हैं : "जाति जुलाहा मति को धीर," तो वे इसी तथ्य की व्यंजना करते हैं। वे ब्राह्मणों को डाँटते हैं और 'तुकार' की भाषा में डाँटते हैं। इस तरह की भाषा में कबीर ही डाँट सकते थे। उनके पास साधना थी और वे आर्थिक दृष्टि से भी स्वतंत्र थे, आत्मनिर्भर थे, अत: इस बात से इनकार नहीं किया जा सकता कि मध्यकाल में,

विशेषतः निर्गुण कवियों के समय में, वयनजीवी तथा अन्य शिल्पी जातियों की आर्थिक स्थिति में काफ़ी सुधार हुआ था। यह बात दूसरी है कि भारत में जाति-व्यवस्था और वर्ण-व्यवस्था में व्याप्त बिखराव और उससे विभिन्न जातियों के निर्माण में वाणिज्य व्यापार का विकास अधिक सहायक प्रतीत होता है।

13वीं-14वीं शताब्दी की सामन्ती व्यवस्था में भी पूँजीवादी तत्त्वों का समावेश होने लगा था। जब सम्पत्ति का स्रोत कुछ सीमित लोगों में केन्द्रित होने लगता है तब पूँजीवाद की भूमिका तैयार होती है। इस प्रकार, जाति के गठन में व्यापारियों द्वारा पूँजीवादी सम्बन्धों के प्रसार की नियामक भूमिका होती है। 'इस भूमिका को पूरी करने में एक सुव्यवस्थित सामन्ती राज्य व्यापारी वर्ग की सहायता कर सकता है।'[36] अतः भारतीय इतिहास की 13वीं-14वीं शताब्दी में वर्णाश्रम-व्यवस्था या जाति-व्यवस्था को यदि आघात पहुँचा था तो उसका कारण इस्लाम धर्म ही नहीं, बल्कि सामन्ती पूँजीवादी व्यवस्था भी थी जो उक्त शताब्दियों में मुग़ल बादशाहों की व्यापार-वृत्ति के कारण धीरे-धीरे आने लगी थी और कबीर के काल तक पहुँचकर उसने सामन्ती समाज की वर्णाश्रम-व्यवस्था को बहुत कुछ निरर्थक तथा बेमानी बना दिया था। लेकिन इसमें दो राय नहीं कि मुसलमानों के कारण भारत की जाति-व्यवस्था को गहरा आघात पहुँचा था। फिर भी इस आघात में महती भूमिका व्यापार की ही थी। इस प्रकार व्यापार के व्यापक प्रसार के कारण समाज के लोग अपने वंशगत व्यवसाय का भी त्याग करने लगे। वे नये-नये उद्योग-धन्धों में लग गए। गोस्वामी तुलसीदास ने रामचरितमानस एवं कवितावली में वर्ण-व्यवस्था की विशृंखलता और वर्ण संकरता का विशद वर्णन किया है। इस प्रकार हम देखते हैं कि वर्ण-व्यवस्था मध्यकाल में विशृंखल हो गई थी, जिसके कारण पूर्णतः सामाजिक-आर्थिक थे। मुस्लिम आक्रान्ताओं के दबाव से, लोग मजबूर होकर मुसलमान कम हुए; बल्कि अधिकांश ने अपनी सामाजिक स्थिति से असन्तुष्ट होकर धर्मान्तरण कर लिया। सामाजिक स्थिति में इन लोगों की आर्थिक दुर्दशा भी अन्तर्भुक्त है। तुलसीदास 16वीं शताब्दी में जब कलि का वर्णन और उसके आर्थिक पक्ष को उजागर करते हैं तो उससे भी इस बात का संकेत मिलता है कि भुखमरी आदि के कारण भी धर्मान्तरण हुआ। अतः जातियों के निर्माण में आर्थिक परिस्थितियों का योग अवश्य रहा है।

ऊपर हम संकेत कर चुके हैं कि सामन्ती समाज में वर्ण-व्यवस्था को पनपने का अधिकाधिक अवसर प्राप्त होता है। इस सामन्ती व्यवस्था का अत्याचार निम्न वर्णों और नारियों पर अधिक होता है। नारी यहाँ पूर्णतः पुरुष के अधीन होती है। वह पुरुष की एकमात्र सम्पत्ति समझी जाती है। यदि ऐसा न होता तो महाभारत में वर्णित गालव ऋषि ययाति कन्या को किराये पर नहीं उठाते और न धर्मराज युधिष्ठिर द्रौपदी को जुए में दाँव पर लगाते। यहाँ नारी और भूमि दोनों को माता नहीं भोग्या माना जाता, उपभोग की वस्तु माना जाता। डॉ. विश्वनाथ त्रिपाठी ने लिखा है,

"जितना बड़ा राजा होता है उतना बड़ा उसका दान-विभाग होता है और उतनी ही उसके अन्त:पुर में रखैलें और विलास की वस्तुएँ होती हैं। दासियाँ ख़रीदी-बेची जातीं—अर्थात वे एक प्रकार से धन का पर्याय हैं।"[37] इस प्रकार हम देखते हैं कि सामन्ती व्यवस्था में नारी और अवर्णों (विशेषत: शूद्रों) की स्थिति प्राय: समान होती है। इसीलिए धर्मग्रन्थों में भी नारी और शूद्रों का सह-उल्लेख मिलता है और इसी का पुनर्उद्घोष 16वीं शताब्दी में तुलसीदास 'ढोल गँवार सूद्र पसु नारी' कहकर करते हैं।

प्रारम्भ में वर्ण-व्यवस्था सामाजिक श्रम और उसके वितरण का आधार थी और वर्ण केवल विशेष सामाजिक श्रम-विभाजन का प्रतीक था। सामाजिक विकास के काफ़ी बाद की दशा में ही चारों वर्णों का वर्गों के रूप में विभाजन हुआ, अर्थात उस अवस्था में जब उत्पादक शक्तियों में और अधिक वृद्धि हो गई तो आर्थिक ढाँचे में परिवर्तन हुआ। इस प्रकार 'समाज के विशेष वर्ग के लोगों के हाथ में धन और सम्पत्ति के केन्द्रीकरण से ही वर्णों ने वर्ग-संघर्ष का रूप ले लिया।'[38]

वर्गीय ढाँचा

वर्ण-व्यवस्थाजन्य अभिजात एवं निम्नवर्गीय समाज का ढाँचा भारतीय परम्परा में अति प्राचीन है। इसका स्वरूप ई.पू. की शताब्दियों में ही उभरने लगा था। डॉ. भ. श. उपाध्याय के अनुसार, "वर्ग और उसके संघर्ष की परम्परा आर्यों में ही देखने को मिलती है जब उनके दो अभिजात कुलीन वर्गों—ब्राह्मणों और क्षत्रियों में संघर्ष हुआ।"[39]

वर्गीय ढाँचे का सम्बन्ध मूलत: वर्ण-व्यवस्था और सामन्ती व्यवस्था से है। इन दोनों के माध्यम से ही हम मध्यकालीन समाज के वर्गीय ढाँचे पर विचार कर सकते हैं। मध्यकालीन वर्गीय ढाँचे पर विचार करते समय हमें देखना पड़ेगा कि तत्कालीन समाज में किस प्रकार के वर्ग थे और उन वर्गों का अन्त:सम्बन्ध क्या था।

वर्गों का उदय और विकास मूलत: वर्णों से ही होता है। श्रम, उत्पादन, विनिमय तथा वितरण की प्रक्रिया में वर्ण ही वर्ग हो गए। 'वर्ण' केवल किसी श्रम में विशेष निपुणता प्राप्त करते थे और उत्पादन के गुणों में वृद्धि तथा सामाजिक संगठन के रूपों को उन्नत करते थे। किन्तु जब विनिमय, व्यापार, निजी सम्पत्ति और धन की उत्पत्ति हो गई तब अपनी वर्ण-स्थिति के अनुसार प्रत्येक परिवार ने अपने निजी सम्पत्ति और अधिकारों का निर्माण कर लिया। स्वभाव से ही जिन वर्णों का सम्बन्ध युद्ध, विनिमय और उत्पादन के संचालन से था वे समाज में आर्थिक रूप से प्रभुत्वशाली वर्ण हो गए और इसी प्रक्रिया में वर्ण वर्गों में बदल गए।[40] इन वर्गों में शोषक और शोषित दो वर्गों का विशेष महत्त्व है। शोषक वर्ग के अन्तर्गत सवर्ण या उच्च वर्ग

को लिया जा सकता है और शोषित वर्ग के अन्तर्गत अवर्ण-निम्नवर्गीय किसान, मज़दूर आदि को। डॉ. कोसम्बी वर्ण-व्यवस्था के स्वरूप को मात्र सैद्धान्तिक मानते हैं। व्यवहार में उसे वे वर्गमूलक ही स्वीकार करते हैं और प्रायः इसीलिए जातियों, उपजातियों का विकास भी कबीलाई समूहों से सम्बद्ध मानते हैं। डॉ. राममनोहर लोहिया भी वर्णों से ही वर्ग-निर्माण की प्रक्रिया मानते हैं। उनके अनुसार अस्थिर वर्ण को वर्ग कहते हैं और हर समाज या सभ्यता में वर्ण से वर्ग का बदलाव हुआ है। यह क़रीब-क़रीब हमेशा ही न्याय और बराबरी की माँगों से प्रेरित होता है।[41]

मानव सभ्यता के विकास क्रम के अध्ययन से पता चलता है कि सभ्यता-युग से पूर्व शोषक और शोषित का भेदभाव नहीं था। दास-प्रथा जो सभ्यता के युग में अपने विकास-शिखर पर पहुँची थी, समाज का पहली बार शोषक और शोषित वर्गों में बड़ा विभाजन हुआ। एंगेल्स ने बताया है कि एक वर्ग द्वारा दूसरे वर्ग का शोषण सभ्यता का आधार है; सभ्यता के सारे विकास की गति एक निरन्तर चलने वाले अन्तर्विरोध से होती है। उत्पादन में जो प्रगति होती है वह पीड़ित वर्ग के लिए दुर्गति होती है। एक के लिए जो वरदान है, वह दूसरे के लिए अभिशाप है। सभ्यता से पहले मनुष्य के लिए कर्तव्य और अधिकार में भेद नहीं रहा है। सभ्यता इनमें भेद करती है। एक वर्ग के पास केवल अधिकार होते हैं, दूसरे वर्ग के पास केवल कर्तव्य रह जाते हैं। डॉ. रा. वि. शर्मा ने लिखा है, "जितना ही सभ्यता आगे बढ़ती है, उतना ही वह अपने दोषों पर पर्दा डालती है। पुराने समाज इससे अपरिचित थे।"[42] इसी प्रकार, जैसे-जैसे सभ्यता का विकास होता गया, वैसे-वैसे शोषक और शोषित का भेद स्पष्ट होता गया।

मध्यकालीन समाज के वर्गीय ढाँचे पर विचार करने पर हम पाते हैं कि उसका रूप सामन्ती था न कि पूँजीवादी। यद्यपि सौदागरी पूँजीवादी व्यवस्था के बीज 13वीं-14वीं शताब्दी में व्यापार की उन्नति तथा कल-कारख़ानों के विकास की प्रक्रिया में मिलने लगते हैं किन्तु वह पूर्णरूप से पूँजीवादी समाज-व्यवस्था का स्वरूप ग्रहण नहीं कर पाया था। डॉ. रामविलास शर्मा के अनुसार, "सामन्ती व्यवस्था में व्यापार का विकास पूँजीवादी उत्पादन-पद्धति के लिए ज़मीन तैयार करता है।[43] इस प्रकार हम कह सकते हैं कि मध्यकाल की 13वीं-14वीं शताब्दी में व्यापारिक विकास के साथ-साथ पूँजीवादी उत्पादन की पृष्ठभूमि तैयार हो रही थी। किन्तु पूँजीवाद की मूलभूत विशेषता है समाज में शोषक और शोषित का वर्गभेद करना—और यह शोषक और शोषित वर्ग मध्यकाल में भी था। तत्कालीन समाज में जो वर्ग शोषित था, वह मूलतः अवर्ण, किसान और कारीगर वर्ग था जो सामन्त वर्ग के अत्याचारों से आक्रान्त था। मध्यकाल के निम्नवर्गीय निर्गुण संत कवि कबीर जब 'की बेगारि न भाड़ा पावा' कहते हैं तो वे इसी शोषण और अत्याचार की ओर संकेत करते हैं।

मध्यकालीन समाज दो संस्कृतियों पर आधारित था—हिन्दू और मुस्लिम। वास्तव में, इन दो संस्कृतियों में टकराव मध्यकाल में परस्पर होता रहता था। दोनों संस्कृतियाँ आचार-विचार में परस्पर भिन्न थीं। मुस्लिम संस्कृति तो यहाँ की आचार प्रधान संस्कृति से एकदम ही भिन्न थी। मुसलमानों में ऊँच-नीच का भेदभाव तो था, किन्तु अवर्ण-सवर्ण का भेद प्रायः कम ही था। इसके विपरीत हिन्दू संस्कृति में अवर्ण-सवर्ण, ब्राह्मण-शूद्र का भेद प्राचीन काल से ही था। मुस्लिम संस्कृति का प्रभाव मूलतः राजनीति के माध्यम से हुआ। मुस्लिम आक्रमणों का यहाँ की जनता पर व्यापक असर पड़ा। इस प्रक्रिया में, जैसा कि हमने इस अध्याय के पूर्व उपशीर्षक में भी स्पष्ट किया है, बहुत सी अवर्ण हिन्दू जातियों ने इस्लाम धर्म को स्वीकार कर लिया। धर्मान्तरण के उदाहरण अधिक अवर्णों या निम्न वर्गों में ही मिलते हैं, क्योंकि समाज में उनके लिए कोई स्थान नहीं था। श्री के.एम. अशरफ महोदय का विचार है कि "इस्लाम धर्म में परिवर्तन का मुख्य स्थान होने के कारण और उसके अनुयायियों में सामाजिक समानता और भाई-चारे के आश्वासन के कारण हिन्दू समाज के निम्न वर्ग के स्वागत हेतु इस्लाम के द्वार खुल गए।"[44] इस प्रकार इस्लाम ने जाति की सापेक्षिक स्थिति में परिवर्तन तो किया, किन्तु उसमें आमूल परिवर्तन नहीं हो पाया—बल्कि समस्याओं के समाधान के प्रयास की प्रक्रिया में जाति-व्यवस्था में और कशिश आ गई।

मध्ययुग में इस्लाम की ओर से जो चुनौती मिली, उसके समक्ष भारतीय समाज को दृढ़ता से खड़े रहने की शक्ति वास्तव में भक्ति-आन्दोलन से मिली। सगुणवादी और निगुर्णवादी संतों ने अपने-अपने ढंग से भारतीय अस्मिता को बचाए रखने के प्रयत्न किये। इस्लाम के अत्याचारों-अतिचारों से त्राण पाने के लिए इन संतों ने भक्ति-मार्ग का आश्रय लिया और इस मार्ग पर चलने के लिए किसी भी प्रकार की वर्ग-भेद की भावना का तिरस्कार किया। परिणामतः जनता में आशा और चेतना का संचार हुआ। यही कारण है कि मध्ययुग में भक्ति-आन्दोलन इतना जनव्यापी और देशव्यापी हो सका—अन्यथा 'भारतीय सामाजिक जीवन तथा धर्ममतों के समक्ष इस्लाम की चुनौती शायद सबसे कठोर देशव्यापी चुनौती थी जिसने पूरे भारतीय सामाजिक तथा धार्मिक जीवन को झकझोर दिया।'[45]

मानव-समाज, सभ्यता तथा संस्कृति के विकास के साथ ही दो—शोषक और शोषित—वर्गों में विभाजित था, इसका उल्लेख हम पहले भी कर चुके हैं। शोषक वर्ग के अन्तर्गत थे सामन्त, पुरोहित तथा शासक वर्ग और शोषित वर्ग के अन्तर्गत थे समाज के शासित वर्ग। शासित वर्ग के अन्तर्गत मूलतः किसान, कारीगर इत्यादि थे। इस वर्ग पर एक तरफ़ शासकीय अत्याचार होता था तो दूसरी तरफ़ पुरोहितों की ओर से उनका सामाजिक शोषण होता था—धर्म के नाम पर। ब्राह्मण-पुरोहित के लिए सबसे बड़ा हथकंडा धर्म था। सामन्ती व्यवस्था में धर्म का भी विशेष महत्त्व होता है।

दलित-शोषित वर्ग की वर्तमान स्थिति और उसकी सामाजिक स्थिति को दर्शाने के लिए धर्म बहुत बड़े माध्यम का काम करता है। पुरोहित बड़े आराम से यह व्याख्या कर देता है कि पूर्वजन्म के कर्मों के अनुसार भगवान ने शोषितों को निम्न वर्ग में जन्म दिया है। इस कारण उनकी सामाजिक स्थिति में परिवर्तन नहीं हो सकता। महाराज मनु ने राजा-प्रजा के कर्तव्यों की विशद व्याख्या की है। हिन्दू पुरोहितों की तरह मुसलमान मुल्ला भी समाज में जाति-भेदों और वर्ग-विभाजनों को सुदृढ़ करने में मदद करते थे। मुहम्मद बाकिर खाँ तथा मुग़लकाल के अन्य प्रतिष्ठित लोगों ने यह सिद्ध करने की कोशिश की थी कि तत्कालीन समाज-व्यवस्था तो अल्लाह के हुक्म से है और उसे क़ायम रखा जाना चाहिए।[46] शासक वर्ग, क्षत्रियों और पुरोहितों का यह समझौता सर्वदेशीय होने पर भी भारत में कुछ गहरा ही था। इस प्रकार की समझौता का आधार सामन्ती समाज होता है। राजपूती समाज तो पूर्णतः सामन्ती ही था। राजपूत सामन्ती संस्कृति के ध्वंसावशेषों पर जिस इस्लामी संस्कृति का निर्माण हुआ, उसमें सामन्ती व्यवस्था के प्रायः सभी तत्त्व विद्यमान थे। बाबर ने जिस मुग़ल शासन की स्थापना पानीपत के प्रथम युद्ध के पश्चात की थी उसमें सामन्ती व्यवस्था ही कायम थी। राजा का स्थान सर्वोच्च था। उसके बाद ही अमीर, सामन्त, उमरा और मनसबदार थे।

मुग़ल सम्राट इस्लाम के सच्चे संरक्षक थे। डॉ. ईश्वरी प्रसाद ने लिखा है, "भारत में मुसलमान राज्य धार्मिक ही बना रहा। मुसलमान शासक के रूप में सीज़र और पोप दोनों ही एकत्र हो गए थे, परन्तु धार्मिक विषयों में उनके विचार शरीअत से नियंत्रित थे।"[47] उलमागण कभी मुग़ल शासकों पर अपना नियंत्रण न जमा सका। उनका शासन केवल धर्माधिकारी के रूप में वंशानुगत और समयबद्ध था। उनका प्रभाव केवल सामान्य जन तक था। लेकिन समाज-व्यवस्था में धर्म की अद्वितीय भूमिका थी। धर्म ही ह्रासोन्मुखी सामन्ती समाज का स्वीकृत विधान था, वही समाज के समस्त कार्य-व्यापारों का नियमन करता था। यही कारण है कि दलित-पतित, अधिकार-वंचित वर्ग ने जब-जब सामन्तवादी आर्थिक-सामाजिक परतंत्रता के प्रति विरोध किया तब-तब वे धर्म के कठोर विधान को खरी-खोटी सुनाने में न हिचके।[48]

हिन्दू और मुसलमान शासकों की एक मुख्य रानी (या बेगम) होती थी जिसकी सन्तान सिंहासन की उत्तराधिकारी होती थी। मुख्य रानी को अनेक विशेषाधिकार भी प्राप्त थे। शाही हरमों में सुलतान की पत्नियों और उपपत्नियों के अतिरिक्त अन्य स्त्रियाँ, जैसे—माँ, बहनें और पुत्रियाँ वास्तव में सब स्त्री रिश्तेदार रहती थीं। विशेषकर सुलतान की माँ कुछ बातों में तो सुलतान की मुख्य रानी से भी अधिक सम्माननीय थी। इसी प्रकार परिवार की अन्य स्त्रियों के साथ भी बादशाह सम्मान का भाव रखते थे। 'हुमायूँनामा' में लिखा है, "बाबर की सात बुआ हिन्दुस्तान आईं।

आगरे में वह प्रत्येक शुक्रवार को अपनी बुआ से मिलने जाता था।" किन्तु कुल मिलाकर अभिजात वर्ग में स्त्रियों की स्थिति शोचनीय थी। उस वर्ग की स्त्रियों में पर्दा-प्रथा का प्रसार बहुत अधिक हो गया था। उसके फलस्वरूप वे घर की चारदीवारी में ही सिमटकर रह गई थीं। इस प्रकार हम देखते हैं कि मध्यकालीन वर्गीय ढाँचे में अभिजात वर्ग का जीवन जितना ही सुखमय और विलासमय था उतना ही निम्न वर्ग का जीवन दुखद था।

समाज के मध्यवर्ग में राजकर्मचारी, समृद्धशाली व्यापारी, अध्यापक वर्ग तथा वैद्य आदि थे। इस वर्ग का जीवन अपेक्षाकृत सुखमय था। व्यापारी लोग सुख का जीवन व्यतीत करते थे। ये लोग अपना धन छिपाकर रखते थे। इन्हें बराबर इस बात का भय रहता था कि कहीं राज्य के कर्मचारी इनके धन का अपहरण न कर लें। इनको सरकारी कर्मचारियों को निर्धारित मूल्यों पर वस्तुएँ देनी पड़ती थीं। वास्तव में मुग़ल राज्यसत्ता निरंकुश और स्वेच्छाचारी था। इस निरंकुश राज्यसत्ता के अधीन व्यापारी-वर्ग ख़ूब फला-फूला। मुग़लकाल में व्यापारी और बनिये बहुत ही सम्पन्न थे। फ्रांसीसी इतिहासकार बर्नियर ने आगरे में देखा था कि 'बाग़ों से घिरे हुए बनियों या हिन्दू व्यापारियों के ऊँचे-ऊँचे पत्थर के मकान हैं जो जंगल में छिपे हुए पुराने क़िलों जैसे प्रतीत होते हैं।'[49] वास्तव में मध्यकालीन व्यापारियों का नैतिक स्तर भी निम्न था जो कि वर्तमान संगठन और नियंत्रण के अभाव में बिलकुल स्वाभाविक है। बेईमानी से धन कमाने के शायद ही कुछ ऐसे साधन हों जिनका सहारा व्यापारी न लेता हो। अलाउद्दीन खिलजी ने उनके कार्यकलापों पर अत्यन्त कठोर दंड और कट्टर नियम लागू किये थे। डॉ. गोविन्द सदाशिव घुर्ये के अनुसार, "यह वर्ग अभिजात वर्ग की प्रतिष्ठा प्राप्त करने की आकांक्षा रखता था और प्राय: उसका अर्जन भी कर लेता था।"[50] इस प्रकार हम देखते हैं कि मध्यवर्ग का जीवन प्राय: सुखद था। राजकर्मचारियों और बनियों की स्थिति काफ़ी अच्छी थी। वे घूसखोरी, सूदखोरी तथा अन्य प्रकार से निम्नवर्गीय जनता का शोषण करते थे। इसका कारण यह था कि निम्नवर्ग अधिकांशत: अशिक्षित था और इसीलिए इस तरह की निरीह जनता को ठगने में उन्हें आसानी होती थी। राजकीय लोगों में सैनिक वर्ग की आर्थिक स्थिति भी प्राय: ठीक थी। युद्धों में लूटमार के द्वारा प्राप्त धन का एक हिस्सा उन्हें भी मिल जाता था। इसके अतिरिक्त राज्य के अन्य छोटे-बड़े अधिकारियों में राजकीय वेतन के अतिरिक्त भेंट आदि की इतनी प्रथाएँ प्रचलित थीं कि उनकी दशा को सन्तोषजनक बनाने के लिए पर्याप्त थीं।

समाज के निम्नवर्गीय लोगों में ग्रामीण कृषक, कर्मकार, शिल्पी तथा श्रमजीवी एवं नौकर-चाकर आदि थे। मध्यकाल में इनका जीवन अपेक्षाकृत सुखद नहीं था। इनके रहन-सहन का स्तर भी प्राय: नीचा ही था। यद्यपि श्रमजीवी वर्ग में 'ना हिन्दू ना मुसलमान' कहे जानेवाले वयनजीवी वर्ग की आर्थिक स्थिति कुछ ठीक थी

किन्तु इनका सामाजिक जीवन-स्तर उपेक्षित ही था। उच्च वर्ग इनका श्रमजन्य शोषण करता था। व्यवसायी वर्ग इनके द्वारा उत्पादित वस्तुओं का मूल्य हमेशा कम लगाता था। प्रो. मोहम्मद हबीब ने लिखा है, "समाज को सभी औद्योगिक उत्पादक सुलभ करानेवाले ये वर्णहीन समुदाय अपनी कोई संस्कृति या परम्परा नहीं बना पाए और फलस्वरूप अपना कोई भी इतिहास नहीं छोड़ गए।"[51]

श्रमिक वर्ग में किसानों की स्थिति भी मध्यकाल में अच्छी नहीं थी। उन्हें अनेक प्रकार की परेशानियों का सामना करना पड़ता था। कठोर परिश्रम के बावजूद उनका जीवन-स्तर निम्न था। ग़रीबी, भूख और क़र्ज़ उनके जीवन के अनिवार्य अंग हो गए थे। किसान जीवन की समस्याओं तथा उनकी स्थिति पर तुलसीदास ने अच्छा प्रकाश डाला है। इसका उल्लेख हम पिछले पृष्ठों में कर चुके हैं। इस सन्दर्भ में के. दामोदरन महोदय ने ठीक ही लिखा है, "गाँव के ढाँचे पर समाज के समृद्ध (उच्च) वर्ग के लोगों का अधिकाधिक प्रभुत्व बढ़ता गया, जबकि किसानों की हालत अधिकाधिक दयनीय होती गई।"[52] भूमि किसानों की अपनी नहीं होती थी, बल्कि कतिपय ज़मींदार वर्ग तक ही सीमित थी। वह उनकी निजी सम्पत्ति हो गई थी। भूमि से उत्पादन करनेवाले मज़दूर किसान वर्ग को कुल उत्पादन के बदले उपज का कुछ हिस्सा दे दिया जाता था। इसी को वे अपनी आजीविका मान सकते थे और उसी अनुपात में आय-व्यय कर सकते थे। वस्तुत: यह एक प्रकार से उनके श्रम का शोषण था। वे जितना उत्पादन करते थे उसका बहुत बड़ा भाग ज़मींदार ही खा जाते थे। साथ ही 'किसानों पर भूराजस्व के अलावा अन्य अनेक प्रकार के कर भी लगा दिये गए। विशेषत: मवेशियों और चरागाह पर लगाया गया कर भी इनमें शामिल था।'[53] इसके अतिरिक्त सामन्त-ज़मींदार वर्ग किसान-मज़दूरों की स्त्रियों और बच्चों से बेगार भी लिया करता था तथा शोषणात्मक ढंग से उनकी स्त्रियों को रखैल के रूप में भी रख लिया करते थे।[54] इस प्रकार हम देखते हैं कि मध्यकाल में मज़दूर किसान वर्ग की स्थिति अच्छी नहीं थी। एक तरफ़ किसानों की अतिरिक्त उपज समेटकर राज्य सत्ता और उसके कारिन्दे ख़ूब धन कमाते थे, वहाँ, दूसरी तरफ़ किसान निरन्तर क़र्ज़ के बोझ से दबे रहते थे और प्राय: भुखमरी की दशा में जीवन बिताते थे।

मध्यकाल में निम्नवर्ग के अन्त्यज लोगों की स्थिति भी दयनीय थी। यह वर्ग सामान्यत: शोषण और अशिक्षा का शिकार था। वास्तव में इनकी स्थिति कभी भी नहीं सुधरी। डॉ. घुर्ये ने लिखा है—"चांडाल, श्वपच तथा मृतपा नामक लोगों के वर्णों की सामाजिक स्थिति शनै:-शनै: किन्तु निश्चित रूप से पाणिनी तथा मनु के समय के बीच में गिर गई थी। सन् 1020 ई. के लगभग अलबरूनी ने बतलाया है कि वे किसी जाति या संघ में नहीं गिने जाते थे। वे गाँवों की सफ़ाई तथा ऐसे अन्य गन्दे कार्यों में लगे रहते थे।"[55] इस प्रकार इनका जीवन अत्यन्त निम्न स्तर का था

और इनका व्यवसाय भी उतना ही निम्नस्तरीय। अत: यह वर्ग भी एक प्रकार से शोषण का शिकार रहा। इनका जीवन अत्यन्त तिरस्कृत था।

निम्न वर्गों में दासवर्ग की स्थिति भी दयनीय थी। अन्य देशों के समान भारत में भी दासों के श्रम का निर्दयता से शोषण करके अमीर वर्ग और अमीर हो गया था। इसके साथ ही दासों को निर्दयता पूर्वक मारा-पीटा भी जाता था। उनके मालिकों को केवल यह चिन्ता होती थी कि इन दासों का वे अधिक-से-अधिक किस तरह से शोषण करें। वास्तव में देखा जाए तो शोषण का पहला रूप दास-प्रथा थी जो अति प्राचीन काल से ही चली आ रही है। यह दास-प्रथा मध्यकालीन मुस्लिम समाज में बड़े भयानक रूप में थी। एक-एक मुसलमान बादशाहों के पास हज़ारों ग़ुलाम हुआ करते थे। इनमें अधिकांश हिन्दू होते थे जिनके प्रति उनका बहुत कठोर व्यवहार होता था। ये लोग उनकी स्त्रियों और बच्चों को भी ग़ुलाम बना लेते थे। इब्नबतूता ने बताया है कि दासी कन्याओं को अधिक-से-अधिक संख्या में क्रय करके, उन्हें मुस्लिम लोग अपने यहाँ सम्पत्ति के रूप में रख लिया करते थे। उन्हें इस बात का शौक़ था कि हिन्दुओं के प्रतिष्ठित कुलों तक की स्त्रियों का अपहरण कर उन्हें आत्मसात् कर लें और कभी-कभी तो यह भी सोचा जाता था कि वैसी उच्च वंश वाली नारियों को दरबार में लाकर उनके द्वारा अमीर दरबारियों का मनोरंजन कराया जाए।[56]

घरेलू दास-चाकरों में स्त्री और पुरुष दोनों ही थे। भारत में दास विभिन्न देशों से आयात किये जाते थे। स्त्रीदास दो प्रकार की होती थीं; एक तो वे जो घरेलू कामों के लिए नियुक्त की जाती थीं और दूसरी वे जो साहचर्य या सुखोपभोग के लिए ख़रीदी जाती थीं। पहले प्रकार की दासियाँ, जो अशिक्षित और अकुशल होती थीं और मात्र मोटे घरेलू कार्यों के लिए ख़रीदी जाती थीं; बहुधा हर प्रकार से अपमानित होती थीं। प्रो. अशरफ के अनुसार—दूसरे प्रकार की दास स्त्रियों की स्थिति अधिक सम्मानपूर्ण थी और कभी-कभी वे राजपरिवार में प्रभावशाली भी होती थीं।[57]

उस समय दासों को रखना सामान्य बात हो गई थी और यह केवल मुसलमानों तक ही सीमित नहीं रहा। कुछ राजपूत राजा भी ऐसे थे जो मुसलमान-सैय्यद स्त्रियों तक को अपने यहाँ ले जाकर दासी बना लेते थे और उन्हें नृत्य तथा संगीत की शिक्षा दिलवाया करते थे। यही नहीं, उस समय हिन्दू अमीर और सरदार, सैनिक भी घरेलू तथा अन्य कार्यों के लिए दास रखने लगे। यहाँ तक कि दक्षिण में वारांगनाएँ भी सेवा-चाकरी के लिए दास रखने लगीं। इस प्रकार हम देखते हैं कि मध्यकाल में दासवर्ग की स्थिति भी अच्छी नहीं थी। इनमें अकुशल स्त्री दास वर्ग की स्थिति दयनीय थी। वे शोषण से कभी भी मुक्त नहीं हो पाती थीं। शोषण में जीने के अतिरिक्त उनके लिए कोई अन्य मार्ग न था। उनका जीवन एक प्रकार से नारकीय जीवन था। वास्तव में मध्यकालीन समाज के वर्गीय ढाँचे में उच्च और मध्यवर्ग को छोड़कर बाक़ी वर्गों की स्थिति प्राय: दयनीय ही थी।

नारी की स्थिति : परिवार और समाज

परिवार भारतीय संस्कृति एवं समाज की अत्यन्त प्राचीन संस्था है। यहाँ के प्राचीनतम साहित्य ऋग्वेद में ही इसका स्वरूप स्थिर हो चुका था। उस समय तक इसके कार्य और उद्देश्य भी सुव्यवस्थित हो गए थे। सामान्यतः इसके प्राथमिक कार्य थे—स्त्री-पुरुष के यौन-सम्बन्ध को विहित और नियमित करना, सन्तति की उत्पत्ति, संरक्षण और पालन तथा गृह और गार्हस्थ्य में स्त्री-पुरुष का सहवास और नियोजन। 'इन कार्यों और उद्देश्यों में मध्ययुग तक कोई विशेष परिवर्तन नहीं हुआ और परिवार की उपयोगिता अक्षुण्ण रही।'[58]

समाजशास्त्रियों के अनुसार परिवार वह संस्था है जिसमें एक स्त्री और एक पुरुष एक आवास में अपने संयुक्त बच्चों के साथ उनकी आवश्यकता के समय तक रहते हैं। किन्तु भारतीय हिन्दू परिवार की प्रकल्पना इससे भिन्न रही है। इसमें अतीत, वर्तमान और भविष्य की पीढ़ियाँ सम्मिलित थीं और इसमें अपने रक्त-सम्बन्ध से भिन्न सामाजिक अंश भी मिला था। यह एक संयुक्त और प्रलम्बित परिवार था। भारतीय परिवार प्रायः पितृसत्तात्मक था। केवल केरल प्रान्त में ही मातृसत्तात्मक और मातृस्थानीय परिवार था।

अस्तु, भारतीय संस्कृति और समाज में परिवार का प्रारम्भ से ही विशेष महत्त्व रहा है। कहा जाता है कि परिवार नागरिकता की प्रथम पाठशाला है। इस प्रथम पाठशाला की प्रथम शिक्षक माँ होती है। बालक जब धरती पर जन्म लेता है, तब उसकी सर्वप्रथम भेंट माँ से ही होती है। अतः उसके व्यक्तित्व के निर्माण में माँ की बड़ी भूमिका होती है। मेकेंजी के अनुसार, "लालन-पालन के लिए आवश्यक प्रारम्भिक भार, कोयल द्वारा बच्चों के पालन का असाधारण अपवाद छोड़कर, सामान्यतः माता-पिता पर ही रहता है। कभी-कभी तो पालन का भार केवल माता पर ही रहता है और सब कुछ उसे अकेले ही करना पड़ता है। इसे हम परिवार का प्राकृतिक आधार कह सकते हैं।"[59] इस प्रकार मानव ने परिवार के साथ ही नारी की महत्ता को स्वीकार कर लिया था। महादेवी के अनुसार, "पुरुष के समान ही स्त्री भी कुटुम्ब, समाज, नगर तथा राष्ट्र की विशिष्ट सदस्या मानी जाती रही है।" जैसाकि आरम्भ में ही कहा गया है, भारतीय समाज और परिवार में नारी का बहुत महत्त्व रहा है तथा होना भी चाहिए। नारी विधायिनी शक्ति है। उसके अस्तित्व के बिना सृष्टि की संकल्पना का कोई औचित्य नहीं। ऋग्वैदिक काल में नारियों का पर्याप्त सम्मान होता था। नारी के सहयोग के बिना यज्ञ की पूर्णाहुति नहीं हो पाती थी। वेदों के अतिरिक्त अन्य अनुशासनों में भी नारी के सामाजिक महत्त्व को स्वीकार किया गया है। नारी-पुरुष में भेदभाव करनेवाले मनु जैसे स्मृतिकार भी 'यत्रनार्यस्तु पूज्यन्ते रमन्ते तत्र देवताः' कहकर उसके महत्त्व को स्वीकार करते हैं।

नारी की अनिवार्यता विश्व के किसी भी समाज और संस्कृति में देखने को मिलती है। एंगेल्स ने मातृत्व को बहुत महत्त्व दिया है। उन्होंने प्राचीन काल के आधार पर माता के महत्त्व को रेखांकित करते हुए लिखा है, "चूँकि बच्चों की केवल माता के बारे में ही निश्चय किया जा सकता था, इसलिए माता का, और आमतौर पर स्त्रियों का समाज में इतना ऊँचा स्थान था, जितना उनको बाद में कभी नहीं मिला।"[60] वास्तव में, नारी की अधोगति महाभारत युग से होती है जहाँ पर उसे सम्पत्ति के रूप में देखा गया और जुए में दाँव पर लगाया गया। उपनिषदों तथा बाद के काल में यद्यपि नारी के प्रति चेतना जागी, किन्तु नारी का जीवन निष्कंटक न था। शास्ता (बुद्ध) ने आनन्द के बहुत अनुरोध पर स्त्रियों को संघ में दीक्षित होने की अनुशंसा की। बुद्ध ने न केवल नारी का उद्धार किया, अपितु उन्होंने शूद्रों को भी संघ में प्रवेश करने का अधिकार दिया। प्रो. सावित्री सिन्हा ने लिखा है, "नियंत्रण की पराकाष्ठा तथा पातिव्रत्य के अनिवार्य आरोपण की प्रतिक्रिया स्वरूप समाज के विभिन्न वर्गों की स्त्रियों ने बौद्ध धर्म की दीक्षा ली।"[61] कविवर दिनकर ने भी बुद्ध के इस अवदान पर प्रकाश डालते हुए लिखा है, "शास्त्रकारों ने जिसे व्यक्तिगत आराधना का भी अधिकार नहीं दिया था, उसे भी बौद्ध काल में संवेदना का सन्देश मिला है।"[62]

मध्यकाल में परिवार की संयुक्त प्रणाली थी। संयुक्त परिवार में स्त्री की स्थिति लगभग वही है जो सामन्ती समाज में ज़मींदार के नीचे काम करनेवाले किसान की होती है। लेकिन किसानों के अनेक स्तर होते हैं। कोई छोटी खेती करता है, कोई आसामी है, कोई बँधुआ मज़दूर है, कोई बिलकुल अछूत है जो बेज़मीन है। इसी तरह संयुक्त परिवार में स्त्रियों की स्थिति भी भिन्न होती है। डॉ. रामविलास शर्मा ने लिखा है, "विमाता और सौतेले लड़के की बहू की स्थिति एक ही परिवार में एक समान नहीं होती। उनमें आमतौर पर उत्पीड़क और उत्पीड़ित का सम्बन्ध होता है।"[63] वस्तुतः सामन्ती संयुक्त परिवार में नारी का कोई विशेष महत्त्व न था। उसका अपना कोई स्वतंत्र व्यक्तित्व या अस्तित्व भी प्रायः नहीं था। वह जीवन के प्रत्येक क्षेत्र में पति और परिवार पर ही आश्रित थी। मध्यकालीन समाज में नारी परिवार और समाज के मानक मूल्यों पर आश्रित रहकर ही कोई कार्य कर सकती थी। यहाँ तक कि आध्यात्मिक साधना भी वह परिवार और समाज के अनुबन्धों का पालन करते हुए ही कर सकती थी। कृष्ण के प्रति प्रेम करनेवाली मध्यकालीन कवयित्री मीरा को जन-सामान्य में घुल-मिलकर भक्ति-साधना करने के लिए बहुत सारे कष्ट सहन करने पड़े। बड़ा द्वंद्वात्मक जीवन था उनका। मीरा अपने समय की विभूति भी हैं और सामाजिक रूढ़िग्रस्त सामन्ती व्यवस्था की शिकार भी। वह ऐसा समाज था जिसमें साधु-संतों के बीच बैठकर भक्ति-साधना करना लोकलाज की मर्यादा के उल्लंघन का पर्याय माना जाता। अनेक कष्ट सहते हुए मीरा ने ऐसे मर्यादा की पूर्णतः उपेक्षा कर दी।

भारतीय संस्कृति एवं समाज में संयुक्त परिवार की प्रणाली को समाज के लिए मानदंड माना गया और नारी को पुरुष के अधीन रहने में उसके जीवन की सार्थकता मानी गई। इसीलिए उसके लिए यह संरक्षणात्मक विधान किया गया था कि बाल्यावस्था में वह पिता के संरक्षण में रहेगी, यौवनकाल में पति के संरक्षण में और वृद्धावस्था में पुत्रों या सम्बन्धियों के संरक्षण में। अर्थात संरक्षण मानो उसके लिए अनिवार्यता हो गई थी। मध्यकालीन सामन्ती समाज की संयुक्त परिवार-प्रणाली में नारी की स्थिति इससे नातिभिन्न थी। वहाँ नारी के लिए किसी प्रकार की स्वच्छन्दता नहीं थी। यदि उसका कोई रूप मान्य था तो मात्र माता का। माता के रूप में ही वह नारी-जीवन की अस्मिता को सुरक्षित रख सकती थी—अन्यथा पुरुष के लिए तो केवल उसका भोग्या रूप ही अधिक काम्य होता था। कबीर आदि संत कवियों ने तत्कालीन समाज में नारी की स्थिति पर पर्याप्त प्रकाश डाला है। ये संत प्रायः नारी के कामिनी और भोग्या रूप की निन्दा करते हैं। उनके लिए पतिव्रता का महत्त्व था। वे उनकी साधना का आदर्श थीं। लेकिन मध्ययुग में पतिव्रता स्त्रियों की स्थिति अच्छी नहीं थी। मान वेश्याओं का होता था, क्योंकि वे सामन्तों-अमीरों की वासना की पूर्ति करती थीं। सदाचारिणी स्त्रियों का जीवन दुखमय था। मध्यकालीन निर्गुण कवियों ने सदाचारिणी स्त्रियों के समक्ष वेश्याओं की वैभवपूर्ण स्थिति का जो चित्रण किया है, उससे समाज में नारी की स्थिति को सहज ही देखा जा सकता है। कबीर साहब ने कहा है :

"सतवन्ती को गजी मिले नहिं, वेश्या पहिरै खासा है।" बिहार वाले दरिया साहब भी कबीर के स्वर में अपना स्वर मिलाते हुए कहते हैं—

बैस्वा पहिरै मलमल खासा, मोती, मनि, ग्रिवहार।
परिबरता के गजी देतु हौ, सूखा रूखा अहार॥

इन उद्धरणों को दृष्टि-पथ में रखते हुए कहा जा सकता है कि मध्यकालीन समाज में नारी का स्थान यथोचित नहीं था।

हिन्दू समाज एवं परिवार में उसी नारी को प्रतिष्ठा मिलती थी जिसने पुत्र उत्पन्न किया हो। पुत्री के उत्पन्न होने पर परिवार में किसी प्रकार के हर्ष का वातावरण नहीं होता था। इस प्रकार यदि कोई स्त्री पुत्री को जन्म देती तो उसे प्रायः उपेक्षा-भाव से देखा जाता था। इस प्रकार उस काल में स्त्रियों का जीवन एक विचित्र द्वंद्व और तनाव में बीतता था। भारत में मुसलमानों ने अरबी आदर्श का अनुकरण किया जिसने स्त्री को अत्यन्त निम्न स्तर में रखा था। अरब में स्त्रियों को पुरुषों के अधीन रखा जाता था और समाज में उनका स्थान भी उसी के अनुरूप था। डॉ. सम्पूर्णानन्द ने लिखा है, "अरबों में कभी लड़की का दर्जा बहुत छोटा माना जाता होगा और विवाह आदि के विषय में पिता की इच्छा के अधीन मानी जाती होगी।

कुरान और हदीस में इसकी ध्वनि मिलती है।"[64] आदि पिता द्वारा गेहूँ के लिए कन्या को बेच देना प्रसिद्ध है। जायसी ने भी पद्मावत में इसका संकेत किया है। मध्ययुग में सामन्त अपनी कन्याएँ राजकन्याओं और रानियों की सहचरियाँ बनने के लिए भेज देते थे। आदम और हव्वा का स्वर्ग से निष्कासन गेहूँ का एक दाना खा लेने से हुआ था।

मध्ययुगीन नारी दो पाटों के बीच में पिस रही थी। एक तरफ़ तो उसे आध्यात्मिक साधना में बाधक समझे जाने के कारण उपेक्षा और तिरस्कार झेलना पड़ता था तो दूसरी तरफ़ उसे मात्र विलास की वस्तु मानकर उसका भौतिक शोषण किया जाता था। इस रूढ़िग्रस्त वातावरण में नारी व्यक्तित्वहीन और अशक्त थी। आत्मदमन, आज्ञा-पालन एवं पतिपरायणता का उपदेश पाकर अपरिपक्वावस्था में श्वसुर गृह में प्रवेश करती थी। अपनी सामाजिक मर्यादाओं तथा परम्पराओं में केन्द्रित, अनादर अथवा आदर प्राप्त कर जीवन व्यतीत कर देती थी। उसमें न स्वाभिमान की भावना पनप पाती थी, न मातृत्व का गर्व और न पत्नी की गरिमा की अनुभूति। भगवतशरण उपाध्याय ने लिखा है, "712 ई. के मुहम्मद बिन कासिम के अरब आक्रमण से लेकर 1707 ई. में मुग़ल साम्राज्य के पतन तक, भारतीय शालीनता का इतिहास नारी अपने रक्त से लिखती रही।... भारतीय पुरुष ने अपने स्वार्थ में नारी को आग में फेंक दिया, भारतीय नारी ने अपने उत्सर्ग से अग्नि को हृदय से लगाकर उसका प्रतिशोध लिया।"[65]

मध्यकालीन हिन्दू समाज में गाँव बृहत्तर इकाई था तथा परिवार लघुतम इकाई था। इस प्रकार की पारिवारिक संरचना में स्त्री-पुरुष का सम्बन्ध भी स्वेच्छाचारी न था। आचार्य परशुराम चतुर्वेदी ने लिखा है, "अयोग्य पति की पत्नी होकर भी नारी सम्बन्ध-निर्वाह करने को बाध्य थी। सतीत्व के यथार्थ गौरव से अनभिज्ञ नारी और उसकी सन्तान से बना हिन्दू समाज मध्यकाल की विडम्बना बना रहा।"[66]

नारी-उत्पीड़न की परम्परा दीर्घकालीन रही है। वह सदियों तक दमन की शिकार रही। उसे अनेक प्रकार के अधिकारों से वंचित रखा गया। यह तथ्य केवल भारतीय समाज और संस्कृति तक ही सीमित नहीं है। पूर्व, मध्य एशिया और काकेशिया की महिलाओं के सन्दर्भ में और भी सच है। रीति-रिवाज और धर्म के अनुसार महिलाओं को अपने माँ-बाप, बड़ों और पतियों के सामने झुकना पड़ता था। महिलाएँ अपने पतियों की सम्पत्ति हुआ करती थीं और समाज तथा परिवार की दासी।[67] वे मूकद्रष्टा की भाँति अपने ऊपर हो रहे अत्याचारों को सहन करती थीं। भारतीय परम्परा में महाभारत की द्रौपदी इसका प्रमाण है। दास-समाज की स्त्रियों का जीवन भी इस तथ्य की पुष्टि करता है।

भारतीय सभ्यता एवं संस्कृति के साथ ही, इस्लाम ने यहाँ की नारी-भावना को भी परोक्ष रूप से प्रभावित किया। क़ुरान में नारी-पुरुष की समानता पर बल दिया गया है। इस्लाम में नारी की क़ानूनी स्थिति भी हिन्दू नारी से मज़बूत थी।

हिन्दू स्त्री को साधारण दशा में केवल माता के स्त्री-धन पर ही अधिकार प्राप्त था। इस्लाम में पुत्री, माता, बहन तथा पत्नी के रूप में नारी को सम्पत्ति में उत्तराधिकार प्राप्त था। किन्तु मुहम्मद साहब के पूर्व अरब में स्त्रियों की दशा बड़ी ख़राब थी। वह पुरुष के अत्याचार तथा उत्पीड़न से त्रस्त थी। वहाँ भी कन्या को उत्पन्न होते ही ज़मीन में गाड़ दिया जाता था। विवाह के सन्दर्भ में भी वे पूर्णतः अधीन ही थीं। आयशा के अनुसार जो स्त्री अपने पिता की स्वीकृति के बिना विवाह करती है उसका विवाह प्रशंसनीय नहीं है। किन्तु मुहम्मद साहब ने नारी की स्थिति के प्रति समाज में संघर्ष किया। उनके हृदय में नारी की पराधीनता, उसके प्रति होनेवाले अत्याचारजन्य दयनीयता आदि के प्रति असीम करुणा की भावना थी। अमर्यादित सामाजिक जीवन, वैवाहिक कठिनाइयों के निराकरण तथा अधिकारों में नवीनता के संचार के फलस्वरूप इस्लाम में नारी की स्थिति काफ़ी अच्छी हो गई। 'वास्तव में मुहम्मद साहब ने जीवन-पर्यन्त महिलाओं को उनके अधिकार दिलाने के लिए संघर्ष किया है।'[68]

इस्लाम में पर्दे की प्रथा की कोई व्यापक अवधारणा नहीं है। यहाँ बुर्का का कोई उल्लेख नहीं है। मात्र इतनी ही व्यवस्था थी कि घर से बाहर निकलते समय स्त्रियों को अपना चेहरा छिपाकर निकलना चाहिए। क़ुरान की हदीसों में यह कहा गया है कि ईमानदार औरतें घर से बाहर निकलते समय अपनी चादरों का पल्लू लटका लिया करें ताकि वे पहचानी न जा सकें और कोई उन्हें तंग न कर सकें। इसका कारण वह परिस्थिति थी जिसमें इस्लाम-विरोधी इस्लाम क़बूल करनेवालों को परेशान किया करते थे। लेकिन इस्लाम के ही माननेवाले रूढ़िवादियों ने पर्दा को मुस्लिम समाज का अनिवार्य अंग बना दिया। मध्यकाल में इस्लामी संस्कृति के प्रभाव तथा मुस्लिम आक्रान्ताओं के अतिचारों के फलस्वरूप हिन्दू समाज में भी पर्दे की प्रथा ज़ोरों से चल पड़ी। किन्तु यह प्रथा प्रायः उत्तरी भारत में ही थी, क्योंकि दक्षिण में मुस्लिम-प्रभाव नहीं के बराबर था। इसलिए यहाँ पर्दा-प्रथा को सामान्यतः स्वीकृति नहीं मिली। वस्तुतः भारत में पर्दा सुन्दर स्त्रियों के लिए अपनी आबरू बचाने का तात्कालिक माध्यम था, किन्तु यहाँ भी उसे नारी-जीवन का अंग बना दिया गया और आज भी भारतीय समाज एवं संस्कृति में पर्दे की अस्मिता किसी-न-किसी रूप में बनी हुई है।

मुग़लकाल से पूर्व तुर्क-अफ़ग़ान सुलतान की बेगमों का शासन में कोई विशेष स्थान नहीं था। केवल रजिया बेगम और नूरजहाँ ही इसके अपवाद के रूप में देखी जाती हैं। इनका शासन और राजनीति में काफ़ी दख़ल और प्रभाव था। फिर भी, कुल मिलाकर पुरुष वर्ग की अपेक्षा नारियों की स्थिति अत्यधिक प्रभावकारी न थी, यद्यपि उनमें प्रयास की प्रक्रिया निरन्तर परिलक्षित होती है। इस प्रकार के प्रयास की प्रक्रिया में उनके जीवन का प्रायः क्षरण होता था। 'मीराबाई और रजियाबाई जैसी उच्च-कुल की नारियों को अपनी प्रतिभा का उपयोग करने की स्वतंत्रता तो प्राप्त थी,

किन्तु मीरा जोगिन बनकर और रजिया पुरुष शासकों का रूप धारण कर तथा जहाँगीर के साम्राज्य का शासन नूरजहाँ अपने अनिंद्य सौन्दर्य के बल पर ही कर सकी।[70] वास्तव में हिन्दू और मुस्लिम कुलीन वर्ग ने अपनी स्त्रियों को जीवन के अप्रिय एवं आदिम रूप से बचाए रखने का जो प्रयत्न किया उसके कारण उनकी स्त्रियों में एक अजीब अकेलापन और खोखलापन आ गया। ऐसी स्थिति में समय काटने के लिए वे अपना समय गुप्त प्रेम-सम्बन्धों अथवा कुचक्रों में लगाती थीं। इसके विपरीत जैसा कि हमने ऊपर संकेत किया है कृषक एवं शिल्पीवर्ग की नारियों को अपने समाज में अपेक्षाकृत अधिक स्वतंत्रता प्राप्त थी। इसका कारण आर्थिक आवश्यकता थी। उन्हें घर से बाहर निकलकर काम करना पड़ता था, क्योंकि स्त्री-पुरुष दोनों जब तक श्रम करके पारिश्रमिक नहीं अर्जित करते, उनका जीवन-निर्वाह कठिन था। लेकिन विडम्बना यह थी कि सभ्य समाज में उन्हें हमेशा हेय दृष्टि से देखा जाता था। उनका दोष यह होता था कि वे निम्नवर्गीय समाज में उत्पन्न होतीं।

मध्यकाल में नारी की सामाजिक-पारिवारिक स्थिति का अच्छा परिचय फ़ारसी ग्रन्थों से भी मिलता है। 'तारीख़-ए-शेरशाही' में पाठक को सलाह दी गई है कि वह अपनी पत्नी को सम्पत्ति और मूल्यवान वस्तुओं का ज्ञान न होने दे। इस प्रकार के संकेत इस बात के द्योतक हैं कि मध्यकालीन समाज में नारी का स्थान निम्न था।

संयुक्त परिवार में कई अच्छाइयों के बावजूद बहुत सारी जटिलताएँ भी होती हैं। ऐसे परिवार में अन्य सदस्यों की उपस्थिति के कारण स्त्री-पुरुष का प्रेम अपने स्वाभाविक विकास की गति नहीं प्राप्त कर पाता। सामन्ती परिवार प्रायः संयुक्त होते हैं और इसमें स्त्री-पुरुष का प्रेम अकुंठ नहीं हो पाता। इस प्रकार की सामाजिक व्यवस्था में तो प्रेम विवाह के उपरान्त ही सम्भव हो पाता है, क्योंकि उस समाज में उन्मुक्त प्रेम की कोई अवधारणा नहीं है। 'प्रचलित सामाजिक परिस्थितियों में पति अपनी पत्नी को सामाजिक समागम की स्वतंत्रता प्रदान करने से बहुत दूर था और उसका ऐसी स्त्री से विवाह करना सम्भव नहीं था जिसने ऐसी स्वतंत्रता का उपभोग किया हो और इस प्रकार अपनी नैतिक प्रतिष्ठा गँवाई हो।'[71] बल्कि ऐसी स्त्रियों को समाज में कुलटा और वेश्या का अभिधान दिया गया और सम्भ्रान्त समाज में उन्हें और उनकी सन्तति को हेय दृष्टि से देखा गया। वास्तव में मध्यकाल के परिवार में प्रेम की स्वच्छन्दता का अपने-आपमें कोई महत्त्व ही न था। वहाँ तो स्त्री को दासी समझा जाता था। पति चाहे जैसा हो उसे किसी भी तरह प्रसन्न रखना नारी-जीवन की अनिवार्यता थी। वह इस अनर्थता के विरुद्ध आवाज़ ही नहीं उठा सकती थी। वस्तुतः स्त्री-पुरुष सम्बन्ध परिवार की संकल्पना को प्रभावित करनेवाला सर्वाधिक महत्त्वपूर्ण तत्त्व है किन्तु पारिवारिक स्तर पर मध्यकालीन समाज में इन दोनों के बीच एक गहरी खाई थी। इसके अतिरिक्त स्त्रियों को समान रूप से सहभागी बनाया जाए, इसका कोई प्रयास प्रायः नहीं दिखाई देता।

वस्तुतः मध्यकालीन पुरुष नारी को सहकर्मिणी और सहधर्मिणी रूप में नहीं विलास की सामग्री के रूप में स्वीकार करता था। बृहत्तर मानव-समाज में वह स्वच्छन्द नहीं थी। श्री सामन्त-वर्ग में वह घर के भीतर रहकर ही अपनी स्वतंत्रता कायम कर सकती थी। बाहर की दुनिया से उसे बिलकुल काट दिया गया था। एंगेल्स ने लिखा है कि सामन्ती समाज में स्त्री स्वाधीन होती है केवल वेश्या बनकर। इसलिए कि वह अपने को बेच सकती है। गृहस्थ स्त्री तो अपने को बेच भी नहीं सकती। वह पूरी तरह से दासी होती है। इसलिए बहुत-सा अच्छा साहित्य, प्रेम का, नैसर्गिक प्रेम का साहित्य परकीय प्रेम को लेकर लिखा गया है।[72] हिन्दी का अधिकांश रीति-साहित्य इस प्रकार के वर्णनों से भरा पड़ा है। किन्तु विलासमय संस्कृति और भोगवादी दृष्टि का प्रकाशन ही इस साहित्य में बहुतायत से मिलता है अन्य सांस्कृतिक आयाम प्रायः कुंठित ही रहा है। डॉ. नगेन्द्र ने लिखा है, "नारी का सामाजिक अस्तित्व तो इनकी दृष्टि में कुछ था ही नहीं। गृहस्थ जीवन के अन्तर्गत भी सुख-दुखों की समभोक्ता, सहचरी, माता, बहन, पुत्री, मित्र, सचिव आदि उसके अन्य महत्त्वपूर्ण रूप हो सकते थे—परन्तु उनकी स्वीकृति भी इनमें नहीं है।"[73]

मध्यकालीन समाज में नारी-जीवन की बहुत-सी समस्याओं का सम्बन्ध उनकी अशिक्षा से भी था। हम देखते हैं कि 10वीं-12वीं शताब्दी के आसपास उच्च एवं अमीर परिवारों में पुत्रियों के लिए भी शिक्षा की व्यवस्था विशेष शिक्षकों के माध्यम से की गई थी, किन्तु मुस्लिम शासन की स्थापना के पश्चात यह परम्परा प्रायः समाप्त हो गई। इस अशिक्षा की भावना ने नारी-जीवन को कुंठित और कुंद बना दिया। उनके सामाजिक विकास की गति ही मानो अवरुद्ध हो गई। पुरुष वर्ग ने इस अशिक्षा का लाभ उठाया। नारी उस पर पूर्णतः आश्रित रहती थी और दासी रूप में जीवन बिताना उसकी नियति हो गई। परतंत्रता उनका पीछा परलोक में भी नहीं छोड़ती थी। इसीलिए शासक वर्ग में, शासक के मरने पर उसकी स्त्रियाँ भी सती हो जाती थीं और उसके नौकर-चाकर भी सेवा के लिए परलोक जाते। 'मृगावती' में कुतुबन ने लिखा है कि राजकुँवर के मरने पर रूपमिनी और मृगावती तो सती हुईं ही, उनके साथ चौरासी रानियाँ तथा 'नाऊ', 'बारी' भी जल गए। इस प्रकार लगभग आधा नगर ही श्मशानवत् हो गया—

रूपमिनि फुनि वेसैहिं मरि गई। कुलवन्ती (सत सेउंसती) भई।

× × ×

राजा संग रानी चौरासी। (ते सब गवनी) वैरे निरासी।

× × ×

जरे जो कापर देत सँवारी। धोबी जरे 'छड़ी बर' नारी।
औ ते जरे जो करत जेवनारा एक न बामन जरे सुआरा।

आधा नगर अधिक किछु, निघटा जरि के भा 'मसियान'।
बिनुजिय नगरी के 'कसि', कथ्या ओहि लगि सबक परान॥

कुतुबन ने समाज में अवर्ण स्त्रियों की स्थिति को बड़ी सजगता से स्पष्ट किया है। सती-प्रथा सवर्ण समाज में ही थी। अवर्णों में सती की संकल्पना नहीं थी। इसका कारण यह था कि निम्नवर्ग या अवर्णों की स्त्रियाँ आर्थिक दृष्टि से स्वतंत्र थीं। वे खेतों, खलिहानों में जाकर मज़दूरी करके अपने परिवार का भरण-पोषण कर सकती थीं। इसलिए उन्हें सती होने की आवश्यकता नहीं थी।

सती-प्रथा नारी-उत्पीड़न का एक अपर अंग थी। इस प्रथा के अन्तर्गत उन नारियों को अपने पति के साथ चिता में जल जाने के लिए बाध्य किया जाता था जिनके पति युद्ध में या अन्य कारणों से परलोक सिधार जाते थे। इसको एक धार्मिक रूप भी दे दिया गया था कि इससे पति-पत्नी का सम्बन्ध लोक में ही नहीं, परलोक में भी चिरस्थायी हो जाता है।

वेद भारतीय संस्कृति के प्राचीनतम ग्रन्थ हैं। उनमें सती-प्रथा का कोई उल्लेख नहीं मिलता। इसके अतिरिक्त प्राचीन गृह्यसूत्रों तथा मनुस्मृति जैसे धर्मग्रन्थों में भी सती की संकल्पना नहीं थी। मध्ययुग के प्रारम्भ में सर्वप्रथम बाण के 'हर्षचरित' में प्रभाकर वर्मन की स्त्री यशोमती के अग्नि प्रवेश का वर्णन मिलता है। किन्तु यशोमती ने प्रभाकर वर्मन की मृत्यु से पहले ही अपने को भस्मीभूत कर लिया था। वास्तव में मध्यकाल में सती-प्रथा का व्यापक प्रचलन राजपूतों में था और इस्लाम के प्रभावस्वरूप इसे विशेष प्रोत्साहन मिला।

सती-प्रथा को विधवाओं की हीन दशा से भी बढ़ावा मिला। वस्तुतः पति के मरणोपरान्त समाज में विधवा नारी का कोई महत्त्व नहीं रह जाता। उसे तरह-तरह के सामाजिक प्रतिबन्धों का सामना करना पड़ता था। वे अनिच्छापूर्वक जीवन बिताने के लिए बाध्य थीं। समाज एवं परिवार में वैधव्यजन्य तिरस्कार एवं उपेक्षा की अपेक्षा वे जीवन त्याग देना ही श्रेयस्कर समझती थीं। दूसरी ओर समाज में ऐसी पुरोहितवादी धारणा भी बन गई थी कि यदि कोई विधवा अपने पति के शव के साथ नहीं जल जाती तो उसे पतिव्रता नहीं माना जाता था। सती होने का शायद एक कारण यह भी था कि विजेता बादशाह द्वारा राजा की मृत्यु के पश्चात उसकी रानियों को परेशान करने का अन्देशा होता था। जायसी कृत 'पद्मावत' में नागमती और पद्मावती के जलने का प्रायः यही कारण था। किन्तु ऐसे भी उल्लेख मिलते हैं कि नारियों को बलात् सती होने के लिए बाध्य किया जाता था। यदि विधवा बिना किसी हिचक के चिता को स्वीकार कर लेती थी तो वह परिवार और समाज के लिए सम्मानसूचक माना जाता। किन्तु यदि वह चिता की भयंकरता को देखकर जलने से इनकार कर देती थी या डरती थी, तो

परिवार एवं समाज के लिए लज्जास्पद माना जाता था। संत कबीर ने सती की इस पीड़ा को बड़े ही चित्रमय रूप में प्रस्तुत किया है :

ढोलदमांमा बाजिया, सबद सुणइ सब कोइ।
जैसल देखि सती भजे, तो दुहुँ कुल हाँसी होइ॥[74]

सती-मरण के समय मध्ययुग में वाद्य बजाए जाते थे। वे वाद्य इसलिए बजाए जाते थे कि सती की चीख़-पुकार जन-सामान्य तक न पहुँच सके तथा अन्य स्त्रियों को चिता की भयंकरता का बोध न हो। इस प्रकार का अमानवीय व्यवहार सामन्ती व्यवस्था में ही सम्भव था। ऐसा नहीं है कि निर्गुण संतों ने सती-प्रथा का समर्थन किया है, अपितु उन्होंने इस प्रथा की अमानवीयता और विसंगति को उभारा है। इस प्रकार, मध्ययुगीन समाज में नारी की स्थिति और स्थान का जहाँ तक प्रश्न है वह उनकी पराधीनता और दीनता से जुड़ा हुआ है। और, हम देखते हैं कि उस समाज में नारी का न कोई स्थान था न उसकी अस्मिता। रस लोलुप पुरुष जितना ही निरंकुश होता था, वह उसी अनुपात में नारी से पातिव्रत, सदाचार और एकनिष्ठता की अपेक्षा करता था। वह अनेक स्त्रियों का सेवन कर सकता था, किन्तु यदि नारी कई पुरुषों का सेवन करती तो समाज उसे वेश्या की संज्ञा देता था, क्योंकि नारी का जीवन तो किसी एक को सम्पूर्ण रूप से समर्पित होकर ही चरितार्थ होता है। लेकिन पुरुषों के लिए न तो किसी प्रकार के समर्पण का विधान था न पत्नीव्रत की आवश्यकता। उनके लिए नारी मात्र भोग्या रह गई थी। सामन्त उसे अपनी सम्पत्ति समझते थे इसलिए वे जब, जिस रूप में चाहते, उसका इस्तेमाल करते। सुमित्रानन्दन पन्त ने लिखा है, "सामन्त युग के स्त्री-पुरुष सम्बन्धी सदाचार का दृष्टिकोण अब अत्यन्त संकुचित लगता है। उसका नैतिक मापदंड स्त्री का शरीर यष्टि रहा है। उस सदाचार के एक अचल छोर को हमारी मध्ययुग की सती और बाल-विधवा अपनी छाती से चिपकाए हुई है और दूसरे छोर को उस युग की देन वेश्या। 'न स्त्री स्वतंत्र्यर्हति' के अनुसार उस युग के आर्थिक विधान में भी नारी के लिए कोई भी स्थान नहीं था और वह पुरुष की सम्पत्ति समझी जाती रही।"[75] पराधीनता की दीवारों में क़ैद रहना ही उनके जीवन की विडम्बना थी और वही उनकी नियति थी। उसने परिवार, परम्पराओं और मर्यादाओं से परिचालित अपनी परिस्थिति से मानो समझौता कर लिया था। तत्कालीन, पितृप्रधान सामन्ती व्यवस्था में नारी का यदि कोई अस्तित्व था तो आदर्श पत्नी और माँ के रूप में। नारी का आदर्श जितना ही, उज्ज्वल और समर्पित रहा, पुरुष का उतना ही कज्जल और स्वार्थ पूर्ण। सारे सामाजिक-आर्थिक ऐश्वर्य अपने लिए समेटकर उसने जीवन दायिनी नारी को मात्र चूल्हे-चाकी तक सीमित कर दिया।

नारी के विविध रूप

भारतीय सभ्यता तथा संस्कृति में नारी के विविध रूप हैं। एक ओर समाज के लिए वह जीवनदायिनी माँ और जीवन की सहचरी, प्रेयसी, बहन और दासी है तो दूसरी ओर कुलटा, वेश्या और माया है। समाज ने जहाँ एक ओर उसे जगज्जननी और शक्तिरूपा बतलाकर 'मातृदेवो भव' का शंखनाद कर सम्मान दिया, वहीं दूसरी ओर, उसे समस्त बन्धनों तथा पापों की जड़ बतलाकर उसकी अस्मिता पर प्रश्नचिह्न ही लगा दिया।

माता : ममता और वात्सल्य की प्रतिमूर्ति माता को भारतीय संस्कृति में सदा से ही उच्च स्थान दिया गया। स्त्री के अनेक रूपों में माता-रूप को ही सर्वाधिक मान्यता प्राप्त है। माता और जन्मभूमि को स्वर्ग से भी ज़्यादा अधिमान दिया गया। वास्तव में नारी-जीवन की सार्थकता ही उसके मातृत्व में मानी गई। बन्ध्या, पुत्रहीना अथवा मृतपुत्रा होना स्त्री के लिए कलंकवत् था। माता को महाभारत में एकमात्र शरणस्थल कहा गया है। बतलाया गया है कि माता के समान न तो त्राणकर्ता है न उसके समान कोई प्रिय। उसको सबसे बड़ा गुरु कहा गया है।[76]

यद्यपि मध्यकालीन समाज में नारी का स्थान बहुत ऊँचा न था, सामाजिक जीवन में उसकी कोई व्यापक भूमिका स्वीकार नहीं की जाती हो, किन्तु उसके मातृत्व और जननी रूप को सम्मान प्राप्त था। मध्यकालीन निर्गुण कवियों ने भी नारी के माँ रूप को बहुत महत्त्व प्रदान किया है। उन्होंने ईश्वर को माँ-रूप में देखा। कबीर ने अपने को बालक तथा परमात्मा को माँ के रूप में स्वीकार किया है। इसी प्रकार सूफ़ी कवियों ने भी माता के स्नेहमय रूप का चित्रण किया है। जायसीकृत पद्मावत में रत्नसेन अपनी वृद्धा माँ का एकमात्र आँखों का तारा है। माता उसे घर का दीपक मानती है और रत्नसेन के राजकाज छोड़कर जोगी होने की सूचना पाकर वह अत्यन्त व्याकुल हो उठती है। उस्मान कृत चित्रावली में भी कौलावती की माँ उसकी विदाई के समय शोक-सन्तप्त हो उठती है। इस प्रकार कहा जा सकता है कि सामन्ती विलासिता और पतन के काल में भी नारी के माँ रूप की गरिमा अक्षुण्ण रही।

पत्नी : भारतीय समाज एवं संस्कृति में पत्नी का विशेष महत्त्व है। मानव-जीवन में मधुरतम जीवन पति-पत्नी का ही है। पति-पत्नी का सम्बन्ध भी अविच्छेद्य और शाश्वत माना गया है। पत्नी के अभाव में पति (पुरुष) का जीवन अपूर्ण रहता है। भारतीय परम्परा में अर्द्धनारीश्वर की कल्पना है जो इस बात का प्रतीक है कि पुरुष का जीवन नारी के बिना सार्थक नहीं—वह अपूर्ण है और इसी प्रकार पुरुष के बिना नारी का जीवन भी अपूर्ण है। ये दोनों सृष्टि के पहिए हैं। दोनों की पारस्परिकता के बिना जीवन की गाड़ी नहीं चल सकती।

निर्गुण कवियों ने पति-पत्नी के आदर्श को अपनी साधना का आधार बनाया है। संत कवियों के यहाँ नारी एकनिष्ठ साधना और साधना की उच्चतम भावभूमि का प्रतीक है। इसीलिए कबीर ने स्वयं को परमात्मा की पत्नी के रूप में तथा परमात्मा को पति रूप में स्वीकार किया है। अन्य संत कवियों ने भी अपने को (परमात्मा की) पत्नी तथा परमात्मा को (अपने) पति-रूप में स्वीकार किया है। इसके विपरीत सूफ़ी कवियों ने स्वयं को प्रेमी (माशूक) तथा परमात्मा को प्रेयसी (माशूका) का प्रतीकात्मक आवरण पहनाकर लौकिक प्रेम के माध्यम से आध्यात्मिक साधना की अभिव्यंजना की है। उन्होंने अपनी प्रेमाख्यान कृतियों में भारतीय पत्नी के सात्त्विक रूप का सुन्दर चित्रण किया है। पत्नी का समस्त सुख पति का सामीप्य-लाभ करने में है। इसलिए नागमती आदर्श पत्नी के रूप में राजभवन के समस्त वैभव-विलास को त्याग कर पति के साथ योगिनी बनने को प्रस्तुत हो जाती है, क्योंकि पति के बिना वह अपनी अस्मिता नहीं स्वीकार करती। किन्तु पति का कोई आदर्श मध्यकालीन समाज के पुरुषों में नहीं परिलक्षित होता। वह किसी अन्य सुन्दर स्त्री को देखकर अपनी परिणीता पत्नी का त्याग करने के लिए उद्यत हो जाता है। सूफ़ी प्रेमाख्यानों में इसका व्यापक चित्रण है। नागमती का सारा वियोग ही पति की उपेक्षा के कारण है।

प्रेयसी : निर्गुण साधना में प्रेयसी को भी वैसा ही महत्त्व दिया गया है जैसा कि पत्नी को। सूफ़ी कवियों ने तो प्रेम को ही अपने इष्ट की प्राप्ति का एकमात्र साधन माना। यहाँ नारी (प्रेयसी) परमसत्ता का प्रतीक है। वह पारस मणि है जिसे पाकर जीवरूप साधक की साधना चरितार्थ होती है। फ़ारसी परम्परा के अनुसार पुरुष पहले नारी को प्रेम करता है फिर पुरुष के शील-सौन्दर्य आदि के माध्यम से प्रेयसी में प्रेम की भावना का पल्लवन होता है और उसके अन्तरतम में प्रेम की आग जलने लगती है। प्रेम की पराकाष्ठा का महत्त्व सूफ़ी कवियों के काव्य में प्राय: देखने को मिलता है। प्रेम की पराकाष्ठा को सभी कवियों ने महत्त्व दिया है। निर्गुण संत कवियों ने इसी प्रेम की अनाविल दृष्टि को लेकर निर्गुण ब्रह्म की साधना की। प्रेम को इन्होंने बहुत महत्त्व दिया है। संत कबीर कहते हैं कि यह बाज़ार में नहीं मिलता कि जो चाहे ख़रीद ले। इस प्रेम के घर में प्रवेश करने के लिए सिर देना पड़ता है। उसके लिए त्याग और बलिदान की आवश्यकता है। कबीर, नानक, दादू, सुन्दरदास, रज्जब तथा धरनीदास आदि सभी ने अनन्त की प्रेयसी आत्मा के अखंड प्रेम और विरह की अभिव्यंजना की है। इन कवियों ने पत्नी, प्रेयसी रूप से सम्बद्ध सुहागन, पतिव्रता, विरहिणी तथा सती आदि रूपों का भी साधनात्मक निरूपण किया है।

कन्या : कन्या को भारतीय संस्कृति में विशेष महत्त्व प्राप्त रहा है। कन्या दान का भारतीय समाज तथा धर्मशास्त्र में बड़ा महत्त्व है। क्वाँरी बेटी की विशेष

अवसरों पर पूजा भी होती है। कबीर आदि निर्गुण संतों ने कन्या के कौमार्य पर विशेष बल दिया है। कबीर साहब को यह क़तई पसन्द नहीं कि अविवाहिता (कन्या) बन-ठनकर चले। वे उसकी सौन्दर्य-साधना को तभी स्वीकृति देते हैं जब वह पति (भर्तार) के साथ हो। वे कन्या का कौमार्य तभी तक मानते हैं जब तक उसका प्रिय के साथ परिचय न हो जाए, समागम न हो जाए। कवि नूर मुहम्मद ने भी कन्या को घर में उजाला करनेवाली तथा कन्यादान को मुक्ति का साधन कहा है। इस प्रकार हम देखते हैं कि सूफ़ी कवियों ने भी कन्या के महत्त्व को स्वीकार किया है—संस्कृत साहित्य में भी हमें कन्या के महत्त्व का पता चलता है। शकुन्तला जब कण्व ऋषि के आश्रम से विदा होती है तब सारा वन ही रोता है। पशु-पक्षी तक रोते दिखाई देते हैं।

वेश्या : अन्य देशों की भाँति वेश्यावृत्ति की परम्परा भारतीय समाज में प्राचीन काल से ही किसी-न-किसी रूप में चलती आ रही है। वैदिक काल से ही वेश्या के अस्तित्व के उल्लेख मिलने लगते हैं। उत्तर वैदिक काल तक आते-आते इस वृत्ति ने विशेष स्वरूप ग्रहण कर लिया था। किन्तु वहाँ वेश्यावृत्ति की समस्या शूद्रा स्त्रियों के साथ ही था। इस प्रकार यह वृत्ति क्रमशः विकसित होती गई। मध्यकाल में सामन्ती समाज विलासी था और उसमें इसे फूलने-फलने का पर्याप्त अवसर मिला। इसके अतिरिक्त मुस्लिम आक्रान्ताओं ने इस प्रक्रिया में आग में घी का काम किया।

नारी वेश्या जीवन का सर्वाधिक कुत्सित रूप है। समाज के सफ़ेदपोश अमीर वर्ग ने सदैव उसका शोषण किया किन्तु समाज में वेश्या को कोई स्थान नहीं मिला। आचार्य हजारीप्रसाद द्विवेदी ने लिखा है, "साध्वी रमणियाँ पति का माध्यम पा लेती हैं किन्तु गणिका का माध्यम नहीं होता। वह जुगुप्सित भोग के विकट दावानल में झुलसती रहती है।"[77]

मध्यकालीन निर्गुण संत कवियों ने नारी के वेश्या रूप के प्रति कोई सहानुभूति नहीं दिखाई है। इसके विपरीत उन्होंने माया की उपमा वेश्या से दी और उसकी व्यापक निन्दा की। सदाचार और सात्त्विकता संत कवियों का आदर्श था, इसलिए उन्होंने कुलटा, व्यभिचारिणी आदि की तीखे स्वरों में ख़बर ली है। लेकिन सूफ़ी प्रेमाख्यानों में परपुरुष और परस्त्री प्रेम को निंद्य नहीं माना गया है।

सामान्यतः मध्यकालीन समाज और परिवार में कन्या, माता, प्रिया, पत्नी, सास, बहू, भगिनी आदि ही नारी के विविध रूप थे जिन्हें मान्यता प्राप्त थी। इसके अतिरिक्त कुलटा, दुराचारिणी, और व्यभिचारिणी स्त्रियों का रूप भी देखने को मिलता है किन्तु उनका समाज में कोई स्थान नहीं था।

सन्दर्भ

1. भारत का इतिहास, पृ. 161
2. परिवार, निजी सम्पत्ति और राज्य की उत्पत्ति, पृ. 69
3. भारत का इतिहास, रोमिला थापर, पृ. 184
4. हिन्दुस्तान के निवासियों का जीवन और उनकी परिस्थितियाँ, के. एम. अशरफ, पृ. 42
5. वही, पृ. 55
6. तुला और तारे, पृ. 80
7. हिन्दुस्तान के निवासियों का जीवन और उनकी परिस्थितियाँ, के. एम. अशरफ, पृ. 57
8. असली भारत, मार्च 1990, पृ. 4
9. वही, पृ. 5
10. मध्यकालीन भारतीय संस्कृति, पृ. 56
11. भारतीय सामन्तवाद, रामशरण शर्मा, पृ. 52
12. मनुष्य और समाज, चैस्नोकोव, कारपुशिन, पृ. 100
13. शूद्रों का प्राचीन इतिहास, रामशरण शर्मा, पृ. 162
14. प्राचीन भारत की संस्कृति और सभ्यता, पृ. 6
15. वही, पृ. 18
16. मध्यकालीन भारत (अंक दो), पृ. 37
17. मुग़लकालीन अर्थव्यवस्था पर कुछ विचार, पृ. 5
18. हिन्दुस्तान के निवासियों का जीवन और उनकी परिस्थितियाँ, के. एम. अशरफ, पृ. 119-20
19. मध्यकालीन भारत (2), इरफ़ान हबीब, पृ. 120
20. प्राचीन भारत की संस्कृति और सभ्यता, पृ. 238
21. हिन्दी साहित्य का बृहत् इतिहास, राजबली पांडेय, पृ. 701
22. द गजनवीड्स, सी. ई. बासवर्थ, पृ. 76
23. भारत का इतिहास, पृ. 160
24. वही, पृ. 161
25. जाति, वर्ग और व्यवसाय, पृ. 194
26. कबीर, पृ. 17
27. भारतीय समाज का ऐतिहासिक विश्लेषण, पृ. 108
28. भारतीय परम्परा, पृ. 40
29. वही, पृ. 41
30. भारतीय समाज का ऐतिहासिक विश्लेषण, पृ. 119
31. साहित्य : अंक 1, अप्रैल 1951, न. वि. शर्मा, शिवपूजन सहाय, पृ. 10
32. निराला की साहित्य-साधना, भाग-2, पृ. 35
33. परिवर्तन और विकास के सांस्कृतिक आयाम, पृ. 222
34. परम्परा का मूल्यांकन, पृ. 80
35. हिन्दी साहित्य : उद्‌भव और विकास, पृ. 63
36. भाषा और समाज, रामविलास शर्मा, पृ. 253
37. मीरा का काव्य, पृ. 40
38. भारतीय चिन्तन परम्परा, के. दामोदरन, पृ. 64

39. भारतीय समाज का ऐतिहासिक विश्लेषण, पृ. 118
40. भारत : आदिम साम्यवाद से दास-प्रथा तक का इतिहास, श्री पाद अमृत डांगे, पृ. 179
41. इतिहास चक्र, पृ. 36
42. मार्क्स और पिछड़े हुए समाज, पृ. 41
43. भाषा और समाज, पृ. 261
44. हिन्दुस्तान के निवासियों का जीवन और उनकी परिस्थितियाँ, पृ. 114
45. भक्तिकाव्य और लोकजीवन, शिवकुमार मिश्र, पृ. 53
46. भारतीय चिन्तन परम्परा, के. दामोदरन, पृ. 306
47. भारतीय मध्ययुग का इतिहास, पृ. 813
48. मध्यकालीन संत-विचार और साधना, केसनी प्रसाद चौरसिया, पृ. 14
49. ट्रैवेल्स इन मोगल एम्पायर, पृ. 285
50. जाति, वर्ग और व्यवसाय, पृ. 262
51. मध्यकालीन भारत (अंक-3), इ. हबीब, पृ. 13
52. भारतीय चिन्तन परम्परा, पृ. 308
53. मध्यकालीन भारत (2), हबीब, पृ. 29-31
54. भारतीय सामन्तवाद, रामशरण शर्मा, पृ. 52
55. जाति, वर्ग और व्यवसाय, पृ. 197
56. हि. सा. का बृहत् इतिहास (भाग-4), परशुराम चतुर्वेदी, पृ. 63
57. हिन्दुस्तान के निवासियों का जीवन और उनकी परिस्थितियाँ, पृ. 108
58. हि. सा. का बृहत् इतिहास (1), राजबली पांडेय, पृ. 113
59. समाजदर्शन की रूपरेखा, पृ. 67
60. परिवार, निजी सम्पत्ति और राज्य की उत्पत्ति, पृ. 13
61. मध्यकालीन हिन्दी कवयित्रियाँ, पृ. 17
62. संस्कृति के चार अध्याय, पृ. 155-60
63. विराम चिह्न, पृ. 281-82
64. हिन्दू विवाह में कन्यादान का महत्त्व, पृ. 13
65. भारतीय समाज का ऐति. विश्लेषण, पृ. 204
66. हि. सा. का इतिहास, (सं.) : नगेन्द्र, पृ. 155
67. मनुष्य और समाज, चैस्नोकोव आदि, पृ. 75
68. असली भारत, वर्ष-11, अंक-6, मार्च 1990, पृ. 29
69. द पोजीशन ऑफ वीमेन इन हिन्दू सिविलाइजेशन, अ. स. अल्टेकर, पृ. 358
70. भारत का इतिहास, रोमिला थापर, पृ. 228
71. हि. के निवा. का जीवन और परि., अशरफ, पृ. 180
72. विराम चिह्न, रामविलास शर्मा, पृ. 289
73. रीति काव्य की भूमिका, पृ. 161
74. क. ग्र., श्यामसुन्दर दास, पृ. 55
75. आधुनिक कवि (भूमिका), पृ. 23
76. महाभारत, शान्ति पर्व, अध्याय 266, श्लोक 31 तथा अध्याय 342, 18
77. पुनर्नवा, पृ. 52

मध्यकालीन समाज और निर्गुण काव्य

(क) निर्गुण काव्य का सामाजिक-वर्णगत और वर्गगत विद्रोह

निर्गुण काव्य मूलतः सामाजिक एकता की साधना का साहित्य है। इस साहित्य का उद्‌देश्य कविता करना नहीं है, अपितु कविता या काव्य के माध्यम से समाज में सद्‌भावनाओं का विकास करना है। इसीलिए निर्गुण काव्य की महत्ता भारतीय चिन्तन-परम्परा में आज भी बनी हुई है। यह जनता के संवेगों और उसके दुख-दर्द का साहित्य है। यह व्यष्टि नहीं समष्टि की बात करता है और सामाजिक स्तर पर 'सर्वे भवन्तु सुखिनः सर्वे सन्तु निरामया' या 'बहुजन हिताय, बहुजन सुखाय' जैसे बुद्ध वचनों में निहित समता और समग्रता की भावना का प्रसार करता है। सूफ़ी कवियों ने भी क़ुरान और हदीस से स्वतंत्र होकर चिन्तन किया। सादगी और सहजता पर बल दिया।

स्वार्थ और परमार्थ मानव-जीवन की दो प्रधान भावनाएँ हैं। ये क्रमशः उसके पशुत्व और मनुष्यत्व की पहचान कराती हैं। एक उसे पशुत्व की ओर ले जाती है तो दूसरी मनुष्यत्व की ओर। मनुष्यत्व और पशुत्व में चाहे कितना ही भेद हो, उसमें मुख्य भेद यह है कि मनुष्य दूसरों के दुख को देखकर दुखी और सुख को देखकर सुखी होता है। 'यह परदुखकातरता तथा सुख में सहृदयता ही मनुष्य का सर्वप्रधान मनुष्यत्व तथा मानव की सर्वप्रधान मानवता है।...यही यथार्थ मनुष्यत्व है, सच्ची मानवता है।'[1] कबीर जब यह कहते हैं कि "सुखिया सब संसार है, खाए अरु सोवे, दुखिया दास कबीर हैं जागै अरु रोवे," तो इसका मतलब यह नहीं समझना चाहिए कि वे अपने बारे में सोचकर परेशान हैं—बल्कि वे संसार के लोगों को माया-मोह में फँसा देखकर रोते हैं। वे वस्तुस्थिति को भाँप रहे हैं इसलिए रो रहे हैं; क्योंकि जो बेख़बर है उसे जीवन के यथार्थ का बोध ही नहीं है। इसलिए वह सुखपूर्वक सो रहा है। लेकिन कबीरदास को उसकी चिन्ता है। इसलिए वे जाग रहे हैं और उसकी विडम्बना पर अश्रुपात कर रहे हैं।

सामाजिक विकास और जन-कल्याण की भावना निर्गुण संतों के काव्य की वस्तुगत विशेषता है। वे समाज में समता की भावना का विकास करना अपनी साधना का परमलक्ष्य मानते हैं। उनके काव्य में जनचेतना की मुखर अभिव्यक्ति हुई है।

वे किसी भी क़ीमत पर समाज में व्याप्त भेद की भावना को बर्दाश्त नहीं करते और उसके प्रति विद्रोह का भाव प्रकट करते हैं।

मध्यकालीन समाज के वर्णगत और वर्गगत स्वरूप पर विचार कर हमने देखा है कि वह किस प्रकार समाज में असमानता पैदा करता है। जाति-भेद को बढ़ावा देता है। समाज में शोषक और शोषित की भावना को बल प्रदान करता है। वर्णाश्रम-व्यवस्था समाज में असमानता का ही द्योतक है। इस व्यवस्था का लाभ केवल उच्च वर्णों को ही मिलता है, जबकि निम्नवर्ण और वर्ग सदैव पिसता है। यद्यपि वर्णाश्रम-व्यवस्था मध्यकाल में ढीली पड़ गई थी किन्तु उसका प्रभाव भारतीय जनमानस पर बड़ी दूर तक था। समाज में अब भी भेदभाव था। छुआछूत की भावना ने पूरे समाज को ग्रस लिया था।

भारतीय वर्णाश्रम-व्यवस्था सामाजिक व्यवस्था का स्तम्भ है। किन्तु मध्यकाल की सांस्कृतिक द्वंद्वात्मकता की चपेट में वह दूषित होकर शोषण और उत्पीड़न का आधार बन गई थी। उससे समाज में असमानता एवं अलगाववादी भावना को बल मिला। जैन-बौद्ध साधना ने उसे तोड़ने का बहुत प्रयास किया किन्तु अपनी वैयक्तिक साधना और लोकजीवन की उपेक्षा के कारण वह वर्णाश्रम तथा उस पर आधारित वर्गमुक्त समाज की अवधारणा को समाप्त करने में असमर्थ रही। किन्तु, वर्गहीन समाज के निर्माण की प्रक्रिया को मध्ययुग के संतों ने जारी रखा। आलवार संतों का पूर्व प्रयास भी इस दिशा में काफ़ी कारगर रहा। उन्होंने जाति-पाँति और ऊँच-नीच की भावना का तिरस्कार किया और मानवमात्र के सत्य को सर्वोपरि घोषित किया।

भक्ति-आन्दोलन की संक्षिप्त चर्चा इस सन्दर्भ में अनिवार्य हो जाती है। आलवार भक्त इसके पुरोधा माने जाते हैं। आलवार संतों ने मूलतः भक्ति के क्षेत्र में वर्ण और वर्ग की भावना का विरोध किया और सामाजिक समानता की भावना का शंखनाद किया। ध्यान देने की बात यह है कि इन संतों में अवर्ण और सवर्ण, अमीर और ग़रीब दोनों थे। नाम्मालवार यदि अवर्ण थे तो आंडाल तथा उन्हीं के समान अन्य आलवार भी सवर्ण थे। और, दूसरी बात यह कि इस आन्दोलन में आंडाल जैसी संत हृदया नारी भी थीं। नारियों का समाज में इस तरह आगे आना मध्यकालीन समाज में सामाजिक चेतना का नव्य आयाम है। आंडाल परमभक्त थीं और जाति, वर्ग की भावना से ऊपर उठकर भक्ति-साधना की पक्षधर थीं। आंडाल की ही चेतना को भक्तिकालीन कवयित्री मीरा ने ग्रहण किया। दोनों में साधनात्मक धरातल पर बहुत सारी समानताएँ थीं। दोनों कृष्णभक्त थीं। भगवान श्रीकृष्ण और रंगनाथ के गुणों का कीर्तन ही दोनों की साधना का परमलक्ष्य था। डॉ. ना. सुन्दरम ने मीरा और आंडाल के काव्य का तुलनात्मक शोध किया है। वे इनके काव्य का अनुशीलन करते हुए लिखते हैं, "वे कृष्ण की उपासना करती हुई आनन्द प्राप्त करना चाहती हैं। उन्होंने इस लोक में ही परम आनन्द की प्राप्ति को मोक्ष से अधिक श्रेष्ठ माना है।"[2]

भक्ति-आन्दोलन एक व्यापक जन आन्दोलन है। उसमें वर्ण, वर्ग की भावना के लिए कोई स्थान न था। उसमें इस भावना का भक्ति की समानता के आधार पर विरोध किया गया। उसका मूलमंत्र ही था 'जाति-पँति पूछै नहिं कोई, हरि को भजै सो हरि का होई।'

ऊपर, जैसा कि हम संकेत कर चुके हैं, भक्ति-आन्दोलन को व्यापक बनाने वालों में उच्च कुलोत्पन्न भी थे। स्वयं भक्ति-आन्दोलन के महान आचार्य रामानुज उच्चकुल में उत्पन्न हुए थे। आचार्य हजारीप्रसाद द्विवेदी ने लिखा है, "उन्होंने तथाकथित नीच जातियों में प्रचलित ऐकान्तिक भक्ति-धर्म को बहुमान दिया और देशी भाषा में लिखित शठकोप, तिरुवल्लुवर प्रभृति के शास्त्रों को वैष्णवों के वेद का सम्मान देकर समादर किया।"[3] इस प्रकार हम देखते हैं कि इन आचार्यों ने बड़े सतर्क भाव से भक्ति को लोकधर्म बनाया।

रामानन्द भक्ति-आन्दोलन की साम्यवादी चेतना को दक्षिण से उत्तर की ओर ले आए। भक्ति में साम्य-भाव तो शंकराचार्य के यहाँ भी था किन्तु उनके सैद्धान्तिक विवेचन और व्यवहार में वर्ण-वर्ग की भावना का पूर्ण शमन प्रायः नहीं हो पाया था। इसके विपरीत रामानन्द की चेतना बहुआयामी और लोकोन्मुख थी। वे भक्ति-चेतना के सन्दर्भ में अत्यन्त उदारमना थे। भक्ति के लिए वे वर्ण-वर्ग की भावना को सर्वथा निरर्थक मानते थे। यह बात इसलिए भी और महत्त्वपूर्ण है कि रामानन्द जी सवर्ण थे और एक सवर्ण द्वारा मध्यकाल में इस प्रकार की साम्य-भावना का प्रसार करना साधारण बात नहीं। आचार्य हजारीप्रसाद द्विवेदी ने लिखा है, "रामानन्द जी ने ब्राह्मण से चांडाल तक को राम-नाम का उपदेश दिया। उनके हाथ से छूकर लोहा सोना हो गया।"[4] इनकी शिष्य-मंडली में निम्न वर्ण-वर्ग के अनेक लोग थे। उनकी उदारवृत्ति का प्रभाव नारियों पर भी पड़ा और सुरसुरी तथा पद्मावती जैसी संत भी उनकी शिष्या बनीं। आगे चलकर निर्गुण पंथ में दयाबाई, सहजोबाई और बावरी साहिबा जैसी महान संत हृदया कवयित्रियाँ हुईं। इस प्रकार, रामानन्द जी के प्रयासों से नारी (जो सदा से उपेक्षा का शिकार रही) को भी भक्ति का अधिकार प्राप्त हुआ। रामानन्द जी की-सी उदारवृत्ति महाराष्ट्र के संत ज्ञानदेव और नामदेव में भी मिलती है। उनके समय में ही गोरा कुम्हार, नरहरि सोनार, चोखा भंगी, सेना नाई तथा कन्होपात्रा जैसी वेश्या पुत्री भी संत हुई। सेना नाई तो वाकरी सम्प्रदाय में रहने के पश्चात पीछे रामानन्द जी के शिष्य हो गए। इस प्रकार हम देखते हैं कि भक्ति-आन्दोलन को लोकोन्मुख बनानेवाले स्वामी रामानन्द जी की लोक-चेतना का जन-सामान्य पर व्यापक प्रभाव पड़ा। डॉ. श्यामसुन्दर दास ने लिखा है 'इन्होंने अन्त्यज जातियों में अपूर्व आशा और उत्साह की तरंगें लहराईं और धर्म के मर्म को खोलकर सामने रखा तो उपासना में अन्त्यजों को भी स्थान मिला।"[5] कबीर साहब उनके अन्यतम शिष्यों में से हैं। निर्गुण साधना के व्यापक प्रसार और प्रवर्तन का श्रेय प्रायः उन्हीं को प्राप्त है।

यद्यपि आचार्य विनय मोहन शर्मा-जैसे विद्वान कबीर के पूर्ववर्ती संत नामदेव से ही निर्गुण साधना और काव्य का विकास तथा प्रवर्तन स्वीकार करते हैं। पाखंड, बाह्याचार तथा जाति-पाँति की भावना का नामदेव ने भी वैसा ही विरोध किया है जैसा कबीर आदि निर्गुण संतों ने। नामदेव जी ने जाति-पाँति का तिरस्कार करते हुए राम-नाम को ही सर्वस्व स्वीकार किया है—

कहा करउँ जाती, कहा करउँ पाती।
राम को नामु जपउँ दिन-राती॥[6]

साम्प्रदायिकता और पाखंड का भी वे इसी तेवर के साथ विरोध करते हैं। वे हिन्दू-मुस्लिम साम्प्रदायिकता से ऊपर उठकर उसकी साधना करते हैं जो न मस्जिद में है न मन्दिर में—

हिन्दू पूजे देहुरा, मुसलमाण मसीत।
नामा सोई सेविआ, जहँ देहुरा न मसीत॥[7]

पाखंड का प्रत्याख्यान करते हुए वे कहते हैं, क्या जलाशय में स्नान करने से काया की कल्मषता दूर हो सकती है—

जलहर पैसि पषाले काया। अन्तरि मेलिन तउ अतुरे।
भणे नांमदेव कछु न सूझे। पूजा कौन देव की करै॥[8]

इस प्रकार के पाखंड विरोधी हिन्दी पद नामदेव की वाणियों में भी मिलते हैं जिसमें कबीर का-सा तीखापन तो नहीं है किन्तु मारकता प्रायः वैसी ही है। किन्तु इतना सब कुछ होने के बावजूद नामदेव को निर्गुण सम्प्रदाय का प्रवर्तक मानने में जो सबसे बड़ी कठिनाई है, वह उनकी साधना में सगुण भावना का समावेश है। मिश्र बन्धुओं ने भी उनके परिचय में लिखा है, "आपने जाति-पाँति की एकता, ज्ञानात्मक ब्रह्मवाद की महत्ता तथा भक्ति का प्राधान्य रखा। रचना में सूफ़ीमत की प्रधानता न थी तथा ब्रह्मवाद का प्रेम प्रधान भाव कम था। पहले सगुणोपासक होकर पीछे यह निर्गुण की ओर झुके।"[9]

फ्रेंच विद्वान गार्सा द तॉसी के अनुसार नामदेव के यहाँ जनाबाई नाम की एक स्त्री दासी भी थी जो स्वयं रचयिता थी और जिसने परम्परा से प्रसिद्ध अभंगों की भी रचना की।[10] किन्तु जनाबाई का कोई हिन्दी पद नहीं मिलता। जहाँ तक नामदेव जी के महत्त्व की बात है, नामदेव जी का महत्त्व असन्दिग्ध है। उनकी साधना का परवर्ती निर्गुण साधकों पर व्यापक प्रभाव पड़ा, किन्तु उत्तर भारत में निर्गुण साधना की जो स्फीति कबीर साहब के यहाँ मिलती है वह प्रायः नामदेव में नहीं मिलती।

भक्ति-आन्दोलन, जिसकी चर्चा अति संक्षिप्त रूप में ऊपर की गई है, जनव्यापी आन्दोलन था। वह वर्ण-वर्ग की भावना को भक्ति-साधना के लिए आवश्यक नहीं मानता, बल्कि उसका विरोध करता है। ऊपर हम देख चुके हैं कि किस प्रकार भक्ति-आन्दोलन के पुरोधाओं ने वर्ण-वर्ग की भावना को निरस्त कर दिया। 'यह आन्दोलन भावना पर बल देता था। इसकी विशेषता ही यह थी कि यह भावना के धरातल पर सबको समान मानता था।'[11] साथ ही यह आन्दोलन नारी का भी घर से बाहर निकलकर साधना के लिए वैसे ही आह्वान करता है जिस प्रकार पुरुष का। धर्म के ही नाम पर सही, वह नारी को पुरुष का सहभागी बनाकर इस क्षेत्र में उतारता है। उसे विलास का साधन नहीं मानता। भक्ति-आन्दोलन में नारियों का योगदान कितना व्यापक था, यह इस तथ्य से भी प्रकट होता है कि हिन्दी साहित्य में आधुनिक काल को छोड़कर भक्तिकाल में कवयित्रियों की संख्या प्रायः सर्वाधिक है।[12] वास्तव में भक्ति-आन्दोलन ने अपने समय में बड़ा ही क्रान्तिकारी परिवर्तन किया। मीराबाई, जनाबाई, मुक्ताबाई, कन्होपात्रा जैसी संत कवयित्रियों के नाम भी भक्ति-सम्प्रदाय की समानता तथा सामाजिक गतिशीलता की ओर इंगित करते हैं। जिस युग में स्त्रियों और शूद्रों को पूजा-पाठ और प्रार्थना का अधिकार नहीं था, ऐसे समय में बड़ी संख्या में स्त्री-भक्तों का उद्भव परिवर्तित सामाजिक स्थिति का ही द्योतक है। अस्तु, भक्ति-आन्दोलन की क्रान्तिकारी चेतना को निर्गुण संत एवं सूफ़ी कवियों ने आगे बढ़ाया जिसमें स्त्री-पुरुष, अवर्ण-सवर्ण का भेद नहीं था।

भारतवर्ष में जाति-भेद तथा वर्ण-वर्ग की भावना अति प्राचीन काल से ही चली आ रही है। आचार्य क्षितिमोहन सेन ने लिखा है, "मनुष्य समाज में ऊँच-नीच भेद सर्वत्र ही है किन्तु हमारे देश के जाति-भेद जैसा भेद संसार में और कहीं भी नहीं है।"[13] जाति-वर्ग की भावना मध्यकाल में और भी व्यापक रूप ग्रहण चुकी थी।

धार्मिक स्थिति और आर्थिक कार्यों सम्बन्धी भेद के सम्मिलित संस्तरण ने भारत में जाति-व्यवस्था को जन्म दिया है तथा वर्ग का आधार भी मूलतः आर्थिक ही होता है।[14] निर्गुण कवियों ने आर्थिक आधार पर स्वतंत्र रूप से तो कम ही विचार किया है किन्तु आर्थिक आधार को अनुशासित करनेवाले प्रधान तत्त्व श्रम-साधना को संत-मत में विशेष महत्त्व प्राप्त है। उन्होंने प्रचलित अर्थ-व्यवस्था में कोई क्रान्तिकारी परिवर्तन लाने की योजना कभी नहीं बनाई, किन्तु इसमें सन्देह नहीं कि आत्म-संयम द्वारा अर्थ-व्यवस्था को नियंत्रित तथा सन्तुलित रखने का उदाहरण उन्होंने अपने कर्मठ जीवन द्वारा उपस्थित किया जो आध्यात्मिक जीवन व्यतीत करने की भूमिका कही जा सकती है।[15] उनके स्वावलम्बन ने उन्हें वर्ण और वर्ग की भावना के विरुद्ध विद्रोही चेतना जगाने के लिए आधार-भूमि तैयार की। यही कारण है कि वे वर्ण और वर्ग की भावना को पूरी तरह से नकार कर साम्य भाव का विकास कर सके।

निर्गुण कवियों ने मनुष्यता के आधार पर वर्ण-वर्ग की भावना के प्रति विद्रोह किया। वे मनुष्यत्व की सामान्य भावना को लेकर बढ़े। कबीर के सन्दर्भ में आचार्य रामचन्द्र शुक्ल की एक टिप्पणी है जो प्राय: समूचे निर्गुण काव्य पर लागू होती है, "मनुष्यत्व की सामान्य भावना को आगे करके निम्न श्रेणी की जनता में उन्होंने आत्मगौरव का भाव जगाया और उसे भक्ति के ऊँचे-से-ऊँचे सोपान की ओर बढ़ने के लिए बढ़ावा दिया। उनका निर्गुण पंथ चल निकला, जिसमें नानक, दादू, मलूकदास आदि अनेक संत हुए।"[16]

निर्गुण संत कवियों ने वर्ण और वर्ग की जिस वैषम्य मूलक भावना का विरोध किया उसका मूल जैन-बौद्ध साधना के अतिरिक्त सिद्ध और नाथ-साहित्य में मिलता है। सिद्ध सरहपा की विद्रोही चेतना की चर्चा ऊपर हो चुकी है। इसलिए, मध्यकालीन निर्गुण साहित्य को यह चेतना विरासत में मिली थी। वर्ण-वर्ग की विषमतामूलक चेतना ने मध्यकाल में काफ़ी स्थैर्य को प्राप्त कर लिया था। इसलिए उसके प्रति आन्दोलन और विद्रोह का होना स्वाभाविक था। अमृत राय के अनुसार, "पुराने ढंग से चली आती हुई जीवन-व्यवस्था जिस बिन्दु पर पहुँचकर अचल हो जाती है वहीं विद्रोह का बिन्दु हो जाती है और वहीं से उसकी कसमसाहट शुरू हो जाती है। 'वर्ण-वर्ग की भावना ने सामाजिक जीवन को अगतिशील बना दिया था और 'जीवन को गतिशील बनाए रखनेवाली व्यवस्थाएँ जब विषम और कठिन होकर उसे गतिरुद्ध कर देती हैं, तब उनमें परिवर्तन अनिवार्य हो जाता है और यह अनिवार्यता विद्रोह के स्वर में बोलती है।"[17] वर्ण-वर्ग की व्यवस्था ने ही सामाजिक असमानता पैदा की और निर्गुण कवियों ने इसके प्रति विद्रोह कर मनुष्यत्व की सामान्य भावना का प्रसार किया। 'उनका काव्य व्यापक जन-संस्कृति के उत्थान का काव्य है, उसका मुख्य स्वर सामन्त विरोधी है। इनकी रचनाओं में सामन्ती व्यवस्था और विचारधारा के विरुद्ध उस समाज-व्यवस्था के सबसे निचले स्तर पर जीने वाली पीड़ित जनता का विद्रोह जैसी रचनात्मक प्रतिभा के विस्फोट के रूप में प्रकट हुआ; वह भारतीय साहित्य के इतिहास में अभूतपूर्व है।'[18]

निर्गुण कवियों ने जिस वर्ण-वर्ग विरोधी संचेतना की अभिव्यक्ति अपनी वाणियों में की है उसका मूल स्वर पूर्व परम्परा में भी मिलता है। स्वयं 'बज्रयान' ने जाति-पाँति को अत्यन्त उच्छृंखलता से ठोकर दी। इसके अधिकांश संत उन जातियों के लोग थे जो निस्सन्देह ब्राह्मण-व्यवस्थानुसार अत्यन्त नीच गिने जाते थे, जिन्हें उस व्यवस्था में कोई अधिकार नहीं थे।[19] सिद्ध सरहपा ने वर्ण-व्यवस्था पर बड़ा तीखा प्रहार किया है जो कबीर के 'जो तू बाम्हन...'और पाँड़े कौन कुमति तोहि 'लागी' जैसे पदों की याद दिलाता है—

वम्हणहिण म जाणन्तहि भेउ। एवइ पठियउ ए चउवेउ।
मट्टि पाणि कुस लई पठन्त। घरही बइसी अग्नि हुणन्त।
कज्जे बिरहइ हुअवह होमें। अक्खि डहाविअउ कडुवे धुम्मे॥[20]

सरहपा जाति के ब्राह्मण थे। किन्तु उन्होंने शरकार कन्या से विवाह किया था। शरकार तीर बनानेवाली एक आदिवासी (अवर्ण) जाति है। इस प्रकार, अवर्ण के प्रति उदार वृत्ति अपनाकर सरहपा ने वर्ण-वर्ग विरोध का प्रतिमान स्थापित किया, जिसे संतों ने भी सोत्साह स्वीकार किया। निर्गुण संतों की धर्म के नाम पर चलने वाले बाह्याचारों के खंडन में जो विद्रोही चेतना दिखलाई पड़ती है उस पर सरहपा की विद्रोही चेतना का स्पष्ट प्रभाव परिलक्षित होता है। उनके पूर्ववर्ती गोरखनाथ में भी यह चेतना लक्षित होती है।

इस चेतना का प्रभाव मध्यकालीन निर्गुण संत कवियों पर व्यापक रूप में पड़ा। सामाजिक संक्रमण की विद्रूपता, धर्म, नीति एवं आचार-मर्यादाओं के खोखलेपन से चिढ़कर कितने ही मतभेदों का निराकरण करते हुए उन्होंने उस युग की विकट चुनौती को आगे बढ़कर स्वीकार करने का अद्भुत साहस दिखाया।[21]

भारतीय संस्कृति की मूल सामाजिक परम्परा आश्रमों, वर्णों और जातियों का ऐतिहासिक विस्तार नहीं है।[22] वह इस प्रकार की भेद-दृष्टि का निराकरण कर व्यष्टि को समष्टि और अनेकता को एकता की संकल्पना में बाँधती है। यह भारतीय संस्कृति और साहित्य की मूलभूत संकल्पना है। निर्गुण संतों ने इसी संकल्पना को ग्रहण किया। यही कारण है कि उनका साहित्य जीवन्त और विश्वव्यापी हो सका।

वर्ण-व्यवस्था के माध्यम से समाज को संगठित करने के लिए जो नियम बनाए गए थे उनके दुरुपयोग से समाज अविभाज्य इकाई का रूप धारण नहीं कर सका था और वह अनेक जातियों व उपजातियों में बँट गया था। वर्ण-वर्ग की भावना की कठोरता से रक्षा की गई। इसके विपरीत निर्गुण संत कवियों ने धर्म-साधना के माध्यम से इस सामाजिक जड़ता के विरुद्ध आवाज़ उठाई।

संतों की परम्परा भारतीय जनजीवन में एक ऐसा उफान है जो अवर्ण या पिछड़े वर्गों की जनता की संघर्षोन्मुख शक्ति का परिचायक है।[23] उनमें कबीर की सबसे मुखर और प्रखर भूमिका थी। उनका व्यक्तित्व विलक्षण था। संगठन की उनमें अपार क्षमता थी। डॉ. मोती सिंह ने अपने शोध-ग्रन्थ में लिखा है, "हिन्दू समाज जिस वर्णाश्रम धर्म और षट्दर्शन पर आधारित था उस पर कबीर ने सीधा आक्रमण किया।"[24] वस्तुतः जाति-विभाग और ऊँच-नीच भाव के एकीकरण का साहस कबीर के पहले किसी ने नहीं किया था। ब्राह्मणों के केन्द्र काशी में कौन साहस कर यह पूछ सकता था कि "जो तू ब्राह्मन बभनी जाया तो आन बाट ह्वै काहे न आया?" समाज को मूर्ख बनाकर पाखंड का जाल बिछाकर शोषण करनेवाले ब्राह्मणों को कबीर डाँटते हैं और तुकार बहुला शब्दावली में—

तू ब्राह्मण मैं कासी क जुलाहा, चीन्हि न मोर गियाना।
तें सब माँगे भूपति राजा, मोरे राम धियाना॥[25]

पंडितों के द्वारा पवित्रता की बात करने पर उनसे कबीर उग्र होकर कहते हैं कि हे पंडित बता, तुमने ऐसा कौन-सा स्थान पवित्र छोड़ा है जहाँ मैं बैठकर भोजन कर सकूँ?

'कहु पंडित सूचाँ कौन ठाँउँ, जहाँ बैसि हँउ भोजन खाउँ'[26] और, अन्त में कबीर बहुत धीमे से उन पर व्यंग्य करके चलते बनते हैं कि कुल का अभिमान छोड़कर परम पद की प्राप्ति का प्रयास करो—कुल अभिमान विचारि तजि। खोजों पद निरबांन।[27]

'भक्तमाल' में नाभादास जी ने मध्यकालीन संतों का विस्तृत परिचय दिया है। उसमें इन संतों के व्यक्तित्व और कृतित्व का तो परिचय मिलता ही है, उनकी अन्तश्चेतना का भी संकेत मिलता है। कबीर की विद्रोही चेतना का वर्णन करते हुए नाभादास ने लिखा है कि किस प्रकार कबीर ने वर्णाश्रम-आधारित जाति-वर्ग की भावना की उपेक्षा कर दी—

भक्ति विमुख जो धर्म सो अधरम करि गायो।
जोग जग्य व्रतदान भजन बिनु तुच्छ दिखायो।
हिन्दू तुरक प्रमान रमैनी सबदी साखी।
पक्षपात नहिं वचन सबहि के हित की भाखी।
आरूढ़ दशा हवै जगत पर मुख देखी नहीं मानी।
कबीर कानि राखी नहीं वर्णाश्रम षट दरसनी॥[28]

कबीर की वर्णाश्रम-व्यवस्था की निरर्थकता-जन्य चेतना के लिए भक्तमाल के इस छप्पय की अन्तिम पंक्ति दर्शनीय है।

भारतीय समाज में अवर्णों और निम्न वर्ग के लोगों को प्राय: दबाकर रखा गया। उन्हें सम्मान की दृष्टि से नहीं देखा गया। नीची जातियों को निम्नतम रूप में ही ग्रहण किया गया। यहाँ पर शिल्पियों को भी सम्मान की दृष्टि से नहीं देखा गया। उन्हें मनुष्यत्व के अधिकार से वंचित रखा गया; क्योंकि उनकी गणना सामान्यत: शूद्रों की श्रेणी में की गई। उनके व्यक्तिगत विकास के लिए समाज में कोई व्यवस्था नहीं थी। कबीर ऐसे ही वयनजीवी शिल्पी समाज की देन थे जिन्हें समाज में कभी सम्मान नहीं दिया गया। ऐसा प्रतीत होता है कि निर्गुण संत कवियों में वर्ण-वर्ग के प्रति जो विद्रोह का भाव था, वह प्राय: उनके अवर्ण या निम्न वर्गीय होने के कारण था। वे सामान्यत: अवर्ण या निम्न वर्ग के थे जिन्हें समाज में उपेक्षित रखा गया। इस प्रकार इन संतों ने सामाजिक वैषम्य व भेदभाव के विरोध से सृजन की प्रेरणा ग्रहण की।

निर्गुण संत कवि सामाजिक असंगति के विरुद्ध विद्रोह कर व्यवस्था के मूल ढाँचे में परिवर्तन लाना चाहते थे; उसे और अधिक उदार और मानवीय बनाना चाहते थे। 'उन्होंने जिस सामाजिक साम्य-भाव को जगाया था उसमें वर्ण-भेद और जाति-भेद ही नहीं, धर्म-भेद का भी कोई स्थान नहीं था।'[29]

समाज की विच्छिन्न और निरपेक्ष साधना की कल्पना निर्गुण संत-साहित्य में नहीं है। रूढ़िवादिता के निरन्तर विकास के कारण समाज में जो विकृतियाँ और विषमताएँ आ गई थीं उनके निराकरण द्वारा संतों ने समाज के एक नवीन ढाँचे की कल्पना की। वे मानवतावादी थे। मनुष्यमात्र का कल्याण ही उनकी साधना का एकमात्र लक्ष्य था। डॉ. रांगेय राघव ने लिखा है—"जब संसार में कार्ल मार्क्स नहीं था, जब संसार में द्वंद्वात्मक भौतिकवाद का चिन्तन नहीं था, तब भी मनुष्य अन्याय के प्रति लड़ता था और यह संघर्ष मध्यकाल के संतों में हमें दिखाई देता है।"[30]

विश्व-मानवता ही संत कवियों की साधना का सार है। वे इस प्रकार की साधना के पक्षधर थे जिसमें व्यष्टि की चेतना समष्टि में समाहित हो सके। वे व्यक्ति के साथ-साथ पूरे समाज के दुख-दर्द का परिशमन चाहते थे। इस प्रकार की मानवतावादी दृष्टि के उन्मेष में कबीर जैसे संत कवियों का व्यापक योगदान था। डॉ. रामकुमार वर्मा ने लिखा है, "जाति-भेद एवं कर्मकांडों का विरोध करते हुए उन्होंने ऐसे विश्व धर्म की परिकल्पना की जिसमें विविध वर्गों के लोग बिना किसी बाधा के समान रूप से एक पंक्ति में बैठ सकते थे।"[31] इस प्रकार की मानवीय चेतना के कारण ही कबीर जैसे संतों की कविता शाश्वतता को प्राप्त कर सकी।

मध्यकाल में मूल्यांधता और ह्रास अनेक स्तरों पर था और राजनीतिक दृष्टि से तो यह समय अत्यन्त उथल-पुथल से युक्त था। सामाजिक दृष्टि से देखा जाए तो रूढ़ियों और विषमताओं ने पूरे समाज को एक प्रकार से ग्रस लिया था। मध्यकालीन निर्गुण संतों ने इस प्रकार की विषमताओं का डटकर विरोध किया और भक्ति के आधार पर सबको राहत दिलाई। इन्होंने अपनी वाणियों में वर्ण-वर्ग की भावना का विरोध किया। जाति-पाँति की उच्चता-नीचता को वे एकदम समाज-विरोधी अवधारणा मानते थे।

निर्गुण संतों में सुन्दरदास ही ऐसे संत हैं जो ब्राह्मण, क्षत्रिय, वैश्य और शूद्र के स्वरूप पर विचार करते हुए वर्णाश्रम-व्यवस्था के प्रति विरोध या असन्तोष प्रकट नहीं करते। फिर भी वे ब्राह्मण और चांडाल की संकुचित भेदकत्व की सीमा का अतिक्रमण कर साम्य-भाव की व्यंजना करते हैं। उनके अनुसार जो शरीर को ही आत्म-तत्त्व मान लेता है और जड़ता तथा अज्ञानान्धकार में पड़ा रहता है वही शूद्र है और जिसकी बुद्धि सतोगुण से युक्त रहती है और आत्मा का विचार करती है; वह ब्राह्मण कहलाता है। वास्तव में सुन्दरदास जी ने जन्मगत या कर्मगत आधार

पर ब्राह्मण या शूद्र का स्वरूप निर्धारण नहीं किया है, अपितु ज्ञानात्मक संवेदना के आधार पर उसका स्वरूप-निर्धारण किया है। साथ ही उनके धर्म-कर्म को भी वे रेखांकित करना नहीं भूलते—

वर्णाश्रम बंधेज करि, अपने-अपने धर्म।
ब्रह्मण क्षत्रिय वैश्य पुनि, शूद्र दिढ़ाये कर्म॥[32]

वस्तुतः वे भी समानता के ही पक्षधर हैं। वे मानव-मूल्यों को सर्वोपरि रखते हैं और उन मूल्यों के आधार पर ही वे आदमी की पहचान बनाते हैं। वे बड़े रोचक ढंग से कहते हैं कि दीपक ने ब्राह्मण और चांडाल के घर में अपना प्रकाश देने में आनाकानी नहीं की। अन्त्यज के जलकुम्भ में और ब्राह्मण के कलश में सूर्य की रोशनी एक-सी ही पड़ती है, अर्थात वह प्रभु दीपक, ज्योति एवं सूर्य द्वारा हमें इस प्रकार समता का पाठ पढ़ाता है। अतः हमें संकुचित भेद-भावना से उसके पवित्र निवास को कलुषित नहीं करना चाहिए—

दीपक जोयो बिप्रघर, पुनि जोयो चंडाल।
सुन्दर दोऊ सदन को, तिमिर गयो ततकाल॥
अन्त्यज के जलकुम्भ में, ब्राह्मण कलस मँझार।
सुन्दर सूर प्रकासिया, दुहुँवनि में इकसार॥[33]

वे मानवता के पुजारी थे और उसी आधार पर सबकी समानता की घोषणा करते हैं। वे भारतीय संस्कृति की उस मूलभूत संकल्पना को लेकर चलते हैं 'जो विवेक का एक विशिष्ट इतिहास है न कि छुआछूत या चूल्हे-चौके की मृत मुमूर्ष रूढ़ियाँ।'[34] वे जन-सामान्य में उस ज्ञानात्मक संवेदना का प्रसार करना चाहते हैं जो जाति-वर्ग के आधार पर वैषम्य भावना का प्रत्याख्यान करती है। यही कारण है कि निर्गुण कवियों का काव्य इतना जनव्यापी हो सका। मध्यकालीन निर्गुण कवियों ने सामन्ती व्यवस्था का सक्रिय विरोध किया। कबीरादि संतों ने अपने भीतर धर्म साधना के द्वारा आत्मविश्वास पैदा किया और जनता के भीतर वह आस्था तथा विश्वास पैदा किया जो सामन्ती समाज-व्यवस्था के विरुद्ध विद्रोह कर सके। 'समाज के तथाकथित निम्नवर्ग से उद्भूत इन संतों को समाज ने ठुकराने का दुस्साहस एकत्रित किया, लेकिन कौन जानता था कि यह दुस्साहस संतों को ही वह अदम्य शक्ति प्रदान करेगा कि वे इस आडम्बरपूर्ण समाज को ही ठुकराकर अपने पीछे लगा लेंगे। समाज के इस दुस्साहस ने उन्हें तनकर खड़े होने की शक्ति प्रदान की।'[35]

निर्गुण संत कवियों के समान ही सूफ़ी कवियों ने यहाँ की जनता में विश्व मानवता का सन्देश दिया। उन्होंने यहाँ की प्रसिद्ध और प्रचलित हिन्दू प्रेम-कथाओं को अपनी रचनाओं का आधार बनाया और एकेश्वरवादी भावना का संचार किया।

वे भी किसी प्रकार की वर्ण-वर्गमूलक चेतना का मानवता के आधार पर विरोध करते हैं। उनकी साधना पर भी नाथपंथी साधकों का प्रभाव देखने को मिलता है।

सूफ़ी कवियों ने अपनी प्रेमाख्यानक कृतियों में उस प्रेम का चित्रण किया है जो ईश्वर की प्राप्ति कराता है। जायसी ने कहा है कि मनुष्य प्रेम के कारण बैकुंठ के योग्य हुआ है, अन्यथा संसार में मुट्ठी-भर राख के सिवाय और कुछ नहीं है। इन सूफ़ी कवियों की प्रेम-कहानियों की मधुरता और कोमलता ने दिखला दिया कि एक ही गुप्त तार मनुष्य मात्र के हृदयों से होता हुआ गया है जिसे छूते ही मनुष्य सारे बाहरी रूप-रंग के भेदों की ओर से ध्यान हटा एकत्व का अनुभव करने लगता है।[36] इन सूफ़ी कवियों की साधना में एक प्रकार से सामाजिक साम्य-भाव का दृष्टिकोण सर्वत्र दिखाई देता है। 'उनकी एकेश्वरवादी भावना, सामाजिक भेदभाव विहीनता तथा धार्मिक समानता के वैशिष्ट्य ने यहाँ की दलित परिगणित एवं पिछड़ी हुई जातियों में एक नवीन आशा का संचार कर दिया। जिससे उनमें नवजागरण एवं स्वावलम्बन का भाव उठने लगा और उसकी प्रतिक्रिया में यहाँ के उच्चवर्गीय लोगों को भी अपने नियंत्रण के नियम ढीले करने पड़ गए, फलतः भारतीय समाज की सामूहिक मनोवृत्ति का झुकाव क्रमशः लोकोन्मुख होता गया।'[37] इस प्रकार सूफ़ी साहित्य भी निर्गुण संत कवियों के समान ही लोकप्रिय व लोकोन्मुख हुआ। किन्तु दोनों की सामंजस्यवादी दृष्टि में अन्तर यह था कि एक उग्र था तो दूसरा कोमलता युक्त। सूफ़ी कवियों ने वर्ण-वर्ग की भावना को दूर करने के लिए विद्रोह का भाव नहीं जगाया। किन्तु निर्गुण संतों ने सक्रिय होकर विरोध और विद्रोह किया। कई जगह तो वे बहुत उग्र और आक्रामक होकर ऐसा प्रहार करते हैं कि लोग तिलमिलाकर रह जाते। कबीर की उक्तियों का प्रभाव हम ऊपर दिखा चुके हैं। आगे हम उन अन्य वर्ण-वर्ग विरोधी संतों की ओर दृष्टिपात करेंगे जिन्होंने संत कबीर से प्राप्त इस विद्रोही चेतना को आगे बढ़ाया।

कबीरदास की ही भाँति रैदास, नानक, दादूदयाल, रज्जब, पलटू, यारी, बुल्ला, गरीबदास, दरिया साहब तथा चरणदास प्रभृति संतों ने भी समाज में वर्ण-वर्ग की भावना को महत्त्व नहीं दिया। इन संतों की सबसे बड़ी विशेषता यह है कि ये समाज के तथाकथित नीच और निम्न वर्ग से आए थे किन्तु सवर्णों में भी इन्होंने ख्याति प्राप्त की। संत रैदास जी इसके प्रमाण हैं। चित्तौड़ की रानी झाली और प्रसिद्ध कवयित्री मीराबाई उनकी शिष्या थीं।

अपनी प्रगतिशील चेतना और भक्ति-साधना के बल पर ही उन्होंने समाज की उपेक्षित जातियों के बीच आत्मगौरव का भाव जगाया। उनकी कामना थी कि परमात्मा की उन पर यथावत कृपा बनी रहे तो वे बारम्बार चर्मकार के घर में जन्म लेना पसन्द करेंगे—

कह 'रविदास' सुनि केसवे, अन्तहकरन विचार।
तुम्हरि भगति के कारने, फिरि ह्वैहों चमार॥[38]

यह भावना इस बात का द्योतक है कि जाति-वर्ग की भावना का साधना में कोई स्थान नहीं। जाति-वर्ग के आधार पर किसी ने भी रामभक्ति को नहीं प्राप्त किया है। जीवमात्र में व्याप्त रहनेवाला परमात्मा वर्ण-वर्ग-भेद से ऊपर है—

अबरन बरन कहै जन कोई,
घट घट व्यापि रह्यो हरि सोई।[39]

ईश्वर के यहाँ सभी बराबर हैं, चाहे वह किसी भी जाति का हो। ईश्वर 'प्रेम' का आकांक्षी है और प्रीतिपूर्वक अपने हृदय के भीतर भगवान का स्मरण ही संत रैदास की साधना का प्राण है। इसी आधार पर वे सामाजिक साम्य-भाव का विकास कर पाते हैं।

गुरुनानक देव का मानना है कि परमात्मा की सृष्टि में न कोई ऊँच है न नीच। नीचतम जातियों में जो नीच हैं, नानक का साथ उन्हीं से है। वे कहते हैं कि मैं अपनी क्या तुलना करूँ? जहाँ पर नीच देखे जाते हैं, वहीं पर परमात्मा की कृपा होती है—

नीचा अन्दरि नीच जाति नीची हू अति नीचु।
नानकु तिनके संगि साथि वाडिआ सिउकिआ रीस।
जिथे नीच समालीअनि तिथे, नदरि तेरी बखसीस॥[40]

नानक ने परमतत्त्व की साधना के लिए जाति-पाँति के भेद को निरर्थक माना है। भक्ति के लिए किसी की जाति-पाँति पूछने की आवश्यकता नहीं है। उन्होंने हिन्दू-मुसलमान दोनों धर्मों की जातीय भेदभाव की भावना को दूर कर सामाजिक ऐक्य की स्थापना का स्तुत्य प्रयास किया। इसके साथ ही कर्म और व्यवसाय की दृष्टि से भी उन्होंने मानवमात्र में भेद को स्वीकार नहीं किया। भ्रमण करते समय सैयदपुर (वर्तमान अमीनाबाद) में इन्होंने लाली नामक बढ़ई के यहाँ भोजन किया और यह सिद्ध किया कि संतों के मार्ग में ब्राह्मण और शूद्र में अन्तर नहीं है। उनकी दृष्टि में वही मानव श्रेष्ठ है जिसने अपने अन्दर मानवीय गुणों का विकास कर लिया है। धर्म, अर्थ, कर्म, जाति, प्रदेश, रूप, रंग आदि किसी भी आधार पर उन्होंने मानव-मानव की एकता और समता के स्वर से समाज को निनादित कर दिया।[41] इसी प्रकार नानक पंथी अन्य संत भी वर्णाश्रम और जातिवाद के बिलकुल विरुद्ध थे। इन्होंने सामान्य, सर्वसाधारण पाक-व्यवस्था (लंगर) बनाई जिसमें सभी वर्गों और वर्गों के लोग आसानी से समवेत रूप से खा-पी सकते थे। इस प्रकार इनकी साम्यपरक चेतना के फलस्वरूप जाति, वर्ग का दुराग्रह कम हो गया और 'समाज कुल मिलाकर सामाजिक समीकरण की ओर बढ़ा।'[42]

संत दादूदयाल का विचार है कि सामाजिक दृष्टि से मानव में वर्ण-वर्ग का कोई भेद नहीं है। सभी समान हैं। फतेहपुर सीकरी में, एक बार अकबर ने दादूदयाल जी से पूछा था कि ख़ुदा की जाति, अंग, वजूद और रंग क्या है; तो, उन्होंने इसका उत्तर इस प्रकार दिया था—

इसक अलह की जाति है, इसक अलह का अंग।
इसक अलह औजूद है, इसक अलह का रंग॥[43]

अर्थात अल्लाह या ख़ुदा का रंग, वजूद और जाति प्रेम है। तो, जब अल्लाह की जाति में भेद नहीं है, तब फिर उसके बन्दों में कैसी भेद-भावना? उस अल्लाह के सामने तो सभी बराबर हैं। वह सबकी आत्मा में समान रूप से समाहित है।

संत जाति-पाँति के वर्गगत भेद से ऊपर उठकर सामाजिक समता की बात करते हैं। जातिगत वैषम्यमूलक भावना का उग्रतम विरोध कबीर साहब ने ही किया, किन्तु अन्य संत भी उनके स्वर में स्वर मिलाकर चलते हैं। वास्तव में संत मानव-सत्य को प्रतिष्ठित करना चाहते थे। 'वे एक ऐसे समाज का निर्माण करना चाहते थे जिसमें ऊँच-नीच का भेद न हो; जिसमें सतानेवाले राजा न हों, धर्म के ठेकेदार न हों, समाज-व्यवस्था का आधार प्रेम हो!'[44]

रज्जब जी का कहना है कि किसी की आत्मा में अमीर-ग़रीब, हिन्दू-मुसलमान, चमार-ब्राह्मण का भाव नहीं होता। यदि ऐसा ही होता तो नदी का जल भी अस्पृश्य हो जाता, क्योंकि उसमें तो सभी एक ही भाव से जल भरते हैं। इसलिए सबको समान रूप से देखना चाहिए। मनुष्य में जब समता भाव आ जाता है तब उसका सम्मान देवता के रूप में होता है। धरती, आकाश, जल, वायु, चन्द्र और सूर्य इसके साक्षी हैं। ये सभी के प्रति 'समभाव' रखते हैं और इसीलिए ये महान हैं—

रज्जब समता आवतें, मिनख देव सन्मान।
धरणि गगन पाणी पवन, साक्षी शशिहर भान॥[45]

समता पर रज्जब जी ने पूरा एक अध्याय (विवेक समता का अंग) ही लिखा है। इसमें उन्होंने मनुष्य मात्र को सामाजिक साम्य-भाव का उपदेश दिया है।

भेदोपभेदों ने मानवता की संकल्पना को खंडित कर दिया है। यह खंड मानवता पुनः अखंडित विश्व-मानवता बन जाए, ऐसा प्रयत्न मध्ययुग में कबीर और उनके अनुयायी संतों ने किया।[46] संत मलूकदास जी ने इस मानवतावादी चेतना को जड़, चेतन एवं वनस्पति जगत तक पहुँचाने की प्रेरणा दी है—

हरी डार न तोड़िये, लागे छूरा बान।
दास मलूका यों कहे, अपना सा जिवजान॥[47]

यही वही साम्य-भाव की चेतना है जो कबीर साहब के यहाँ 'माटी कहै कुम्हार को, तू क्या रूँदे मोहिं' में निहित है। मलूकदास जी ने बाह्याचार और पाखंड का भी उसी तरह विरोध किया है जिस प्रकार कबीर ने। इनकी विचारधारा पर कबीर का स्पष्ट प्रभाव है।

संत-साहित्य में मानव मात्र की समानता की भावना एक मूलसूत्र की तरह विद्यमान है। विभिन्न धर्मों, जातियों और वर्णों में बँटे हुए समाज में निर्धन जनता यह विश्वास प्रकट किये बिना न रह सकी कि सभी मनुष्य भाई-भाई हैं।[48] संतों ने जाति-भेद को एकदम बेमानी कहा। वे जाति-वर्ग की मिथ्याचारिता पर व्यंग्य करते हैं, उसका विरोध करते हैं। बिहार के संत दरिया साहब के अनुसार जाति-पाँति की बात करना व्यर्थ की बात है। जिन संतों ने परमतत्त्व को प्राप्त किया, उनकी कोई जाति नहीं थी—

जाति पाँति नहिं पूछिए, पूछहुँ निर्मल ज्ञान।
संत के जाति अजाति है, जिन्हि पायो पद निर्बान॥[49]

दरिया साहब ने कहीं-कहीं तो पाखंडी ब्राह्मणों और वैष्णवों पर तीखे प्रहार किये हैं। एक स्थान पर वे कहते हैं कि स्वयं तो ब्राह्मण और वैष्णव बना हुआ है, किन्तु घर शाक्त स्त्री (साकठ मेहरी) रखे हुए हैं; जो भयंकर मांसाहारिणी है।[50]

वास्तव में, संतों के यहाँ, जो हरि-भक्ति कर साधना के शिखर पर पहुँच जाता है वही ऊँचा है। पलटू साहब का कहना है कि जितने भी निम्न श्रेणी के लोग, जिन्हें अछूत और शूद्र कहा जाता है, राम-नाम के सहारे इस भवसागर के पार उतर गए। किन्तु ऊँचे वर्ण के लोग 'मद' (घमंड) वश इस असार संसार सागर को पार नहीं कर सके, उसी में डुबकी लगाते रहे—

नीच नीच सब तरि गए राम नाम लवलीन।
पलटू ऊँचे वरण मद बूड़े सबै कुलीन॥[51]

पलटू साहब ने इस संसार में सबको समान रूप से देखा। उनके मन में यह बात बराबर खटकती रहती कि एक ही ईश्वर के पुत्रों में यह भेदभाव कैसा? उन्होंने सामाजिक साम्य भाव का प्रचार किया जिसमें ब्राह्मण, क्षत्रिय, वैश्य, शूद्र सब बराबर हैं। जाति के आधार पर कोई किसी से नीचा और ऊँचा नहीं है। वे ब्राह्मणों से प्रश्न करते हैं कि उनमें और शूद्र में अन्तर कैसा? केवल जनेऊ का अन्तर सांसारिक है। ब्राह्मण और शूद्र दोनों में एक ही रुधिर है। इसलिए जाति उसकी ऊँची है जो हरि को भजता है। जो ब्राह्मण जनेऊ के आधार पर अपनी श्रेष्ठता प्रतिपादित करता है उसे पलटू साहब बहुत डाँटते हैं—

पांडे जी तीन ताग तुम नाए, बमनी को क्या तुम पहिराए।
तुमरे तन में दूध जो निकरे, शूद्र के निकरे लोहू।

× × ×

पूरण ब्रह्म सकल घट व्यापक काको कहिए मध्यम।
पलटू कहे सुनो हो पाँड़े, हरि को भजे सो उत्तम॥ [52]

संत गरीबदास भी अन्य पूर्ववर्ती संतों के स्वर में स्वर मिलाते हुए कहते हैं कि सभी के जाने का मार्ग एक ही है। एक ही प्रकार के हाड़ और चाम से निर्मित शरीर में शूद्र और ब्राह्मण कैसे हो सकता है?—

कैसे हिन्दू तुरक कहाया, सबही एके द्वारे आया।
कैसे ब्राह्मण कैसे सूद, एके हाड़ चाम तन गूद॥[53]

संत चरणदास ने चारों वर्णों में हरिजन को ऊँचा कहा है, क्योंकि उसके हृदय में भक्ति का प्रकाश होता है। वे निम्न वर्ग के उन संतों का उदाहरण प्रस्तुत करते हैं जिन्होंने अपनी साधना के बल पर परमपद को प्राप्त किया। वे कहते हैं कि यदि जाति-कुल का ही भगवान विचार करते तो गणिका को क्यों तारते?—

जाति बरन पर जो हरि जाते।
तौ गनिका क्यों तारा है॥[54]

ब्राह्मणत्व की पहचान बताते हुए वे कहते हैं कि ब्राह्मण वह है जिसे आत्मज्ञान हो, परमात्मा का ध्यान करता हो। जो काम, क्रोध, लोभ, मद से विचलित न हो—

ब्राह्मन सो जो ब्रह्म पिछाने। बाहर जाता भीतर आने॥
आतम विद्या पढ़े पढ़ावे। परमातम की ध्यान लगावै॥
काम, क्रोध, मद, लोभ न होई। चरनदास कहै ब्राह्मन सोई॥[55]

इस प्रकार संत चरणदास जी ने भी वर्ण-वर्ग की खाई को पाटने का हर प्रकार से प्रयत्न किया है। चरणदास के पूर्ववर्ती बावरी पंथ के संतों ने अपने रचनात्मक और आलोचनात्मक उपदेशों से मायिक प्रपंच में भटके मानव को आत्मोन्नति का उपदेश देकर ब्रह्मानुभूति के मार्ग पर अग्रसर होने की प्रेरणा दी। उन्होंने समाज से वैषम्य और अनाचार का निराकरण कर साम्य और सदाचरण का बीज-वपन किया।[56]

बाबा धरणीदास जी और जगजीवन साहब भी समाज में वर्ग-भेद की भावना का अपने ढंग से विरोध करते हैं। धरणीदास जी ब्राह्मणों को कबीर की भँति डाँटते हैं। वे मांस भक्षण करनेवाले ब्राह्मणों को पापी मानते हैं और वैष्णव शूद्र की पूजा करते हैं—

मास अहारी बाह्मना, सो पापी बहि जाउ।
धरनी सूद्र बइस्नवा, ताहि चरन सिर नाउ॥[57]

ये ब्राह्मण भ्रमित होते हैं और भ्रम के ही देश में रहते हैं। पंडित (ब्राह्मण) की मिथ्याचारिता की वे निन्दा करते हैं, जो शास्त्र की दुहाई देकर निम्नवर्ग की जनता का शोषण करता है। धरणीदास जी के अनुसार पंडित वह है जो ज्ञान की साधना करता है, विश्व मानवता का सन्देश सुनाता है। यदि पंडित में यह गुण नहीं है तो उसकी पंडिताई व्यर्थ है—

पंडित काह करे पंडिताई।
त्याग दे बहुत पढ़ब पोथी का, नाम जपहु चित लाई।[58]

इस प्रकार यह स्पष्ट होता है कि प्राय: सभी निर्गुण संत कवियों ने सामाजिक वैषम्य की भावना को दूर करने का अथक परिश्रम किया है। इस प्रक्रिया में कबीर जैसे साधकों को उग्रता और विद्रोह की सीमा का प्राय: अतिक्रमण भी करना पड़ा है। किन्तु उनके इस अतिक्रमण में भी समता और साम्य की भावना अन्तर्निहित है।

(ख) धार्मिक कर्मकांड पाखंड और शास्त्रवाद का विरोध

सार्थक विरोध हमेशा सर्जनात्मक होता है। वह यदि सार्थक नहीं होता तो सर्जनात्मक भी नहीं हो पाता और इसीलिए असर्जनात्मक और निरर्थक विरोध सफल नहीं होता। निर्गुण संत कवियों की विद्रोही चेतना और समाज की रूढ़िबद्ध धारणाओं और क्रियाओं के प्रति जो विद्रोह या विरोध का भाव है, वह पूर्णत: सर्जनात्मक और सार्थक है। उन्होंने अपनी वाणियों में मानवीय प्रेम के आधार पर सामाजिक साम्यभाव की संवेदना का विस्तार किया। लेकिन उन्हें इसके लिए बहुत संघर्ष करना पड़ा। उन्होंने धर्म के भीतर कुप्रवृत्तियों के समावेश को रोकने का प्रयास किया। समाज में व्याप्त पाखंड और बाह्याचार का खुलासा किया और जन-सामान्य की आकांक्षाओं-आशाओं के अनुरूप स्वानुभव और सहज जीवन पर बल दिया। यह उनके जीवन और साधना का परम लक्ष्य था।

मध्यकालीन समाज के अध्ययन से पता चलता है कि उस समय के समाज में, धर्म एक प्रकार से, कर्मकांड और पाखंड का अंग-सा हो गया था। धर्म में कर्मकांड का बोलबाला था और धार्मिक पाखंड सामान्य जनता के शोषण का अंग हो गया था। शास्त्रवाद पंडितों का हथकंडा था जिसके माध्यम से वे जनता को ठगते थे। शास्त्र के नाम पर वे ख़ुद ऐसे 'अकृत्य' करते थे जिनका उन शास्त्रों में ही निषेध था।

संत-साहित्य उन समस्त वैदिक परम्परा के कर्मकांडों का विरोध कर सका जो कालान्तर में वैष्णव भक्ति के साधन थे, इसीलिए अवतारवाद, मूर्ति, तीर्थ, व्रत, माला आदि संत सम्प्रदाय को ग्राह्य नहीं हो सके, जो कर्मकांड के प्रतीक बने हुए थे।

कर्मकांड और पाखंड

कर्मकांड और पाखंड के अन्तर्गत क्रमशः मूर्तिपूजा, तीर्थ-व्रत, रोज़ा-नमाज़, जप-तप, माला-छापा, वेश-धारण इत्यादि को लिया जा सकता है।

मूर्ति पूजा—प्रायः सभी निर्गुण कवियों ने मूर्ति पूजा का विरोध किया है और ब्रह्म या परमात्मा को अन्तस्साधना द्वारा अपने भीतर देखने का सन्देश दिया है। वे स्वानुभव के कायल थे। कर्मकांड, विधि-विधान, बाह्याचार एवं पूजा-उपासना की रूढ़िबद्ध अवधारणा के प्रति उनमें कोई आस्था न थी। वे जीवन में अपने साधारण और सहज क्रिया-व्यापारों से ऐसा सुसंगत दृष्टिकोण प्रस्तुत करते हैं, जो दैहिक दैविक और भौतिक तापों से त्राण पाने का मार्ग दिखलाता है। वे धर्म के नाम पर होनेवाले आचारों-व्यवहारों से बहुत दुखी होते हैं और उस सहज-साधना के प्रति आकर्षित होते हैं जो सबके लिए सुलभ है; जहाँ अवर्ण-सवर्ण, अमीर-ग़रीब सभी पहुँच सकते हैं। किन्तु मध्यकाल में अवर्ण मन्दिरों में जाकर पूजा नहीं कर सकता था। इसलिए, संत कवियों ने मूर्ति पूजा का विरोध भी सम्भवतः उन्हें समानता के स्तर पर लाने के लिए किया है; क्योंकि बिना मन्दिर गए अपने हृदय के भीतर भगवान की वे आसानी से पूजा या उसका स्मरण कर सकते थे। इसके अतिरिक्त उनका स्वानुभव है कि मूर्ति या मन्दिर-मस्जिद किसी के दुखों का निवारण नहीं कर सकते। यदि ऐसा ही होता, तो कबीरदास जी के अनुसार, मूर्ति पूजा करनेवाला पंडित (पुजारी) मूर्तियों के चढ़ावे अपने घर नहीं ले जाता और न मूर्तियों को वह प्रसाद की राख (बचा-खुचा) खिलाकर उन्हें धोखा देता—

लाडू लावर लापसी, पूजा चढ़ै अपार।
पूजि पुजारा ले गया, दे मूरति के मुँहि छार॥[59]

कर्मकांड को भी कबीरदास जी पाखंड के ही अन्तर्गत मानते हैं, क्योंकि परमात्मा की भक्ति का सम्बन्ध मन से है, मन की भक्ति तन को स्वयं ही अपने अनुकूल बना लेगी। भक्ति की सच्ची भावना होने से कर्म भी अनुकूल होने लगेंगे, परन्तु केवल बाहरी माला जपने अथवा पूजा-पाठ करने से कुछ नहीं होता। यह तो मानो और अधिक माया में पड़ना है—

जप तप संजम पूजा अरचा, जोतिग जग बौराना।
कागद लिखि लिखि जगत भुलाना, मन-ही-मन न समाना॥[60]

मूर्ति पूजा संतों की दृष्टि में निरर्थक साधना है। इसीलिए कबीर साहब का कहना है कि यदि पत्थर की पूजा करनी ही है तो उस चाकी की पूजा करो, जिससे निकला हुआ आटा दो जून रोटी बनाने के काम आता है। पंडित हजारीप्रसाद द्विवेदी का मानना है कि "भारत में मुसलमानों के आगमन के साथ ही हिन्दू धर्म प्रधानत: आचार-प्रवण हो गया। तीर्थ, व्रत, उपवास और होमाचार की परम्परा उसका केन्द्र बिन्दु हो गई।"[61] कर्मकांड का जबर्दस्त विरोध सरहपा ने भी किया है। एक स्थान पर वे कहते हैं कि होम करने से कोई पुण्य मिलता हो या नहीं, किन्तु आँखों में कड़वा धुआँ अवश्य लगता है—

कज्जे विरहिअ हुअवह होमें। अक्खि डहाविअ कड़ुएँ धूमें॥[62]

इसी प्रकार कर्मकांडजन्य तीर्थ, व्रत का भी सरहपा ने विरोध किया है और बतलाया है कि मनुष्य का शरीर ही सबसे बड़ा तीर्थ है; वाराणसी और प्रयाग यही है।[63] तीर्थ-व्रत का विरोध गोरखनाथ ने भी इसी तेवर के साथ किया है। उनके अनुसार देवालय की यात्रा शून्य है, उससे कोई फल नहीं मिलता। तीर्थ-यात्रा से तो फल ही क्या मिल सकता है, वह तो पानी की ही यात्रा हुई।[64]

निर्गुण संत कवियों पर उनके पूर्ववर्ती सिद्ध एवं नाथ-साहित्य का प्रभाव पड़ा है। उन्होंने उनके कतिपय साधनात्मक शब्दों को भी यथावत स्वीकार कर लिया है। सामाजिक रूढ़ियों तथा धार्मिक कर्मकांड और पाखंड इत्यादि के प्रति विद्रोह का भाव उन्होंने वहीं से लिया था। सम्भवत: इसीलिए आचार्य द्विवेदी ने यह कहा था कि संतों को बहुत कुछ बनी-बनाई भूमि मिली थी। और, यह भूमि सिद्ध एवं नाथ-साहित्य की ही थी।

गुरुनानक देव जी ने भी मूर्ति पूजा की व्यर्थता सिद्ध की। उन्होंने उसका उपहास किया, व्यंग्य किया और विरोध किया। वे कहते हैं कि हे भाई जिन पत्थरों की पूजा करते हो, यदि वे स्वयं ही पानी में डूब जाएँ, तो उन्हें पूजकर तुम संसार-सागर से कैसे तर सकते हो?—

अंधे गुंगे अंध अंधारु। पाथरु ले पूजहिं मुगध गँवारु॥
ओहि जा आपि डूबे तुम कहा तरणहारु॥[65]

नानकदेव जी का मानना है कि मूर्ति पूजा अंधकर्म है, क्योंकि मूर्ति न भूखों को भोजन देती है और न मरनेवाले की रक्षा ही करती है। इस प्रकार मूर्ति पूजा तो अंधों के समान अविवेकपूर्ण विवाद है।[66]

वास्तव में, संतों का उद्‌देश्य अन्तस्साधना मूलक भक्ति थी, जिसके अनुसार साधक परमात्मा को अपने भीतर ही देख सकता था। बाह्य कर्मकांड की उसके लिए कोई आवश्यकता ही नहीं थी। मलूकदास जी ने कहा है—

जेती देखे आतमा, तेते सालिगराम।
बोलनहारा पूजिये, पत्थर से क्या काम॥[67]

संत दादूदयाल का कहना है कि जिन्होंने कंकड़-पत्थर की सेवा की उन्होंने अपना मूल गँवाया। जो 'अलक्ष्य' देवता हृदय के भीतर निवर्तमान है, वह क्या किसी और जगह पाया जा सकता है—

जिनि कंकर पत्थर सेविया सो अपना मूल गँवाइ।
अलख देव अन्तरि बसै, क्या दूजी जगह जाइ॥[68]

उस परमतत्त्व की पूजा पत्थरों में करना दादू के अनुसार आत्मघात करना है—

पाहन की पूजा करै, करि आत्मघाता।
निर्मल नैन न आवई, दो मग दिसि जाता।[69]

वह परमतत्त्व तो अपनी ही काया में समाया हुआ है, अतः उसे अपनी काया के भीतर देखने का यत्न करना चाहिए न कि मन्दिर और अन्य स्थानों में—

पूजणहारे पासि है, देही माँहैं देव।
दादू ताकूँ छाँड़ि करि, बाहरि माँडी सेव॥[70]

स्वानुभवमूलक ज्ञान की साधना करनेवाले संतों के लिए धर्म, कर्म, विविध बाह्याचार विधान एवं पूजा-उपासना की रूढ़िबद्धता अज्ञानान्धकार ही प्रतीत हुई। इसीलिए हम देखते हैं कि वे बाहरी विधि-विधानों की बाह्याचारिता को भेदकर सहजता और आन्तरिक शुचिता को आवश्यक मानते हैं। उनका आध्यात्मिक जीवन-दर्शन आदर्श-स्वरूप है जो चिन्मय की ही निरन्तर तलाश करता है। वे एक ऐसे धर्म की, समाज की तलाश करते हैं जिसमें धार्मिक पाखंड न हो, ढकोसला न हो, नीच-ऊँच की भावना न हो, शोषक और शोषित न हों। किन्तु उनके समय का समाज तो इन सब दुष्प्रवृत्तियों से आक्रान्त था और इसीलिए वे इन प्रवृत्तियों का जमकर विरोध करते हैं।

ऊपर हमने संकेत किया है कि सभी निर्गुण संत मूर्ति पूजा और तत्सम्बन्धी बाह्याचार के प्रति विरोध-भाव जताते हैं। किन्तु महिला संतों में इस प्रकार की विरोधवृत्ति और खंडनात्मक प्रवृत्ति का प्रायः अभाव ही मिलता है। दयाबाई और सहजोबाई ने अपनी बानियों में भक्ति-भावना की ही अभिव्यक्ति की है। सामाजिक-धार्मिक बुराइयों का उल्लेख उन्होंने नहीं किया है। किन्तु उनके गुरु संत चरणदास तथा उनके पूर्ववर्ती अन्य संतों ने इस पर ध्यान दिया है। सतनामी सम्प्रदाय के संत जगजीवन साहब का कहना है कि लोग शालिग्राम और पितरों की पुत्तलिका

पूज-पूजकर हर्षित होते हैं और उसी में अपनी साधना की सफलता मानते हैं, किन्तु वे मूर्ख हैं। यह सब करके भी उनका चित्त चंचल ही रहता है और वे पुनः-पुनः अपने को भवजल में पड़ते देखकर पश्चात्ताप करते हैं—

सालिग्राम औ पीतर पुतरी, पूजि-पूजि हरषाहिं।
एह सब करै सरै न भजन बिन, मन थिर होवे नाहिं।
परहि आय भौजाल फेरि फेरि, समुझि समुझि पछताहिं॥[71]

संत पलटू साहब के अनुसार परमात्मा अपने भीतर बसता है, अतः उसे अपने भीतर ही देखना चाहिए, न कि मन्दिर और मस्जिद में। यदि कोई उसे पत्थरों और क़ब्रों में ढूँढ़ता है, तो वह उसका भ्रम है। वह निरर्थक साधना करता है। इसीलिए वे ब्रह्मा, विष्णु और महेश की पूजा छोड़कर, उसे सिर नवाना पसन्द करते हैं जो उनके घट के भीतर बसता है।[72]

संत भीखा साहब ने कहा है कि जो लोग जग्य, जोग, तप, दान, नेम आदि करके तथा जल से पत्थर की आराधना करके भगवान का साक्षात्कार करना चाहते हैं उनकी दशा बाँझ के पुत्र के समान है, अर्थात वे परमात्मा से कभी नहीं मिल पाते।[73] इसी प्रकार संत रज्जब जी ने भी कहा है कि यदि परमात्मा मन्दिर या मस्जिद में मिलते हों, तो यह मन्दिर-मस्जिद में जाने के प्रेम की रीति तो सभी के हृदय में है, फिर उससे बिना मिले कौन रहता होगा?[74] अर्थात मन्दिर-मस्जिद में परमात्मा के दर्शन नहीं होते, उसका स्थान तो साधक की काया है। सिद्ध तिलोपा ने भी कहा है कि तीर्थ-यात्रा, मूर्ति-पूजा इत्यादि बाह्याडम्बर हैं, इनसे आन्तरिक शुचिता नहीं आती।[75]

बिहार के संत दरिया साहब ने पूजा करनेवाले लोगों के देवताओं पर ही प्रश्न-चिह्न लगा दिया है—खाजि थकित भए तीनिउ देवा। अर्थात वे तीनों देवों को खोजते खोजते थक गए, कहीं न पा सके फिर लोग इन्हें मन्दिरों और मूर्तियों में कैसे पा लेते हैं? इसलिए दरिया साहब उन निरर्थक पत्थर की मूर्तियों को फोड़कर फेंकने को कहते हैं, क्योंकि हाथ-पाँव होने पर भी जो मूर्ति बोल नहीं पाती, वह भक्तों की रक्षा क्या कर सकती है?—

पत्थल गढ़ि गढ़ि मुरति बनाया, आदि केहु नहिं पाएउ रे जी।
तब हम कहा मुरति है पत्थल, चाहो तो फोरि डारेउ जी।
हाथ पाँव मुख सभे बनाया, बोलता बिना न कारेउ रे जी।
कीन्ह उखारी दीन्ह सभन्हि कँह, यह है आदि भवानिउ रे जी॥[76]

मूर्ति पूजा का विरोध जायसी इत्यादि सूफ़ी कवियों ने भी किया है। जायसी ने मूर्ति पूजक को बावला कहा है।[77]

तीर्थ-यात्रा

मध्ययुगीन समाज में अनेक प्रकार के बाह्याचार थे जिनमें तीर्थ-यात्रा का भी स्थान नीचा न था। समाज के लोगों के मन में यह भावना थी कि सब प्रकार के पापों से निवृत्ति का एकमात्र साधन तीर्थ ही है। तीर्थ-यात्रा से पापों से मुक्ति मिल जाती है और दूसरे, पुण्य का लाभ भी होता है। मध्ययुग में अनेक तीर्थ-स्थान थे, जिनमें काशी, प्रयाग, मथुरा तथा केदारनाथ आदि प्रसिद्ध थे। उस समय वाराणसी में गंगा-स्नान का मतलब सीधे मोक्ष-प्राप्ति कहा जाता था। या, यदि किसी ने प्रयाग में स्नान किया तो वह अपने को स्वर्ग का अधिकारी ही समझता था।

सामाजिक असमानता, कुरीतियों और धार्मिक पाखंडपूर्ण बाह्याचारों का खंडन निर्गुण संत-साहित्य की प्रधान प्रवृत्ति है। सामाजिक बुराइयों और धार्मिक पाखंडों की प्रतिक्रिया के फलस्वरूप संतों की साधना में निखार आया। यही कारण है कि हम संतों को अन्धविश्वास, पाखंड और रूढ़ियों पर चोट करते पाते हैं। डॉ. गोविन्द त्रिगुणायत ठीक ही लिखा है कि "निर्गुण काव्यधारा का उदय ही रूढ़िवादी अन्धविश्वास प्रधान धार्मिक सम्प्रदायों की प्रतिक्रिया के रूप में हुआ था।"[78]

मध्यकाल में सामाजिक, राजनीतिक और आर्थिक जीवन भी एक प्रकार से धर्म से परिचालित था। धर्म विश्वास पर आधारित होता है। कोई भी मतवाद या धारणा कितना ही वैज्ञानिक हो, बिना विश्वास के टिक नहीं सकता। किन्तु जब विश्वास का स्थान अन्धविश्वास ले लेता है तो वह समाज के लिए घातक हो जाता है। तब महसूस किया जाने लगता है कि इस अन्धविश्वास को दूर करना चाहिए।

मध्यकालीन समाज में धर्म के नाम पर अनेक अन्धविश्वास और पाखंड प्रचलित थे। तीर्थ-स्थानों पर पंडे-पुजारियों का वर्चस्व था। वे भोली-भाली अनपढ़ जनता को मूर्ख बनाकर ठगते थे। दूसरे, इन स्थानों पर निम्न वर्ग के लोगों के प्रति भेदभाव भी बरता जाता था। निर्गुण संतों ने तीर्थ-यात्रा का विरोध किया है। वे आन्तरिक शुचिता और अन्तस्साधना पर बल देते थे जिसके बिना तीर्थ, व्रत सब व्यर्थ हैं। उनका मानना है कि यदि मन में पाप-भाव भरा हुआ है तो तीर्थाटन करने से कोई फ़ायदा नहीं। वह तो मात्र लोगों को दिखाने के लिए पाखंडपूर्ण प्रदर्शन है। गंगा-स्नान करने पर भी व्यभिचार और अनाचार ही करना है तो गंगा-स्नान या तीर्थाटन का कोई औचित्य नहीं। संत कबीर का एक पद ऐसा है जिसमें गंगा-स्नान करनेवाली एक स्त्री का चित्रण है जो गंगा-स्नान और तीर्थाटन करके भी अपवित्र ही है—

चली है कुलबोरनी गंगा नहाय।
सतुआ कराइन बहुरी भुँजाइन, घूँघट ओटे भसकत जाय।[79]

हिन्दुओं के तीर्थाटन के समान ही मुसलमान हज करने के लिए मक्का-मदीना जाते हैं। कबीरादि संतों ने उनका भी विरोध किया और उन्हें भी यही सन्देश दिया कि काया को ही मक्का और मदीना समझो, यहीं अल्लाह का वास है। संत बुल्लेशाह ने भी कहा है कि वह प्रियतम रूपी परमात्मा सबके भीतर ही समाया हुआ है—

सैयो हुन साजन में पाइयो ई
हर हर दे बिच समाइयो ई॥[80]

बुल्लेशाह का मानना है कि बाहर की पवित्रता से क्या अगर भीतर की मैल नहीं गई? मालिक तो मेरे भीतर मिल गया है और लोग उसे दूसरी जगह खोजते हैं।[81]

संतों का चिन्तन बहुत वैज्ञानिक और सारगर्भित था। वे तीर्थ-स्थलों पर भयंकर ठंड में मरते लोगों को उपदेश देते थे कि घर में ही रहकर ईश्वर की पूजा करो; क्योंकि जो घर में नहीं मिल सकता, उसे तीर्थ-यात्रा में कैसे पाया जा सकता है?

संत कबीर साहब का कहना है कि मथुरा, द्वारका, जगन्नाथ या किसी भी तीर्थ-स्थान पर जाना व्यर्थ है; क्योंकि वहाँ लोग साधु-संगति नहीं करते, व्यर्थ के पाखंड में लगे होते हैं, अत: साधु संगति बिना तीर्थ-यात्रा का कोई औचित्य नहीं। तीर्थ, व्रत और जप-तप उसी प्रकार हैं जैसे सेमल का फूल, जिसे शुक (तोता) सेता रहता है किन्तु जब उसमें से रुई निकलकर उड़ जाती है तब सुग्गे को कुछ भी हाथ नहीं लगता। तीर्थ, व्रत का विश्वास भी उसी प्रकार थोथा अर्थात खोखला है। इसलिए कबीर अन्तस्साधना मूलक सहज साधना का उपदेश देते हैं कि अपने मन को ही मथुरा, हृदय को द्वारिका तथा काया को काशी समझो, इसी देवालय में दशम छोर (ब्रह्म रन्ध्र) है, उसी में उस (आत्माराम की) ज्योति को पहचानो—

मन मथुरा दिल द्वारिका, काया कासी जाँणि।
दसवाँ द्वारा देहुरा, तामें जोति पिछाँणि॥[82]

गोरखनाथ ने भी कहा था कि 'अवधू मन चंगा तो कठौती ही गंगा। बान्ध्या मेल्हा तौ जगत्र चेला'।

अर्थात यदि मन शुद्ध है तो चाहे, जहाँ चाहो वहाँ गंगा विद्यमान; क्योंकि गंगा स्नान से जो फल बताए गए हैं वे मन की शान्ति के लिए हैं। मन को (या जीव को) मुक्त कर दिया तो समग्र जगत चेला हो जाएगा। इसलिए मनुष्य को तीर्थ, व्रत का पाखंड छोड़कर मन की (आन्तरिक) शुद्धता पर बल देना चाहिए। इसी प्रकार की अन्तस्साधना और आन्तरिक पवित्रता पर बल देते हुए सुन्दरदास जी ने कहा है—

तीरथिया तीरथ को दौड़े, हज कौं दौड़े हाजी।
अन्तरगति षोजे नाहीं, भ्रमण ही सो राजी॥[83]

सुन्दरदास का सर्वाधिक हृदयहारी ग्रन्थ 'सुन्दरविलास' है। इस ग्रन्थ में भी उन्होंने विविध विषयों पर लिखा है। पाखंड और बाह्याचार भी उनकी दृष्टि से छूट नहीं पाए हैं और बड़ी ही सरस शैली में उन्होंने पाखंडों पर प्रहार किये हैं—

कोउक जात प्रयाग बनारस, कोऊ गया जगनाथहि धावे।
कोउ मथुरा बदरी हरिद्वार सु, कोउ गंगा कुरक्षेत्र नहावे॥
कोउक पुष्कर ह्वे पंचतीरथ, दौरिहि दौरि जु द्वारका आवे।
सुन्दर वित्त गड़्यो घर माह सु, बाहिर ढूँढ़त क्यूँ करि पावै॥[84]

इसी प्रकार अन्य कवित्त-सवैयों में भी उन्होंने बाह्याचार और पाखंड का तीखा विरोध किया है।

संत दादूदयाल का कहना है कि जिसके लिए तुम इधर-उधर घूमकर समय व्यर्थ करते हो वह तो तुम्हारे भीतर ही वर्तमान है, फिर उसे बाहरी प्रपंचों में क्यों देखते हो? वे कहते हैं कि शरीर में अगणित दुष्कर्मों को धोने के लिए तुम तीर्थ करते हो, किन्तु जो कर्म तुम वहाँ पर करते हो उसे धोने के लिए कहाँ जाओगे?

काया कर्म लगाय करि, तीरथ धोवे जाइ।
तीरथ माँहि कीजिए, सो कैसे कहि जाइ॥[85]

संत रैदास जी का कहना है कि तीर्थ, व्रत तो पाखंड है। मूलतत्त्व परमात्मा की भक्ति है और उसके लिए बाहर जाकर तीर्थ-यात्रा करना या मूर्ति पूजा करना निरर्थक साधना है। इसीलिए वे तीर्थ-व्रत पर जरा भी विश्वास नहीं करते—

तीरथ बरत न करो अन्देसा।
तुम्हरे चरनकमल क भरोसा॥
कहाँ भयो बहु पाखंड कीये, हरि हृदय सपनै न जान॥

बिहार वाले संत दरिया साहब तीर्थों की निरर्थकता को भलीभाँति देख चुके थे। इसीलिए उन्होंने एक स्थान पर बनारस के तीर्थ-स्थान की निकृष्टता का रहस्य खोलते हुए कहा—

सहर बनारस मोहनि मोहन, जोहत है सवताल रंगीने।
तपसी तौं तपन जोगि टिके, घुटि जात है ध्यान जो काम के चीन्हें।
जटा फटके लटके पगिआ, घटना घरचो रस रहत जो भीने।
दरिया जो कहें जब ज्ञान नहीं, तब भेख भिखारी भए सतहीने॥[86]

संत मलूकदास ने मक्का-मदीना और बद्री-केदारनाथ की तीर्थ-यात्रा को दयाभाव के बिना प्रपंच और असत्य माना है—

मक्का मदिना द्वारका, बद्री अरु केदार।
बिना दया सब झूठ है, कहे मलूक विचार॥ [87]

धरणीदास जी कहते हैं कि बाह्य साधना—तीर्थादि—तो व्यर्थ की चीज है असली में मूल तो मन है जिसे वश में करना बहुत आवश्यक है। मन्दिर-मस्जिद तथा तीर्थ-व्रत करके मनुष्य थक जाता है फिर भी उसे परमतत्त्व की प्राप्ति नहीं होती—

जौ लों मन तत्तहिं नहिं पकरै।
काहे के तीरथ बरत भटकि भ्रम, थाकि थाकि थहरे।
मंडप महजिद मुरति सुरति करि, धोखेहिं ध्यान धरौ॥ [88]

संत जगजीवन साहब कहते हैं कि तीर्थ-व्रत किसी काम का नहीं है, इसलिए हे जीव! तू उसकी आशा छोड़ दे और सत्यनाम की साधना कर जो तुम्हें शून्य मंडल में पहुँचा सकता है, जहाँ पहुँचकर तुझे अद्भुत आनन्द की प्राप्ति होगी।

संत पलटू साहब के अनुसार चाहे मनुष्य सब तीर्थों में घूमता रहे और चाहे गहरे पानी में डुबकियाँ लगाता रहे, केवल जल-स्नान के द्वारा भगवान की प्राप्ति नहीं कर सकता। वैसे तो तीर्थ-स्थानों पर बहुत सारे दुष्कर्म होते हैं, किन्तु पलटू साहब का मानना है कि तीर्थ-यात्रा का एक लाभ भी हो सकता है; यह कि बहुत सारे संतों-साधुओं के दर्शन हो जाते हैं—

पलटू तीरथ के गए, बड़ा होत अपराध।
तीरथ में फल एक है, दरस देत हैं साध॥[89]

संत भीखा साहब का विचार है कि राम-नाम से बड़ा तीर्थ कोई नहीं है। मानव का हृदय ही द्वारिका है और काया ही काशी है—

राम नाम तीरथ घर में ही,
दिल द्वारिका और काया काशी।[90]

इसीलिए चरणदास जी का कहना है कि जब सारे तीर्थ अपने ही भीतर हैं तो जगह-जगह भटकना व्यर्थ ही है—

अरसठ तीरथ ताहि विच, बाहर क्यों भरमाय।
चरनदास यों कहत है, उलटा हो घर आय॥[91]

चरणदास मूढ़ लोगों से प्रश्न करते हैं कि जब घट (शरीर) में ही तीर्थ विद्यमान है तो स्नान उसी में ही क्यों नहीं कर लेते? यात्री बनकर अपना जीवन क्यों क्षरित करते हो? सत्कार्य रूपी गोमती में पाप की मैल छूट जाती है। शीलरूपी सरोवर में कामाग्नि का लवलेश भी नहीं रहता। क्षमा रेवा नदी के समान है उसी में डुबकी लगानी चाहिए।

पूजा की ऐसी विधि बनानी चाहिए कि क्रोध समूल नष्ट हो जाए और जगत का कल्याण हो। वास्तव में सत्य ही गंगा है, यमुना है। इन्द्रियों पर विजय पाना ही बद्रीनाथ और केदारनाथ है। फिर यह सहज तीर्थ क्यों न किया जाए—

घट में तीरथ यों तुम न्हावो।
ताके न्हान अमर पद पहुँचो, आदि पुरुष निस्चै करि पावो।
कासी सो तत करनी कीजै, कलिमल सकल नसावो।
रहनि गहनि पुष्कर करि जानो, या मैं भंजन क्यों न करावो।
ध्यान द्वारिका दृढ़ करि परसो, हित की छाप लगावो।
इन्द्रीजित सोइ बद्रीनाथा, सतकरि चित में लावो।।[92]

इस प्रकार हम देखते हैं कि संत कवियों ने धार्मिक पाखंड जन्य तीर्थ, व्रतादि का समवेत स्वर से तीव्र विरोध किया है। इन्होंने इस प्रकार की अनेक रूढ़ियों, पाखंडों और अन्धविश्वासों का खंडन किया है और इस विद्रोही चेतना के माध्यम से 'आत्म-परिष्कार' की सम्भावनाओं को आचरण की कसौटी पर सिद्ध करने का प्रयास किया है।[93]

संत कवियों ने जिस मानव-धर्म और उसमें जिस साधना की प्रतिष्ठा की वह भारत की सांस्कृतिक परम्परा की ही नवीन कड़ी है। वह मध्ययुग की विषम परिस्थितियों में भी युग का प्रतिनिधित्व करती है और परिवर्तन तथा विकास के नवीन सांस्कृतिक आयाम प्रस्तुत करती है।

शास्त्र-विरोध

धर्म का उद्देश्य मानव में एकता स्थापित करना है न कि किसी की श्रेष्ठता और किसी की अश्रेष्ठता प्रतिपादित करना। 'वह प्रेरणा देता है कि देश, काल और परिस्थिति के अनुकूल विवेक बुद्धि को जो सन्तुलित करता है, केवल उतना ही अंश अमुक ग्रन्थ का प्रामाणिक माना जाए। उसके अनुसार यदि आचरण न किया गया तो वह प्रमाणभूत ग्रन्थ भी व्यर्थ भार के समान है।'[94]

संतों ने धर्म-साधना के उन्हीं अंशों को आधार बनाया, जो सरल और सहज हैं तथा जिनका बाह्य और आन्तरिक जीवन में कोई विरोध नहीं है। वे समस्त विश्व में अपनी अस्मिता का प्रतिबिम्ब देखते हैं, वे लोक और वेदशास्त्र (या धर्म-ग्रन्थों) का आँख मूँदकर अनुसरण नहीं करते हैं, अपितु अपने स्वानुभव से जो सत्य की कसौटी पर खरा उतरता है उसे ही मान्यता प्रदान करते हैं। इसीलिए हम देखते हैं कि संतों ने स्वानुभूत सत्य की बजाय पोथी-ज्ञान की गरिमा बखाननेवाले पंडितों और तथाकथित ज्ञानियों के ऊपर तीव्र प्रहार किया है। डॉ. मोती सिंह ने लिखा है, "इन संतों ने पुस्तकों

के ज्ञान और पांडित्य को सदैव ही शंका और अन्धविश्वास की दृष्टि से देखा था। कारण कि यह ज्ञान कुछ थोड़े से व्यक्तियों की धरोहर था। आम जनता यदि शिक्षित रही भी तो वह तत्त्वज्ञान सम्बन्धी इन सूक्ष्म भेदों से उदासीन अवश्य रही। इस प्रकार पांडित्य मुट्ठी-भर लोगों का निधि होने के कारण, सामान्य जनता के शोषण का साधन बन गया।[95] इसका बड़ा सुन्दर उदाहरण आचार्य परशुराम चतुर्वेदी ने गुरु अर्जुन देव के माध्यम से प्रस्तुत किया है। 'कोरे शास्त्रादि के पंडितों की धोखा देनेवाली प्रवृत्ति को स्पष्ट करते हुए गुरु अर्जुन ने किसी कानू और नानू को इस प्रकार समझाया था कि जिस सर्प के सिर में मणि रहा करती है वह उसकी सहायता से रात को उजाले में कीड़े-मकोड़ों को खाया करता है, वैसे ही जो शास्त्रादि में पारंगत विद्वान-भर होता है, वह उनके प्रदर्शन द्वारा साधारण जनता को आकृष्ट कर उनसे अनुचित लाभ उठाया करता है।'[96] इन्हीं सब आयामों के कारण संतों ने पोथी और शास्त्र आदि का पांडित्य दिखानेवालों की निन्दा की। उनसे पूर्व सिद्धों और नाथों ने भी इसका विरोध किया था। अनुभूति और सहज वृत्ति के आधार पर ही चरम सुख को जाना जा सकता है जो गुरु की कृपा के बिना नहीं मिल सकता। इसीलिए सरहपा ने कहा है कि गुरु के अमृत रूप उपदेश का जिसने दौड़कर पान नहीं किया उसने बहुत से शास्त्रों के मरुस्थल में प्यासा रहकर व्यर्थ ही अपनी जान गँवा दी।[97] कोरा बुद्धि-विलास जनता के किसी काम नहीं आता और वह उपहास की वस्तु हो जाता है। केवल पुस्तकीय ज्ञान प्राप्त करनेवालों को सरहपा कहते हैं कि तुमने वेद का कोई ज्ञान नहीं प्राप्त किया, जैसा प्राप्त किया वह व्यर्थ है। उसी प्रकार कण्हपा ने भी इस प्रकार पुस्तकों में लगे रहनेवालों की तुलना ऐसे भौंरे से की है जो श्रीफल के पके फल के चारों ओर मँडराया करते हैं।[98] सिद्धों ने पुस्तकीय ज्ञान और शास्त्र-ज्ञान के स्थान पर स्वानुभूति और सहजानुभूति को अधिक महत्त्व दिया है।

गोरखनाथ ने शास्त्र का आतंक दिखानेवालों की कड़ी निन्दा की है। उन्होंने काजी, मुल्ला तथा ब्राह्मणों के वेदाध्ययनपरक निरर्थकता को खुलकर बताया है और यह कहा कि हे खंडित ज्ञानियो! तुम्हारी बाहरी बातों का कोई औचित्य नहीं, क्यों उसमें जूझकर मरते हो? तुम वास्तविक अन्तःज्ञान के द्वारा परमपद को क्यों नहीं प्राप्त करने का प्रयास करते?[99] इस प्रकार वे पंडित को सलाह देते हैं कि हे पंडित ब्रह्मज्ञान का ही अध्ययन-मनन करो, क्योंकि बिना ब्रह्मज्ञान के सब मिथ्या है—

पढ़ि देखि पंडिता ब्रह्म गियाँन। मुवाँ मुकति बैकुंठा थान।[100]

पुस्तकीय ज्ञान की निरर्थकता का बोध कबीरदास ने भी अनेक बार कराया है। पाखंडी, शास्त्र-व्यसनी पंडितों के बारे में वे कहते हैं कि ये दुराग्रही, वेद-स्मृति आदि का पाठ करते हैं, पाखंड फैलाते हैं, स्वयं अपनी प्रशंसा करते हैं, फिर भी इनके संशय की ग्रन्थि कभी नहीं खुलती। वे शास्त्र पढ़कर भी जीवों का वध करते हैं और

सजीव का सिर काटकर निर्जीव (मूर्ति) के आगे रखते हैं। इस प्रकार आत्मभाव से कोसों दूर वे पाखंड में ही मरते हैं। वे काजी को भी डाँटते हुए कहते हैं कि तुम्हें पढ़ते-पढ़ते न जाने कितने दिन हो गए किन्तु तुम्हें वास्तविकता का ज्ञान न हुआ—

काजी ते कौन कतेब बखानी।
पढ़त गुनत ऐसे सब मारे, किनहू ख़बर न जानी।

× × ×

छाड़ि कतेब राम भजु बौरे जुलम करत है भारी।
कबीर पकरी टेक राम की तुरक रहे पचिहारी॥[101]

'पाँड़े' को भी कबीर उसी तरह डाँटते हैं। वे उनसे कहते हैं कि हे पाँड़े तुममें कौन-सी कुबुद्धि घर कर गई है, जिससे (हे अभागे) तू राम-नाम का जप नहीं करता? वेद और पुराण का भार तू ऐसे ढो रहा है जैसे गधा चन्दन का भार (जो उसके वास्तविक गुण से ही बेख़बर होता है।) पंडितों और मुल्लाओं ने अपना शासन चलाने के लिए 'वेद कतेब' का आश्रय लिया हुआ था। ये ही भोली-भाली जनता के शोषण के लिए पंडितों के हथकंडे थे। इसलिए इस शोषण से मुक्ति दिलाना संतों ने परमावश्यक समझा और पंडितों की शास्त्रपरक बाह्याचारिता का सारा ढकोसला खोलकर समाज के सामने रख दिया। पंडित वेद-शास्त्रादि अध्ययन से भी परमतत्त्व का भेद पाने में असमर्थ थे और इसीलिए वे बाह्याचार-जन्य कृत्यों में ही लगे रहते थे—

पंडित भूले पढ़ि गुन बेदा, आप न पावें नानाँ भेदाँ।
संध्या तरपन अरु षटकरमाँ, लागि रहे इनके आशरमाँ॥[102]

इसीलिए कबीर साहब ने पंडितों को झूठा कहा। वे वेदशास्त्र पढ़कर भी अधर्म और अनाचार करते हैं। शास्त्रों के प्रपंच के सिवाय उन्हें कुछ और सूझता ही नहीं और इसी क्रम में वे नरक को सिधार गए—

पंडित वेद क़ुरान पढ़े, जो मौलाना पढ़े क़ुराना।
कह कबीर वे नरक गए, जिन हरदम राम न जाना॥[103]

इसी प्रकार छह दर्शनों एवं छियानबे पाखंडों के आधार पर तर्क-वितर्क करनेवाले भी सदा व्याकुल रहते हैं। उनकी संशयवृत्ति का अन्त ही नहीं होता था और न उन्हें ज्ञान की प्राप्ति होती थी—

छह दरसन छयानवे पाखंड, आकुल किनहुँ न जाना।

× × ×

कागद लिखि-लिखि जगत भुलानां, मनही मन न समाना।[104]

सच तो यह है कि काजी हो या पंडित, अर्थ की गहनता जानने का वे प्रयास नहीं करते। जब वे विचार नहीं करते थे तो कर्म कैसे समझेंगे?

गुरुनानक देव का कहना है कि लोग वेद और पुराण की पुस्तकें पढ़ते थे तथा औरों को सुनाते थे। लेकिन सद्गुरु के बिना कहने और सुननेवाले के ज्ञान-कपाट बन्द रहते थे इसलिए वे मूल तत्त्व से प्राय: वंचित ही रहते थे।[105]

दादूदयाल जी कहते हैं कि परमात्मा से मिलानेवाले प्रेम की 'पाती' तो कोई बिरला ही पढ़ता है, सब लोग प्रेमविहीन वेद पुराण तथा अन्य शास्त्र पढ़ने में व्यस्त हैं, उन्हें ईश्वर का दर्शन कैसे हो सकता है—

दादू पाती प्रेम की, बिरला बाँचे कोइ।
वेद पुरान पुस्तक पढ़े, प्रेम बिना क्या होइ॥[106]

अनेक पुस्तकों को पढ़कर पंडित हो जाना तो आसान है, किन्तु परमात्मा की सच्ची अनुभूति उससे नहीं हो सकती। वेद-शास्त्र तो गोरखधन्धा है। उनके वचनों के कारण लोग 'वर्णाश्रम' में उलझकर रह गए हैं। कर्मकांड में तो 'अन्तराय' ही अन्तराय (अड़चन, विघ्न) है।[107] वेद कारागार हैं और पंडित उसके पहरेदार; भला उद्धार हो तो कैसे हो?

वेद नृपति की बन्दि में, आइ परे सब लोग।
निगहबान पंडित भये, क्यों करि निकसे कोइ॥[108]

लोग सांसारिकता और वेदों की निरर्थक साधना में लगे हुए हैं। गुलाल साहब जैसे संतों के लिए यह बहुत दुख की बात है। ऐसे मूर्ख लोगों को देखकर कुछ कहते नहीं बनता—

लोक वेद महँ रत संसारा, राम न चीन्हहिं मुरख गँवारा।[109]

वास्तव में मध्य युग में पंडितों का पोथी, शास्त्र-विषयक आतंक बहुत बढ़ गया था। उन्हें उन पोथियों व शास्त्रों का मूल सन्देश भले ही न ज्ञात हो किन्तु वे उसके कर्मकांड वाले अंश का विशेष आख्यान करते थे, क्योंकि उसी के आधार पर वे समाज में अपनी प्रतिष्ठा और वर्चस्व बनाए हुए थे। संतों ने उनके इस वर्चस्व को तोड़ा। उनके पास इस पाखंड और वर्चस्व को तोड़ने का माध्यम थी भक्ति और स्वानुभूत सत्य एवं सहज साधना। इसी के बल पर वे पाखंडी ब्राह्मणों और सामाजिक-धार्मिक क्षेत्र में बाह्याचार फैलानेवालों को डाँटते थे। उन पंडितों का ज्ञान संतों के अनुसार तो तब फलप्रद है जब वह समाज के लिए विकास की भावभूमि तैयार करे। वे वास्तविक पांडित्य वहाँ देखते हैं जहाँ सब कुछ पढ़-लिखकर भी पंडित लोक की पीड़ा को पहचानें, अनुभव की बात करें—सराहनीय वही है—

धरनी सो पंडित नहीं, जो पढ़ि गुन कथै बनाय।
पंडित ताहि सराहिए, जो पढ़ा बिसरि सब जाय॥[110]

'राम' सर्वत्र है, सर्वव्यापी है। मूर्ख पंडित उसे ग्रन्थों में ढूँढ़ा करता है। यह उसकी मूर्खता नहीं तो और क्या है? जो, सर्वव्यापी और घट-घट वासी है उसे ग्रन्थों में ढूँढ़ने से भला क्या लाभ?

संत दरिया साहब (बिहार वाले) ने पंडितों के शास्त्रपरक अध्ययन और पाखंड को बहुत धिक्कारा है। वे कहते हैं कि हे पंडित तुम जरा विचार करके देखो कि जो तुमने षट् कर्माचार का पालन करते हुए धर्मशास्त्र पढ़ा है उसके मर्म को ही नहीं समझ पाए हो? यह तो कोई बात नहीं। तुम इतने सारे वेद-शास्त्रों का अध्ययन करके 'निर्मल ज्ञान' अर्जित करते हो लेकिन खाते हो मांस, मछली। षट्कर्म करके भी हे पंडित! तुम भ्रम में पड़कर आत्मघात ही करते हो—

पढ़ि वेद बीमल ज्ञान गीता मीन मांसुहिं खात।
खट कर्म करि सम भर्म जानहि आतमा करि घात॥[112]

इस प्रकार हम देखते हैं कि संत कवियों ने वेदशास्त्र और पाखंड वृत्ति का विरोध कर सहज मानवीय प्रेम की संवेदना पर बल दिया। प्रेम ही ऐसी वस्तु है जिससे पांडित्य की प्राप्ति होती है। कबीरदास जी ने कहा—

पोथी पढ़ि पढ़ि जग मुआ, पंडित हुआ न कोय।
एके अच्छर प्रेम का, पढ़े सो पंडित होय॥[113]

मूर्ति-पूजा, तीर्थव्रत और शास्त्र की निरर्थकता बताते हुए संतों ने बाह्याडम्बरों को भी व्यर्थ बताया। जप, तप जोग, माला, छापा तथा वेश, संन्यास और गृहस्थ धर्म का त्याग करनेवालों को उन्होंने पाखंडी कहा है। ये सभी व्यर्थ के साधन हैं, इनका कोई औचित्य नहीं। इस प्रकार हम देखते हैं कि निर्गुण कवियों ने धार्मिक पाखंड, कर्मकांड और शास्त्रवाद का विरोध कर एक ऐसे स्वस्थ समाज के निर्माण का आदर्श प्रस्तुत करना चाहा है, जो मानव-मानव में भेद पैदा न करे, किसी को ऊँचा और किसी को नीचा न दिखाए, किसी का शोषण न करे। वह सबको समान बताए और सबको सत्य के सहज मार्ग पर ले जाए। हिन्दू और मुसलमान, मन्दिर और मस्जिद, तीर्थ और व्रत, वेद और शास्त्र, संन्यास और अन्धविश्वास का विरोध संतों ने इसीलिए किया है।

(ग) निर्गुण साहित्य की वस्तुगत और रूपगत प्रवृत्तियाँ

साहित्य में, जिस विषय के बारे में अपनी अनुभूतियों और भावनाओं का प्रकाशन किया जाता है वही उसकी वस्तुगत प्रवृत्ति है तथा अनुभूतियों और भावनाओं की अभिव्यक्ति के लिए जो माध्यम अपनाया जाता है वही उसकी रूपगत प्रवृत्ति है। साहित्य की मानक शब्दावली में कहें तो इसे ही कथ्य और शिल्प भी कहते हैं।

वस्तुगत और रूपगत प्रवृत्ति का सम्बन्ध हमारे संस्कारों से भी है। हम अपने संस्कारों के अनुरूप ही वस्तु और रूप का चुनाव करते हैं। यही कारण है कि हम यह पहचान पाते हैं कि अमुक कविता मध्यकालीन है और अमुक आदिकालीन। यदि हम 'पृथ्वीराज रासो' पढ़ रहे होते हैं तो यह नहीं लगता कि हम किसी मध्यकाल के संत की कोई रचना पढ़ रहे हैं। इसका कारण यह है कि वैचारिक आधार पर दोनों का कथ्य या विषय-वस्तु बिलकुल भिन्न है—'शिल्प' का स्वरूप एक-सा होते हुए भी (क्योंकि कुछ एक संतों ने प्रबन्धात्मक रचनाएँ भी लिखी हैं) कथ्य एक-सा नहीं है। एक में कथा तत्त्व की प्रधानता है तो दूसरे में जीवन की जटिल और गूढ़ अनुभूतियों के साथ ही जीवन और जगत के रहस्य का सूक्ष्म चिन्तन।

वस्तु और रूप के प्रश्न को लेकर साहित्य के क्षेत्र में बड़ी लम्बी बहस चलती रही है कि कला या सर्जना में वस्तु का अधिक महत्त्व है या रूप का। वास्तव में वस्तु और रूप को अलग-अलग करके देखना रचना की संरचना को क्षति पहुँचाना है। दोनों शब्द और अर्थ की तरह हैं। दोनों एक-दूसरे के पूरक हैं। यह ठीक है कि बिना रूप के, भाषा के, वस्तु (या कथ्य) की अभिव्यक्ति नहीं हो सकती, किन्तु यदि वस्तु ही नहीं होगी तो उसको व्यक्त करने के माध्यम का क्या औचित्य? जहाँ तक संत-साहित्य का प्रश्न है; उसमें रूप की अपेक्षा वस्तु पर ही विशेष बल है। (इसीलिए कुछ विद्वानों ने उसे कोरा उपदेशात्मक कहकर उसमें काव्य-कला का अभाव बतलाया)। कबीर ने काव्यत्व का आभास देनेवालों का उपहास किया। उनके अनुसार कला में 'कला' को महत्त्व देने पर कला (कविता) मर जाती है।[114] इसीलिए कबीरादि संतों ने अपनी अनुभूतियों की अभिव्यक्ति जन भाषा में की। यही उनकी व्यापकता का कारण भी है। उन्होंने अपनी भाषा को सँवारने का प्रयास भी नहीं किया; क्योंकि यदि वे जन भाषा को नहीं अपनाते, तो उनकी विचारधारा इतना जनव्यापी नहीं होती। किन्तु भाषा पर उनका अधिकार जबर्दस्त था। कबीर के सन्दर्भ में आचार्य हजारीप्रसाद द्विवेदी ने ठीक ही लिखा है कि वे वाणी के डिक्टेटर थे। जिस बात को जिस रूप में प्रकट करना चाहा है उसे उसी रूप में भाषा से कहलवा लिया।

कला या साहित्य की वस्तु और उसका रूप, दोनों अविभाज्य हैं; क्योंकि ये दोनों मिलकर एक संघटित आत्मिक अनुभव की इकाई बनते हैं जिसको कला अभिव्यक्त करती है। जहाँ एक को दूसरे से काटकर अलग किया गया वहीं कला

और कलाकार का अन्त:संघटन नष्ट हो जाएगा। उसके बाद चाहे जितना कला या साहित्य के रूप का आख्यान किया जाए, वह निरर्थक है; क्योंकि वस्तु और रूप के आन्तरिक ऐक्य में ही कला का प्राण होता है। वास्तव में साहित्य या कला के वस्तु और रूप को अलग-अलग करके देखना वैसा ही दृष्टिकोण है जो मनुष्य को हाथ-पाँव, सिर, आँख-कान का संरचनात्मक संघटन मात्र मानता है। इसलिए 'कलासृष्टि के इस मौलिक सत्य को भुलाया नहीं जा सकता कि उसमें रूप और वस्तु की स्थिति देह और आत्मा के जैसी होती है। दोनों के चमत्कारिक मिलन से ही सृष्टि सम्भव होती है।[115] वाक् और अर्थ सम्पृक्त होते हैं। उसी प्रकार, जैसे शिव और पार्वती दो होने पर भी एक ही हैं।

निर्गुण साहित्य जीवन्त जीवन-मूल्यों का साहित्य है। संतों की साधना का उद्देश्य अपनी चरम परिणति में आध्यात्मिक है, किन्तु जिन जीवन-मूल्यों की उन्होंने प्रतिष्ठा की है, वह समाज में ही रहकर की है, इसलिए समाज की सापेक्षता में ही वे अपनी साधना की सफलता मानते हैं। डॉ. रामविलास शर्मा ने लिखा है कि "संत-साहित्य की सामाजिक विषय-वस्तु का यह ऐतिहासिक महत्त्व है कि वह जीवन की स्वीकृति का साहित्य है। उसमें जनता का उल्लास है, क्रोध और आवेश है, एक सुखी समाज की आकांक्षा है। उसमें अन्याय का सक्रिय विद्रोह करनेवाले वीरों के चित्र हैं। इस विषय-वस्तु ने सुख के दिनों में जनता का मनोबल कायम रखा, जीवन में उसकी आस्था बनी रही।"[116]

संत काव्य की सामाजिक विषय-वस्तु का महत्त्व लोकजीवन की प्रतिष्ठा है। उन्होंने जन-सामान्य के मनोवेगों, उसकी आशा-आकांक्षाओं की भावपूर्ण अभिव्यक्ति की है। सामाजिक साम्य-भाव उनकी साधना का प्रधान विषय-वस्तु है जिसकी उपेक्षा करनेवालों की उन्होंने निन्दा की, उनके प्रति जनता में विद्रोह का भाव जगाया। यही कारण है कि यह भारतीय चिन्ताधारा की एक कड़ी के रूप में अत्यन्त व्यापक रूप प्राप्त कर सका। इसका प्रसार सुदूर दक्षिण से लेकर देश के कोने-कोने में हुआ।

निर्गुण संतों का वर्ण्य-विषय बहुलांश में धार्मिक एवं दार्शनिक ही रहा है। उन्होंने परमतत्त्व की चर्चा की है, जिसके अज्ञेय तथा अनिर्वचनीय स्वरूप को यथासम्भव बताने का प्रयास किया है। उसी के साथ जगत एवं जीव के वास्तविक सम्बन्ध को उन्होंने अनेकविध दृष्टान्तों से बताने का उपक्रम किया है। अपने निर्गुण निर्विशेष ब्रह्म को उन्होंने एकमात्र सत्य बताया है, शाश्वत बताया है। किन्तु उनकी दार्शनिक विचारधारा किसी शास्त्र विशेष पर आधारित नहीं थी, क्योंकि संतों की दृष्टि शास्त्रों के प्रामाण्य की अपेक्षा आत्मानुभूति पर केन्द्रित थी। उन्होंने आत्मानुभव के आधार पर ही विविध शास्त्रों के भार को ढोना व्यर्थ की साधना बताया। उनकी मान्यता थी कि जिन वेद, क़ुरान आदि धर्म-ग्रन्थों का आश्रय ग्रहण कर सर्व-साधारण अपने-अपने मतों का अनुसरण करते हैं, वे विविध प्रकार की भ्रमपूर्ण बातों से परिपूर्ण हैं और

उनके भाष्यकारों ने उन्हें और भी पेचीदा बना दिया है। चारों वेदों के ज्ञाता (पंडित) उसके भीतरी तत्त्व से अपरिचित रहकर मरते-पचते रहते हैं। न तो उन्हें सच्चे ज्ञान की प्राप्ति होती है और न उनके संशय-वृत्ति का निराकरण ही होता है। इसलिए संतों ने वेदशास्त्र का प्रमाण छोड़कर घट-घट में व्याप्त निर्गुण ब्रह्म को वहीं देखने का उपदेश दिया। कबीर कहते हैं कि उस अनिर्वचनीय परमतत्त्व की उपलब्धि-कथा भी अकथनीय है, क्योंकि जिनके हृदय में यह सहज-भाव से उत्पन्न होता है, वह उसमें रमण करता हुआ उसी में लीन हो जाता है। किन्तु, कबीरदास जी के ही अनुसार इस प्राप्ति और उन्मीलन के लिए गुरु का बड़ा महत्त्व है, उसकी बहुत बड़ी भूमिका है—

कहे कबीर सकहि कछु नाहीं, गुरु भया सहाई।
आँवण जाणी मिटि गई, मन मनहिं समाई॥[117]

ब्रह्म के स्वरूप-निर्धारण में प्राय: सभी निर्गुण संत एक से जान पड़ते हैं। किन्तु कुछेक संत ऐसे हैं जो परमात्मा के सगुण रूप का भी वर्णन करते हैं। संत दरिया साहब (बिहार वाले), जगजीवन साहब, चरणदास तथा दयाबाई और सहजोबाई इत्यादि की रचनाओं में सगुण भावना का समावेश देखने को मिलता है। बिहार के दरिया साहब ने एक स्थान पर कृष्ण के लीलामय रूप का वर्णन किया है—

खेलत मोहन रंग होरी, जल कैसे मैं लावों अरि दैया।
भाँति-भाँति बनिता बनि आई लाल जरद पेन्हे डोरी॥
बन माली बन बीच रोके है फिचिकारी धरि-धरि बोरी।
धै झकझोरत बाँह मरोरत चोलिया बन्द घईंचि तोरी॥[118]

यह कृष्ण का लीलामय नहीं, बल्कि लौकिक अर्थ में उनके क्रीड़ामय रूप का वर्णन है। वन के बीच रोकना, पिचकारी मारकर सराबोर कर देना, झकझोरना, बाँह पकड़कर मरोड़ देना तथा 'अंगिया बन्द' को खींचकर तोड़ना—लौकिक-क्रीड़ामय रूप है, जो एक बार सूरदास और नन्ददास का स्मरण करा देता है। संत चरणदास का कतिपय वर्ण्य-विषय भी सगुण भक्त कवियों के समान है। इनकी एतद्विषयक रचनाओं में 'चीर हरण लीला', 'मटकी लीला', 'दान-लीला', 'माखन चोरी-लीला', 'कुरुक्षेत्र लीला', 'काली नथन-लीला' इत्यादि प्रसिद्ध हैं। डॉ. त्रिलोकी नारायण दीक्षित ने लिखा है कि 'चीर हरण लीला' की दो हस्तलिखित प्रतियाँ महन्त गुलाबदास तथा श्री गणेशदत्त मिश्र के संग्रह में प्राप्त हुई हैं तथा एक नवलकिशोर प्रेस, लखनऊ से प्रकाशित है।

निर्गुण साहित्य के प्रधान वर्ण्य-विषय हैं दार्शनिक-आध्यात्मिक चिन्तन, सामाजिक पक्ष की अभिव्यक्ति, अपने युग की राजनीतिक-आर्थिक स्थिति का चित्रण और धार्मिक दुष्प्रवृत्तियों का निषेध।

आध्यात्मिक चिन्तन के अन्तर्गत हम निर्गुण संतों की ब्रह्म-विषयक भक्ति-भावना ले सकते हैं, जो उनकी साधना का एकमात्र लक्ष्य है। उसके बिना संतों ने सभी साधनाओं को निरर्थक माना है। कबीर ने तो यहाँ तक कह दिया कि जिसने 'राम' की भक्ति नहीं की, वह जन्म लेते ही क्यों नहीं मर गया? उसकी माँ का गर्भ क्यों नहीं गिर गया, वह बन्ध्या क्यों नहीं हो गई?[119] वास्तव में भक्ति संतों की साधना का मानदंड थी। वे उसी के आधार पर व्यक्ति का मूल्यांकन करते थे। वे उसे मनुष्य की थाती मानते थे। जिसके पास यह थाती थी, या उसे पाने का प्रयास करते थे, तो वे संतों की दृष्टि में प्रशंसनीय थे; अन्यथा जिनके पास उसका अभाव था वे उन्हें फूटी आँख भी नहीं सुहाते।

भक्ति की साधना करनेवाले पर वे अपने-आपको न्योछावर करने को तैयार हो जाते थे। उनके समग्र चिन्तन का सार ही परमात्मा की भक्ति थी।

दार्शनिक क्षेत्र में भी संत गतानुगतिकता के परम विरोधी थे। इसीलिए हम पाते हैं कि कहीं उनका चिन्तन भारतीय वेदान्त और अद्वैतवाद एवं विशिष्टाद्वैतवाद से प्रभावित है तो कहीं सूफ़ियों और तांत्रिक साधना से। वास्तव में संतों का विचार-दर्शन किसी एक विचारधारा पर आधारित नहीं है। उन पर विविध साधनाओं और विचार-दर्शनों का प्रभाव पड़ा तथा उन्होंने उसे समेटकर एक ऐसा विचार-दर्शन प्रस्तुत किया, जो अपने ढंग का अनूठा है। कबीर के सन्दर्भ में डॉ. धर्मेन्द्र ब्रह्मचारी ने लिखा है कि उन्होंने उपनिषदों से अद्वैतवाद, शंकर से मायावाद, वैष्णव आचार्यों से भक्ति, अहिंसा और प्रपत्ति के सिद्धान्त, तांत्रिक शैवों, वज्रयानी बौद्धों और नाथपंथी योगियों से हठयोग, रहस्यवाद तथा जात-पाँत एवं कर्मकांड के विरुद्ध पैनी उक्तियाँ, वैष्णव भक्तों और सूफ़ी संतों से माधुर्यमय भक्तिवाद, इस्लाम से एकेश्वरवाद की दृढ़तर भावना इन मकरन्द बिन्दुओं का संचय करके, उन सबके मेल से, आचार, दर्शन एवं आस्तिकता का एक विचित्र और मौलिक समन्वय प्रस्तुत किया।[120] वास्तव में संतों की आध्यात्मिक क्षुधा और आकांक्षा विश्वव्यापी चेतना को लिये हुए है। आचार्य क्षितिमोहन सेन के शब्दों में "वह विश्वग्रासी है। वह कुछ भी छोड़ना नहीं चाहती, इसीलिए वह ग्रहणशील है, वर्जनशील नहीं।"[121] ग्रहणशीलता की यह चेतना संत-मत के प्रायः सभी संतों में परिलक्षित होती है। किन्तु उन्होंने इस ग्रहण की प्रक्रिया में मूल तत्त्व और सर्जनात्मकता का ध्यान सदैव रखा है।

ऊपर हम कह चुके हैं कि संतों ने अपने दार्शनिक विचारों में ब्रह्म और जीव के अभेद का निरूपण किया तथा जगत को या सृष्टि-चक्र को परमात्मा की माया माना। व्यावहारिक स्तर पर जगत को असत्य कहा क्योंकि ब्रह्म की सत्ता पारमार्थिक है परन्तु जगत की सत्ता व्यावहारिक है। जब तक हम जगत में रहकर उसके कार्यों में लीन हैं और ब्रह्मज्ञान प्राप्त करने में समर्थ नहीं हुए हैं तब तक इस जगत की सत्ता हमारे लिए बनी ही रहेगी; किन्तु ज्यों ही परमतत्त्व का ज्ञान हमें सम्पन्न हो जाता है

त्यों ही जगत की सत्ता मिट जाती है। उस समय ब्रह्म ही एक सत्ता के रूप में प्रकट हो जाता है।[122] शंकराचार्य के 'सर्व खल्विदं ब्रह्म' के अनुसार कबीर ने भी जगत का मूल अधिष्ठान परब्रह्म को माना है। उन्होंने स्पष्ट रूप से कहा है कि दिखाई पड़नेवाला यह नाम रूपात्मक जगत वास्तव में सत्य नहीं है; जिसमें यह स्थित है वह तत्त्व अगम और अगोचर है—

जो तुम देखो सो यह नाहीं।
यह पद अगम अगोचर माहीं॥[123]

इस प्रकार संत कबीर ने जगत का मूल अधिष्ठान ब्रह्म को ही माना है तथा जगत की अनित्यता का बोध कराते हुए उसे नश्वर बतलाया है। जगत की अनित्यता और उसकी नश्वरता का बोध प्रायः सभी संत कवियों ने कराया है।

माया का वर्णन भी प्रायः सभी संत कवियों ने किया है। यह माया आत्मा और परमात्मा के बीच भ्रम का आवरण डालकर पृथकता कायम करती है। यह त्रिगुणात्मिका कही गई है। यही जगत की उत्पत्ति, स्थिति और संहार का कारण है। इसके प्रधान दो रूप हैं—विद्या और अविद्या। संतों ने अविद्या माया का ही वर्णन अधिक किया है और उसे डाकिनी, शाकिनी, बाघिनी और महाठगिनी कहा है। प्राणी इस संसार में आकर अनेक प्रकार के प्रलोभनों का शिकार हो जाता है और इसीलिए आवागमन के चक्र से मुक्त नहीं हो पाता। संतों की दृष्टि में ये सभी प्रकार के प्रलोभन भी माया ही हैं। कनक, कामिनी और अन्य अनेक प्रकार के विकार भी माया हैं। कबीर आदि ने माया को वेश्या कहा, जो जगत के बाज़ार में स्वाद रूपी प्रलोभन लगाए रहती है। वह अपने स्वाद के जाल में सबको हमेशा फँसाए रहती है। संतों के यहाँ यह माया बड़ी विचित्र है। यह संतों पर अपना असर नहीं जमा सकती क्योंकि वे माया के प्रलोभनों में पड़ते ही नहीं—बल्कि माया उनकी दासी या चेरी बनकर रहती है। लेकिन इस माया के प्रलोभन में जो पड़ गया वह उसके तिर्गुण फाँस (फन्दों) से नहीं बच सकता। देवताओं ने उसका लोभ किया, उसने उनको भी फँसा लिया। जोगियों को इन्द्रिय निग्रह करते रहने पर भी हिला दिया। उनके यहाँ वह चेली के रूप में उन्हें पथभ्रष्ट करती है। इस तरह से उसने देवता, मनुष्य, ऋषि सभी को अपने वश में कर रखा है।

सुन्दरदास ने कबीरादि के समान ही सुत्त, वित्त, दारा इत्यादि को माया ही कहा है तथा इस प्रकार उन्होंने घर जोड़ने की माया को मानव के लिए कष्टप्रद बताया है, क्योंकि इस साधना में निरत होकर वह भक्ति-साधना से पूरी तरह वंचित हो जाता है। इसलिए वे मायिक बन्धनों से बचकर एकान्त भक्ति पर बल देते हैं; क्योंकि तमाम मायिक प्रलोभनों को पाकर भी वह जब इस असार संसार से जाता है तब ख़ाली हाथ ही जाता है—

माया जोरि जोरि नर, राखत जतन करि।
कहत है एक दिन, मेरे काम आई है॥
धन तो धरयोही रहे, चलत न कौड़ी गहे।
रीते हाथन से, जैसो आयो तैसो जाइ है॥[124]

नाम, रूप जहाँ तक देखिए, उसे माया ही समझना चाहिए। इस प्रकार धन जोड़ने की माया का संतों ने परित्याग करने का सन्देश दिया है; क्योंकि माया के जितने भी अविद्यापरक आयाम हैं वे सब जीव को भ्रमित करनेवाले हैं, साधना से विचलित करनेवाले हैं। अतः संतों के अनुसार माया के प्रपंच से बचकर भक्ति-भावना को ग्रहण करना चाहिए क्योंकि जिनके पास भक्ति-साधना है उनके पास माया की पहुँच नहीं हो सकती।

संतों ने माया को फटकारा भी बहुत है। जब तक राम की भक्ति का भरोसा रहता है तब तक तो वे माया से निश्चिन्त होते हैं किन्तु उसके शक्तिशाली रूप से संत भी कभी-कभी आत्म-बल खोने लगते हैं। इसी प्रक्रिया में वे माया को सर्वथा त्याज्य बताने लगते हैं क्योंकि उनकी दृष्टि में वह मृत्यु के समान है। वह सारे संसार को भी आत्मसात् कर सन्तुष्ट नहीं होती। इसलिए संत पलटू साहब उससे पिंड छुड़ाना चाहते हैं क्योंकि वह माया तो नरक की खान है—

हमसे फटकि रहु दूर, माया मौत तुलानी।
तीन लोक तुंह निगल गई है तेहि पर नाहिं अघानी।
पलटूदास कह बकसहु माया, नरकि कि तुंही निसानी॥[125]

बिहार के संत दरिया साहब ने माया का सविस्तार वर्णन किया है। उन्होंने उसे काली नागिन, विष की लता, वेश्या, चूहड़ी, कलवारिन, विश्वासघातिनी आदि अनेक निकृष्ट अभिधान दिया है।[126]

सामाजिक विषय-वस्तु के क्षेत्र में संतों ने साम्य भाव, वर्ण-वर्ग की भावना-विषयक असमानता का विरोध व ऊँच-नीच तथा धनी-ग़रीब की भावना के प्रति अपनी विद्रोही चेतना को मुखर किया। इसी क्षेत्र में इनकी नारी-भावना भी आती है जिसके अन्तर्गत इनके विचार प्रायः एक से हैं। केवल मारवाड़ी दरिया साहब ने नारी का महत्त्व रेखांकित किया है तथा उसकी निन्दा करनेवालों की निन्दा की है। लेकिन अन्य संत भी नारी के साधना-बाधक आयामों की ही निन्दा करते हैं, गोया, नारी के माँ, प्रिया, पत्नी, पतिव्रता, सती आदि रूपों की प्रशंसा करते हैं। इनकी वाणियों में तत्कालीन समाज की आर्थिक-राजनीतिक स्थिति का भी अच्छा परिचय तो मिलता ही है, अनेक धर्म-साधनाओं और उस समय की धार्मिक स्थिति का भी परिचय मिलता है। ऊपर हम दिखला चुके हैं कि किस प्रकार उन्होंने सामाजिक असमानता और धार्मिक पाखंडों तथा बाह्याचारों का विरोध किया है।

संत जिस समाज में थे उसकी राजनीतिक और आर्थिक स्थिति की झलक भी उनकी रचनाओं में मिलती है। कबीर साहब को सिकंदर लोदी द्वारा प्रताड़ित करना प्रसिद्ध है, जो उस समय की शासकीय क्रूरता का परिचायक है। आचार्य चन्द्रबली पांडेय ने कबीर की मगहर यात्रा को सिकंदर लोदी द्वारा दी जानेवाली यातना का ही परिणाम बतलाया है। उन्होंने लिखा है कि "उस समय काशी में कट्टर सुलतान सिकन्दर लोदी की दुहाई थी और कबीर अपनी खरी जिन्दता के कारण उसके चित्त पर चढ़ चुके थे। अस्तु, कबीर के मगहर-वास का मूल कारण था, तन-ताप, जो सिकन्दर लोदी की ओर से प्राप्त हो रहा था।"[127] कबीर को उसने हाथी के पैरों तले कुचलवाने का भी उपक्रम किया था। स्वयं कबीर वाणी ही इसका प्रमाण है—

कहा अपराध संत हों कीन्हा, बाँधि पोट कुंजर कू दीन्हा।[128]

सिकन्दर लोदी की अत्याचारिता का एक उदाहरण शेख बुड्ढन के प्रसंग में भी मिलता है। "उसने शेख बुड्ढन की केवल इस बात के लिए हत्या करवा दी थी कि उसने जन-समुदाय में यह घोषणा की थी कि हिन्दू धर्म भी उतना ही महान है, जितना पैगम्बर मुहम्मद का धर्म।"[129]

गुरुनानक देव जी ने बाबर के समय में भारतीय जनता पर होनेवाले अत्याचार का बड़ा करुणामय चित्रण किया है—

लाहौर सहरु जहरु कहरु सवा पहरु॥[130]

उपर्युक्त पंक्ति का अर्थ है कि लाहौर शहर में ज़हरीला जुल्म सवा पहर दिन चढ़ने तक रहा। बाबर का ऐमनाबाद (सम्प्रति पाकिस्तान स्थित) पर जो आक्रमण हुआ था उसमें उसके सैनिकों ने बड़ी तबाही मचाई थी। भाई लालो को सम्बोधित करते हुए उसका नानकदेव जी ने करुणापूर्ण वर्णन किया है। उसमें उन्होंने व्यंजित किया है कि उसके सैनिक लड़कियों को छीनकर बलात् अपनी पत्नी या रखैल बना लेते थे। पंडितों या क़ाज़ियों द्वारा विवाह या निकाह कराने की आवश्यकता ही नहीं समझी जाती थी—

सरमु दुइ छपि खलोए कूड़ फिरे परधानु वे लालो।
काजी आ बामणा की गति, थकी अगदु पड़े सेतानु वे लालो॥
खून के सोहिले गावीअहि नानक रतु का कुंगू पाइ वे लालो॥[131]

अपने समय की आर्थिक स्थिति का वर्णन भी संत कवियों ने किया है। सामन्ती समाज में भूमि पर अधिकार ठाकुरों का होता था, जो लगान या नियतांश न देने पर किसान से ज़मीन छीन लेते थे। कबीरदास जी ने इस स्थिति का चित्रण इस प्रकार किया है—

गाँइ कु ठाकुर खेत कु नापे, काइथ खरच न पारे।[132]

यद्यपि मध्य युग में देश आर्थिक रूप से समृद्ध था, किन्तु वर्गीय स्थिति पर विचार करने पर पता चलता है कि एक ओर गगनचुम्बी अट्टालिकाएँ थीं तो दूसरी ओर निम्न वर्ग या निर्धन जनता भुखमरी की शिकार थी। उच्च वर्ग के लोग जितने ही सम्पन्न और विलासी थे, निम्न वर्ग उतना ही आर्थिक दृष्टि से परेशान था। यहाँ तक कि लोग अपनी सन्तान बेचने को बाध्य हो जाते थे।[133] आर्थिक असन्तुलन के बारे में इस प्रकार की असमानताएँ प्राय: प्रत्येक समाज में देखने को मिल जाती हैं किन्तु संतों की यह अभिलाषा थी, उन्हें चिन्ता थी, कि समाज में सबको एक तरह से समानता मिले, यदि यह समानता न भी हो सके तो कम-से-कम आर्थिक परेशानी न हो; सब शिक्षित हों और आर्थिक दृष्टि से परमुखापेक्षी न हों। व्यक्ति के पास ऐसे साधन हों कि वह श्रम करके अच्छा जीवन बिता सके। इसीलिए हम देखते हैं कि संतों ने श्रम पर बहुत ज़्यादा बल दिया है। संत लालदास आदर्श साधु केवल उसी को मानते हैं जो स्वयं कमाकर खाए।[134] संतों को न तो किसी के अनुग्रह अथवा उपकार की अपेक्षा है न संचय करने की उनकी प्रवृत्ति है। यह सच है कि उन्होंने प्रचलित अर्थ-व्यवस्था में कोई क्रान्तिकारी परिवर्तन लाने की योजना कभी नहीं बनाई किन्तु इसमें सन्देह नहीं कि आत्म-संयम द्वारा अर्थ-व्यवस्था को नियंत्रित तथा सन्तुलित रखने का उदाहरण उन्होंने अपने कर्मठ जीवन द्वारा उपस्थित किया।[135]

निर्गुण संतों ने अपने विषय-वस्तु अथवा अपनी अनुभूतियों को सजा-सँवारकर प्रस्तुत करने का प्रयास कभी नहीं किया। वे रूपवाद के पक्ष में थे ही नहीं। अपनी सहज अनुभूतियों को बोधगम्य बनाने के लिए सामान्य जन की भाषा, रूपकों, प्रतीकों और शब्दों को लिया और शास्त्रीय शब्दावली के प्रति विरोध या विद्रोह किया। वे भाषा के बहते हुए 'नीर' को ग्रहण करते, क्योंकि उसका पान सभी कर सकते थे। सभी उससे लाभान्वित हो सकते थे। इस प्रकार से संतों ने अपनी वस्तुगत ही नहीं, रूपगत प्रवृत्तियों में भी क्रान्ति की चेतना ला दी। विषय-वस्तु पर ज़ोर देकर उन्होंने ठोस रूप में युग सत्य को पहचाना और मानवता की प्रतिष्ठा की।

निर्गुण संतों का काव्य जीवन की स्वीकृति का साहित्य है। बृहत्तर मानव-समाज की अभिव्यक्ति उसका लक्ष्य है। उसमें उस मानुष भाव की चेतना अन्तर्निहित है जो आत्म से परमात्म एवं सर्वोदय की भावना को अपने चिन्तन का लक्ष्य बनाती है। रचना या कला का यही उद्देश्य भी होना चाहिए; क्योंकि जब भी कलावादी दुराग्रह बढ़ता है कला का अवमूल्यन होता है और एक सीमा तक जन-चेतना का ह्रास भी। अत: जीवन से कटकर कला की कोई सार्थकता नहीं हो सकती। आचार्य रामचन्द्र शुक्ल ने लिखा है कि "काव्य-भूमि जीवन और जगत से परे नहीं है। वह वस्तु-व्यापार योजना, जो केवल विलक्षणता, नवीनता या अलौकिकता दिखाने के लिए की जाएगी,

जिसमें जगत का या जीवन का कोई मार्मिक पक्ष, गम्भीर या साधारण, व्यक्त होता न दिखाई पड़ेगा, वह काव्य का ठीक लक्ष्य पूरा न कर सकेगी।[136] इसलिए साहित्य को जिन्होंने केवल आस्वाद की दृष्टि से देखा या जीवन के यथार्थ से कटकर केवल रम्याद्भुत की कल्पना की, उन्हें निर्गुण साहित्य का अध्ययन भले ही निराशाजनक लगा हो, किन्तु जीवन के यथार्थ और समाज के जिस सत्य की अभिव्यक्ति संतों ने की वह आज के नितान्त बौद्धिक-वैज्ञानिक युग में भी प्रासंगिक लगता है। इस प्रकार की वस्तुगत चेतना की अभिव्यक्ति के लिए संतों ने जिन रूपगत तत्त्वों को अपनाया वह एकदम ठेठ जीवन से लिया गया था। न तो उसमें भाषा का चमत्कार था और न दुरूह और जटिल शब्द-प्रयोग या कलाबाज़ी। उन्होंने साधारण-से-साधारण लोक-जीवन के शब्दों, उपमानों, प्रतीकों इत्यादि से विराट, आकाशधर्मी बिम्बों की सृष्टि की जो कविता या रचना की प्राय: सबसे बड़ी उपलब्धि होती है। अर्थ-ग्रहण के साथ बिम्बों का ग्रहण कराना कविता का लक्ष्य होता है। शुक्ल जी ने अपने 'कविता क्या है?' निबन्ध में लिखा है कि काव्य में अर्थ-ग्रहण मात्र से काम नहीं चलता, बिम्बग्रहण अपेक्षित होता है। संत कवियों के यहाँ अनुपम बिम्ब सृष्टि दिखाई पड़ती है। जिस प्रकार के बिम्बों की सृष्टि संतों के यहाँ है वह बहुत कम कवियों के यहाँ है। काल और सांसारिक नश्वरता के जैसे विराट गत्यात्मक बिम्ब उनकी वाणियों में मिलते हैं, वे अन्यत्र प्राय: दुर्लभ ही हैं। उपमान और प्रतीक तो उन्होंने एकदम ठेठ लोकजीवन से लिये हैं, जिनसे यह भी प्रकट होता है कि इन निर्गुण संतों ने जीवन और जगत को बड़े ही क़रीब से, सूक्ष्मदृष्टि से देखा था—

जिहिं सिरि रचि रचि बाँधत पागा। सो सिरु चंचु सँवारहिं कागा॥
हाड़ जरे जैसे लकड़ी झूरी। केस जरे जैसे त्रिन के कूरी॥[137]

यहाँ जीवन के यथार्थ को स्पष्ट किया गया है—यानी मरणोपरान्त शरीर का कोई मूल्य नहीं रह जाता और कौवे उस शरीर स्थित सिर को ही अपनी चोंच से सँवारते हैं, अर्थात कौवा उस सिर की नश्वरता का बोध कराता है जिसे मनुष्य बड़े यत्न से सँवारता है, सहेजता है। उसके शरीर की हड्डी ऐसे जलती है जैसे 'झूरी' लकड़ी। इस 'झूरी लकड़ी' का ख़ास महत्त्व है। यह लोकजीवन से छनकर आया हुआ प्रयोग है। लोक-चेतना से परिबद्ध संतों का साहित्य इसी कारण इतना व्यापक और जनव्यापी हो सका।

निर्गुण संतों ने अपनी वाणियों की अभिव्यक्ति के लिए जो उपमान, प्रतीक और रूपक ग्रहण किये हैं वे भी अति सामान्य तथा लोकजीवन के हैं। लेकिन अति सामान्य और सहज होते हुए भी वे कहीं-कहीं इतने अस्पष्ट और दुरूह हो गए हैं कि सामान्य पाठक के लिए वे कठिन ही हो गए हैं। जिन अनुभूतियों को वे अपनी सहज वाणी में नहीं प्रकट कर पाते थे, उसके लिए ऐसे रूपकों का प्रयोग करते थे

जिनका अर्थ लगाना उनके ही वश की बात होती थी जो संत-मत में थे अथवा उसके सिद्धान्तों से पूरी तरह परिचित थे। इसी तरह संतों की उलटबाँसियाँ भी लोगों को बहुत पसोपेश में डाल देती हैं। यदि उनके परिप्रेक्ष्य या सन्दर्भ को ठीक से नहीं समझा जाए तो अर्थ एकदम नहीं हाथ लगता; बिम्ब-ग्रहण तो दूर की बात है। लेकिन यदि यह समझ लिया जाए कि संतों के यहाँ 'गाय' किसका प्रतीक है, 'बछड़ा' किसका प्रतीक है, 'हंस' किसका प्रतीक है, 'तरुवर' क्या है, 'शून्य' (सुन्न) क्या है, 'मंछी' क्या है, तो सारा अर्थ स्पष्ट हो जाता है, और वे एक प्रकार से मानवीय संवेदना से जुड़ जाते हैं।

भाषा की दृष्टि से विशेषतः निर्गुण संत-साहित्य में एकरूपता नहीं दिखाई देती। उसकी भाषा अनगढ़ है। उसमें अनेक भाषाओं के शब्दों का समावेश हुआ है। इसका कारण सम्भवतः संतों का यायावर होना है। यही कारण है कि उनकी भाषा में राजस्थानी, निमाड़ी, मारवाड़ी, पंजाबी, गुजराती, अवधी, भोजपुरी और ब्रजभाषा इत्यादि अनेक भाषाओं के शब्द आ गए हैं। लेकिन संत कवियों में भाषा की सजावट का प्रयास नहीं दिखाई देता। इसी से उनमें प्रयास अथवा अभ्यास जनित समुचित शब्द-विन्यास, सुव्यवस्थित वाक्य रचना अथवा सुन्दर अलंकार-विधान की छटा का प्रायः अभाव ही है। अपने अनगढ़ शब्द, अधूरी वाक्य-रचना और ऊटपटाँग वर्णन-शैली के ही कारण इनकी रचनाएँ प्रायः अटपटी बानियाँ कहलाती हैं तथा उसकी भाषा के लिए सधुक्कड़ी जैसी विशेषताओं का प्रयोग हुआ है। इसका कारण संतों की अशिक्षा बताई जाती है कि भाषा और व्याकरणादि का समुचित ज्ञान न होने के कारण ही इनकी रूपगत प्रवृत्तियों में ये दोष आ गए हैं। वास्तव में इस धारणा में एक प्रकार से अतिव्याप्ति दोष आ गया है; क्योंकि अनपढ़ होने के बावजूद इन संतों का साहित्य बहुत सारी भाषागत विशिष्टताओं से युक्त है। इसके अतिरिक्त बहुत सारे संतों ने तो भाषा का इतना सजग प्रयोग किया है कि उसमें एक विचित्र सौन्दर्य आ गया है। संत सुन्दरदास और दरिया साहब को छन्दशास्त्र इत्यादि का भी ज्ञान था। शास्त्रीय संगीत की बहुत सी राग-रागिनियों पर रचे इनके पद बड़े मार्मिक हैं। स्वयं कबीर साहब की रचनाओं में गायन-शैली के बहुत सारे गेय पद मिलते हैं। इनके जो गेय पद हैं, उनमें 'टेक' होता है जो पूरे पद का केन्द्रीय कथ्य होता है। उसके साथ ही हम देखते हैं कि संतों ने अपने कथ्य की आवृत्ति भी बहुत अधिक की है। कहीं-कहीं पर एक बात को एक ही तरह से अनेक स्थलों पर कहा गया है तो कहीं पर उसी को किसी और ढंग से। वास्तव में संत आध्यात्मिक जगत के प्राणी थे। अध्यात्म ही उनका साध्य था और वही साधन भी। उसी के माध्यम से वे प्रियतम के साथ एकमेक होते थे। वे अपने इस कथ्य के प्रति विशेष आग्रह रखते थे और लोगों के मन में यह बात बैठा देने का प्रयास करते थे कि एकमात्र वही, आध्यात्मिक जगत का प्रियतम ही शाश्वत है,

अतः सब ओर से दृष्टि हटाकर उसी की साधना करो—इसी में कल्याण है। अपने पदों या साखियों में जहाँ उन्होंने सामाजिक कुप्रवृत्तियों—पंडित के पाखंड, वर्णगत और वर्गगत भावना, मूर्ति पूजा और बाह्याचार इत्यादि के प्रति विद्रोह-भाव प्रकट किया, वहाँ भी तद्विषयक कथ्य के आवृत्ति की प्रवृत्ति परिलक्षित होती है। कबीर के यहाँ जहाँ साखियों से लेकर पदों और रमैणी तक में पंडित के बाह्याचार तथा पाखंड आदि के प्रति विद्रोह है, वहाँ दरिया साहब के शब्दों, साखियों और पदों के अतिरिक्त ककहरा तथा 'ज्ञानरत्न' जैसी कथापरक कृतियों में इस प्रवृत्ति के लक्षण दिखाई देते हैं। वस्तुतः जिस प्रकार संत जीवन में विधि-विधानों का आग्रह नहीं रखते उसी प्रकार काव्य में भी काव्य-विधानों की भी परवाह नहीं करते; यद्यपि संत सुन्दरदास इसके अपवाद हैं, क्योंकि उन्होंने अपने शास्त्र-ज्ञान और प्रतिभा का भरपूर उपयोग किया है। किन्तु अधिकांश संत प्रायः बोलचाल की सामान्य भाषा का प्रयोग करते हैं, क्योंकि अपनी आध्यात्मिक वाणियों की अभिव्यक्ति वे जनता की भाषा में करना चाहते थे। वे रीतिवाद के एकदम विरुद्ध थे और यही कारण है कि उन्होंने शास्त्रीय शब्दावली का पूर्णतः बहिष्कार कर दिया है। इस प्रकार संतों ने वस्तु और रूप दोनों ही क्षेत्र में क्रान्ति ला दी। डॉ. विश्वम्भरनाथ उपाध्याय ने लिखा है कि संत कवियों में ऐसे बहुत से समर्थ कवि थे जो उच्च वर्ग के शिष्ट छन्दों का प्रयोग कर सकते थे, किन्तु उन्होंने जान-बूझकर ऐसा नहीं किया।[138] यहाँ इतना यह भी कह देना अनुचित न होगा कि संतों में जो सहजता और लोकधर्मिता है वह बहुत कुछ नाथों और सिद्धों से छनकर आई है।

निर्गुण संत कवियों के यहाँ व्यंग्य भी एक काव्य-रूप के ही रूप में प्रतिष्ठित हो गया है। प्रश्न उठता है कि संतों ने व्यंग्य का आधार किसे बनाया और क्यों? संतों के व्यंग्य के आधार की कई परते हैं—धर्म, समाज, रीति-रिवाज, शास्त्र इत्यादि। संतों ने धार्मिक पाखंडों—मूर्ति पूजा, बलि, तीर्थ, व्रत, रोज़ा-नमाज़ इत्यादि का विरोध किया और उसके स्थान पर अन्तस्साधना पर बल दिया। इसी प्रकार समाज में व्याप्त असमानता और शोषणपरक आयामों के प्रति विद्रोह और कठोर-से-कठोर व्यंग्य किये। करनी और कथनी का खुलासा किया। वर्ण एवं वर्ग की भावना को दूर कर साम्य भाव को प्रतिष्ठित करने का प्रयास किया। साधु वेश बनाकर जनता को ठगने वालों को डाँटा; उनको व्यंग्य की दवा देकर सीधा करने का प्रयास किया। वास्तव में संतों का व्यंग्य करुणा-मिश्रित है और व्यंग्य वही व्यापकता प्राप्त करता है जिसमें करुणा की भावना निहित है। संतों ने जो व्यंग्य किये हैं उनमें मूलतः करुणा का ही प्राधान्य है। उनका उद्देश्य किसी को कष्ट पहुँचाना नहीं था; बल्कि जो लोग साधना-पथ से हट गए थे उन्हें वे पुनः वहाँ लाने का प्रयास करते हैं। वे व्यक्ति के भीतर उस मानुष भाव को लाना चाहते थे जो 'बहुजन हिताय और बहुजन सुखाय' की संवेदना का प्रसार करता है।

संतों के लिए व्यंग्य वह माध्यम था जो भटकते हुए को राह दिखाने का कार्य करता है। इस प्रकार उनके व्यंग्य की समाहिति भी मानवीय करुणा में है। शुक्ल जी ने लिखा है कि करुणा का विषय दूसरे का दुख है और, संतों में मानवीय करुणा से आप्लावित जो व्यंग्य-भाव है, वह इसी प्रकार के दुख और परपीड़न का परिशमन करने का एक प्रयास है।

भाषा-शैली, छन्द, प्रतीक, उपमान, दृष्टान्त इत्यादि के दृष्टिकोण से विचार करने पर हम कह सकते हैं कि संतों ने अभिव्यक्ति के ये सभी तत्त्व लोकजीवन से लिये। 'यहाँ तक कि ब्रह्म को भी गुरु, पिता, राजा, माता, स्वामी, मित्र और पति के रूप में मानने की शैली अपनाई। पत्नी के रूप में उससे अपना आध्यात्मिक विवाह रचाया, वात्सल्य पाने के लिए माँ बनाया तथा स्वयं मोतिया कुत्ता बनकर उसे अपना मालिक बनाया। इस प्रकार के सम्बन्धों को माध्यम बनाकर संतों ने अपने भावों को अधिक-से-अधिक सघनता और सान्द्रता प्रदान किया है।

छन्द की दृष्टि से निर्गुण संतों ने दोहा, चौपाई, सोरठा, कवित्त, सवैया, कुंडलिया, छप्पय, अरिल्ल, मत्तगयंद, दुर्मिल, सार, घनाक्षरी, झूलना इत्यादि अनेक छन्दों का प्रयोग किया है। दोहा-चौपाई और सोरठा का प्रयोग तो प्राय: सभी संतों ने किया है, किन्तु इनसे इतर छन्दों का प्रयोग कम संतों ने किया है। कवित्त और सवैया की दृष्टि से सुन्दरदास जी का 'सुन्दरविलास' अनुपम ग्रन्थ है। इसके अतिरिक्त संत चरणदास, जगजीवन साहब, धरणी दास, दरिया साहब (बिहारी) आदि ने भी इनका प्रयोग किया है। सहजोबाई ने कुंडलिया छन्द में रचना की है तथा मुक्त पदों में भी। दरिया साहब ने छप्पय, कवित्त, मत्तगयंद, दुर्मिल, सार, घनाक्षरी तथा झूलनाओं में भी रचनाएँ की हैं। चरण दास ने कवित्त, सवैया, अरिल्ल, छप्पय आदि छन्दों का प्रयोग किया है। इन संतों का उद्देश्य किसी भी शास्त्र की सीमा में रचना करना नहीं रहा है; क्योंकि इनका उददेश्य काव्य-कला का प्रदर्शन नहीं था और न ही इन्हें काव्य-रचना के सिद्धान्तों, छन्द, रस और अलंकार का विशेष ज्ञान ही था। इनका उद्देश्य तो अनुभूतियों की सहज अभिव्यक्ति था; काव्य के बाह्य उपकरणों से उन्हें कुछ भी लेना-देना नहीं था। इसीलिए, जहाँ सुन्दरदास जी जैसे संतों ने अपनी शास्त्रीय गरिमा को काव्य में उतारने का प्रयास किया, वहाँ विषय-वस्तु का स्वाभाविक वेग कम हो गया, जो निर्गुण संतों की विषय-वस्तु का प्रधान गुण है।

दोहा-चौपाई छन्द में प्रेममार्गी सूफ़ियों ने अपनी प्रबन्धात्मक रचनाएँ की हैं जो कडवक बद्ध हैं। इनकी भाषा अवधी है। कुतुबन कृत 'मृगावती' तथा जायसी की 'पद्मावत' इत्यादि इसी भाषा में लिखी हुई बड़ी मार्मिक आख्यानात्मक रचनाएँ हैं। लोक भाषा में लिखी गई इन प्रेमाख्यान रचनाओं में ही चौपाई और दोहा शैली का स्वरूप निखरा है। यह शैली भी मूलत: लोक प्रचलित थी और जन-सामान्य के अधिक समीप होने के कारण ही इन रचनाओं को विशेष ख्याति मिल सकी।

कुछ संतों ने भी इस प्रकार के प्रेमाख्यान रचे। धरणीदास का 'प्रेम प्रगास' तथा दुखहरनदास की 'पुहुपावती' प्रसिद्ध है, यद्यपि इन रचनाओं को वह ख्याति नहीं मिल पाई जो पद्मावत आदि को मिली। हाँ, संत कवियों का जो रमैणी साहित्य है, वह कुछ-कुछ इसी पद्धति पर दोहे-चौपाई में है। किन्तु वह कडवक बद्ध नहीं है। कथापरक रचनाएँ वास्तव में कुछ ही संतों ने की हैं, जिनमें बिहार के संत दरिया साहब, तथा राजस्थान के संत चरणदास मुख्य हैं। अन्य काव्य-रूपों में, संतों की कुछ रचनाएँ ऐसी हैं जो लोकगीतों के अवशिष्ट रूप में अपना पृथक महत्त्व रखती हैं। इस प्रकार की रचनाओं में चाँचर, फागु, हिंडोला, बेलि, ब्याहलो इत्यादि प्रसिद्ध हैं। ये लोकगीत के ही प्रकार हैं जिससे संतों की लोकोन्मुख चेतना का परिचय मिलता है।

संक्षेप में कहा जा सकता है कि निर्गुण कवियों का साहित्य मूलतः जन-साहित्य है, जिसमें कथ्य ही प्रधान है अभिव्यक्ति का रूप नहीं। जहाँ अत्यन्त सूक्ष्म-जटिल अनुभूतियाँ हैं उनकी अभिव्यक्ति भी विशेषतः संतों ने लोक प्रचलित प्रतीकों, उपमानों और दृष्टान्तों के माध्यम से किया। यहाँ तक कि उनकी योगपरक उलटबाँसियों में भी लोक प्रचलित प्रतीकों और दृष्टान्तों का प्रयोग हुआ है। लेकिन जहाँ अतिशय पारिभाषिकता और सूक्ष्मता का समावेश हुआ है, वहाँ इनकी इससे सम्बद्ध वाणियाँ सहज और बोधगम्य न होकर दुरूह हो गई हैं। फिर भी शास्त्रीयता और रूढ़िवाद के परिकर से बाहर रहकर उन्होंने जिस लोक-चेतना की अभिव्यक्ति सहज रूप में की है, उसका मध्यकालीन हिन्दी साहित्य में विशेष महत्त्व है। वस्तु और रूप दोनों ही दृष्टियों से निर्गुण काव्य अनूठा है।

(घ) विद्रोह की उपलब्धियाँ और सीमाएँ

विद्रोह अकारण नहीं होता है, उसका कोई-न-कोई कारण अवश्य होता है। इसलिए निर्गुण कवियों के काव्य में विरोध या विद्रोह के जो विविध स्तर दिखाई देते हैं उनका भी कोई-न-कोई कारण अवश्य है।

यह प्रश्न उठना स्वाभाविक ही है कि निर्गुण कवियों के काव्य में विद्रोह का स्वर क्यों सुनाई पड़ता है? उसका क्या कारण है? इस प्रश्न के उत्तर का समाधान पाने के लिए हमें तत्कालीन समाज, धर्म और राजनीति का स्वरूप देखना होगा जिसका विवेचन पीछे हो चुका है।

सामाजिक दृष्टिकोण से देखें तो मध्यकालीन समाज अनेक रूपों में विसंगत प्रतीत होता है। सामाजिक असमानता, शोषण, अत्याचार तथा मूल्यांधता की अनेक परतें दिखाई देती हैं।

निर्गुण कवियों ने जिन सामाजिक, धार्मिक और राजनीतिक आयामों के प्रति विद्रोह का भाव जगाया उनमें वर्ण-व्यवस्था, वर्ण-वर्ग विद्रोह, सामन्ती शोषण

तथा शासकीय अत्याचार, धर्म के क्षेत्र में पाखंड और शास्त्रवाद का विरोध तथा आक्रान्ताओं द्वारा जनता पर किये गए अत्याचारों के प्रति विरोध के भाव प्रमुख हैं।

भारतीय समाज का मूल ढाँचा वर्ण-व्यवस्था पर आधारित रहा है और उच्च वर्ण के लोगों को इतनी अधिक सुविधाएँ और अधिकार आरम्भ से ही दिये गए हैं कि वे निम्न वर्ण की जातियों के लिए अभिशाप बन गए। वास्तव में वर्ण-व्यवस्था का आधार आरम्भ में कर्मपरक था, किन्तु सवर्णों ने स्थिति को अनुकूल पाकर उसे जन्मगत बना दिया। फिर तो ऐसी श्रृंखला बनी कि निकृष्ट कर्म करते हुए भी यदि कोई ब्राह्मण कुल-जन्मा होता तो वह आजीवन ब्राह्मण कहलाता और बहुत सारे विशेषाधिकारों का उपभोग करता। इसके विपरीत यदि श्वपच या अन्त्यज ब्राह्मण-कर्म करता, तब भी उसे समाज में अवहेलना की ही दृष्टि से देखा जाता।

मध्यकाल में वर्ण-व्यवस्था की जो प्राचीन परम्परा थी वह तो नष्ट हो ही चुकी थी; इसके अतिरिक्त विदेशी आक्रमणों तथा उपेक्षा के कारण भी बहुत सी जातियों ने मुस्लिम धर्म को स्वीकार कर लिया था। कुछ जातियाँ ऐसी भी थीं जो अपने को न हिन्दू मानती थीं और न मुसलमान। 'जुगी और जुलाहा' जाति ऐसी ही जाति हैं। कबीर साहब जिस जुलाहा जाति में पाले-पोषे गए थे उसका स्वरूप भी इससे नातिभिन्न है।

जाति-भेद का आधार मध्यकाल में वर्ण-व्यवस्था ही थी। कालान्तर में वर्ण ही वर्ग में परिणत हो गए और समाज वर्गों में बँट गया तथा वर्ग-संघर्ष भी हुए। संतों का उद्देश्य था इस वर्ग-संघर्ष को रोकना और इसीलिए उन्होंने विद्रोह और व्यंग्य की रूपगत प्रवृत्ति अपनाई। जहाँ भी उन्होंने विद्रूपता देखी, विसंगति देखी, उसके प्रति विद्रोह किया। मध्ययुग का समाज अनेक प्रकार की विद्रूपताओं से भरा था। एक विद्रूपता सामाजिक शोषण की भी थी। सामन्त किसान को लूटते-दबाते थे तो शासकीय कर्मचारी अपने पद का दुरुपयोग करते हुए सामान्य जनता का शोषण कर रहे थे। जहाँ उच्च वर्ग विलासिता और वैभव का जीवन बिता रहा था, वहाँ निम्न वर्ग अपने फटेहाली और तंगहाली से परेशान था। अमीर वर्ग द्वारा ग़रीब का शोषण कोई आश्चर्यजनक बात न थी। कबीर साहब ने इसी भावना से अनुप्राणित होकर मिट्टी और कुम्हार के रूपक के माध्यम से शोषण की वृत्ति का विरोध किया है—

माटी कहै कुम्हार से तू क्या रौंदै मोहि।
एक दिन ऐसा होयगा, मैं रौंदूँगी तोहि॥[139]

संतों के जीवन-वृत्त पर दृष्टिपात करने से पता चलता है कि उनमें से अधिकांश उन अवर्ण जातियों से सम्बद्ध थे, जिनका समाज में कोई विशेष आदर नहीं होता था अपितु एक तरह से उन्हें उपेक्षा की दृष्टि से देखा गया। संतों की विद्रोही चेतना का कारण उनकी जातीय उपेक्षा भी है। इसीलिए उन्होंने समाज में नीच-ऊँच की भावना

का विरोध किया और सांस्कृतिक समभाव का सन्देश दिया। यह सही है कि निम्न वर्ण या वर्ग की जनता के प्रति उनमें करुणा का भाव है और उनके जीवन-स्तर को ऊपर उठाने का कार्य संतों ने अपनी श्रम-साधना के माध्यम से किया। पिछले अध्याय में हम दिखला चुके हैं कि संतों ने श्रम पर बहुत बल दिया है। इसके माध्यम से उन्होंने निम्न वर्ग की जनता में आत्मविश्वास का भाव जगाया और उच्च वर्ग के अभिमान का विखंडन किया। आचार्य रामचन्द्र शुक्ल ने ठीक ही लिखा है कि "अशिक्षित और निम्न श्रेणी की जनता पर इन संत-महात्माओं का बड़ा भारी उपकार है।" इस प्रकार जाति-पाँति, असमानता और शोषण का विरोध कर संतों ने एक ऐसे समाज और मानव-धर्म की स्थापना का प्रयास किया जिसमें सभी समान रूप से रह सकें। न कोई किसी का शोषण करे, न कोई किसी को जाति, वर्ण के आधार पर नीचा दिखा सके।

मध्यकाल में शास्त्रीय मान्यताओं ने जीवन-विकास के पथ को अवरुद्ध कर रखा था। उच्चवर्गीय रूढ़ आचारों से मुक्ति और धर्मग्रन्थों के अध्ययन में बाधा के कारण विशेषतः संतों में विद्रोह की एक विशेष मनोवृत्ति विकसित हुई जिसने सबको समान रूप से परिभाषित करने के लिए बाध्य किया। निर्गुण कवियों की वास्तविक प्रवृत्ति-विकार जन्य कृत्रिमता का सबल विरोध और सहज साधना पर बल है। अतः जाति-भेद, धार्मिक कर्मकांड, वैषम्यमूलक सामाजिक व्यवस्था, बाह्याचार तथा रूढ़ विधि-विधानों को त्यागकर वे सत्य के उस आलोक को पाने में समर्थ हो सके, जो उनकी साधना की महान उपलब्धि है। शास्त्रवाद का विरोध संतों ने इसी आधार पर किया कि शास्त्रवेत्ता शास्त्र-उल्लिखित उस चरम सत्य को ही नहीं समझ सके थे जिसे सहज साधना द्वारा पाया जा सकता है और जो जीवन और जगत का मूल है। ज्ञान-गरिमा का गौरव दिखानेवाले पंडितों की पाखंड वृत्ति का संतों ने इसीलिए विरोध किया कि वे जनता को धर्म के नाम पर ठगते थे और उसके लिए शास्त्र का प्रमाण देते थे। शास्त्रवाद और कर्मकांड के प्रति उपेक्षा सूफ़ियों में भी समान रूप से परिलक्षित होती है।

निर्गुण संतों ने पंडित और उसके पांडित्य की परिभाषा ही बदल दी। उन्होंने उसके लिए तो प्रेम की आवश्यकता बतलाई है, क्योंकि प्रेम का एक अक्षर भी जो पढ़ लेता, वही पंडित (विद्वान) हो जाता है। इसलिए सारे बाहरी आवरणों को भेद कर संतों ने प्रेम पर बल दिया। यह प्रेम कोई वायवीय चीज नहीं है संतों के यहाँ। यह भी उनकी दृष्टि में एक सहज भाव है जो प्रत्येक मनुष्य के भीतर है। केवल हृत्तंत्री के उस तार को छेड़ने की आवश्यकता है जिससे प्रेम का झंकार होने लगता है। आदमी मानवीयता की भावना से अनुप्राणित हो जाता है और इसी मानवीय प्रेम से युक्त व्यक्ति पांडित्य की गरिमा पाने का अधिकारी हो जाता है। यही मानुष भाव है और समूचा निर्गुण साहित्य इस भाव से भरा पड़ा है।

यहाँ प्रश्न उठता है कि निर्गुण संत कवियों ने जो इतना विद्रोह किया उसकी सामाजिक उपलब्धि क्या हुई? मानव-समाज को उससे क्या मिला?

निर्गुण संतों ने अपनी वाणियों में 'साधु' (संत) की भी परिभाषा की है। कबीरदास जी के अनुसार साधु (संत) ऐसा होना चाहिए जैसा सूप। सूप का कार्य होता है निरर्थक चीज को दूर फटक देना। संत का भी यही काम होता है। वह जीवन और जगत के सारे निरर्थक वायवीय तत्त्वों को छोड़कर उसके मूलतत्त्व को ग्रहण कर लेता है। संसार के लोगों के लिए भी वह यही उपदेश देता है कि सारे बाह्याचार, पाखंड, धर्मान्धता, मिथ्याभिमान और असमानताओं को त्यागकर उन जीवन-मूल्यों को ग्रहण करो, जो समूची मानवता को एकता के सूत्र में बाँधते हैं। संतों ने उन मूल्यों की भी चर्चा की। वर्ण-वर्ग भेद की भावना का त्याग अर्थात सबको समान भाव से देखना, किसी का शोषण न करना, अहिंसा इत्यादि ऐसे ही जीवन-मूल्य हैं जिनकी अभिव्यक्ति संतों ने अपनी वाणियों में एक बार नहीं, अनेक बार की है। ऊपर भी हम संकेत कर चुके हैं कि इस प्रकार के विषय-वस्तु की अभिव्यक्तिपरक आवृत्ति संतों के यहाँ बहुत मिलती है।

निर्गुण साहित्य में ऐसी बहुत सी बातें हैं जिनको जीवन और आचरण में उतार लेने पर मानव-जीवन सार्थकता प्राप्त कर लेता है। संतों के अनुभव का क्षेत्र बहुत व्यापक था। उन्होंने अपने द्वारा अनुभूत ऐसी अनुभवैकगम्य बातें कहीं जिनसे बृहत्तर मानव समुदाय प्रेरणा ग्रहण कर सकता है। जैसे, कबीरदास जी ने कहा कि तुम किसी को ठगो नहीं, किसी के प्रति विश्वासघात न करो; क्योंकि उससे खुद को दुख होता है। इसके विपरीत यदि व्यक्ति स्वयं किसी के द्वारा ठगा जाता है तो उसमें उसे सुख की अनुभूति होती है।[140] आज की मनीषा को यह बात शायद ठीक न प्रतीत हो; क्योंकि ठगाना कोई भी पसन्द नहीं करता। लेकिन यह भी सत्य है कि किसी को कोई ठगकर भी स्वयं सुखी नहीं रह पाता—और जब गहरे पैठकर सोचता है तो लगता है कि सचमुच आप ठगाकर एक सुख होता है। वह सुख अद्‌भुत होता है, उसका अनुभव कर मनुष्य उदात्त हो जाता है। यही संतों का एक प्रकार से निर्वैर भाव भी है। हम सबको समान तभी देख सकते हैं जब हम अपने अहं का विलयन कर दें। इसे ही संतों ने 'आपा' खोना कहा है। यह आपा जिस समय मिट जाता है तब व्यक्ति-व्यक्ति का भेद मिट जाता है और सब में 'एक ही तत्त्व की प्रतिच्छाया दिखलाई पड़ने लगती है। इस निर्वैर भाव में भी जीवन का एक अनुपम आदर्श सन्निहित है। विषमतापूर्ण सामाजिक व्यवस्था से संत उद्विग्न हो उठते हैं, क्योंकि 'सतलोक' की प्राप्ति के लिए जो साधना इन संतों ने अपनाई उसमें विषमता के लिए कोई स्थान ही नहीं था। उन्होंने अपने सामाजिक मूल्यों के मूलाधार आध्यात्मिक क्षेत्र में निरन्तर इस बात की घोषणा की है कि वहाँ जाति-पाँति नहीं है, सभी एकमेक हैं।'[141] भगवान के चरणों में आने के लिए प्रेम भाव की आवश्यकता है। जो सब प्रकार से बाहरी क्रिया-कलापों को त्यागकर प्रेमपूर्वक भगवान के पास आता है

उसे ही उसके चरणों में स्थान मिलता है। उस परमतत्त्व के समक्ष कोई बड़ा या छोटा नहीं होता, वह सबको समान भाव से देखता है। उसके लिए सब बराबर होते हैं। इसीलिए बड़े और छोटे का भेद मिटाने के लिए संतों ने तो यहाँ तक कह दिया कि जो जितना ही बड़ा होता है उतना ही भयातुर होता है और जो जितना ही लघु होता है उतना ही निर्भय। बड़े-से-बड़ा हाथी ज़ंजीरों में जकड़ा होता है जबकि चींटी जैसा लघुतम जीव निश्शंक भाव से यत्र-तत्र घूमता रहता है—

साहन कूँ तो भय घना, सहजो निर्भय रंक।
कुंजर के पग बेड़ियाँ, चींटी फिरे निसंक॥[142]

सहजोबाई ने परमतत्त्व को सबमें समान रूप में देखा। केवल देह का भेद बतलाया। गोया, राजा-रंक सब में वह एक समान भाव से प्रतिभासित होता है; अर्थात वह राजा और रंक का भेद ही नहीं करता—

सब घट व्यापक राम है, देही नाना भेष।
राव रंक चंडाल घर, सहजो दीपक एक॥[143]

निर्गुण कवियों ने समाज में भेदभाव और असमानता की भावना को दूर करने के लिए परमात्म-साधना और मानवीय प्रेम की संवेदना को आधार बनाया। इसी के आधार पर उन्होंने सम्मिलन का विराट आयोजन किया। बाह्याचार, रूढ़ियों, कर्मकांडों, पाखंडों तथा अन्य निरर्थक साधनाओं का विरोध उन्होंने इसीलिए किया कि एक स्वस्थ समाज का निर्माण हो सके, जिसमें न सामन्ती शोषण हो और न शास्त्रवाद का भय। शास्त्रवाद का विरोध भी संतों ने मानवीय प्रेम और सहज साधना के बल पर किया। शास्त्रवाद के विरोध का एक अन्य आयाम उनकी लोकोन्मुख भाषा-शैली में भी दिखलाई पड़ता है, जिसमें उन्होंने सामान्य जनता से प्राप्त शब्दों—कुत्ता, बिल्ली, गाय, सूत, नली, चरखा, मूसा (चूहा), ताला-कुंजी इत्यादि का प्रयोग किया। उनके काव्य में अभिव्यक्ति की सजगता बहुत ही कम है, क्योंकि लोक-साहित्य के समान ही इनका काव्य भी सहज लोकजीवन का अंग बन सका है। यही कारण है कि वहाँ संतों ने गहन, सूक्ष्म तथा विशिष्ट अनुभूतियों की व्यंजना के लिए भी लोकजीवन से ही रूपक, उपमान, प्रतीक तथा दृष्टान्त आदि ग्रहण किये हैं। इसके फलस्वरूप ही उनकी काव्याभिव्यक्ति अधिक व्यापक और मानवीय संवेदना से युक्त हो सकी है। सूफ़ी कवियों ने भी प्रेम गाथाओं के लिए लोक प्रचलित कथ्य और शिल्प का प्रयोग किया।

निर्गुण कवियों का समग्र चिन्तन और विचार-दर्शन मानवीय संवेदना का विस्तार करता है। वे हमेशा लोकहित की बात करते हैं। उनकी साधना का लक्ष्य ही जनजीवन को अधिकाधिक सुखी तथा आध्यात्मिक शक्ति-सम्पन्न बनाना है। उनके द्वारा प्रस्तुत

सामाजिक आदर्श किसी विशिष्ट जाति, वर्ग या सम्प्रदाय के लिए न होकर समूचे भारतीय जनमानस के लिए था। इसीलिए जब वे कोई भी बात कहते हैं तो उनकी चेतना में जनता का ध्यान रहता है। इनके चिन्तन का केन्द्र बिन्दु जनता होती है।

संक्षेप में हम कह सकते हैं कि निर्गुण कवियों के काव्य में जिस वैविध्यपूर्ण विद्रोह भाव की अभिव्यक्ति हुई है उसके मूल में मानव-समाज के कल्याण का ही भाव निहित है, क्योंकि संतों ने विद्रोह और विरोध की प्रक्रिया में जहाँ व्यंग्य को अपनाया है, वहाँ भी व्यापक मानवीय करुणा की ही भावना परिलक्षित होती है। इसीलिए उनका व्यंग्य भी हास्य की सीमा को पार कर ऐसी करुणा की संवेदना का संस्पर्श कर सका है जिसने व्यष्टि और समष्टि के भेद को मिटाकर उस मानुष-भाव को जगाने का प्रयत्न किया है जो सामाजिक व्यवहार तथा पारमार्थिक साधना के क्षेत्र में अपने ढंग का अनूठा आदर्श है। डॉ. बड़थ्वाल के शब्दों में इसमें भारतीय संस्कृति का बड़े सौम्य रूप में सारा निचोड़ आ गया है। इस प्रकार हम देखते हैं कि निर्गुण कवियों के विद्रोह-भाव के पीछे मानव-जाति के कल्याण की भावना सन्निहित है और इसीलिए उनका यह विद्रोह सार्थक और संगत लगता है। वह युगीन परिस्थितियों की प्रतिक्रिया के रूप में निष्पन्न हुआ था और वही निर्गुण साहित्य की शक्ति और प्राणवत्ता का प्रतिमान भी है। मध्ययुग में इतना बड़ा विरोध एवं विद्रोह का आन्दोलन चलाना निर्गुण साधकों की ही साधना के वश की बात थी। यही कारण है कि उनका साहित्य इस विद्रोही चेतना के कारण आज भी प्रासंगिक बना हुआ है।

सन्दर्भ

1. कल्याण, मानवता अंक, पृ. 157
2. मीरा और आंडाल का तुलनात्मक अध्ययन, पृ. 79
3. हि. सा., उद्भव और विकास, पृ. 63
4. हि. सा. की भूमिका, पृ. 53
5. हिन्दी साहित्य, पृ. 42
6. हिन्दी को मराठी संतों की देन, विनयमोहन शर्मा, पृ. 114
7. संत नामदेव और हिन्दी पद-साहित्य, रामचन्द्र मिश्र, पृ. 154
8. संत नामदेव की हिन्दी पदावली, भगीरथ मिश्र, राजनारायण मौर्य, पृ. 47
9. मिश्रबन्धु विनोद (1), पृ. 160
10. हिन्दुई साहित्य का इतिहास (तासी), अनु. ल. सा. वार्ष्णेय, पृ. 130
11. मीरा का काव्य, विश्वनाथ त्रिपाठी, पृ. 15
12. वही, पृ. 37
13. संस्कृति संगम, पृ. 102
14. मानव और संस्कृति, श्यामाचरण दुबे, पृ. 130

15. संत-साहित्य के प्रेरणा-स्रोत, परशुराम चतुर्वेदी, पृ. 162
16. हिन्दी साहित्य का इतिहास, पृ. 67
17. आधुनिक भावबोध की संज्ञा, अमृतराय, पृ. 66
18. साहित्य और इतिहास दृष्टि, मैनेजर पांडेय, पृ. 107, 114-15
19. भारतीय संत परम्परा और समाज, रांगेय राघव, पृ. 32
20. हिन्दी काव्यधारा, पृ. 35
21. हिन्दी जनपद के संत, काका साहेब कालेलकर, पृ. 53
22. भारतीय परम्परा के मूल स्वर, गोविन्द चन्द्र पांडेय, पृ. 90
23. मध्यकालीन रचना और मूल्य, कमला प्रसाद, पृ. 22
24. निर्गुण साहित्य : सांस्कृतिक पृष्ठभूमि, पृ. 68
25. कबीर ग्रन्थावली, श्यामसुन्दर दास, पृ. 128
26. वही, पृ. 241
27. वही, पृ. 182
28. भक्तमाल, सीतारामशरण भगवान दास, पृ. 461
29. साहित्य साधना और समाज, भगीरथ मिश्र, पृ. 7
30. संगम और संघर्ष, पृ. 92-93
31. कबीर एक अनुशीलन, पृ. 57
32. सुन्दर ग्रन्थावली-I, पुरोहित हरिनारायण शर्मा, पृ. 168
33. संत सुधासार, वियोगी हरि, पृ. 652
34. भारतीय परम्परा के मूल स्वर, गोविन्द चन्द्र पांडेय, पृ. 66-67
35. मध्ययुगीन निर्गुण चेतना, धर्मपाल मैनी, पृ. 209
36. जायसी ग्रन्थावली, आचार्य शुक्ल, भूमिका, पृ. 1
37. भारतीय साहित्य की सांस्कृतिक रेखाएँ, परशुराम चतुर्वेदी, पृ. 216
38. संत गुरु रविदास-वाणी, वेणी प्रसाद शर्मा, पृ. 133
39. रैदास जी की बानी, वे. वे. प्रेस, पृ. 22
40. नानक वाणी, जयराम मिश्र, पृ. 102
41. मध्ययुगीन निर्गुण चेतना, धर्मपाल मैनी, पृ. 111-12
42. संत वैष्णव काव्य पर तांत्रिक प्रभाव, विश्वम्भरनाथ उपाध्याय, पृ. 198
43. संत-साहित्य, भुवनेश्वरनाथ मिश्र 'माधव', पृ. 37
44. पाटल, संत-साहित्य विशेषांक, पृ. 24, अंक-5, अप्रैल 1955
45. रज्जब वाणी, स्वामी नारायण दास, पृ. 552
46. मध्यकालीन संत—विचार और साधना, केसनी प्र. चौरसिया, पृ. 193
47. मलूकदास जी की बानी, वे. वे. प्रेस, पृ. 37
48. परम्परा का मूल्यांकन, रा. वि. शर्मा, पृ. 54
49. दरिया ग्रन्थावली, शास्त्री, पृ. 289
50. वही, पृ. 83
51. पलटू साहब की शब्दावली, पृ. 327
52. वही, पृ. 142-43
53. गरीबदास जी की बानी, पृ. 143

54. हिन्दी जनपद के संत, काका कालेलकर, पृ. 176
55. संत सुधा सार (खंड-2), पृ. 161
56. बावरी ग्रन्थ के हिन्दी कवि, भ. प्र. शुक्ल, पृ. 336-38
57. धरणीदास जी की बानी, पृ. 45
58. जगजीवन साहिब की बानी (2), पृ. 80
59. क. ग्र., पारसनाथ तिवारी, पृ. 109
60. वही, भूमिका, पृ. 28
61. कबीर, पृ. 151
62. दोहा कोश, रा. सांकृत्यायन, पृ. 39
63. वही, पृ. 22
64. गोरखबानी, पी. द. बड़थ्वाल, पृ. 34
65. नानक वाणी, जयराम मिश्र, पृ. 366
66. वही, पृ. 731
67. संत सुधासार (2), वियोगी हरि, पृ. 37
68. वही, पृ. 481
69. दादूदयाल ग्रन्थावली, परशुराम चतुर्वेदी, पृ. 389
70. वही, पृ. 71
71. जगजीवन साहब की बानी (1), पृ. 73
72. पलटू साहब की बानी (3), पृ. 2
73. भीखा साहब की शब्दावली, पृ. 5
74. रज्जब बानी, ब्रजलाल वर्मा, निष्पक्ष मध्य का अंग
75. हिन्दी काव्यधारा, सांकृत्यायन, पृ. 174
76. संत कवि दरिया : एक अनुशीलन, धर्मेन्द्र ब्रह्मचारी, पृ. 59
77. जायसी ग्रन्थावली, रा. च. शुक्ल, पृ. 77
78. हिन्दी की निर्गुण काव्य धारा और उसकी दार्श. पृष्ठभूमि, पृ. 10
79. कबीर, ह. प्र. द्विवेदी, पृ. 147
80. सूफ़ीमत : सा. और साहित्य, रामपूजन तिवारी, पृ. 425
81. वही, पृ. 425
82. कबीर ग्रन्थावली, श्यामसुन्दर दास, पृ. 35
83. सुन्दर ग्रन्थावली (2), पुरोहित ह. ना. शर्मा, पृ. 893-94
84. सुन्दर विलास, पृ. 61
85. दादूदयाल की बानी (1), पृ. 159
86. संत कवि दरिया : एक अनुशीलन, धर्मेन्द्र ब्रह्मचारी, पृ. 63
87. संत सुधासार, खंड-2, वियोगी हरि, पृ. 37-38
88. धरणीदास जी की बानी, पृ. 19
89. संतबानी संग्रह (1), पृ. 128
90. भीखा साहब की शब्दावली, पृ. 9
91. चरणदास की बानी (2), पृ. 230
92. वही (1), पृ. 48

93. उलटबाँसी शैली और संत कबीर, र. च. मिश्र, पृ. 269
94. हमारी परम्परा, वियोगी हरि, पृ. 7
95. निर्गुण साहित्य : सांस्कृतिक पृष्ठभूमि, पृ. 112
96. उत्तरी भारत की संत-परम्परा, पृ. 316
97. दोहा कोश, म. प. रा. सांकृत्यायन, पृ. 12
98. हिन्दी काव्यधारा, रा. सांकृत्यायन, पृ. 146
99. गोरखबानी, पी. द. बड़थ्वाल, पृ. 47
100. वही, पृ. 57
101. कबीर ग्रन्थावली, श्यामसुन्दर दास, पृ. 254
102. वही, पृ. 182
103. कबीर वचनावली, हरिऔध, पृ. 139
104. क. ग्र., श्यामसुन्दर दास, पृ. 77
105. गुरु ग्रन्थ साहिब, महला-1
106. संत सुधासार-1, पृ. 67
107. सुन्दर ग्रन्थावली-1, पुरोहित हरिनारायण शर्मा, पृ. 668
108. वही
109. गुलाल साहब की बानी, पृ. 27
110. धरणीदास जी की बानी, पृ. 46
111. पलटू साहब-(संत सुधासार, पृ. 254)
112. संत कवि दरिया : एक अनुशीलन, पृ. 92
113. कबीर वचनावली, हरिऔध, पृ. 134
114. 'कवि कवीवै कविता मूये'-क. ग्र., श्या. दास, पृ. 146
115. सह चिन्तन, अमृतराय, पृ. 70
116. पाटल : संत-साहित्य विशेषांक, पृ. 25
117. क. ग्र., श्यामसुन्दर दास, पृ. 104
118. संत कवि दरिया : एक अनुशीलन, धर्मेन्द्र ब्रह्मचारी, पृ. 179
119. क. ग्र., श्यामसुन्दर दास, पद-125
120. संत कवि दरिया : एक अनुशीलन, पृ. 69
121. कल्याण : योग अंक, पृ. 299
122. श्री शंकराचार्य, बलदेव उपाध्याय, पृ. 256
123. क. ग्र., श्यामसुन्दर दास, पृ. 101
124. सुन्दर विलास, पृ. 17
125. पलटू साहब की बानी (3), पृ. 49
126. संत कवि दरिया : एक अनुशीलन, पृ. 104
127. विचार-विमर्श, पृ. 14
128. क. ग्र., श्यामसुन्दर दास, पृ. 158
129. भारतीय मध्ययुग का इतिहास, ईश्वरी प्रसाद, पृ. 485-86
130. नानक वाणी, जयराम मिश्र, पृ. 811
131. वही, पृ. 431

132. क. ग्र., श्यामसुन्दर दास, पृ. 121
133. वही, पृ. 199
134. संत-साहित्य के प्रेरणास्रोत, परशुराम चतुर्वेदी, पृ. 160
135. वही, पृ. 162
136. रस-मीमांसा, पृ. 244
137. क. ग्र., पारसनाथ तिवारी, पृ. 36
138. संत वैष्णव काव्य पर तांत्रिक प्रभाव, पृ. 311-12
139. कबीर वचनावली, हरिऔध, पृ. 129
140. वही, पृ. 132
141. संत-साहित्य की लौकिक पृष्ठभूमि, ओमप्रकाश शर्मा, पृ. 122
142. सहजोबाई की बानी, पृ. 33
143. वही, पृ. 35

निर्गुण काव्य में नारी के विविध रूप

निर्गुण संत काव्य

निर्गुण काव्य का वस्तु विधान जितना ही वैविध्यपूर्ण है उतना ही उसका नारी-विषयक दृष्टिकोण। निर्गुण संतों के काव्य में हमें नारी-विषयक चिन्तन के अनेक आयाम परिलक्षित होते हैं। यही कारण है कि उन्होंने नारी का चित्रण केवल सामाजिक या लौकिक सन्दर्भ में ही न कर व्यापक परिप्रेक्ष्य में उसे साधना और अन्तःसाधना का भी आधार बनाया।

पारिवारिक

परिवार समाज का आधार है। परिवार की प्रकल्पना सम्बन्ध सापेक्ष है। इस सम्बन्ध के कई आयाम हैं। परिवार का निर्माण स्त्री-पुरुष के परस्पर संयोग और सहकर्म से होता है, किन्तु केवल संयोग-सहकर्म परिवार की अवधारणा को पूर्णता नहीं प्रदान करते। उससे परिवार की अवधारणा का प्रायः संकुचन होता है।

'परिवार' शब्द बहुत व्यापक अर्थ रखता है किन्तु यहाँ उसका सीमित अर्थ लेना ही हमारा अभिप्राय है। यानी, पति-पत्नी का सम्बन्ध, माता-पिता का सम्बन्ध, सास-बहू का सम्बन्ध, ननद-भाभी का सम्बन्ध इत्यादि।

संतों ने प्रायः उक्त सम्बन्धों की ही प्रतीकात्मक अभिव्यक्ति की है। यह प्रतीक प्रक्रिया रूपकों में भी है और श्लेषपरक भी—अर्थात 'नारी' शब्द का दुहरे अर्थ में भी प्रयोग किया गया है किन्तु श्लेषपरक प्रयोग पारिवारिक नहीं हैं, अपितु साधनात्मक एवं अन्तस्साधनात्मक हैं; जैसे, कुंडलिनी तथा इड़ा-पिंगला, सुषुम्ना आदि के माध्यम से उन्मन स्थिति की प्राप्ति।

दाम्पत्यपरक नारी-चित्रण

भारतीय संस्कृति में परिवार का बहुत महत्त्व है और परिवार में दाम्पत्य जीवन का। दाम्पत्यपरक आयाम में स्त्री-पुरुष—पति-पत्नी के प्रेम का विशेष स्थान होता है।

संत कवियों में अधिकांश गृहस्थ थे; क्योंकि गृहस्थ जीवन का निर्वहन करते हुए ही वे साधना की सफलता स्वीकार करते थे। गृहस्थ धर्म का त्याग कर कृच्छ साधना करना एक प्रकार से वे बाह्याचार मानते थे। अतः गार्हस्थ्य जीवन पर संतों ने बहुत बल दिया है और उसे सहज साधना का ही एक अंग माना है।

प्रेम और हृदय के माधुर्य भाव की चरम अभिव्यक्ति नारी-पुरुष के दाम्पत्य भाव में ही हो सकती है। इस दाम्पत्य भाव में मिलन एवं वियोग की दशाओं का विशेष महत्त्व है। मिलन की स्थिति बहुत क्षणिक होती है। इसके विपरीत वियोग का समय अधिक होता है। चिर वियोग के पश्चात जो मिलन होता है वह अनिर्वचनीय होता है। संतों ने नारी-पुरुष के संयोग-वियोग की अभिव्यक्ति प्रतीकात्मक रूप में की है। किन्तु फिर भी उसकी व्याप्ति लोक तक होती है। वह लौकिक जीवन में पति-पत्नी, प्रिया-प्रिय के सम्बन्धों की सहज अभिव्यक्ति में सहायक है।

विरहिणी नारी

संतों ने नारी के विरह-भाव की अभिव्यक्ति प्रायः आध्यात्मिक सन्दर्भ में की है। उनके यहाँ जीवात्मा नारी है और परमात्मा पुरुष। उनकी सारी साधना उसी परम प्रियतम की प्राप्ति का विराट आयोजन है। लेकिन सबसे ध्यान करने की बात यह है कि इस आध्यात्मिकता के अवचेतन में कहीं-न-कहीं सामाजिक-लौकिक जगत की पीड़ा संतों के यहाँ अवश्य है—अन्यथा, कबीरदास यह क्यों कहते कि 'नारी तो हमहूँ करी'! नारी के साथ जीवन बिताकर ही संत उनके बारे में 'अनभै साँचा' की बात करते हैं।

सामान्यतः विरह की स्थिति पति-पत्नी अथवा प्रेमी-प्रेमिका के बीच तब आती है जब वे एक-दूसरे से अलग हो जाते हैं। इस स्थिति में दोनों के हृदय में प्रेम की ज्वाला जलती रहती है। किन्तु इस विषय में भी संतों ने नारी की विरहावस्था का चित्रण ही अधिक किया है। पुरुषपरक विरह प्रायः नहीं है। इसका कारण यह है कि परमपुरुष जीवात्मा के लिए व्याकुल नहीं रहता।

संतों का विरह भाव एक प्रकार से रहस्यवाद की ही अभिव्यक्ति है; क्योंकि परमप्रिय विषयक उनकी विरह-भावना प्रायः प्रतीकात्मक रूप में है। डॉ. राममूर्ति त्रिपाठी के अनुसार रहस्य की साधना करनेवाले ये रहस्यदर्शी संतगण साधन बेला की व्याकुलता और वेदना तथा मिलन की रस वर्षा की अभिव्यक्ति प्रायः पति-पत्नी के वियोग-संयोगमय प्रतीक से व्यक्त करते हैं।[1] दूसरी बात यह कि परमात्मा को पिता, माता, प्रियतम, पुत्र अथवा सखा के रूप में देखना रहस्यवाद ही है, क्योंकि लौकिक अर्थ में परमात्मा इनमें से कुछ भी नहीं है। डॉ. रामकुमार वर्मा ने भी इस बात को पुष्ट करते हुए लिखा है कि "उन्होंने परमात्मा को पुरुष और आत्मा को

स्त्री मानकर विरह और मिलन का चित्रण किया है और इसी भावना के अन्तराल में उनका रहस्यवाद है।"[2] यहाँ प्रश्न उठना स्वाभाविक है कि संतों ने आत्मा और परमात्मा के लिए स्त्री और पुरुष का ही रूप या प्रतीक क्यों ग्रहण किया? लौकिक जीवन में और भी आयाम हैं, उन्हें इस साधना का आधार क्यों नहीं बनाया? वास्तव में, इस प्रश्न का हमारे विचार से यही उत्तर हो सकता है कि लौकिक जीवन में पति-पत्नी का सम्बन्ध बहुआयामी तथा परम प्रेममय होता है। उससे बढ़कर कोई मधुर सम्बन्ध नहीं हो सकता। इसलिए जीवात्मा और परमात्मा के परम प्रेममय सम्बन्ध की अभिव्यंजना स्त्री-पुरुष—पत्नी-पति या प्रिय-प्रिया के रूप में ही हो सकती थी। इसीलिए संतों ने नारी-निन्दा और उसे मायादि कहने के बावजूद उसे साधना का आधार बनाया। सूफ़ी कवियों के यहाँ क्रम बिलकुल भिन्न है। वहाँ परमसत्ता नारी के रूप में है और जीव-तत्त्व पुरुष के रूप में। जायसी कृत पद्मावत में रत्नसेन और पद्मावती की क्रमशः यही स्थिति है। रत्नसेन वह साधक है जो परमतत्त्व रूपी पद्मावती को प्राप्त करने का अनवरत प्रयास करता है। लेकिन संतों और सूफ़ियों की इस प्रकार की साधना में मूल अन्तर यह प्रतीत होता है कि संतों का लोकधर्म अध्यात्म की ऊर्ध्व साधना की ओर अग्रसर हुआ है जबकि सूफ़ी कवियों का लोकतत्त्व ही प्रबलतर होता गया है और अध्यात्म तत्त्व प्रायः दब-सा गया है। उनका यौन-चित्रण कहीं-कहीं पर तो इतना सान्द्र हो गया है कि वहाँ आध्यात्मिक सन्दर्भ की चर्चा करना निरर्थक-सा लगता है। उदाहरण के लिए चांदायन की ये पंक्तियाँ द्रष्टव्य हैं। यहाँ चाँदा लोरिक से कहती है कि पुष्प-शैया, परिमल तथा चन्दन बहुतेरे प्रकार से तैयार किये हुए हैं। मेरे स्तनों को हाथों से ग्रहण किये रहो और मेरे अधरों को खंडित करके उनका रस लो—

फूर सेज पर (रि) मल चन्दन बहु विधि कीज।
कर गहि रद (ही) पयोधर अधर षंडि रसुलीज।[3]

इस प्रकार का रतिपरक सान्द्र चित्रण संतों के यहाँ प्रायः नहीं है। यद्यपि संतों ने भी सेज बिछाने और अन्य बहुत से मिलन-सुख की प्राप्ति के लिए आयोजन किये हैं, किन्तु रति का इतना स्थूल और मांसल रूप उनके यहाँ नहीं है। दूसरे, परनारी या परपुरुष भाव को संतों ने समवेत स्वर से स्वीकार नहीं किया, जबकि चाँदा विवाहित थी और उसका यौवन अनछुआ रह गया था। वह स्वयं लोरिक से कहती है कि उसके कुच का आस्वाद उसके स्वामी ने नहीं लिया था अतः उसने वह लोरिक के लिए रख छोड़ा था—

सुर (र) ग बैलि फर तुम्ह कौ राषी (राषे?)।
नैनहु देखि गुसाइ (ई) न चाषी (निचाषे?)॥[4]

यह दूसरी बात है कि चाँदा का वह पति (बावन) अयोग्य (कदाचित् नपुंसक) था। लेकिन चांदायन हिन्दी की ऐसी प्रथम सूफ़ी प्रेमाख्यानक रचना है जिसमें प्रेम का आलम्बन किसी की विवाहिता है। यह परम्परा फ़ारसी की मसनवियों में ही है। प्रसिद्ध सूफ़ी कवि निज़ामी की 'खुसरो शीरीं' की नायिका खुसरो की विवाहिता है और फरहाद नाम का शिल्पी उस पर अनुरक्त होता है। जहाँ तक बावन और चाँदा का सम्बन्ध है उसमें चाँदा का लोरिक के साथ रमण करना सामाजिक दृष्टि से अपराध नहीं है, किन्तु लोरिक का मैना को छोड़कर चाँदा के साथ रमना अपराध नहीं तो अनैतिक अवश्य है। यह बात दूसरी है कि मध्ययुगीन मानक मूल्यों के अनुसार पुरुष एकाधिक पत्नियाँ रख सकता था। किन्तु संतों के यहाँ प्राय: इसकी स्वीकृति नहीं है और वे इसे ज़ार-भाव मानते हैं। इसीलिए उन्होंने पातिव्रत्य पर बल दिया है। सिद्धों ने भी निज घरनी के साथ ही केलि करने पर बल दिया है।

निर्गुण संत-साहित्य में विरहिणी का चित्रण प्रभूत परिमाण में मिलता है। प्राय: सभी संतों ने स्वयं को परमात्मा की पत्नी और प्रिया मानकर उससे मिलने की परम उत्कंठा व्यक्त की है अथवा उसके साथ से वियुक्ति पाने की अवस्था में अनेक प्रकार से विरह की भावात्मक व्यंजना की है। कतिपय संतों ने तो स्वतंत्र रूप से 'विरह का अंग' ही लिखा है और वह प्राय: साखियों में है। इस प्रकार की साखियों में दाम्पत्यपरक विरह भावना की उत्कट अभिव्यंजना हुई है।

मनुष्य के इस अनुभव ने कि वह किसी व्यापक चेतना का अंश है, पुरुष और स्त्री के आध्यात्मिक सम्बन्ध को जन्म दिया है। मध्ययुगीन सामाजिक नियमों के अनुसार स्त्री पुरुष की प्रेम-भिक्षा पाने को लालायित रहती थी। दर्शन में यह रूपक सब प्रकार से समर्थ परमात्मा को पुरुष और उसके आश्रित जगत को स्त्री या उसका प्रकृति स्वरूप मानकर प्रचलित हुआ।[5] इसलिए संतों ने अनेक स्थानों पर परमात्मा को अपना पति, प्रियतम तथा भर्तार कहा और अपने को उसकी दुलहिन, पत्नी और प्रिया इत्यादि। यही संतों का माधुर्य भाव भी है। इस माधुर्य भाव में मस्त संत अपने परमप्रिय या पति के लिए कभी विरहिन बने दीख पड़ते हैं, कभी अपने 'प्रानप्रिया' के आगमन में वासक सज्जा नायिका जैसे 'सुखमन सेज' सँवारने में व्यस्त जान पड़ते हैं तो कभी 'पतिबरता' के रूप में उसके साथ होली खेलते समय उसकी छवि देखकर बेसुध हो जाते हैं। नारी संतों में भी यह भाव देखने को मिलता है। दयाबाई और सहजोबाई के अतिरिक्त बावरी साहिबा में भी यह तत्त्व विद्यमान है। दयाबाई की रचनाओं—'दयाबोध' और 'विनय मालिका' में सहजोबाई की अपेक्षा यह भाव अधिक है। बावरी साहिबा की रचनाओं में माधुर्य भाव की मार्मिक व्यंजना हुई है। आचार्य परशुराम चतुर्वेदी का विचार है कि "उनकी साधना मधुरोपासनापरक रही होगी क्योंकि वे अपने को उस 'परमतत्त्व की बाँदी' होना बतलाती हैं।"[6]

स्त्री संतों में परम विरहानुभूति की व्यंजना की सघनता संत दयाबाई में ही दिखलाई पड़ती है। उस प्रकार की सान्द्रता न तो सहजोबाई में है न बावरी साहिबा में। संत हृदया दयाबाई जब परम प्रियतम के प्रति विरह व्यंजना करती हैं तो लगता है कि सचमुच विरहासक्ता ने अपने को दलित द्राक्षा की भूमिका में परकाया प्रवेश करा दिया है। वहाँ नारी हृदय की वास्तविक मार्मिक अभिव्यंजना होती दिखलाई पड़ती है, क्योंकि यहाँ स्वयं नारी अपनी पीड़ा व्यक्त कर रही है, उसे नारी बनकर नारी की पीड़ा नहीं व्यक्त करनी पड़ी है। किन्तु उस विरह की अभिव्यक्ति के लिए वे रूप गढ़ती हैं—राम का, कृष्ण (मोहन) का। उसके बाद उस निर्मम-निर्मोही प्रिय से मिलने की उत्कंठा व्यक्त करती हैं। उनके अनुसार वह प्रियतम बहुत दिनों का 'बिछुड़ा' हुआ है और उस विरह की घड़ी में विरहिणी तप-तप कर दुख की स्थिति को प्राप्त कर रही है—

जनम जनम के बीछुरे हरि अब रहयो न जाय।
क्यों मन को दुख देत हो बिरह तपाय तपाय॥[7]

विरह की अवस्था में बहुत निराशा होती है और विरहिणी कभी कौआ उड़ाती है तो कभी रास्ते के पथिकों को देखकर दौड़कर उनके पास जाती है और 'प्रियतम का एक शब्द' सुनने के लिए अपनी आकुलता व्यक्त करती है। वह जीवन और जगत के विविध आयामों में उसे ढूँढ़ने का प्रयास करती है। दिन-रात उसका बाट देखती है। पथिक से पूछती है कि किस देश में, किस स्थान पर उसको खोजने जाऊँ, वह कहीं तो दिखलाई नहीं पड़ता, उसके विरह में तो रात भी नहीं कटती—

कहाँ ढूढ़ो कहाँ पाइये, कहाँ रहे किस पास।
कवन देसु कहाँ जाइये, कीजै कौन उपाय॥
नैन न आवै निदड़ी, निसदिन तलफत जाइ।
दादू आतुर विरहनी, क्यूँ करि रैंनि बिताइ॥[8]

विरह में विरहिणी नाना प्रकार के प्रयत्न करती है ताकि किसी भी तरह से प्रियतम के पास उसकी विरह भावना का प्रकाशन हो जाए। कभी वह प्रियतम के पास 'पाती' भेजने की कामना करती है तो कभी अपने शरीर को ही जलाकर उसके धुएँ से अपने प्रियतम को विरहस्थिति का बोध कराना चाहती है। प्रियतम की आगमन-प्रतीक्षा में, राह देखते-देखते विरहिणी की आँखों में झाईं पड़ गई। वे इस तरह लालिमायुक्त हो गई हैं कि लोगों को अन्देशा हो गया है कि शायद आँखें आ गई हैं, इसलिए लाल हो गई हैं; जबकि उसका कारण कुछ और ही है। वे तो प्रियतम के विरह-वियोग में रोते-रोते लाल हो गई हैं। दोष आँखों का नहीं है; दोष उस निर्मम, निर्मोही प्रियतम का है जिसके विरह में प्रिया की आँखें रक्तिम हो गई हैं।[9]

विरह में तपाना उस प्रियतम को अच्छा लगता है। वह रस लेता है। प्रिया की परीक्षा लेता है। यह परीक्षा की घड़ी बहुत कष्टप्रद होती है। सारा संसार ही दुस्तर जंजाल लगता है। संयोग के समय की सभी बातें कचोटती हैं। लेकिन उस असीम प्रियतम का मार्ग ही दुख का है। वह दुख देकर ही मिलन का अपूर्व सुख देता है। हँसने-खेलने से वह नहीं मिल जाता। उसके लिए रोने की विराट साधना करनी पड़ती है। यदि हँसने-खेलने से ही वह प्रियतम मिल जाता तो संसार की कोई स्त्री दुर्भाग्यशालिनी नहीं होती—

हँसि हँसि कंत न पाइए, जिनि पाया तिनि रोइ।
जो हाँसे ही हरि मिलै, तो नहीं दुहागिनि कोइ॥[10]

संत रज्जब जी का विचार है कि बिना विरह-वियोग के परमप्रिय से मिलना नहीं हो सकता—

दरद नहीं दीदार का, तालिब नाहीं जीव।
रज्जब विरह वियोग बिन, कहा मिले सो पीव॥[11]

इसीलिए संत कबीरदास ने कहा था कि विरह को बुरा मत कहो। वह सुलतान है। जिसके भीतर विरह का संचार नहीं होता, उसे श्मशानवत् समझना चाहिए।[12] इसका कारण यह है कि विरह की पराकाष्ठा में मिलन की सम्भावना बढ़ती है। निरन्तर विरह को झेलते रहने से विरही के अवचेतन में एक प्रकार के मिलन का बोध होने लगता है।

जैसा कि हमने ऊपर कहा है कि विरह-भावना मिलन-भावना को अधिकाधिक तीव्र करती है। सम्भवतः इसीलिए संतों ने उसकी अनिवार्यता सिद्ध की है। वे प्रियतम के अभाव में एक विचित्र प्रकार के ख़ालीपन का एहसास करते हैं। लगता है जैसे उनका मात्र घर ही नहीं, बल्कि पूरा जीवन ही सूना हो गया है—

मितऊ मड़ैया सूनी करि गैलो॥
जोगिन होइ के मैं बन बन ढूँढ़ा,
हमरा के बिरह बैराग दे गैलो।[13]

× × ×

इस सूनेपन में मात्र तड़पना ही मानो उनकी नियति है। इसीलिए विरहिणी तड़प-तड़पकर किसी तरह से विरह को झेल रही है। उससे रहा नहीं जाता, उसके कलेजे में दर्द की लहर उठती है। दिन-रात चैन नहीं। आधी रात हो या कोई प्रहर; हर समय उसे प्रिय (साईं) का विरह कष्ट देता रहता है। सबसे बड़ी विडम्बना यह है कि विरहिणी अपने इस दुख को किसी से कह भी नहीं पाती और इस प्रकार

उसकी स्थिति विरह के कारण घुन-कृत खोखली लकड़ी के समान हो गई; क्योंकि उसे अपनी इस स्थिति को अपने भीतर-भीतर ही महसूस करना है। यह और भी विचित्र स्थिति है कि विरहिणी इस व्यथा में न रो सकती है न हँस सकती है। हँसने का तो प्रश्न ही नहीं उठता, क्योंकि उससे प्रिय मिलन की सम्भावना ही समाप्त हो जाएगी। इसलिए विरह की द्वंद्वात्मक स्थिति में ही जीना विरहिणी की बाध्यता है—

जो रोऊँ तो बल घटे, हँसों तो राम रिसाइ।
मन ही माँहि बिसूरना, ज्यों घुण काठहिं खाइ॥[14]

विरहिणी (आत्मा) की व्यथा सामान्य नहीं है। उसकी व्यथा को वही समझ सकता है, जिसने इसका अनुभव किया है। यही कारण है कि उसकी साधना संयोग की नहीं वियोग की साधना है। डॉ. राजदेवसिंह के अनुसार, "वह वियोग से शुरू होती है, वियोग से पुष्ट होती है और वियोग में ही समाप्त होती है। यहाँ फना, मोक्ष या निर्वाण का कोई मूल्य नहीं है। मूल्य है अद्वैत में द्वैत की उस कल्पना का जिसे भक्ति या प्रीति कहा जाता है। यह लीला ही वियोग की है, इसलिए तभी तक चलती है जब तक वियोग है।"[15] इसलिए संत बराबर विरह को बनाए रखते हैं और उसकी अक्षुण्णता के लिए वे जीवन और जगत के विविध आयामों में अपने को विश्लेषित करते हैं। कभी उनकी विरहिणी जोगिनी बनती है, कभी मीन बनती है तो कभी कटारी मारकर या ज़हर पीकर इस प्रिय-विरह से त्राण पाने की कोशिश करती है। आख़िर विरह की भी कोई सीमा होती है। यहाँ तो अनेक अवसर ऐसे ही निकल गए किन्तु निर्मोही प्रियतम से भेंट ही नहीं होती—

विरहनि रोवे रात दिन, झूरे मन ही माँहि।
दादू औसरि चलि गया, प्रीतम पाया नाँहि॥[16]

विरह की स्थिति बड़ी करुणापूर्ण होती है। विरहिणी के लिए विरह जब असह्य हो जाता है तब वह यही सोचती है कि इससे तो मर जाना ही अच्छा है। वह विलाप करते-करते ऊब जाती है, लेकिन प्रियतम इतना निर्मम होता है कि विरह की दारुण स्थिति में हाल तक भी पूछने नहीं आता—

दादू तलपि विरहनि मरे, करि करि बहुत विलाप।
विरह अगनि में जरि गई, पीव न पूछे बात॥[17]

जब प्रियतम का कोई सन्देशा नहीं आता, तो विरहिणी प्रिया के लिए रो-रोकर आँसू बहाने के अलावा और कोई रास्ता नहीं होता। उस निर्मोही प्रियतम के अभाव में सारे शृंगारिक आयाम निरर्थक प्रतीत होते हैं। चूड़ी-पायल तो क्या शरीर पर पड़ा हुआ वस्त्र भी नहीं अच्छा लगता। यही मन करता है कि उसे उठाकर फेंक दिया जाए।

उससे शरीर का ताप और भी बढ़ जाता है। और वह भार लगता है। कपड़ा और अन्य शृंगार-साधन तो भार लगते ही हैं जीवन भी भार लगने लगता है। पल-पल उस प्रियतम की याद आती रहती है, उसके अभाव में जीना ही मुश्किल लगता है। गुरुनानक देव जी ने अपनी वाणियों में विरह-विदग्धा का बड़ा सुन्दर चित्रण किया है—

पिअ बिनु सींगारु करी तेता तनु तापे कापरु अंगि न सुहाई।
अपने पिआरे बिनु इकु खिनु रहि न सकउँ बिन मिले नींद न पाई॥[18]

गुरुनानक देव जी कहते हैं कि वह स्त्री अपने विदेशी बालम को सन्देशा भेजती है। उसकी याद में आँसू बहाती है। वह सोचती है कि उसका प्रियतम किस प्रकार मिले। वह अपने प्रियतम के पास जाने का मार्ग तक नहीं जानती—

साजन देसि विदेसी अड़े सानेहड़ै देदी।
सारि समाले तिन सजणां मुंध नैण भरे दी॥
मुंध नैण भरेदी गुण सारेदी किउप्रम मिला पिआरे।
मारगु पंथु न जाणउ विखड़ा किउ पाईऐ पिरु पाए॥[19]

जब प्रिय तक पहुँचने के मार्ग का पता ही नहीं मालूम होता तो विरहिणी प्रिया के पास एक ही रास्ता होता है कि वह उन सखियों के पास जाकर पति से मिलन-मार्ग का पता पूछती है जिन्होंने पति के साथ रमण किया होता है।

संतों ने विरह का बड़ा उद्दाम चित्रण किया है। कहीं-कहीं तो बिहारी आदि की भाँति ऊहात्मकता भी आ गई है। यह ऊहात्मकता कबीर के यहाँ प्रायः सबसे अधिक है। एक स्थान पर कबीर की विरहिणी (आत्मा) कहती है कि विरह से जलाई हुई मैं जल रही हूँ और जलती हुई मैं जलाशय के निकट जाती हूँ, तो मुझे देखने से वह जलाशय जलने लगता है, इसलिए मैं अपने इस विरह की आग को कहाँ बुझाऊँ?[20] इसी प्रकार सुन्दरदास ने भी उस विरहिणी का बड़ा कारुण्यपूर्ण चित्रण किया है जो जायसी कृत पद्मावत की नागमती में मिलता है। जिस प्रकार जायसी की नागमती कौवे और भौंरे से विरह निवेदन करती हुई प्रियतम के पास सन्देश भेजती है कि वह (विरहिणी) प्रिय के विरह में जलकर मर गई और उसके धुएँ से कौवे और भौंरे काले हो गए; उसी प्रकार सुन्दरदास की विरहिणी (आत्मा) प्रिय (परमात्मा) विरह की आग में आधी जल-बलकर भस्मीभूत हो गई; धुआँ भी नहीं निकलता, ताकि उसके अस्तित्व का भी सन्धान हो सके।[21]

साहित्यशास्त्र में इसे ही विप्रलम्भ शृंगार की दसवीं दशा 'मरण' कहा जाता है। इस मनोदशा का वर्णन संतों ने भी विरह-चित्रणपरक आयामों में किया है। इस प्रकार उनका विरह-वर्णन बहुत कारुणिक बन गया है, क्योंकि अभिलाषा के साथ मरण का संकेत विरहानुभूति को कारुणिक बना देता है।

विरहिणी इस मरणासन्न अवस्था की अभिव्यक्ति परमप्रिय के हृदय में दया उत्पन्न करने के लिए ही करती है। वह अपने प्रियतम से निवेदन करती है कि यदि मरने पर ही पीछे दर्शन दोगे तो वह किस काम का?[22] अन्ततः वह विरह की तपन को झेलते-झेलते परेशान हो जाती है और प्रिय से खीझकर कहती है कि या तो तुम मुझे मृत्यु दे दो या अपना दर्शन दे दो, क्योंकि आठ प्रहर का दग्ध होना मुझसे सहा नहीं जाता—

कबीर कै बिरहिन कों मींच दे, कै आपा दिखलाइ।
आठ पहर का दाझणां, मोपें सह्या न जाइ॥[23]

संतों ने जिस मरणजन्य विरहानुभूति की अभिव्यक्ति की है वह चरम निराशा का क्षण है। इस दशा में विरही अथवा विरहिणी के लिए जीवन निरर्थक जंजाल लगता है और उस स्थिति में विरह-दशा झेलते रहने की अपेक्षा जीवन-त्याग देने की इच्छा प्रबल होने लगती है। इस मरण की प्रक्रिया को भी संतों ने बड़े सूक्ष्म रूप में विरह से उद्भूत शारीरिक कृशता आदि के माध्यम से अभिव्यक्त किया है।

विरह और बारहमासा

संतों ने विरहिणी (आत्मा) की विरहानुभूति को बारहमासा के माध्यम से भी अभिव्यक्त किया है। यद्यपि उन्होंने जायसी प्रभृति सूफ़ी कवियों के समान बारहमासा का क्रमबद्ध वर्णन नहीं किया, तथापि उनकी वाणियों में बारहमासा का जो स्वरूप मिलता है वह विरहिणी की व्यथा को पुरज़ोर रूप में व्यंजित करता है। दूसरी बात यह कि संतों ने अपने बारहमासा का आरम्भ भिन्न-भिन्न महीनों से किया है। संत धरणीदास ने चैत्र से, गुलाल साहब ने आषाढ़ से, तुलसी साहब ने बारहमासा लावनी में आषाढ़ से तथा बारहमासा में सावन से, भीखा साहब ने आषाढ़ से व धरमदास जी ने आषाढ़ से शुरू किया है। इसके अतिरिक्त सुन्दरदास, दरिया, रज्जब, नानक आदि ने स्फुट रूप से ऋतु-चर्चा या मास-चर्चा के माध्यम से विरहिणी के विरह-भाव की सुन्दर अभिव्यक्ति की है। विरह-भावना का प्रकृति के साथ विशेष सम्बन्ध हो जाता है, क्योंकि विरह की दशा में विरहिणी अपने को प्रकृति से जोड़ लेती है और उसमें अपना सुख-दुख देखती है। विरहावस्था में 'प्रकृति में व्यतीत होते काल और परिवर्तित होते रूपों के साथ उसकी प्रतीक्षा के क्षण भारी होते जाते हैं और इस स्थिति में वह अपनी संवेदना में प्रकृति के प्रति भी सहानुभूतिशील हो उठती है। इस प्रकार उसे कभी प्रकृति अपनी मनःस्थिति के सम पर जान पड़ती है और उस समय वह भी दुखी तथा विह्वल होती है। संयोग की स्थिति में यह भाव-प्रवणता नहीं होती। स्वच्छन्द रूप से प्रकृति में भावों की छाया, उसका उद्दीपन रूप और

उसकी सहचरण भावना बारहमासों के उन्मुक्त वातावरण में मिलती है और यह सब प्रकृति पर मानवीय भावों का प्रसार है।'[24] संतों ने अपने बारहमासा-वर्णन में विरहिणी और प्रकृति का ही तादात्म्य प्रस्तुत किया है, जहाँ वह अपनी भावनाओं को प्रकृति पर आरोपित कर अपने विरह-दुख की व्यंजना करती है। वह विरहिणी आत्मा अपने परमप्रिय से तादात्म्य स्थापित करने के लिए बराबर छटपटाती रहती है। संत वषना जी की विरहिणी बारहों मास प्रिय के अभाव में तड़पती रहती है :

बिन देखूँ तन तालाबेली विरहनि बारहमासी।
दिल मेरी का दरदपियारे, तुम्ह मिलियाँ तैं जासी।[25]

× × ×

संत सुन्दरदास ने वियोगिनी के बारहमासी वियोग का उल्लेख-भर किया है क्रमवार वर्णन प्रायः नहीं किया है। वस्तुतः बारहमासा का स्वतंत्र वर्णन संतों का उद्‌देश्य नहीं था, इसीलिए कतिपय मासों का उल्लेख कर उन्होंने विरहावस्था की सान्द्रता दिखलाना चाहा है। विरह की उत्कटता और विदग्धता का वर्णन ही उनका अभिप्राय था इसीलिए उन्होंने जितनी सूक्ष्मता से हो सकता है; काम चलाया है। सुन्दरदास जी ने ऋतुओं का भी उल्लेख किया है। उसमें भी बसंत तथा सावन आदि विरह को बढ़ानेवाले महीनों और ऋतुओं का उल्लेख करना उन्हें विशेष प्रिय प्रतीत होता है।[26]

गुरुनानक देव जी ने भी वर्षा ऋतु की विरहिणी का बड़ा सुन्दर चित्रण किया है। उनकी विरहिणी का प्रियतम वर्षा-काल में उसे अच्छा लगता था किन्तु जब वह इस समय उससे दूर हो गया है तो वही वर्षा-ऋतु दुस्तर जंजाल लगती है। जो आयाम सुख देते थे वे ही अब घोर दुख प्रदान कर रहे हैं। शैया सूनी लगती है, बिजली की चमक से मन में विचित्र प्रकार का भय हो रहा है। प्रियतम से वियुक्त होने का दुख मरण के सदृश हो गया है।[27]

संतों ने बारहमासा का विधिवत वर्णन प्रायः नहीं किया है, केवल विभिन्न मासों का नाम परिगण ही किया है। इसीलिए उनके बारहमासे में वह तीव्रता या उत्कटता नहीं दिखाई देती जो जायसी आदि सूफ़ी कवियों में दिखाई पड़ती है।

प्रिया-प्रिय-मिलन और प्रेम

प्रेम की सार्थकता प्रेममय मिलन में ही है। बिना मिलन के प्रेम पूर्णता को प्राप्त नहीं होता। संतों ने जिस दुस्तर विरह को इतनी कठिनता से सहन किया है उसमें मिलन की ही चरम उत्कंठा है। इसीलिए हम देखते हैं कि संतों के यहाँ विरह का भाव एक प्रकार से हमेशा बना रहता है। यह विरह-भाव ही उन्हें उनके प्रियतम, पति से मिलाने का कार्य करता है। इस मिलन की कल्पना-प्रक्रिया में संतों की प्रिया अपने

प्रिय के लिए अनेक सुख देना चाहती है। कभी वह उसके लिए शैया ठीक रखती है, उस पर कलियाँ बिछाती है तो कभी सोलहो शृंगार करके उसके आगमन की प्रतीक्षा करती रहती है।

मिलन-सुख की प्राप्ति के लिए संतों ने आध्यात्मिक विवाह रचाया है। लोकजीवन में विवाह क्रिया जिस प्रकार होती है, उसी प्रकार संतों ने भी भगवान को अपना दूल्हा कहा और उनके साथ संयोग-सुख की कामना की। विवाह एक स्वस्थ और पवित्र सम्बन्ध होता है इसीलिए संतों ने उस परम पवित्र परमात्मा के लिए पवित्र दुल्हन का सम्बन्ध विकसित किया। इसीलिए हम यह भी देखते हैं कि संतों के यहाँ पवित्रता पर विशेष बल दिया गया और बहुदेववाद को ज़ार-भाव अथवा वेश्या-भाव के रूप में देखा गया है। वे आत्मा रूपी कन्या और परमात्मा रूपी वर का विधिवत परिणय करवाते हैं।

इस परम प्रियतम के घर आने से कन्या का वह घर, जो सूना पड़ा था, देदीप्यमान हो गया और वह उस प्यारे प्रियतम को लेकर शैयागत हो गई।

मन्दिर माँहि भयो उजियारा, ले सूती अपना पीव प्यारा।[28]

यह परम प्रियतम असाधारण है। उससे मिलने के लिए असाधारण तैयारी करनी पड़ती है। प्रिया को इस बात की आशंका है कि वह उससे उस तैयारी के साथ मिल सकेगी या नहीं। फिर रहस्यपूर्ण केलि-क्रीड़ा के समय प्रियतम के साथ किस प्रकार का व्यवहार करना होगा, यह भी तो वह नहीं जानती। लेकिन फिर भी वह पति के साथ 'संयोग' चाहती है और उससे निवेदन करती है कि हे प्रियतम अब शैयागत होने के लिए प्रस्थान करो। बड़ी चतुरता से वह प्रिय को सचेत करती है कि पलंग पर बहुत धीरे से पाँव रखना नहीं तो मेरी ननद और जेठानी जग जाएँगी—और सारी-की-सारी साधना निष्फल हो जाएगी—

ये अँखियाँ अलसानी हो, पिय सेज चलो।
धीरे पाँव धरो पलंगा पर, जागत ननद जिठानी॥[29]

यहाँ कबीर साहब ने पति-पत्नी के संयोगमय रूप के साथ ही संयुक्त परिवार की कठिनाइयों को भी चित्रित किया है। संयुक्त परिवार में प्रेम का स्वाभाविक विकास प्रायः नहीं हो पाता, क्योंकि परिवार के अन्य सदस्यों के बीच प्रेमपरक हाव-भाव, परिहास, परिरम्भ इत्यादि का उचित अवसर प्रायः नहीं मिल पाता। संयुक्त परिवार में पति-पत्नी को बराबर इस बात की आशंका बनी रहती है कि कहीं, कोई उनके प्रेममय क्रिया-व्यापार को देख न ले। मध्यकाल में परिवार का स्वतंत्र रूप प्रायः नहीं था। वहाँ संयुक्त परिवार-प्रणाली ही दिखाई पड़ती है। उस समय के समाज में परिवार प्रायः संयुक्त होते थे। कबीर साहब ने समाज को बड़ी

गहराई से अनुभव किया था और लोक हृदय की उन्हें अच्छी पहचान भी थी। इसीलिए उन्होंने पति-पत्नी के बीच होनेवाले प्रेम-व्यापार के बीच ननद और जेठानी द्वारा सम्भावित बाधा का चित्रण किया है। एक अन्य पद में कबीरदास जी ने परिवार में पति-पत्नी का साथ रहते हुए भी संवादहीनता की स्थिति का चित्रण किया है जहाँ पति-पत्नी एक-दूसरे से वार्तालाप नहीं कर पाते थे।[30] इसी प्रकार संत नामदेव ने भी सौत का चित्रण किया है जो प्रिया-प्रिय के बीच बाधा उत्पन्न करती है। यह सौत प्रायः माया है जो साधनात्मक स्तर पर जीवात्मा (प्रिया) और परमात्मा (प्रिय) को परस्पर मिलने नहीं देती। लेकिन पलटू साहब की प्रिया अपने पति के साथ हँस-हँस कर बातें करने के लिए न तो ननद और जेठानी की चिन्ता करती है और न लोक-लाज की मर्यादा का अतिक्रमण होने से ही डरती है। वह डंके की चोट पर कहती है—

लोक लाज कुल कानि छोड़िके।
हँस हँस बातें बोलोंगी॥[31]

बुरी सास और तूफ़ान मचाने वाली ननद का उसे एकदम भय नहीं है। वे उससे जलती हैं, लेकिन जलकर क्या कर लेंगी—

होरी खेलों पिय के संग, मेरा कोइ क्या करे।
सासु बुरी घर ननद तुफानी, देखि सुहाग हमार जरै॥[32]

प्रिया विरहोपरान्त प्रिय से उन्मुक्त होकर मिलती है। प्रियतम उसका सर्वांग स्पर्श करता है और प्रिया उससे सुख का अनुभव करती है। उस सुख का कोई स्वरूप भी नहीं है कि उसके बारे में कुछ कहा जा सके। उस सुख को प्रिया हमेशा-हमेशा के लिए पा लेती है। इस मिलन के होने पर प्रिया के सारे दुख और कष्ट समाप्त हो जाते हैं। पति को पाकर प्रिया की सारी इच्छा पूरी हो जाती है। वह उसकी मिलन-बेला में आनन्द के गीत गाती है। यह मिलन-बेला अत्यन्त रहस्यात्मक और अनिर्वचनीय है। यह साधना की चरम स्थिति है, जहाँ आत्मा और परमात्मा की नाम रूपात्मकता समाप्त हो जाती है। तांत्रिक साधना में भी शिव-शक्ति का रागात्मक मिलन स्त्री-पुरुष के मिलन के माध्यम से व्यक्त हुआ है। डॉ. बड़थ्वाल ने संतों की रूपक परक इस प्रतीकात्मक योजना के सन्दर्भ में बहुत ठीक लिखा है, "दाम्पत्य, जो ईश्वरीय प्रेम का स्थान ग्रहण करता है, हमारे इन ज्ञानी कवियों को बहुत पसन्द है। वास्तव में इन प्रेमात्मक रूपकों के गीतों में ही इनके हृदय अपने को पूर्ण रूप से व्यक्त करते हुए जान पड़ते हैं।"[33] यह प्रवृत्ति भारतीय धर्मसाधना और उसके साधकों में ही नहीं परिलक्षित होती अपितु मध्यकालीन ईसाई साधकों में भी इस प्रवृत्ति की परम्परा दिखाई पड़ती है। अंग्रेज़ कवि 'पेटमॉर' ने ईसाई धर्म के सम्बन्ध में कहा

था कि ईसा मसीह के साथ जीवात्मा का उनकी विवाहिता स्त्री का सम्बन्ध ही उस भक्ति-भाव की कुंजी है जिससे युक्त होकर प्रति प्रार्थना, प्रेम एवं श्रद्धा प्रदर्शित होनी चाहिए। तभी उस अज्ञात, अनभिज्ञ और अव्यक्त प्रियतम का साक्षात्कार किया जा सकता है, उसका संयोग-सुख पाया जा सकता है। 'मध्यकालीन ईसाई योगी परमात्मा के साथ प्राप्त किये गए इस संयोग को ही आध्यात्मिक विवाह कहा करते थे और सारा-का-सारा सूफ़ी काव्य भी इसी रूपकात्मक भावना पर आश्रित है।[34] संतों ने भी इसी प्रकार का विवाह रचाया है जो सूफ़ी प्रभाव नहीं, बल्कि भारतीय परम्परा से ही उपजा हुआ है। इस विवाह के पश्चात संतों की प्रिया अपने अविनाशी प्रियतम के साथ जो नित्य लीला या रहसकेलि करती है उसकी अनिर्वचनीयता के बारे में भी कुछ कहते नहीं बनता। इस प्रेमाभक्ति की उच्चतम भावभूमि पर पहुँचकर साधक (प्रिया) संसार के समस्त बन्धनों, कुलमर्यादा आदि को तोड़कर परम प्रियतम (प्रभु) का दीवाना हो जाता है, जैसे मीरा कृष्ण की दीवानी हो गई थीं। उनका दर्द भी अनिर्वचनीय था, क्योंकि जिस साधनात्मक ऊर्ध्वता का उनके प्रेम ने स्पर्श किया था वह साधारण नहीं था। उसका अन्दाज़ वही लगा सकता है जो उस स्तर तक पहुँचा हो। उसके लिए मीरा ने बड़ी साधना की थी। समाज के सारे बन्धनों को तोड़कर ही उस साधना को वह छू सकी थीं। संतगण भी उस साधनात्मक ऊँचाई को पाने के लिए लोक-मर्यादा और सामाजिक रीति, नीति की चिन्ता नहीं करते। वे सारे विधि-निषेधों को तोड़कर प्रेम के सहज रूप को पा सकने में समर्थ हो सके हैं जिससे जीवन की सार्थकता परिभाषित होती है। वहाँ लोक-लाज के लिए कोई स्थान ही नहीं रह जाता। वे प्रिय के प्रेम में मगन होकर नाचते हैं और लोक-लाज और कुल-मर्यादा को खो देते हैं—

लागी प्रीति पिया सों साँची, अबहूँ प्रेम मगन होइ नाँची।
लोक वेद डर रह्यो न कोई, कुल मरजाद कदे की षोई॥[35]

विरह में जिस सेज को बिछाकर प्रिया पति की प्रतीक्षा करती थी, अब उसी सेज पर प्रियतम के साथ रमण करती हुई अपनापा खो बैठी। प्रिय के अंगों को स्पर्श करते ही उसे अपनी सुधि नहीं रही। अपनी सखियों को सौभाग्यवती रूप में देखकर उसे ईर्ष्या होने लगती है, क्योंकि उसकी सभी सखियाँ बालम वाली हैं। यौवन के उफान से वह और दुखित होती है। पितृ-गृह (नैहर) में उसका अब मन नहीं लगता। एक बार प्रिय का साहचर्य हो जाने पर उसे छोड़ने का मन थोड़े करता है। जब प्रियतम का पूर्ण साहचर्य हो जाता है, तब प्रिया 'बालममय' हो जाती है। लेकिन उस अद्‌भुत साहचर्य के लिए उसे बड़ी साधना करनी पड़ती है। अनेक प्रकार की चिन्ताओं—भय, संकोच, द्वंद्वात्मकता और लज्जा के बीच जिस प्रक्रिया से वह अपने प्रियतम को रिझाती है उसका उल्लेख वह इस प्रकार करती है—

नैनों की करि कोठरी, पुतरी पलंग बिछाय।
पलकों की चिक डारि के, पिय को लिया रिझाय॥[36]

वह प्रियतम भी विचित्र है जो नैनों की कोठरी और पुतलियों की पलंग और पलकों की चिक पर ही आकर प्रिया के साथ संयोग-सुख प्राप्त करता है। इतनी साधना के पश्चात प्राप्त किये गए प्रियतम को प्रिया हाथ से निकलने नहीं देती। उसे वह जबरन अपने पास बिठा लेती है और प्रेम में ही उलझाए रखना चाहती है—

अब तोहिं जान न देहूँ राम पियारे, ज्यूँ भावै त्यूँ होह हमारे।
चरननि लगि करौं बरियाई, प्रेम-प्रीति राखौं उरझाई॥[37]

यह विचित्र बात है कि जिस ब्रह्म या परमात्मा को संत अनिर्वचनीय, असीम और अव्यक्त तथा अरूप बतलाते हैं उसे लौकिक जीवन के परम प्रेममय दाम्पत्य जीवन में व्यक्त करते हैं। वास्तव में इस परमतत्त्व को व्यक्त करने के लिए ही संतों ने प्रतीकमूलक कल्पना लोक की सृष्टि की है। उस गूढ़ परमतत्त्व को व्यक्त करने के लिए उनके लिए लौकिक जीवन के सम्बन्धपरक प्रतीक ही अधिक सहज और सार्थक हो सकते थे। इसीलिए वे पति-पत्नी के दाम्पत्य जीवन से सम्बद्ध विविध आयामों में उसे विश्लेषित करने का प्रयास करते हैं। कभी उसके लिए विवाह बन्धन की कल्पना करते हैं, कभी उसे मनाने और रिझाने का प्रयास करते हैं तो कभी उसके साथ होली खेलने का भाव प्रकट करते हैं।

दादूदयाल जी ने उस प्रियतम के साथ प्रिया की रंगभरी फाल्गुनी होली का बड़ा ही मनोहारी चित्र खींचा है—

दादू रंग भरि षेलों पीव सों, तहाँ बारह मास बसन्त।
सेवग सदा अनन्द है जुगि जुगि देषूं कंत॥[38]

दादूदयाल जी ने इस पद को 'परचा को अंग' के अन्तर्गत कहा है। प्रेम-भावना के इस क्षेत्र में 'परचा' का भी बड़ा महत्त्व है। संतों का 'परचा' मूलतः परिचय है। जब तक किसी से परिचय नहीं होता है तब तक प्रेम की कल्पना ही नहीं की जा सकती। बिना परिचय के प्रेम का प्रवर्तन ही नहीं हो सकता, इसीलिए आचार्य शुक्ल ने लिखा है कि 'परिचय' प्रेम का प्रवर्तक है। बिना परिचय के प्रेम नहीं हो सकता। जिस समय परमतत्त्व से परिचय हो जाता है, सारा दुख ही दूर हो जाता है। आत्मा निर्मल हो जाती है। यही ब्रह्मानुभूति है। 'संतों की दृष्टि में प्रेम चूँकि ब्रह्मानुभूति का साधन है, इसलिए उन्होंने प्रेम के लिए राम रस, राम रसायन जैसी संज्ञाएँ दी हैं। यह प्रेम अकथनीय एवं स्वयंसंवेद्य है जिसकी अनुभूति की जा सकती है, परन्तु दूसरों पर प्रकट नहीं किया जा सकता—

अकथ कहानी प्रेम की, कछु कही न जाइ।
गूँगे केरी सर्करा, बैठेई मुसुकाइ॥[39]

दूसरे, इस प्रेम के भीतर एकनिष्ठता और समर्पण भाव का भी उतना ही महत्त्व है। यह समर्पण एकरस, हार्दिक और मानसिक होता है तभी प्रेम पूर्ण होता है।

आध्यात्मिक जगत में कुछ ऐसे भी अवस्थान होते हैं जहाँ व्यक्ति की चेतना परमतत्त्व के स्वरूप का रूहानी साक्षात्कार करती है। यह मूलत: एकोन्मुखता की साधनात्मक ऊँचाई है, जहाँ साधक उस परमतत्त्व का साक्षात्कार कर लेने पर बाक़ी बाह्य जगत को एकदम भूल जाता है। वह मात्र उस परमप्रियतम को देखता है। उसे अपने नेत्रों के भीतर बन्द कर केवल उसी का ही दर्शन करता है।

संसार के साहित्य में माधुर्य से बढ़कर कोई भाव नहीं। लेकिन यह माधुर्य बड़ी साधना की अपेक्षा करता है। उसका पान करने के लिए सिर देना पड़ता है; अन्यथा उसके रस का पान कर पाना सम्भव नहीं।[40] इसलिए संत पलटू साहब अपने सिर पर कफ़न बाँधकर 'आशिकी' (मधुर प्रेम) करने चलते हैं। इस मैदान में उतर पड़ने पर सिर की चिन्ता एकदम छोड़ देनी पड़ती है।[41] इस मैदान में आकर अविचल और अनाविल रहना पड़ता है। अगर अविचल और अनाविल भाव का विकास साधक के भीतर नहीं होता तो वह इस प्रेम मार्ग पर चल ही नहीं सकता। यह शूरमा का मार्ग है। यह मार्ग बड़ा कठिन है। अनेक विघ्न-बाधाएँ बीच में पड़ती हैं। उन विकट बाधाओं को पार करना भी आसान नहीं है। दूसरे यह मार्ग बड़ा सूक्ष्म है। वहाँ न चींटी जैसा सूक्ष्म जीव जा पाता है और न राई जैसी लघुतम वस्तु ठहर सकती है; यहाँ तक कि मन और पवन जैसे सूक्ष्म तत्त्व भी वहाँ तक नहीं पहुँच सकते। किन्तु कबीर जैसा प्रेम-साधक वहाँ भी पहुँच जाता है—

जहाँ न चींटी चढ़ि सके, राई ना ठहराइ।
मन पवन का गमि नहीं, तहाँ पहूँचे जाइ॥[42]

संतों की प्रेम-साधना वीर्यवती साधना है। वे जीवन की सार्थकता ही इस प्रेम-साधना में मानते हैं। जिसके भीतर प्रेम-रस की चाह नहीं, जिसने इस प्रेम के रस का आस्वाद नहीं लिया, उसका जीवन भी निरर्थक ही रहा। उसकी स्थिति उस प्राहुण (मेहमान) के समान होती है, जो सूने घर में यथाभाव आकर तथाभाव चला जाता है।[43] इसीलिए गुरुनानक देव जी कहते हैं कि सुन्दरी प्रिय का प्रेम तभी पा सकती है जब वह प्रेम का ही शृंगार करे, प्रेम को ही अपने जीवन का अभिन्न अंग बना ले।[44] बिना इस प्रकार का समर्पण किये प्रियतम का प्रेम नहीं पाया जा सकता। लेकिन इस समर्पण और त्याग के पश्चात जब प्रिय के साथ तादात्म्य होता है तब तन-ताप ही समाप्त हो जाता है—

पिया प्रेम रसरीति की, प्यारी मिलन मिलाप।
आप अपनपौ खोइ के, तब टूटी तन ताप॥ [45]

ऊपर हम कह आए हैं कि संतों ने परम मिलन की प्रक्रिया में प्रेम के विविध अनुशासनों का चित्रण किया है। कभी वे सेज बिछाते हैं, कभी होली खेलते हैं तो कभी रंग और अबीर लगाकर प्रेम की पारस्परिकता का आदर्श प्रस्तुत करते हैं। यह वस्तु विधान प्रायः सभी निर्गुण कवियों के यहाँ दिखाई पड़ता है। हाथरस वाले तुलसी साहब का कहना है कि प्रियतम ने मिलन के समय जो पलंग-सुख दिया, वह अद्‌भुत था; मेरा हृदय हर्ष से भर उठा—

मैं पिया की बलिहार प्यार मोहिं से कियो।
दीन्ह पलंग सुख साज काज हरषौं हियो॥ [46]

प्रिय के सान्निध्य-सुख की प्राप्ति के लिए संतों ने कल्पना की भी बड़ी ऊँची उड़ानें भरी हैं। वे श्रृंगार के विविध उपादान तो लेते ही हैं—घर-आँगन भी ऐसा सजाकर रखते हैं कि प्रियतम का मन उसे देखकर सहज ही आकृष्ट हो जाए। संत चरणदास प्रेम का ही काजल और प्रेम की ही माँग सँवारने का सन्देश देते हैं। वे प्रिया को प्रिय के साथ ऐसे रहने का उपदेश देते हैं जिस प्रकार पुष्प के बीच में गन्ध और शरीर के भीतर जीवात्मा—

सखी री हिलि मिलि रहिया पीव।
पुष्प मध्य ज्यों गन्ध बिराजै, पिंड माँहि ज्यों जीव॥ [47]

पलटू साहब का कहना है कि प्रियतम के साथ फाल्गुन मास में दिल खोलकर होली खेलनी चाहिए। यदि कोई किसी प्रकार; लज्जावश, इस परमप्रिय होली रस का आस्वाद नहीं कर पाता, तो फिर उसे स्वप्न में भी यह आनन्द नहीं मिलेगा—

खेलो घूँघट खोलि लाज फागुन में नाहीं।
जो कोउ करिहै लाज काज ना सपनेहुँ नाहीं॥ [48]

पलटू साहब अन्यत्र कहते हैं कि हे सखी तू बसंत में जी भरकर खेल ले, नहीं तो अवसर निकल जाने पर तू पछताएगी—

पल्टू ऋतुभर खेलि ले फिर पछितैहे अन्त।
क्या तू सौवे बावरी चाला जात बसन्त॥ [49]

परमविरह के पश्चात परममिलन भी होता है और जब यह परममिलन होता है तो अद्‌भुत आनन्द भी होता है। संतों की ही शब्दावली में कहा जाए तो आनन्द की

वह अनुभूति अनिर्वचनीय होती है। लौकिक जीवन में भी विरहिणी अपने बिछुड़े साजन का जब सान्निध्य प्राप्त कर लेती है तो वह एक विचित्र प्रकार के आनन्द का अनुभव करती है। उसे समग्र वसुधा ही आनन्दमय प्रतीत होती है। प्रकृति के जो आयाम विरह की घड़ियों में आनन्द न देकर कष्ट पहुँचाते थे या विरह-दुख को और भी बढ़ाते थे वे ही अब इतने सुखद लगने लगते हैं कि कहा नहीं जाता। इसी स्थिति का चित्रण संत गुलाल साहब ने बड़े भावपूर्ण शब्दों में किया है—

आजु झरि बरखत, बुंद सुहावन।
पिया के रीति प्रीति छबि निरखत, पुलकि पुलकि मन भावन।[50]

इस प्रकार हम देखते हैं कि संतों ने भले ही प्रतीकात्मक रूप में पति-पत्नी के दाम्पत्य जीवन की झाँकी प्रस्तुत की है, किन्तु वह है बहुत भावपूर्ण। उसमें पारिवारिक जीवन के आदर्श रूप की अन्यतम और मार्मिक अभिव्यंजना हुई है। उसमें उसके आध्यात्मिक अंश को निकाल दिया जाए तो लौकिक जीवन के दाम्पत्य और पारिवारिक जीवन की स्वच्छ छवि प्रतिबिम्बित होती है। लगता ही नहीं कि वहाँ प्रतीकात्मक रूप में आध्यात्मिक चर्चा की गई है—जीवात्मा और परमात्मा के मिलन की बात की गई है। संतों के साहित्य की यह भी एक विशेषता ही है।

पारिवारिक जीवन में सुहागन, सौत, माँ, बहन, सास, ननद, जेठानी इत्यादि का भी विशेष स्थान और महत्त्व होता है। इस सन्दर्भ में संतों का दृष्टिकोण लौकिक और आध्यात्मिक दोनों ही रहा है—अर्थात उन्होंने कहीं पर माता का चित्रण ईश्वर के सन्दर्भ में किया (ईश्वर को माँ के रूप में देखा) तो कहीं पर माँ को विशुद्ध लौकिक जीवन के सन्दर्भों में देखा। लौकिक सन्दर्भों में संतों के यहाँ माता को बहुत महत्त्व दिया गया है। इसी प्रकार लौकिक जीवन में नारी को प्रिया या पत्नी रूप में ही नहीं बहन के रूप में भी देखने का सन्देश दिया गया है। इस सन्दर्भ में दरिया साहब (बिहारवाले), सुन्दरदास, दरियासाहब (मारवाड़ी) और नानक इत्यादि का विशेष महत्त्व है। इन्होंने नारी के प्रति भोग परक दृष्टिकोण रखनेवालों की भी निन्दा की है।

निर्गुण संत काव्य में नारी के इन पारिवारिक रूपों की चर्चा हम निम्न उप-शीर्षकों के अन्तर्गत कर सकते हैं।

सुहागन

सामाजिक एवं पारिवारिक जीवन में सुहागन स्त्री का बड़ा महत्त्व है। सुहागन वह स्त्री होती है जो पति की प्यारी होती है, जिसे प्रिय (पति) का भरपूर प्यार मिलता है।

संतों ने जिस अखंड सौभाग्यवती (सुहागन) का चित्रण किया है वह अपने मूलरूप में आध्यात्मिक है। आध्यात्मिक सन्दर्भ में संतों के यहाँ सुहागन वह साधक (जीवात्मा) है जिसने परमतत्त्व (परमात्मा) को प्राप्त कर लिया है।

संतों ने 'सुहागन' की परिभाषा भी की है। कबीर साहब के अनुसार सुहागिन वह है जो अपने 'अन्तस्' को पवित्र रखती है।[51] लेकिन तन-मन का समर्पण उसके लिए आवश्यक है।[52] परमप्रिय (परमात्मा) के सान्निध्य का सौभाग्य तभी प्राप्त होता है।

गुरुनानक देव जी के अनुसार वही सच्ची सुन्दरी (सौभाग्यवती) है जिसने प्रियतम को अपने साथ (रहता हुआ) जान लिया है। वह महल में बुलाई जाती है और प्रियतम के साथ आनन्दपूर्वक रमण करती है। वही सच्ची सुहागन है (और वही) भली है जो अपने प्रियतम के साथ मोहित हुई है।[53] प्रिय का सान्निध्य प्राप्त कर ही सौभाग्य पाया जा सकता है। यह सौभाग्य या सुहाग सबको नहीं मिलता। लेकिन जिन्हें मिलता है, वे धन्य हो जाते हैं। इसीलिए नानक उस धन्या (स्त्री) को धन्य मानते हैं जिसने पति का प्रेम पाया है।[54] दादूदयाल जी के अनुसार प्रिय (परमात्मा) में सतत लीन सुन्दरी (साधक) ही सुहागन हो सकती है। यदि वह परमप्रिय के प्रति एकनिष्ठ भाव से समर्पित नहीं है तो वह सुहागन नहीं कहला सकती। किन्तु समर्पण और एकनिष्ठता की भावना के आते ही वह ऐसे सुहागन की स्थिति को प्राप्त कर लेती है जो अनुपमेय है।[55] सुहागन के लिए परम रूपवती होना आवश्यक नहीं है, क्योंकि रूप को धोकर कोई नहीं पीता।[56] किन्तु सबसे जो बड़ी बात है सुहागन के लिए, वह है उसका समर्पण-भाव। उसका सारा शृंगार आयोजन तथा तन, मन, धन (सब) परमप्रिय के लिए होना चाहिए। इस प्रकार सर्वतोभावेन समर्पिता ही सुहागन हो सकती है, जिसे पुनः कभी प्रिय-वियोग नहीं हो सकता—

सोई सुहागनि साच सिंगार, तन मन लाइ भजे भरतार।
भाव भगति प्रेम ल्यौ लावे, नारी सोई सार सुष पावे॥[57]

कबीर परवर्ती प्रायः सभी संतों ने नारी के सुहागन रूप की चर्चा प्रायः इसी प्रकार की है। उसमें कोई नवीनता का समावेश नहीं परिलक्षित होता है। संत रैदास जी ने भी सुहागन के लिए जिस अनुबन्ध की चर्चा की है उसमें उसके समर्पण भाव की ही प्रधानता है। उनके अनुसार सुहागन सुख के सार को भोगती है, किन्तु वह अपने प्रिय को तन, मन सब अर्पित कर देती है; किसी प्रकार की दूरी उसके और प्रियतम के मध्य नहीं रह जाती।[58] संत मलूकदास के अनुसार वही स्त्री सदा सुहागन है जिसके प्रियतम राम हैं। वे जग को जीवन प्रदान करनेवाले हैं और मुँह माँगे सुख देनेवाले हैं। संत दरिया साहब (बिहार वाले) के अनुसार वही स्त्री धन्य है जो अपने प्रिय के प्रेम में रंग गई हो। उस सुहागन का कोई कुल और जाति भी नहीं है। वह वर्ण-वर्ग से ऊपर की चीज है—

धन बोए नारि पिया रंग राती।
सोइ सुहागिनि कुल नाहिं जाती॥[59]

सौत

संतों का साहित्य अपनी चरम परिणति में आध्यात्मिक अवश्य हो गया है, किन्तु लोकजीवन की उपेक्षा उसमें नहीं हुई है। चिन्तनपरक विविधता के साथ ही उसमें लोकजीवन की भी वैविध्यपूर्ण अभिव्यक्ति हुई है। समाज के विविध पक्षों पर उनकी दृष्टि गई है और उसका बड़ा जीवन्त रूप उनके काव्य में परिलक्षित होता है।

परिवार में सौत का भी अपना स्थान होता है। संतों ने सास, ननद आदि के साथ सौत को भी काव्य का विषय बनाया है। सामान्यतः सास, ननद तथा जेठानी इत्यादि का चित्रण संतों ने माया परक अर्थों में ही किया है जो मूलतः परमात्मा रूपी पति से प्रिया को मिलने नहीं देती; उसके मिलन में बाधा पैदा करती है। सौत का चित्रण भी संतों ने प्रतीकात्मक रूप में ही किया है, जो साधक (प्रिया-जीवात्मा) और परमात्मा (प्रिय) के बीच बाधा के रूप में अवस्थित है। वास्तव में, असीम और अरूप को संतों ने सीमा और रूप के द्वारा जोड़ने का एक प्रयास किया है। इसीलिए उन्होंने इस प्रकार के प्रतीकों का प्रयोग किया है।

संतों में सभी ने सौत का चित्रण नहीं किया है। सौत का चित्रण विशेष रूप से गुलाल साहब की वाणी में ही मिलता है और इससे परिबद्ध इनके दो पद मिलते हैं। इन पदों में लौकिकता और अलौकिकता का द्वंद्व परिलक्षित होता है। एक तरफ़ सामाजिक-पारिवारिक सन्दर्भ में सौत पति-पत्नी के बीच प्रेम-मार्ग में बाधा होती है तो दूसरी तरफ़ आध्यात्मिक सन्दर्भ में एक तरह से वह माया का ही प्रतिरूप है जो आत्मा और परमात्मा के बीच पृथकता की चेतना को बढ़ाती है।

संत गुलाल साहब ने 'सौत' का चित्रण मिलनजन्य बाधा के सन्दर्भ में ही किया है। उनके अनुसार आत्मा रूपी पत्नी का परमात्मा रूपी पति से मिलन हुआ, तो माया रूपी (बाधक तत्त्व) सौत के मन में बड़ी भारी चिन्ता हुई कि उसके द्वारा मन में सोची गई बात न हुई, अर्थात वह अपने कार्य में सफल न हो सकी।[60] एक अन्य पद में गुलाल साहब ने इसी तथ्य की व्यंजना की है—

सवति भौजिया और जेठनिया, ठाढ़ी रहलि तँवाई।
जन गुलाल काया गढ़ जीत्यो, दियो निसान बजाई।[61]

वास्तव में संत गुलाल साहब ने भी सौत का कोई सांगोपांग सामाजिक चित्रण न कर केवल उसके बाधापरक रूप का ही उल्लेख मात्र किया है।

सास, ननद और जेठानी

संतों ने सास, ननद और जेठानी का प्रयोग भी मूलत: बाधक तत्त्व के रूप में ही किया है। आध्यात्मिक सन्दर्भ में ये एक प्रकार से माया ही हैं जो आत्मा और परमात्मा के मिलन में बाधा उत्पन्न करती हैं। लौकिक जगत में भी इनका कार्य बाधक तत्त्व के ही रूप में देखा जाता है। वधू जब नये घर में आती है, तो उसे इन तीनों का बड़ा ध्यान रखना पड़ता है। संतों ने वधू को जीवात्मा तथा वर (या पति) को परमात्मा का प्रतीकात्मक रूप दिया है। सास, ननद और जेठानी इस वधू और वर के बीच कोई-न-कोई बाधा उपस्थित करनेवाले तत्त्व के रूप में हैं। इस प्रकार संतों के पारिवारिक रूप में नारी-चित्रण की लौकिक और आध्यात्मिक संगति सहज ही बैठ जाती है।

कबीरदास जी ने सास, ननद और जेठानी तीनों का सह-उल्लेख किया है।[62] इसका मतलब है कि इन तीनों का गुण-धर्म समान है। ये तीनों ही पति-पत्नी के प्रेममय मिलन-मार्ग में बाधा उपस्थित करती हैं।

बहू, सास और ननद के प्रति हमेशा शंकालु रहती है। उसे निरन्तर इस बात का भय रहता है कि कहीं कोई चूक हुई, कि खट से डाँट पड़ेगी। इसलिए उसे बड़ा सँभलकर क़दम बढ़ाना पड़ता है। कबीर साहब का एक ऐसा पद मिलता है जिसमें ऐसी वधू का चित्र है, जो अपना हार खो जाने से डरी हुई है। उसे डर इस बात का नहीं है कि हार खो गया है, डर इस बात का है कि उसे सास की डाँट सहनी पड़ेगी।[63] इस प्रकार सामाजिक सन्दर्भ में संतों ने सास के कठोर अनुशासन तथा ननद और जेठानी के आतंकपूर्ण व्यवहार को भी बड़े भावपूर्ण रूप में चित्रित किया है। हार वाले पद में आध्यात्मिक सन्दर्भ के अनुसार हार साधुवेश है, सास दुनिया है और प्रिय (पीव) ईश्वर है। राम का तागा हरिनाम का स्मरण है मणि-माणिक्य तथा रत्न-प्रवाल उसके मूल्यवान उपकरण हैं, तथा पड़ोसिन मूलत: आत्मानुभूति है। इस प्रकार यहाँ आध्यात्मिक और सामाजिक दोनों ही अर्थों की संगति बैठ जाती है।

विवाहोपरान्त, वधू के रूप में कन्या को कठोर अनुशासन में भी रहना पड़ता है। उस रूप की कल्पना मात्र से ही वह सिहर उठती है। गौना का दिन नज़दीक आने पर उसे एक तरफ़ प्रिय से मिलनजन्य सम्भाव्य आनन्द की आशा होती है, तो दूसरी तरफ़ सास, ननद इत्यादि के कठोर अनुशासन का भय रहता है। धरमदास जी ने बहू की इस स्थिति का चित्रण बड़े ही मार्मिक रूप में किया है, "बहू कुएँ पर पानी भरने गई, किसी तरह भीड़ में उसकी गगरी गिरकर फूट गई। वह सोचने लगी कि अब ख़ाली हाथ कैसे जाऊँ? सास और ननद बड़ी ही हठीली और दारुण हैं। मेरे साथ कोई नहीं है, किससे अपना दुख कहूँ? इस प्रकार की उधेड़-बुन में वह (बहू) सिसकियाँ लेती रही और मन-ही-मन पछताती रही।"[64]

धरमदास जी ने एक स्थान पर लहुरी ननद का उल्लेख किया है। लहुरे देवर और लहुरी ननद का विशेषत: बहू के लिए अत्यन्त महत्त्व होता है। वह इसलिए कि ये दोनों बहू के बहुत अनुकूल होते हैं। प्रौढ़ ननद से हमेशा बहू को भय रहता है। इसलिए अपने मन की बहुत सी बातें वह लहुरी (छोटी) ननद से कहती है। धरमदास जी ने भी उसे बड़ा महत्त्व दिया है। उसे ठकुराइन कह दिया है, "उठो मोरी लहुरी ननदिया, तुम ठकुराइन हो।"[65] किन्तु सामान्यत: सास और ननद का चित्रण संतों ने बहू के लिए दुखद रूप में किया है। कबीर साहब ने एक पद में सास द्वारा बहू से चरखा कतवाते हुए चित्रित किया है। सास बहू को चरखा कातना सिखलाती है और साथ ही यह भी चेतावनी देती है कि बिना चरखा काते तुम्हारा निस्तार नहीं हो सकता, "सासू कहै काति बहू ऐसे, बिन काते निसतरिबौ कैसे।"[66] इस प्रकार संतों ने सास और ननद का चित्रण कर उनके कठोर अनुशासनपरक रूप को भी बड़े ही सूक्ष्म रूप में उकेरा है। गुरुनानक देव जी ने भी सास का चित्रण दुष्टा के रूप में ही किया है जो मूलत: माया का ही प्रतिरूप है। उसका काम ही है पति-परमात्मा और बहू रूपी जीवात्मा के परस्पर मिलन में बाधा उपस्थित करना। नानकदेव जी कहते हैं कि वह सास बहुत बुरी है। वह आत्मस्वरूपी गृह में न तो रहने देती है और न यह दुष्टा परमात्मा रूपी प्रियतम से मिलने ही देती है।[67]

संत पलटू साहब के अनुसार कुलवधू सास, ननद से ही नहीं, श्वसुर, जेठ और देवर से भी डरकर ही रहती है।[68] उसका कारण यह है कि प्रियतम सास और ननद का ही विशेष ध्यान रखता है। संत गुलाल साहब की कुलवधू को भी यही दुख है कि उसका प्रियतम उसके वश में नहीं है। उसका दुख-दर्द नहीं सुनता है। गाँव के लोग भी चुगली करते हैं। सारा परिवार भी एक तरह से उसका दुश्मन बना हुआ है। दारुण सास और ननद की तो बात ही क्या है 'भसुर' (जेठ) भी भर्तार (पति) से मिला हुआ है।[69]

संत जगजीवन साहब ने भी अपने पूर्ववर्ती संतों की ही भाँति सास और ननद का चित्रण किया है। उनके अनुसार कुलवधू इन दोनों से भय खाती रहती है। यदि पानी लेनेवाली गगरी किसी प्रकार फूट गई तो सास बहुत क्रोधित होगी।[70] किन्तु इतना सब होने पर भी कन्या (विवाहिता-वधू) को अपने प्रिय का घर ही अच्छा लगता है।[71] इसका एक अन्य कारण भी है। वास्तव में कन्या का घर यदि है तो वह उसका पति-गृह ही है। पितृ-गृह में उसका निर्वाह बहुत दिनों तक नहीं होता। माता-पिता, भाई-भाभी सब विवाहोपरान्त उसका पति-गृह में रहना ही उचित मानते हैं। वही उसका वास्तविक और अपना घर है। आधुनिक समाज में भी कोई भाई (या उसकी पत्नी) अपनी बहन (या ननद) को घर में अपने साथ रखना पसन्द नहीं करता। एक समय ऐसा भी आ जाता है कि उससे घोर कलह आरम्भ हो जाता है और दाम्पत्य जीवन अथवा परिवार में दरार पड़ जाने की भी सम्भावना हो जाती है।

इसीलिए संतों ने कन्या का वास्तविक घर उसका पति-गृह ही बताया है और यह बात आज भी प्रासंगिक और वैज्ञानिक प्रतीत होती है। कबीर साहब तथा अन्य संतों ने नारी-जीवन से सम्बद्ध नैहर (पितागृह) और ससुराल (पति-गृह) का बड़ा मर्मस्पर्शी चित्रण किया है। कबीर साहब की नवविवाहिता अपनी एक सखी से कहती है कि हे सखी, यह नैहर चार दिन का है। यहाँ बहुत दिनों तक नहीं रहना है।[72] जायसी ने भी इस प्रकार का संकेत किया है।[73] इसलिए वह अपनी सखी से कहती है कि हे सखी, प्रियतम के घर के बारे में सोचो; क्योंकि नैहर में निर्वाह नहीं होनेवाला है—*पिय घर चेत करौ री सजनी, नैहर नाहीं निबाह।*[74] इसीलिए संत दरिया साहब (बिहार वाले) भी नैहर में वधू का रहना पसन्द नहीं करते और ससुराल की याद दिलाते हैं—

मोहि ना भावै नैहरा ससुरवा जैबो हो।[75]

संतों के यहाँ 'ससुराल' और 'नैहर' मूलतः आध्यात्मिक हैं। उनके अनुसार 'नैहर' सांसारिक भोग-भूमि है एवं 'ससुराल' परमलोक है, जहाँ जीवात्मा और परमात्मा का परममिलन-जन्य सायुज्य लाभ होता है। इसीलिए संतों ने नैहर को त्याग कर ससुराल जाने की प्रेरणा बार-बार दी है। आध्यात्मिक और लौकिक सन्दर्भों में नैहर अस्थैर्य बोधक है क्योंकि वधू (जीवात्मा) यहाँ अधिक दिनों तक नहीं रह सकती। अन्ततः उसे ससुराल (परमलोक) जाना ही पड़ता है। इस प्रकार हम देखते हैं कि संतों का नारी-चित्रण भी द्वंद्वात्मक है। उसमें आध्यात्मिक और सामाजिक सन्दर्भ साथ-साथ और समान रूप से अनुस्यूत हैं। यदि उनका लक्ष्य आध्यात्मिक रहा हो, तब भी उसमें सामाजिक जीवन की विशद अभिव्यक्ति हुई है।

कबीर जैसे संतों ने नारी-जीवन के कतिपय मार्मिक पक्षों का बड़े ही हृदयस्पर्शी चित्र खींचे हैं। विवाहोपरान्त अपने पति-गृह को जाती हुई नवविवाहिता कन्या का कबीरदास ने बड़ा सुन्दर चित्रण किया है। अपने एक पद में ऐसी ही नवविवाहिता का चित्रण किया है जो कहारों से निवेदन करती है कि क्षण-भर के लिए जरा डोली यहाँ रख दो, ताकि मैं अपनी सखियों-सहेलियों तथा परिवार के लोगों से मिल लूँ—

पइयाँ तोरी लागों कँहरवा हो, डोली धर छिन बार।
मिल लेवं सखिया सहेलर हो, मिलों कुल परिवार॥[76]

अपने पिता के घर से विदा होती हुई कन्या की अन्तिम अभिलाषा यही होती है कि वह साथ की सहेलियों और घर के लोगों से मिल ले। इस प्रकार के भाव विवाह और गौने के अवसर पर आज भी दिखाई पड़ते हैं। इस प्रकार के भावपूर्ण स्थलों का चित्रण कर संतों ने नारी के प्रति गहरी सम्पृक्ति का परिचय दिया है। संत धरमदास ने तो नैहर से वियुक्त होती हुई कन्या का और मार्मिक रूप उभारा है

जिसमें वह कहती है कि अब तो मेरे लिए 'नैहर' सपना हो गया।[77] अतः नैहर और ससुराल का भावात्मक चित्रण कर संतों ने अपने लोकधर्म और गहन सामाजिक अनुभूति का परिचय दिया है।

संतों ने नारी के प्रति भोगवादी दृष्टिकोण अपनाए जाने का विरोध किया है। उसे केवल कामिनी या भोग्या के रूप में देखने की आवश्यकता नहीं, अपितु माँ और बहन के रूप में भी देखने की आवश्यकता है। रज्जब जी ने सभी स्त्रियों को माँ और बहन के रूप में देखने का आग्रह किया।[78] मारवाड़ी दरिया साहब ने तो यहाँ तक कह दिया कि नारी पूरे संसार की जन्मदात्री और पालनकर्त्री है, मूर्ख लोग यूँ ही उसे दोष लगाते हैं।[79]

माँ रूप में नारी

नारीत्व की सार्थकता उसके मातृत्व में ही है। नारी जब तक माँ नहीं बनती तब तक वह पूर्णता को प्राप्त नहीं होती। उसका स्नेह, वात्सल्य, ममता, धैर्य और क्षमाशीलता, सब मातृत्व में ही समाहित होता है। नारी के इस गुण ने संतों के अन्तर को छुआ होगा, तभी उन्होंने ईश्वर की कल्पना माँ के रूप में तथा स्वयं की बालक के रूप में की। ममता की साकार प्रतिमा, स्नेहाविष्ट माँ के लिए बालक का बड़ा-से-बड़ा अपराध भी क्षम्य और नगण्य होता है। वह बालक के सुख-दुख, हास-उल्लास आदि का अनुभव उससे भी अधिक करती है। वह बड़ी निष्ठा, धैर्य और सचाई से अपने बालक का लालन-पालन करती है। बच्चे के समक्ष वह अपने परमसहयोगी पति तक को भी विस्मृत कर देती है। संतों ने इसीलिए माँ को विशेष महत्त्व भी दिया है। संतों के अनुसार, वात्सल्य, क्षमा और धैर्य का प्रतिमान मानव-जीवन में यदि कोई है तो वह माँ ही है। संत कबीर साहब माँ के इसी स्नेहमयी प्रकृति की दुहाई देकर अपने अपराध को क्षम्य बनाते हैं।

माँ का हृदय बहुत विशाल होता है। अपने ऊपर अनेक कष्ट झेलकर बालक को उनसे बचाती है। बालक यदि उसका केश पकड़कर खींचता है तो वह उसे अन्यथा नहीं लेती; बल्कि बालक को स्नेह से गोद में ले लेती है। संत नामदेव ने माँ और बालक के इस वात्सल्यपूर्ण सम्बन्ध को आदर्श माना है। वे कामना करते हैं कि मेरा मन भी उसी प्रकार भगवान में लगा रहे—

जैसी प्रीति बालक अरु माता।
ऐसें यहु मन हरि सों राता॥[80]

बालक के रोने मात्र से ही माँ आकाश-पाताल एक करने लगती है। मरने को तैयार हो जाती है। संत हृदया सहजोबाई ने भी ईश्वर की कल्पना माता के रूप में की है।

वे कहती हैं कि तुम हमारी माँ हो और हम तुम्हारे बालक। हमेशा हमें अपनी गोद में लिये रहो और प्रतिक्षण हमारी रक्षा करो—

हम बालक तुम माय हमारी। पल पल माँहि करो रखवारी॥
निस दिन गोदी में ही राखो। इतवित बचन चितावन माखो॥[81]

दयाबाई के अनुसार भी बालक लाख ग़लतियाँ करता है, तब भी माँ उसे अपने से अलग नहीं करती, अपितु चुचकारकर अपनी गोद में उठा लेती है, और बालक के प्रति अपने प्रेम-भाव को और भी प्रगाढ़ करती है।[82] संत जगजीवन साहब रक्षिता के लिए माँ को आदर्श मानते हैं। उनके अनुसार माँ अपने स्तन का दूध पिलाकर बालक को पालती है। अहर्निशि उसे अपने गोद में लिये रहती है, कभी भी उसके मन में घृणा या ऊब का भाव नहीं होता। कभी उसे गले से लगाकर हलराती-दुलराती है तो कभी मुख से लगाकर चूमती है। बालक यदि क्षण-भर के लिए भी कभी दुखी हो जाता है तो उसे कुछ भी अच्छा नहीं लगता।[83]

माँ को केवल अपने नन्हे पुत्र की ही चिन्ता नहीं होती, अपितु प्रौढ़ावस्था में भी वह उसकी चिन्ता करती है। वह अपने पुत्र को तथा उसके परिवार को हर स्थिति में ख़ुशहाल देखना चाहती है। कबीर एवं पलटू साहब के एतद्विषयक दो पद बहुत ही मार्मिक हैं। इनमें ऐसी माता का चित्रण किया गया है जो अपने पुत्र की बेरोज़गारी पर आँसू बहाती है। वह कई बार तो छिप-छिपकर रोती है, ताकि वस्तुस्थिति का आभास पुत्र को न हो जाए। इसलिए वह अपनी इस असीम पीड़ा को आत्मगत स्तर पर झेलती है।

कबीर साहब ने अपने पद में माँ के इस रूप को बड़े ही भावपूर्ण रूप में व्यक्त किया है। यहाँ स्वयं कबीर की माँ ही आँसू बहाती है और छिप-छिपकर रोती है—क्योंकि कबीर ने अपना व्यवसाय छोड़ दिया है—

तनंनां बुनना तज्याँ कबीर
राम नाम लिखि लिया सरीर।
ठाढ़ी रोवै कबीर की माई, ए लरिका क्यूँ जीवै खुदाई।[84]

डॉ. माताप्रसाद गुप्त द्वारा सम्पादित 'कबीर ग्रन्थावली' में 'ठाढ़ी रोवे' के स्थान पर 'मुसि मुसि रोवै' पाठ दिया गया है, जो अधिक भावपूर्ण, मार्मिक, और संगत प्रतीत होता है। 'मुसि' का अर्थ ठगी-सी किया गया है किन्तु यहाँ छिपकर अर्थ ही अधिक संगत जान पड़ता है। उसमें मातृत्व की ममतापूर्ण करुणा भाव की विचित्र व्यंजना हुई है।

पलटू साहब ने भी माँ के ममत्व की बड़ी करुणापूर्ण व्यंजना की है। उनकी माँ इसलिए रोती है कि उसे आशंका है कि उसका पुत्र गृह-त्यागी हो जाएगा और

उसके बच्चे किसी अपेक्षित संरक्षक के अभाव में दुख झेलेंगे। इसीलिए वह पुत्र से आग्रह करती है कि वह घर न छोड़े। इस प्रकार हम देखते हैं कि संत कवियों ने माँ को बहुत महत्त्व दिया है। माँ में अपार करुणा, क्षमा, धैर्य और सहनशीलता है, इसीलिए उन्होंने ईश्वर को माँ के रूप में देखा, उसे अपनी माँ कहा। संत नानक देव जी ने तो माँ को बुद्धि बनाने का उपदेश दिया; क्योंकि माँ का कर्तव्य भी पुत्र को सत्कर्म की साधना में लगाना है और बुद्धि का भी।[86] इस प्रकार संतों ने माँ को व्यापक परिप्रेक्ष्य में देखा और उसी परिमाण में उसे सम्मान दिया। रज्जब जी ने तो कहा है कि मैं माता को सर्वत्र अखिल ब्रह्मांड में देखता हूँ। मेरे मन में माता रूप भावना से भिन्न और कोई भी भाव नहीं है—

जा माता में हम भये, सो माता सब ठौर।
रज्जब बिरच्या यूँ समझि, नहीं भजन कोइ और॥[87]

साधनात्मक

माया और उसके विविध रूप

निर्गुण संतों का नारी-चित्रण साधनात्मक भी है। इसीलिए उन्होंने माया के केवल तात्त्विक रूप मात्र का उल्लेख न कर उसको डाकिनी, शाकिनी, व्यभिचारिणी, वेश्या, घरकटी, जादूगरनी, सर्पिणी, जोगिनी, ठगिनी, नटिनी, बाघिन, हस्तिनी, कोढ़िनि इत्यादि अनेक रूपों में चित्रित किया है। किन्तु संतों के चिन्तन में विरोधाभास भी बहुत है। माया को ही, कहीं उन्होंने अनेक असर्जनात्मक आयामों में चित्रित किया तो कहीं सर्जनात्मकता प्रदान की। सर्जनात्मक रूपा माया को उन्होंने ब्रह्म का साक्षात्कार करानेवाली कहा, और यह भी कहा कि माया आत्मा के साथ ही रहती है अतः किसको रखें और किसको छोड़ें। रज्जब जी के अनुसार माया का उपयोग स्वार्थ और परमार्थ दोनों में ही होता है। माया का उपयोग जब स्वार्थ में होता है, तब तो धिक्कार और परमार्थ में होता है, तब धन्यवाद मिलता है—

स्वारथ परमारथ सकति, तो धृग माया धन।
रज्जब रुचि सों काढ़ि ल्यो, जो है जाके मन॥[88]

माया की पुत्री रूपी नारियाँ तो सभी बहन हैं और भगवान की पत्नी लक्ष्मी माता है, अतः उससे न प्रेम करना है और न रुष्ट होना है। तब माया की बुराई कैसे की जा सकती है। संत तो निष्पक्ष रहते हैं; वैसे भी संतों पर माया का प्रभाव नहीं पड़ सकता। माया उनके पास जाती भी नहीं; क्योंकि उसे भय रहता है कि संतों के पास जाने पर उसके दाँत उखाड़े जा सकते हैं।[89] संतों ने यद्यपि कहीं-

कहीं पर माया को छूट दी है जैसे, कबीर ने उसे बहन कहा है किन्तु अधिकांशतः उसे अच्छे सन्दर्भ में नहीं लिया है और इसीलिए विविध रूपों में उसे निन्दा का पात्र बनाया है।

डाकिनी

कोश के अनुसार 'डाकिनी' का अर्थ है चुड़ैल अथवा काली की एक अनुचरी। इन दोनों का स्वरूप भयावह होता है। इनका रूप मन में भय पैदा कर देता है। डॉ. ओमप्रकाश शर्मा ने अपने शोध-प्रबन्ध में लिखा है कि मध्ययुग में भूत-प्रेत, डाकिनी-शाकिनी आदि पर विश्वास करना प्रचलित था।[90] संतों ने माया को डाकिनी के रूप में इसीलिए चित्रित किया है कि उसका प्रभाव बड़ा भयंकर होता है। वह सबको खा जाती है। कबीरदास जी के अनुसार तृष्णा भी उसी माया की सखी है वह भी डाकिनी है और जीवन के लिए काल के समान है। वह निरन्तर आधिक्य की कामना कराती है और जीवन बेहाल कर देती है। माया रूपी डाकिनी के साथ जो भी गया, लौटकर नहीं आया। उसने न जाने कितनों को यूँ ही खा लिया।

'डाकिनी' का प्रयोग सिद्ध सरहपाद ने भी किया है।[91] देवियों और योगिनियों का एक विशेष वर्ग डाकिनी आदि का था जो सिद्धों की साधनाओं में प्रविष्ट हो चुका था। तिब्बत में डाकिनी पारंगत स्त्रियों को कहते हैं, क्योंकि 'डाक' का अर्थ तिब्बती में 'प्रज्ञा' होता है। डॉ. प्रबोधचन्द्र बागची ने 'दाग' देश की स्त्रियाँ कहा है यद्यपि यह केवल अनुमान है। दोहों में जहाँ डाकिनी का उल्लेख है वहाँ उन्हें देवी कहकर ज्ञानवती स्त्रियों के रूप में सम्बोधित किया गया है। इसी प्रकार ल्हाकिनी, शाकिनी, राकिनी आदि का भी अभिप्राय तिब्बत तथा मध्य एशिया की जातियों की उन स्त्रियों से है जो तंत्र साधनाओं में महामुद्रा के रूप में प्रयुक्त होती थीं। इन गुह्याचारों तथा बाद में श्मशान साधनाओं आदि के कारण जनता में इन डाइनों (डाकिनी) आदि की प्रसिद्धि (या कुख्याति) दूसरे ही रूप में फैल गई। किन्तु हिन्दू साधनाओं में भी योग और तंत्र की अधिष्ठात्री देवियों के रूप में इनका बहुत पहले से प्रवेश हो चुका था।[92] इसीलिए डाकिनी को काली की एक अनुचरी कहा गया है। श्मशान इत्यादि की साधना के कारण जन साधारण में डाकिनी को भय की दृष्टि से देखा गया। इसके साथ ही मारण, मोहन, उच्चाटन आदि के प्रयोगों के कारण वे समाज में गर्हित मानी जाती थीं।

डाकिनी की ही भाँति तांत्रिक अनुष्ठानों में यक्षिणी (जाखिनी, जाकिनी) का भी उल्लेख है जो सिद्ध होने पर साधक को अलौकिक शक्तियाँ प्रदान करती थी। सूफ़ी कवि जायसी कृत 'पद्मावत' में राघव को यक्षिणी-सिद्धि का साधक बताया गया है। उसने अपने बल से अमावस को ही द्वितीया दिखला दिया था। साथ ही

अपनी सिद्धि के बल पर वह जो चाहता कर लेता था—

राघौ पूजा जाखिनी, दुइज देखावा साँझि।[93]

मध्ययुग में इस प्रकार के तंत्र-मंत्र और जादुई चमत्कारपरक सिद्धियों का बहुत उल्लेख मिलता है। डॉ. नित्यानन्द तिवारी के अनुसार मध्ययुग का सारा जीवन स्नायविक दुर्बलताओं में फँसा था, इसलिए उसमें व्यक्ति निष्ठता के साथ छोटे-छोटे जादुई विश्वासों की भरमार थी तथा मध्ययुग की परिस्थितियों में इसका प्रभाव भी अत्यधिक था।[94] सुल्तान कुतुबुद्दीन मुबारक शाह के आदेश पर अमीर खुसरो ने 'नुहसिपेहर' नामक कविता लिखी थी जिसमें जादू के विशिष्ट प्रभाव का उल्लेख मिलता है।[95]

संतों ने माया के भयंकर प्रभाव के कारण ही उसको डायन, डाकिनी, शाकिनी व्यभिचारिणी आदि अनेक रूपों में चित्रित किया। माया के लिए उन्होंने जितने भी अभिधान दिये, वे सब नारीपरक हैं या स्त्रीलिंगपरक हैं। नारी के काम-भाव को भी उन्होंने माया का ही प्रबल प्रतीक माना, इसीलिए नारी को भी माया कहा। दूसरे, माया का पापिनी, डाइन, डाकिनी, कलवारिन, वेश्या, नटिनी, कामिनी, व्यभिचारिणी इत्यादि अनेक रूपों में वर्णन कर उसका मानवीकरण कर दिया है। डाइन और पापिनी स्त्री होती है पुरुष नहीं—वह या तो भूत होता है या पापी, इसलिए संतों की माया का सम्बन्ध नारी से भी है। आगे हम दिखाने का प्रयास करेंगे कि नारी के कामिनी और विषय-वासना में प्रवृत्त करनेवाले रूपों की संतों ने कितनी और कैसी निन्दा की है।

डाइन

डाइन भी एक प्रकार से डाकिनी की ही समानधर्मिणी है। बज्रतंत्र में डाइन को 'देवि' सम्बोधन दिया गया है—

खिति जल पवण हुतासन सुण्ण डाइणि देवि
सुनहु पंचमु तत्तु कहु जोण जाणइ केवि॥[96]

इस दोहे में पंच तत्त्वों (पृथ्वी, जल, वायु, अग्नि और 'शून्य' (आकाश) की व्याख्या की गई है और 'डाइन' को देवी कहा गया है। इसका तात्पर्य यह है कि 'डाइणि' (डाइन) के प्रति कोई अनादर का भाव प्रकट नहीं किया गया है। लेकिन कबीर साहब जैसे संतों ने यदि कहीं माया को डाइन कहा है तो उसके प्रति कोई सम्मान का भाव प्रकट नहीं किया है, बल्कि उसकी उपेक्षा करते हुए उससे पीछा छुड़ाने का प्रयास करते हैं। इसीलिए बौद्ध तांत्रिक अर्थ से भिन्न डाइन को माया का उपमान मानते हैं—और शब्द, स्पर्श, रूप, रस तथा गन्धादि को इसके पाँच

पुत्र बताते हैं।[97] डॉ. श्यामसुन्दर दास ने माया के पाँच पुत्र काम, क्रोध, लोभ, मोह, मद और मत्सर बताया है, जो मनुष्य के अध:पतन के कारण हैं।[98] काम, कामिनी का सहज धर्म है, इसलिए संतों ने माया को काम की माँ एवं काम को उसका पुत्र कहा है।

'डाइन' का जहाँ भी संतों ने उल्लेख किया है, वहाँ उसे भक्षिणी के ही रूप में चित्रित किया है। कबीर साहब को वह डसती है तो बुल्ला साहब को प्राण ही हरण करनेवाली प्रतीत होती है। इसीलिए क्षण-भर में ही प्राण ले लेनेवाली यमदूती से वे उद्धार पाने के लिए भगवान की शरण में जाना चाहते हैं, क्योंकि इस माया रूपी डाइन से वही छुटकारा दिला सकते हैं।[99] इस प्रकार हम देखते हैं कि संतों ने डाइन को गर्हित रूप में ही चित्रित किया है।

जादूगरनी

संतों के यहाँ माया का मूल कर्म है भ्रमित करना। माया के दो भेद हैं, विद्या और अविद्या। विद्या माया प्रवृत्तिकारिणी है अर्थात साधना के क्षेत्र में वह सम्मान्य है, क्योंकि वह जीव को भ्रमित नहीं करती, बल्कि ईश्वर में प्रवृत्त करती है। यह ज्ञान की प्रसारिका और ब्रह्म की प्रेरक शक्ति मानी गई है। साधना के क्षेत्र में वह प्रेरणा प्रदान करती है। वल्लभ-सम्प्रदाय में भी भगवान की शक्ति स्वरूपा माया के ये ही दो रूप बताए गए हैं—

विद्याविद्ये हरै: शक्ति माययैव विनिर्मिता।
तै जीवस्यैव नान्यस्य दुखित्वं चाप्यनीशता॥[100]

संतों ने यद्यपि अविद्या माया की ही चर्चा अधिक की है और उसकी घोर निन्दा की है, किन्तु विद्या माया का भी उन्होंने वर्णन किया है और उसकी प्रशंसा भी की है, क्योंकि वह राम से मिलाती है नरक नहीं ले जाती।[101] कबीरदास जी कहते हैं कि यह माया संतों की दासी है और उन्हें हाथ उठाकर आशीष देती है। संतों ने उसका उपभोग किया है और ईश्वर का स्मरण कर-करके उसे अपने पैरों तले डाल रखा है।[102] संत दादूदयाल जी के अनुसार माया संतों की 'चेरी' (दासी) है तथा तीनों लोकों की स्वामिनी भी है।[103] रज्जब जी उसे शत्रु और मित्र दोनों ही मानते हैं, अर्थात जब वह भगवान से विमुख करती है, तब शत्रु हो जाती है और जब उनसे साधक को मिलाने की भूमिका प्रस्तुत करती है तब मित्र होती है।[104] संतों ने माया को सर्व व्याप्त बताया है।

'जादूगरनी' का मतलब होता है ऐन्द्रजालिक करनेवाली स्त्री! वह अनेक चमत्कारपूर्ण कृत्यों से जीव को अपने वश में कर लेती है। एक प्रकार से, यही

उसका विक्षेप-भाव है। गुरुनानक देव जी ने 'जादूगरनी' के लिए कामणिआरि शब्द का प्रयोग किया है। यह 'कामणिआरि' स्त्री जादू ही नहीं, टोना भी करती है। नानक ने इसका उल्लेख माया के मोहिनी रूप के सन्दर्भ में किया है—

माइआ मोहु धरकटी नारि।
भूँडी कामणि कामणिआरि।[105]

संतों ने माया को व्यभिचारिणी कहा है। व्यभिचारिणी सम्भवत: इसलिए कहा है कि माया का प्रभाव विश्वव्यापी है। वह सर्वत्र सबमें समाहित हो जाती है। व्यभिचारिणी स्त्री का स्वरूप भी उससे नाति-भिन्न है। वह भी अनेक रूपों में, अनेक पुरुषों का सेवन करती है। इसीलिए नानक जैसे संतों ने उसे धरकटी कहा है। डॉ. जयराम मिश्र ने 'धरकटी' शब्द का अर्थ धिकृता, धिक्कारी हुई, बदचलन अथवा व्यभिचारिणी किया है।[106]

वेश्या भी व्यभिचारिणी का अन्य रूप है। व्यभिचार के कारण ही वह वेश्या है। कबीर साहब के अनुसार माया रूपी वेश्या ने संसार रूपी हाट (बाज़ार) में स्वाद (विषय-भोग) को ठग के रूप में लगा रखा है। उसके इस स्वाद ठग से वही बच सकता है जिसने राम के चरणों को अच्छी तरह से पकड़ रखा है। माया (वेश्या) का प्रासंगिक स्वाद बहुत मीठा होता है, इसीलिए उसका त्याग करना कठिन होता है। किन्तु जो अज्ञानी उसके स्वाद में निरत हो जाते हैं, उन्हें वह मूर्ख बनाकर चूसती रहती है।[107] कबीरदास को इस बात की चिन्ता है कि संसार के लोग माया के इस विषय-भोग के प्रति आसक्त हैं। उसके यौवन की साधना में निरत हैं अलख (निर्गुण ब्रह्म) की साधना कोई नहीं करता।[108]

वेश्या के क्रिया-कलापों का पलटू साहब ने बड़ा सुन्दर चित्रण किया है। उनके अनुसार वह श्रृंगार करके बीच बाज़ार में बैठती है और सभी लोगों से नज़र लड़ाती है। सबसे मीठी-मीठी बातें करती है तथा उनकी गाँठ पर दृष्टि गड़ाए रखती है। चन्दन इत्रादि का उपयोग करती है और सबके प्रति प्रेम प्रदर्शित कर उठती है। लेकिन यह वेश्या साधनात्मक रूप में वस्तुत: माया है। श्रृंगारादि उसके लोभ, मोह, काम, मदादि वृत्तियाँ हैं जिनसे जीव रूप सामाजिक पथ भ्रष्ट होता है।

ठगिनी

संतों ने माया को 'ठगिनी' भी कहा है। कबीर साहब ने तो एक सोपान ऊपर जाकर उसे महाठगिनी कहा और उसकी ठगी विद्या के विविध आयामों को उद्घाटित किया। यह माया अपना विस्तार पंच तत्त्व और तीन गुणों के सहारे

करती है। पंच तत्त्व और तीन गुणों से परिपोषित जहाँ तक नाम और रूप दिखाई पड़ता है वह सब माया है। कबीर साहब के अनुसार माया त्रिगुण का 'फाँस' (पाश) लिये रहती है और अपने मीठे वचनों से सबको मोहित किये रहती है। यही माया केशव (विष्णु) के यहाँ कमला (लक्ष्मी) थी और शिव के घर में भवानी। पंडा के यहाँ मूर्ति होकर बैठी और तीर्थस्थान में पानी। योगी के यहाँ योगिनी और राजा के घर रानी बनी। किसी के यहाँ हीरा बनी और किसी के यहाँ कानी कौड़ी। भक्तों के यहाँ भक्तिन बनी तो ब्रह्मा के यहाँ ब्रह्माणी। विचित्र और अवर्णनीय कहानी है इस माया की—

माया महागठिनी हम जानी।
तिरगुन फाँस लिए कर डोलै बोलै मधुरी बानी॥
केशव के कमला ह्वै बैठी शिव के भवन भवानी।
पंडा के मूरति ह्वै बैठी तीरथ में भइ पानी॥

× × ×

कहै कबीर सुनो हो संतो यह सब अकथ कहानी।[109]

चरनदास के अनुसार इस ठगिनी माया ने सबको ठगा है केवल गुरु ही उससे बच पाया है।[110] ठगिनी माया का प्रभाव सार्वदेशिक है। मारवाड़ी दरिया साहब ने तो माया को घट-घट में, बाहर-भीतर सर्वत्र पाया। वह अनेक जागतिक सम्बन्धों में समाई हुई है—

जेहि देखूँ तैहि बाहर भीतर, घट घट माया लागी।
मन भयो पिता मनसा भइ माइ, दुख सुख दोनों भाई।
आसा तृस्ना बहिनें मिलकर, गृह की सौंज बनाई॥[111]

किन्तु इस माया की पहुँच उस स्थान पर नहीं होती जहाँ ब्रह्मज्ञान का अखंड दीप जल रहा है। माया रूपी रात्रि का भला सूर्य से कैसा मैल? वास्तव में माया का प्रसार ही वहाँ हो पाता है जहाँ अज्ञान का अन्धकार होता है। जहाँ अज्ञान का अन्धकार होता है वहाँ माया अपने कपट-जाल में साधक (जीव) को बाँध लेती है। 'किरियाक्रम-आचार' आदि इसके प्रमुख बन्धन हैं।[112]

संतों के मन में माया के ठगिनी रूप को लेकर कोई भ्रम अथवा सन्देह नहीं है। उनका निश्चित दृष्टिकोण है कि माया अपने मूलरूप में ठगिनी है। इसीलिए वे साधक को आगाह करते हैं कि माया को निश्चित रूप से ठगिनी समझो। इस ठगिनी माया के दुष्प्रभाव से कोई नहीं बच पाता। सभी इसके जाल में आ जाते हैं और ठगे जाते हैं। यह अपना पाश लिये हुए घर-घर दौड़ती रहती है। गुरु की शरण में जो जाता है वही इस माया के दुष्प्रभाव से बच पाता है।

माया सम्बन्धी विचार भी सभी संतों का प्रायः एक समान ही है। कबीर साहब

के पश्चात उसमें कोई न वैचारिक नवीनता है न अभिव्यक्ति की नवीनता। उनके परवर्ती संतों ने उसी भाव को लगभग उसी शैली और शब्दावली में दुहराई है। ठगिनी माया के जिस पाश (संतों की शब्दावली में फाँस) की चर्चा की गई है, उसका स्वरूप सभी संतों के यहाँ एक सा ही है।

छिनाल और बहादुरी

काम, क्रोध, लोभ, मोहादि माया के अस्त्र हैं। इसलिए पलटू साहब ने तृष्णा को छिनाल कहा है। छिनाल भी व्यभिचारिणी का ही एक अपर रूप है और सामान्यतः इसका प्रयोग अच्छे अर्थ में नहीं होता। माया के व्यभिचार के कारण ही पलटू साहब ने उसे छिनाल कहा।[113] यह तृष्णा रूपी छिनाल सबको अपने चक्र में फँसा लेती है। बहुतों को इसने अपने घातक दावों से मार डाला इसीलिए वह बहादुरी है। योगी यती और तपस्वियों को साधना-स्थान से पकड़ मँगाती है। लोगों को दोपहर में ही लूट लेती है। वह कहीं पर कनक हो जाती है तो कहीं पर कामिनी। यदि वह डरती है, तो केवल संतों से; अन्यथा सबको मार गिराती है।[114] इस प्रकार माया अपने वश में करके सब पर धाक जमाती है। दादूदयाल जी के अनुसार इस माया ने देवता, मनुष्य, मुनि, ब्रह्मा, विष्णु, महेश सबको अपने वश में कर लिया—

"दादू सुर, नर, मुनियर वसिकीए, ब्रह्म विश्न महेस," किन्तु एकमात्र संत ही ऐसे हैं जिनके पैरों तले यह रह पाती है।[115] फिर भी बाक़ी जगत पर इसका एकच्छत्र साम्राज्य रहता है।

ठकुरानी एवं पटरानी

माया, चूँकि सब पर अपना अधिकार जमा लेती है इसलिए निर्गुण संतों ने उसे ठकुरानी और पटरानी भी कहा है। 'ठकुरानी' और 'पटरानी' शब्द लगभग समान अर्थ व्यंजित करते हैं। 'ठकुरानी' उसी प्रकार स्वामिनी होती है जिस प्रकार राजा की प्रधान रानी। अतः एक सीमा तक दोनों में पर्याप्त समानता है। संत दादूदयाल जी के अनुसार माया संतों की दासी है, किन्तु बाक़ी जगत की ठकुरानी है; अर्थात समस्त विश्व में माया रूपी ठकुरानी का अबाध अधिकार है। वह तीनों लोकों की स्वामिनी है।

संत धरमदास जी के अनुसार माया सात द्वीपों और नौ खंडों की रानी है। माया की शक्तियाँ (मोहादि) उसकी सखियाँ हैं और जब सखियाँ अपने-अपने क्षेत्र में क्रियाशील रहती हैं तो माया को प्रसन्नता होती है। वह जीवात्मा (हंस)

को सखियों के सहारे अपने वश में रखती है—

जो तुम सखियाँ सयानी, हंसा गहि आनो हो।
सात दीप नौ खंड की, रानी कहावों हो॥ [116]

माया अपनी सखियों (मोह, लोभ, कामादि) के माध्यम से जीव पर राज्य करती है, अधिकार-सुख भोगती है। इस अधिकार सुख की मादकता का वही अनुभव करती। इस अधिकार-सुख का भोग करने के कारण ही वह अपने को ठकुरानी, रानी और पटरानी मानती है। हाथरस वाले संत तुलसी साहब के अनुसार यह माया तीनों लोकों की पटरानी है, किन्तु यह जीव रूप पतंगे को ही खानेवाली है। इसके मौज के तरंग में मन तरंगायित होता रहता है, उसे कोई रोक नहीं पाता। इस प्रकार संतों ने माया का रानी, ठकुरानी और पटरानी के रूप में चित्रण कर उसके व्यापक प्रभाव को प्रदर्शित किया है।

नटिनी

'नटिनी' खेल-तमाशा करनेवाली स्त्री होती है। वह खेल-तमाशा दिखाकर लोगों का मनोरंजन करती है। यह अपने खेल के समाप्त होने तक सबको बाँधे रहती है। यह एक प्रकार से उसका सम्मोहन भाव है जिसके समक्ष सांसारिक सब कुछ भूल जाता है। इसी प्रकार माया अपनी नट कला से जीव को भ्रमित कर फँसाए रखती है और जीव आध्यात्मिक साधना को विस्मृत कर देता है। संतों ने माया को नटिनी के रूप में इसी सन्दर्भ में चित्रित किया है। दादूदयाल ने ऐसी माया को बाजीगर की पुत्तलिका के रूप में दिखलाया है—

वाजीगर की पूतली ज्यों म्रकट मोह्या।
दादू माया राम की, सब जगत विगोया॥[117]

नटिनी माया का चित्रण संतों ने मूलतः उसके सम्मोहनपरक रूप को दृष्टि में रखकर ही किया है। उसके मोहिनी और विश्वासघातिनी रूप का चित्रण भी संतों ने अनेक रूपों में किया है।

मोहिनी

माया के मोहिनी रूप को प्रायः सभी संत कवियों ने रेखांकित किया है। कबीर साहब के अनुसार माया ने ज्ञानी-सज्ञानी (चतुर) सभी को मोहित कर रखा है। उससे भागने से भी कोई बच नहीं सकता, क्योंकि वह भर-भर कर बाण मारती है। यह

मोहिनी माया खांड के समान मीठी है, कबीर को उनके गुरु ने बचा लिया नहीं तो वह उन्हें नष्ट कर देती—

कबीर माया मोहनी, जैसी मीठी खाँड।
सतगुरु की कृपा भई, नहीं तो करती भाँड॥[118]

यहाँ माया का वेश्या (मोहिनी) के रूप में ही चित्रण किया गया है। कामादि चेष्टाएँ मोहक तत्त्व हैं। कबीर साहब के अनुसार मोहिनी माया ने समस्त जगत को (भव) की घानी में डाल रखा है, और उसी में सबको पेर रही है। परमात्मा का सच्चा साधक ही मोहिनी माया की इस घानी से बचा है; अन्यथा वह सबको घानी बनाकर मार रही है। इस माया के मोह से बचने के लिए उसके बन्धन परक आयामों का परित्याग करना आवश्यक है। माया के द्वारा प्रदर्शित मार्ग का अनुसरण न करना ही उसकी मर्यादा को तोड़ना है। वैसे तो यह मोहिनी माया हाथ नहीं आती किन्तु ज्यों ही उसकी मर्यादा तोड़कर झूठ मानकर मन से उसे निकाल दिया जाए कि वह पीछे-पीछे दौड़ने लगती है। इसीलिए कबीर साहब उसे 'डोलनी' कहते हैं। लेकिन उनके अनुसार संतगण मोहिनी माया के प्रभाव में नहीं आते, बल्कि सारा जगत छाछ पीता है और संत मक्खन खाते हैं।[119] छाछ पीने से अभिप्राय माया के निरर्थक वासनात्मक रूपों से है और 'माखन' का अभिप्राय मूलतत्त्व की साधना से है। सभी लोग इस मूल तत्त्व को नहीं प्राप्त कर सकते अत: छाछ रूप निरर्थक साधनाओं में निरत रहते हैं।

मोहिनी माया के कारण ही सत्य हरिश्चन्द्र को घर-घर बिकना पड़ा था।[120] गुरुनानक देव जी ने माया को पुत्र कलत्रादि के द्वारा मोहित करनेवाली बताया है जो इनके माध्यम से जीव को मोहित करती है—

तृसना माइआ मोहणी सुत बंधप घर नारि।
धनि जौवनि जगु जागिया लबि लोभ अहंकारि॥[121]

दरिया साहब (बि.) ने भी माया के मोहिनी रूप को सर्वग्रासी बताया है।

विश्वासघातिनी

माया के एक ही क्रिया-व्यापार को संतों ने कई रूपों में व्यक्त किया है। जो माया व्यभिचारिणी है, नटिनी है, छिनाल है, ठगिनी है, चोरनी है, वही विश्वासघातिनी भी है। वह अपने बन्धन में पहले तो आबद्ध कर लेती है। फिर अनेक प्रकार के प्रलोभन देकर अपनी ओर आकृष्ट कर लेती है और तब जीव के साथ विश्वासघात करती

है। कबीरदास जी के अनुसार माया का काम ही विश्वासघात करना है। वह केवल जीवात्मा (साधक) को मोहित ही नहीं करती उसके और परमात्मा के बीच में अन्तर डालती है। साधक (जीवात्मा) समझता है कि परमात्मा से मिल रहा हूँ किन्तु माया उसके बीच आ खड़ी होती है और उस स्वाभाविक मिलन को अस्वाभाविक क्या असम्भाव्य बना देती है। इसीलिए कबीर साहब जैसे संत माया पर विश्वास नहीं करते। इस माया का क्या विश्वास जिसने नारद सरीखे मुनियों को भी अपने फाँस में लाकर ठग लिया। कबीर साहब को भी माया ने बड़े प्रलोभन दिये किन्तु उन्होंने उसे पीठ दिखाकर उसकी उपेक्षा कर दी—

माया हम सौं यूँ कह्या, तू मति दे रे पूठि।
और हमारा हम बलू, गया कबीरा रूठि॥[122]

दादूदयाल जी के अनुसार यह माया बाजीगर के समान अपने को छिपाए रखती है तथा लोभादि आयामों को आगे कर सबको मोहित कर धोखे में डाल देती है। इसलिए सुन्दरदास मायिक प्रपंचों से मुक्त होकर केवल प्रभु पर ही विश्वास करने का उपदेश देते हैं और माया के मोह में पड़े हुए जीव को शठ कहते हैं—

सुन्दर कहत एक प्रभु के बिस्वासु बिनु।
वादहिं कूं बृथा सठ, पचि के मरतु है॥[123]

रज्जब जी को भी माया के विश्वासघाती रूप से चिढ़ है। वे भी इस सन्दर्भ में कबीर साहब के ही अनुगामी प्रतीत होते हैं। उनका कहना है कि जिस माया ने मुनियों, सिद्धों और साधकों को खा लिया (अर्थात साधना-पथ से गिरा दिया) उस माया से नेह लगाने से क्या लाभ? वह तो मूलतः विश्वासघातिनी है; उसका विश्वास नहीं करना चाहिए।[124]

चोरनी और कुट्टनी

माया यदि कहीं रानी और पटरानी है तो कहीं चोरनी और कुट्टनी भी है। वह अपनी मोहिनी शक्ति से जगत में अज्ञान का अन्धकार कर देती है। जो जीव अज्ञानता वश इस मोह-निशा में निद्रा (माया) के वशीभूत हो जाते हैं उनका आत्मस्वरूप ज्ञान अर्थात मूलधन माया चुरा लेती है। तब वे अपने उस मूलधन के लिए जीवनपर्यन्त बिलखते रहते हैं—

कबीर माया मोह की, भईअंधारी लोइ।
जे सूते ते मुसि लिये, रहे बसत कूँ रोइ॥[125]

कबीरदास जी के अनुसार माया ऐसी चोरनी है जो लोगों को धोखे से छिपाकर संसार रूपी बाज़ार में ले आती है। लेकिन मात्र कबीर को वह नहीं ठग पाती, क्योंकि उन्होंने तो पहले ही सब कुछ लुटा दिया है। जिसने अपना सब कुछ लुटा दिया है, घर ही जला दिया है, भला माया को उसके पास जाकर क्या मिलेगा।

संत गुरुनानक देव जी ने माया को 'कुट्टनी' कहा है। कोश के अनुसार कुट्टनी के कई अर्थ हैं। एक अर्थ के अनुसार कुट्टनी वह स्त्री है जो किसी स्त्री को परपुरुष से बहला-फुसलाकर मिलाती है। दूसरे वह झगड़ा लगानेवाली तथा चुगली करनेवाली होती है। माया के सन्दर्भ में कुट्टनी की संगति दूसरे अर्थ में अधिक बैठती है, क्योंकि माया का कार्य ही जीवात्मा और परमात्मा के बीच अन्तर (भेद) करने का है। यद्यपि कुट्टनी के प्रथम अर्थ से भी उसकी आर्थी संगति बैठाई जा सकती है, और वह इस अर्थ में कि माया के लोभ-मोहादि उपादान भी बहलाने-फुसलाने के ही समान हैं। इसीलिए नानक ने कुट्टनी (माया) का उल्लेख चोर, व्यभिचारी, रंडी (वेश्या) इत्यादि के साथ किया है—

चोरा जारा रंडीआ कुटणीआ दीवाणु।[126]

माया के एतद्विषयक रूप को नानक ने बड़ी घृणा की दृष्टि से देखा और उसे फूहड़ तथा भौंड़ी भी कहा।

राँड़

माया के जितने भी रूप हो सकते थे उनको संतों ने प्रायः छोड़ा नहीं है। इस सन्दर्भ में उनका लोक अनुभव बहुआयामी है। इस बहुआयामिता के फलस्वरूप ही उनका साहित्य इतना लोकोन्मुख और व्यापक हो सका।

माया के रूप में 'राँड़' का उल्लेख संतों के लोकानुभव का ही प्रमाण है। राँड़ विधवा स्त्री को भी कहते हैं और वेश्या को भी। इसीलिए 'राँड़' औरतों के लिए असह्य गाली भी होती है। कबीरदास और पलटू साहब ने भी राँड़ का प्रयोग अच्छे अर्थ में नहीं किया है और न ही उसके प्रति कोई सहानुभूति दिखलाई है। कबीरदास के अनुसार खसम से उसका कोई लेना-देना नहीं है। पलटू साहब ने उसका चित्रण सामान्यतः वेश्या के अर्थ में किया है जो ऊपर से ठीक-ठाक होने पर भी अन्दर से विषय-वासनाओं के कर्दम से भरी हुई है। इस प्रकार पलटू साहब भी उसे निकृष्ट ही मानते हैं—

पलटू ऊपर से कहै, भीतर भरा बिकार।
पिसना पिसै राँड़ री, पिव पिव करै पुकार॥[127]

चूहड़ी

संत दरिया साहब (बिहार वाले) ने माया को बड़ा भला-बुरा कहा है, यद्यपि उनके जैसा भाव कबीर और नानक आदि अन्य संतों के यहाँ भी मिलता है, ऊपर के विवेचन से पुष्ट होता है। दरिया साहब के अनुसार माया चूहड़ी (भंगिन) है और चूहड़े की पत्नी (जोरू) है। यह जीव (साधक) और परमात्मा के बीच झगड़ा लगाकर स्वयं अलग हो जाती है। अर्थात जिस प्रकार माया जीवात्मा और परमात्मा के बीच भेद उत्पन्न कर देती है उसी प्रकार चूहड़ी भी लोगों के बीच झगड़ा लगाती है।[128]

दरिया साहब ने माया को चूहड़ी इसीलिए कहा है कि वह जीव और परमात्मा के बीच भेदक तत्त्व के रूप में क्रियाशील रहती है। लौकिक आधार पर चूहड़ी भी समाज में यही कार्य करती है। इसीलिए समाज में उसे निकृष्ट रूप में ही देखा गया।

कलवारिन

संतों ने माया को कलवारिन कहा है। कलवारिन का उल्लेख उन्होंने साधनात्मक ही नहीं अन्तस्साधनात्मक सन्दर्भ में भी किया है और वहाँ उसे सुरति की संज्ञा दी है। माया को कलवारिन के रूप में चित्रित करना बहुत सार्थक और व्यंजक है।

कलवारिन मदिरा बेचनेवाली स्त्री को कहते हैं। जिस प्रकार कलवारिन शराब पिलाकर लोगों को बेहोश कर देती है और वे अपना घर तक भूल जाते हैं उसी प्रकार माया जीव को लोभ, मोह, काम मदादि की मदिरा पिलाकर परमात्मा से अलग कर देती है। जीव सांसारिक लोभ, मोह के चक्र में पड़कर अपने वास्तविक स्वरूप को भूल बैठता है और चेतना के लौटने पर पश्चात्ताप करता है। दरिया साहब ने माया रूपी कलवारिन का चित्रण उसी परिप्रेक्ष्य में किया है। जिस प्रकार कलवारिन के हाथ से मदिरा पिया हुआ व्यक्ति मस्त होकर गिरता पड़ता है, धूल फाँकता है उसी प्रकार माया-बद्ध जीव वासनाओं की धूल फाँकता है।[129] उसके लिए परमात्म साधन का मार्ग भी अवरुद्ध हो जाता है।

गुरुनानक देव जी ने माया को कहीं कलियुग तो कहीं कलवारिन कहा और माया को मदिरा कहा। उनके अनुसार कलियुग शराब पिलाने वाली कलवारिन है, माया मीठी मदिरा है और मन इसे पीकर मतवाला होता है। किन्तु उससे भी ऊपर जाकर नानक कहते हैं कि यह सब उस परमात्मा का खेल है। वही कलवारिन है, वही शराब है, वही पीनेवाला है, वही नशा है और वही खुमारी है।[130] अतः जब वही सब कुछ है, उसी एक तत्त्व की ही साधना करो, बाक़ी सब निरर्थक है।

संत पलटू साहब के अनुसार माया रूपी कलवारिन जो मदिरा पिलाती है वह जीव रूप साधक के लिए विष के समान है।[131] इस मदिरा रूपी विष का पान करके जीव (साधक) अपनी आध्यात्मिक साधना खो बैठता है उसका आत्मतत्त्व भी नष्ट हो जाता है। इस प्रकार माया को कलवारिन के रूप में चित्रित कर संतों ने उसके मोह भ्रम और विध्वंसादि रूपों को संकेतित कर दिया है।

पापिनी

माया स्वभावत: प्रपंचकारिणी और पापाचारिणी है। वह अपने प्रपंची रूप में सभी को फँसाती है और ठगती है। यह ठग कर्म संतों के विचार-दर्शन में पाप बोध है। इसीलिए संत कबीर साहब ने ठग विद्या को निम्न और पाप कर्म के रूप में देखा और किसी को भी न ठगने का उपदेश दिया।[132] उन्होंने माया को इसीलिए पापिनी कहा कि वह संसार रूपी बाज़ार में फंदा लेकर बैठी हुई है और सबको उस फंदे में फँसाकर ठगती है।[133] पापिनी माया ने लोगों को ख़ुशामद के मधुर वचनों और लोभ में लगा रखा है। लेकिन इसका विपरीत योग यह है कि इसका किसी ने भी पूर्ण उपभोग नहीं किया और न ही कर सकते थे, क्योंकि उसकी कोई सीमा नहीं है। यह पापिनी माया बड़ी दुष्टा है। भगवान के मिलन-मार्ग में बाधा उत्पन्न करती है, उनसे विमुख कर देती है और अपने मोह-पाश में फँसाकर भ्रमित किये रखती है। वह साधक (जीव) के मुख में कुबुद्धि की लगाम लगा देती है और राम-राम का उच्चारण तक नहीं करने देती। अपने इस मोह-बन्धन में फँसाकर जीवों को सदैव अपनी ओर आकृष्ट किये रहती है और उसी क्रम में साधक (जीव) अपने साध्य (परमात्मा) को भूल जाता है।[134]

संत सुन्दरदास ने भी तृष्णा (जो माया का अंग है) को पापिनी कहा है। उनके अनुसार इस तृष्णा (माया) का कोई अन्त नहीं है। अनेक रूप धारण कर वह जीव (साधक) को भटकाती और ठगती है। इसलिए वह केवल पापिनी ही नहीं, 'हत्यारिनी' और 'कोढ़िन' भी है।[135]

सर्पिणी व नागिन

संतों ने माया की उपमा नागिन, काली नागिन और सर्पिणी इत्यादि से दी है। प्रश्न उठता है कि क्या इनकी, कहीं कोई संगति है? स्पष्ट है कि माया का आत्यन्तिक कर्म है जीव को नष्ट कर देना। सर्पिणी से माया का साम्य बिठाकर संतों ने माया के अन्तकारी प्रभाव को व्यक्त किया है। यहाँ इतना कह देना भी अप्रासंगिक न होगा कि संतों ने माया को प्राय: अच्छे रूप में नहीं देखा इसीलिए कभी उसके दाँत

उखाड़ते हैं, तो कभी उसे पापिनी, विश्वासघातिनी, सर्पिनी, नागिन और बाघिन की संज्ञा देते हैं। कबीर साहब ने भी एकाध स्थलों पर माया को सर्पिणी कहा है किन्तु नारी को, जो काम का पर्याय है, काली नागिन कहा है।[136] माया के सर्पिणी रूप का जहाँ उन्होंने उल्लेख किया है वहाँ उसके छलनामय रूप को भी रेखांकित किया है। साथ ही यह भी संकेतित कर दिया है कि इस माया रूपी सर्पिणी से कोई बच नहीं पाया है। अतः वह सर्वग्रासी है।

गुरुनानक देव जी ने भी यह संकेतित किया है कि माया रूपी सर्पिणी के वशीभूत जीव, हृदय में अहन्ता और द्वैत भाव के कारण जगत में भटकता रहता है। दादूदयाल जी के अनुसार माया रूपी सर्पिणी कनक और कामिनी के माध्यम से समूचे विश्व को डस रही है—ब्रह्मा, विष्णु और महेश भी इसके प्रभाव से बच नहीं पाए।[137] यह उस माया का ही प्रभाव है कि मूर्ख जीव सचेत नहीं हो पाता और अन्ततः माया रूपी सर्पिणी निरन्तर उसे डसती रहती है।

संत मलूकदास जी ने भी माया का सविस्तार वर्णन किया है। उनके अनुसार माया मिस्री की छुरी है। बड़े मीठेपन से जीव पर आघात करती है। जीव को उसका आभास ही नहीं हो पाता और वह उसको घायल कर जाती है। इस प्रकार वह अविश्वसनीय है, उसका कोई भरोसा नहीं। वह ऐसी काली नागिन है जिसने सारे संसार को डस लिया है।[138]

पलटू साहब ने भी इस तथ्य की ओर संकेत किया है कि देवता, मुनि, ऋषि, सभी इस माया रूपी नागिन के चक्र में फँस गए और उसने उन सबको खा लिया।

बिहार के संत दरिया साहब के अनुसार माया काली नागिन है और नाग के पास रहती है। उसने सारे संसार को डस लिया है और पंचमकारादि उसके सहायक अथवा सेवक हैं। इस माया रूपी सर्पिणी का प्रभाव पाताल लोक तक है। इसीलिए संत सुन्दरदास ने कहा है कि यह माया नागलोक में नागराज की पत्नी है, मृत्युलोक में नारी है और इन्द्रलोक में रम्भा बनकर बैठी हुई है—

नागलोक नगपतनी कहिए, मृत्युलोक मैं नारी।
इन्द्रलोक (मै) रम्भा ह्वै बैठी मोटी पासि पसारी।
तीनि लोक में बच्यो न कोई दीये डाट तर सारे।
सुन्दरदास लगे हरि सुमिरन तै भगवंत उबारे॥[139]

बाघिन

निर्गुण संतों ने माया को बाघिन कहा है। बाघिन अभिधा में भी घातक होती है। वह

प्राण ले लेती है। माया भी वही काम करती है। जीव को वह अपने बहुआयामी बन्धनों में फँसाकर नष्ट कर देती है। इस प्रकार आध्यात्मिक साधना से रहित व्यक्ति संतों की शब्दावली में मृतक के—जीवित मृतक के समान होता है। अतः संतों ने माया को बाघिन अथवा सर्पिनी इसीलिए कहा है कि वह जीव को साधना-पथ से विचलित कर मृतक तुल्य बना देती है। संत गरीबदास ने माया को ठगिनी के साथ-साथ बाघिन कहा है—

बघनी ठगनी कूँ लूट लिये, चीन्हा नहिं तिरगुन रासा है।[140]

बिहार के संत दरिया साहब के अनुसार बाघिन माया ने सबको खाया है। सारा विश्व उसकी चपेट में आ गया। वह काल रूप है।[141] इस प्रकार हम देखते हैं कि संतों ने जहाँ माया का मानवीकरण किया है, वहीं उसका पशुकरण भी किया है। बाघिन, बन्ध्या, गाय,[142] नेउरिया[143] (मादा नेवला), बिल्ली[144] इत्यादि के प्रतीकात्मक रूप का चित्रण उन्होंने उसी आनुषंग में किया है। दरिया साहब का एक उदाहरण लिया जा सकता है—

हरि तुम ऐसो रंग मचिन्दा।
देखि नेउरिया नाचन लागी सिंघ बजाउ सरिन्दा॥
झींगुर झाल म्रिदंग बजावै मेढक ताल झरिन्दा।
बीली कूदि सिंगासन बैठी सुगना चंवर ढरिन्दा॥[145]

इस पद में नेउरिया माया का प्रतीक है, सिंह आत्मा का, बिल्ली माया और सुग्गा आत्मा का। अर्थात आत्मा माया के प्रलोभनों में पड़कर उसके नचाने पर नाना विध नाच रहा है।

कनक-कामिनी भी माया

संतों ने कनक और कामिनी का उल्लेख भी माया के सन्दर्भ में किया है और कई स्थानों पर इनका सह-उल्लेख किया है। ये दोनों माया के साधन हैं। इसीलिए संत कबीर ने तो इन दोनों को संसार में सबसे बड़ा बन्धन (पाश) माना और यह चुनौती दी कि जो इन दोनों के बन्धन में नहीं पड़ता, मैं उसकी ग़ुलामी करने को तैयार हूँ।[146] सूफ़ी साहित्य में भी नारी माया का प्रतीक है। सूफ़ी मान्यता के अनुसार प्रियतमा के केशादि माया के प्रतीक हैं।[147] इस तथ्य की व्यंजना जायसी ने पद्मावत में की है। पद्मावती जब अपनी वेणी खोलकर झाड़ती है तो स्वर्ग और पाताल लोक भी अन्धकाराच्छन्न हो जाते हैं। यह माया का ही अन्धकार है जो स्वर्ग और पाताल तक व्याप्त है। माया के इस फंद में अष्टकुल नाग इत्यादि भी उलझकर

रह गए।[148] इस प्रकार सूफ़ी कवियों ने भी माया के रूप में नारी का चित्रण किया। संतों ने तो माया का वर्णन सास,[149] समधिन[150] और बहन[151] के रूप में किया है। इसके अतिरिक्त संतों ने जितने भी लौकिक सम्बन्ध हैं, उन्हें भी माया-मोह कहा। माता, पिता, भाई, बन्धु, पुत्र, कलत्रादि सब माया हैं। इनमें बँधकर साधक अपने साधना-पथ से विचलित हो जाता है।[152] इस प्रकार संतों ने माया का व्यापक सन्दर्भ में वर्णन किया है।

जैसा कि ऊपर कहा गया है। संतों ने 'कनक और कामिनी' को भी माया कहा है। संत दरिया साहब ने बड़े ही स्पष्ट शब्दों में कामिनी (नारी) को माया रूपा कह दिया है—

माया रूप कामिनी जो कीन्हा। अस्ट भुजी छबि दे कै लीन्हा॥

इस कामिनी का जब 'प्रसंग' (साहचर्य) होता है तब मन मत्त हो जाता है और अनन्त काम-भाव उत्पन्न हो जाता है—

जब कामिनी से भौ परसंगा। उपजे मन मत भाव अनंगा।[153]

संतों के यहाँ कनक का अभिप्राय धनादि के लोभ-मोह से है। धन का लोभ-मोह हर सांसारिक (मनुष्य) को होता है; मात्र संत ही ऐसे हैं जिन्हें धन का लोभ नहीं होता। वे तो पेट भर खाना ही बहुत मानते हैं। वे यदि भूखे होते हैं तो 'प्रेम-भाव' के। इसीलिए संत कबीर साहब ने कहा कि संत तो धन का भूखा कभी होता ही नहीं। यदि वह धन का भूखा है तो साधू हो ही नहीं सकता।[154] उन्होंने धन जोड़ने की माया का ज़बर्दस्त विरोध किया। कनक-कामिनी, दरिया साहब (बिहार) के अनुसार माया के प्रबलतम प्रतीक हैं। सांसारिक इन दोनों के चक्र में उलझे रहते हैं और इस प्रक्रिया में वे अपनी अस्मिता खो बैठते हैं। उनका संसार में होना भी न होने के बराबर होता है। कनक-कामिनी को संत पलटू साहब ने बाघ और प्रेत कहा है—

भाग रे भाग फक्कीर कैं बालके, कनक ओ कामिनी बाघ लागा।[155]

माया रूपी नारी हमेशा साथ लगी रहती है। हंस रूपी आत्मा इसीलिए उसे प्रेत कहकर भाग उठा।[156] इस प्रकार हम देखते हैं कि कनक और कामिनी को माया बतलाते हुए संतों ने उसकी बड़ी निन्दा की है। इसका विस्तृत विवेचन हम 'नारी-निन्दा' उपशीर्षक के अन्तर्गत करेंगे।

'माया' के सन्दर्भ में, यहाँ यह भी निवेदन करना कश्चित् अप्रासंगिक न होगा कि साधनात्मक दृष्टि से माया की तमाम निन्दाओं के बावजूद संतों ने उसके सृजनात्मक पक्ष को भी छुआ है।

संत सुन्दरदास के अनुसार माया और ब्रह्म शिव और शक्ति हैं।[157] यह माया ब्रह्म की शक्ति है। जब ब्रह्म को एक से अनेक होने की इच्छा हुई तो उसने इस माया की अवतारणा नारी रूप में की और उसी का नाम गायत्री रखा।[158]

संत रज्जब जी ने भी कहा है कि माया ब्रह्म रूपी वृक्ष की छाया है। वह ब्रह्म पूर्णतः आसन्न है तथा ब्रह्म रूप वर की नारी (दुल्हन) है।[159] दुल्हन और नारी होकर भी यह माया अरूप और अनाम है। उसके कोई अंग नहीं है तब भी वह श्रृंगार कर अपने नाना रूपों के द्वारा जगत में अद्‌भुत रचनाएँ करती है।[160] इस प्रकार संतों की माया विचित्र और विलक्षण है।

अन्ततः कहा जा सकता है कि माया ब्रह्म की शक्ति है किन्तु जो साधक अविचल नहीं है उसे साधना-पथ से तत्काल गिरा देती है। जो इस माया के मोहकारी बन्धन रूप को काटकर ब्रह्म में अपनी सुरति लगाता है उसकी तो वह दासी हो जाती है, किन्तु जो उसके मोहकारी रूप में आबद्ध हो जाता है उसका लोक-परलोक सब बिगाड़ देती है। माया जहाँ साधना में बाधक रही है वहीं संतों ने उसकी निन्दा की। उसे डाकिनी, शाकिनी, चुड़ैल, ठगिनी, वेश्या, भूतनी, चूहड़ी आदि कहा। किन्तु जहाँ वह ब्रह्म का अंश होकर साधक को उससे मिलाने का कार्य करती है, वहाँ वह प्रशंसनीय रही। समग्रतः या सम्पूर्णता में देखा जाए तो संतों ने माया की दुष्प्रवृत्ति और उसके दुष्प्रभाव का चित्रण ही अधिक किया है और उनकी दृष्टि में इस दुष्प्रवृत्ति और दुष्प्रभाव के कारण ही वह उपेक्षणीय और निन्दनीय है। इसी अर्थ में वह अविद्या भी है।

अन्तस्साधनात्मक

निर्गुण संतों का अधिकांश साहित्य अन्तस्साधनात्मक अथवा साधनात्मक है। यह साधना अथवा अन्तस्साधना लौकिकता के माध्यम से अलौकिकता—परमात्म तत्त्व—की ओर अग्रसर होती है। निर्गुण साहित्य की साधना की यही विकास-प्रक्रिया है। इस विकास-प्रक्रिया में संतों ने अनेक भारतीय साधनाओं का संस्पर्श किया है। यही कारण है कि कहीं उनकी साधना में तांत्रिक और योग सिद्धान्त के तत्त्व परिलक्षित होते हैं तो कहीं वेदान्त और शून्यवाद के।

ऊपर माया के जिस साधनात्मक रूप की चर्चा हुई है वही पिंड में 'कुंडलिनी' है। वही आद्या शक्ति है। नागिन, सर्पिणी तथा ठगिनी आदि उसके और भी कई नाम हैं। इसी तरह ब्रह्मांड में जो वस्तु निरंजन है, वही पिंड में मन है। इसी को 'नाग' कहते हैं। इसी 'नाग' और 'नागिन' ने मिलकर यह सारा प्रपंच खड़ा किया है। इसी नागिन की ज़हरीली फुफकार 'प्रणव' है जिसकी उपासना में दुनिया भटक रही है। इन्हें जो मार सकता है, वही विजयी होता है। (कबीर मन्सूर)

निर्गुण संतों की अन्तस्साधना पर नाथ पंथ व सिद्ध-साहित्य का पर्याप्त प्रभाव परिलक्षित होता है। पीछे, डाकिनी-शाकिनी इत्यादि के सन्दर्भ में हम देख चुके हैं कि संतों पर सिद्धों की सहज-साधना का कितना प्रभाव है। अन्तस्साधनात्मक स्तर पर देखा जाए तो संतों ने माया के रूप में या शक्ति के रूप में कुंडलिनी, इड़ा-पिंगला तथा सुरति, निरति इत्यादि का प्रयोग किया है। यह सब पिंड की साधना है। इस पिंड में ही शिव और शक्ति तत्त्व का परम मिलन बताकर संतों ने ब्रह्म और जीव अथवा आत्मा और परमात्मा के मिलन की उद्घोषणा की।

प्रश्न उठता है कि इन अन्तस्साधनात्मक रूपों से नारी की संगति कैसे बैठती है? वास्तव में जो शक्ति है या महामाया है वह मूलतः स्त्री रूपा है और सारा जगत उसी के द्वारा प्रपंचित है। वही घर के भीतर नाग-पाश लिये हुए सबको मुसकर खाती है। किन्तु जो साधक स्वयं जागृत होकर उसे भी जागृत करता है वह परमतत्त्व को प्राप्त कर पाता है। स्पष्टतः यह घट के भीतर जो शक्ति या महाशक्ति है, वह कुंडलिनी ही है जिसे जगाना साधक का परम लक्ष्य है।

कुंडलिनी महाशक्ति

कुंडलिनी महाशक्ति है। पिंड-स्थित यह कुंडलिनी रूपी महाशक्ति जब तक सत्य मार्ग को ढककर घोर सुषुप्ति में निमग्न हो रही है, तब तक जीव जड़ भाव को प्राप्त है, शिव शव रूप में निष्क्रिय होकर अवसन्न हो रहा है, तब तक मिथ्या का प्रकोप, माया का प्रलोभन और विचित्र प्रपंच की मोहिनी शक्ति प्रकट होती ही रहेगी। कुंडलिनी के जागते ही जीव की घोर निद्रा टूट जाती है और वह अपने स्वरूप-दर्शन में समर्थ होता है। पूर्ण जागरण होने पर जीव जड़त्व का परिहार कर शिवत्व को प्राप्त करता है, अर्थात उसकी अन्तर्निहित महाशक्ति जाग्रत होकर नित्य जाग्रत परशिव के साथ मिलने के लिए दौड़ पड़ती है।[161]

'कुंडलिनी' का सम्बन्ध हठयोग से है। इसकी बहुत अधिक साधना नाथ-साहित्य में मिलती है। वह नाथ सम्प्रदाय की साधना का मेरुदंड है। गोरखनाथ ने सबसे अधिक बल हठयोग की साधना पर दिया है। उन्होंने जिस हठयोग का उपदेश दिया है, वह प्राचीन परम्परा से भिन्न नहीं है। आचार्य हजारीप्रसाद द्विवेदी के अनुसार शास्त्र ग्रन्थों में हठयोग साधारणतः प्राण-निरोध प्रधान साधना को ही कहते हैं। 'सिद्ध-सिद्धान्त पद्धति' के अनुसार 'ह' का अर्थ सूर्य और 'ठ' का अर्थ चन्द्र बतलाया गया है। सूर्य और चन्द्र के योग को ही 'हठयोग' कहते हैं। 'ह' और 'ठ' के और भी अर्थ किये गए हैं, जिसके अनुसार 'ह' का अर्थ प्राणवायु और 'ठ' का अपान वायु तथा सूर्य को इड़ा नाड़ी और चन्द्र को पिंगला नाड़ी कहा गया। इसमें इड़ा और पिंगला को रोककर सुषुम्ना के मार्ग से प्राण वायु के संचारित

करने को हठयोग कहा गया है।[162] इड़ा-पिंगला के सामरस्य से ही सुषुम्ना के मध्य में स्थित ब्रह्म नाड़ी के मार्ग से उद्‌बुद्ध कुंडलिनी सहस्रार में स्थित अखंड ज्योति स्वरूप शिव से मिलती है।[163]

'कुंडलिनी' का तंत्र-साहित्य में विशद वर्णन है। महामहोपाध्याय डॉ. गोपीनाथ कविराज के अनुसार तो "पातंजल योग शास्त्र में भी कुंडलिनी या षट्‌चक्र आदि का कोई उल्लेख नहीं दिखाई देता।"[164] अतः उसका विधिवत वर्णन तंत्र-साहित्य में ही परिलक्षित होता है।

साधक के पिंड में स्थित कुंडलिनी रूप शक्ति चितरूपा होते हुए भी अपने मूल स्थान में प्रसुप्त रहती है। किन्तु जब वह चैतन्यमय हो जाती है तो विश्व-ब्रह्मांड ही चैतन्य रूप धारण करता है। इस प्रकार वह ब्रह्म-साक्षात्कार या ब्रह्ममयता अनुभव की साधना है। यही अद्वयावस्था है और तंत्रशास्त्र में इसी को पूर्णाहन्ता कहा गया है।[165]

मानव पिंड में छह चक्रों की स्थिति बतलाई गई है। इसी में एक चक्र मूलाधार है जो कुंडलिनी का निवास-स्थान है। योग में जिन षट् चक्रों की संकल्पना है, उनमें मूलाधार प्रथम है। वह गुदा के ऊपर लिंग मूल के नीचे सुषुम्ना के मुख में संलग्न है। इसमें चार दल हैं। ये चार अक्षरमय हैं। ये हैं—ब, श, ष और ह। गणेश इनके ध्येय देवता हैं। इस चक्र में ही प्राण शक्ति के साथ कुंडलिनी प्रसृत रहती है। मेरुदंड वहाँ सीधे जाकर वायु और उपस्थ के मध्यभाग में लगता है वहाँ स्वयंभू लिंग है जो एक त्रिकोण चक्र में अवस्थित है। इसे अग्निचक्र कहते हैं। इसी त्रिकोण या अग्निचक्र में स्थित स्वयंभू लिंग को साढ़े तीन वलयों में लपेटकर सर्पिणी की भाँति कुंडलिनी अवस्थित है। कभी-कभी यह आठ वलयों में लपेटकर सोई हुई भी बताई गई है। यह ब्रह्मांड में व्याप्त महाकुंडलिनी रूपी शक्ति का ही व्यष्टि में व्यक्त रूप है। यह शक्ति ही है जो द्वार रोककर सोई हुई है। इसे ही जगाकर शिव से समरस कराना योगी का चरम लक्ष्य है।[166] कुंडलिनी जिस त्रिकोण या अग्नि चक्र में स्थित स्वयंभू लिंग से लिपटी है उस चक्र की अधिष्ठात्री देवी डाकिनी है।

कुंडलिनी के बारे में चर्चा करते समय उन छह चक्रों की भी संक्षिप्त चर्चा आवश्यक हो जाती है जिन्हें क्रमशः भेदती हुई कुंडलिनी सहस्रार चक्र में पहुँचती है। प्रथम चक्र मूलाधार है जिसकी चर्चा ऊपर की जा चुकी है। द्वितीय चक्र स्वधिष्ठान चक्र है जो लिंग मूल में स्थित है। इसमें छह दल होते हैं और इसकी अधिष्ठात्री देवी शाकिनी है।

तीसरा चक्र मणिपुर कहलाता है जो नाभि प्रदेश के नीचे स्थित है। इसकी अधिष्ठात्री देवी लाकिनी है। चौथा अनाहत चक्र है और यह हृदय-प्रदेश में स्थित है तथा इसकी अधिष्ठात्री देवी काकिनी है। पाँचवाँ विशुद्ध चक्र है जो कंठ में है। इसमें सोलह दल हैं और शंकिनी इसकी अधिष्ठात्री देवी है।

अन्तिम (छठा) चक्र है आज्ञा। यह त्रिकुटी में अवस्थित है। इसके भी दो दल हैं। हाकिनी इसकी अधिष्ठात्री देवी है। कुछ तंत्र ग्रन्थों में आज्ञा चक्र के पास सोम तथा मनःचक्र की कल्पना की गई है। सोम चक्र में सोलह दल हैं और मनः में आठ। डॉ. धर्मेन्द्र ब्रह्मचारी ने चक्र विज्ञान का एक मानचित्र दिया है जिसमें विविध चक्रों के साथ उनकी अवस्थिति, उनके दलों की संख्या, उनके प्रधान गुण, मंडलाकृति, देवता, तथा धातु शक्ति आदि का विधिवत वर्णन किया है।

उपर्युक्त षट्चक्रों को पार कर कुंडलिनी महाशक्ति सहस्रार दल-कमल-प्रदेश में पहुँचती है जहाँ परमशिव का साक्षात्कार करती है। इसे शून्य चक्र, गगन मंडल आदि कहा जाता है। संतों ने 'सुन्नशिखर' का उल्लेख अपनी वाणियों में बहुत किया है। शिव का वास स्थान होने के कारण इसे 'कैलास' की संज्ञा भी दी गई है। इसी में मानसरोवर की कल्पना की गई है जिसमें निर्मल, निर्लिप्त चित्त रूपी हंस निवास करता है।

षट्चक्रों में बेधन का मार्ग नाड़ियों में से होकर है। मूलाधार चक्र में एक केन्द्र है। उससे बहत्तर हज़ार नाड़ियाँ निकलती हैं। इनकी शाखा-प्रशाखाओं को मिलाकर कुल संख्या तीन लाख, पचास हज़ार है। इन सबमें तीन सर्व प्रधान हैं—इड़ा, पिंगला और सुषुम्ना।

मेरुदंड में प्राण वायु को वहन करनेवाली इन नाड़ियों का आभास हम साँस लेते समय पाते हैं। जो नाड़ी बाईं ओर है उसे इड़ा और जो दाहिनी ओर है उसे पिंगला कहते हैं। कबीर ने अनुप्रास मिलाने के लिए इनकी जोड़ी का नाम 'इंगला-पिंगला' बना लिया था। ये दोनों ही बारी-बारी से चलती रहती हैं। इन दोनों के बीच सुषुम्ना नाड़ी है। इसी से होकर कुंडलिनी शक्ति ऊपर की ओर प्रवाहित होती है। सुषुम्ना के भीतर भी कई सूक्ष्म नाड़ियाँ हैं। सुषुम्ना के भीतर वज्रा, उसके भीतर चित्रिणी और उसके भी भीतर ब्रह्म नाड़ी है जो कुंडलिनी शक्ति का असली मार्ग है।[167] संत सुन्दरदास के अनुसार सुषुम्ना के अतिरिक्त बाईं आँख में गांधारी, दाहिनी आँख में हस्तिजिह्वा, दाहिने कान में पुष्प, बाएँ कान में यशस्विनी, अलम्बुषा मुख में, कुहु लिंग स्थान में और शंखिनी मूल स्थान में अवस्थित है। किन्तु व्यवहारतः इड़ा, पिंगला और सुषुम्ना नाड़ियों की ही चर्चा की जाती है। इनमें इड़ा को 'गंगा', पिंगला को यमुना और सुषुम्ना को सरस्वती कहा गया है। इन तीनों का जहाँ संगम हुआ है वही त्रिवेणी कहा गया है। कबीर साहब कभी-कभी 'शिव संहिता' आदि हठयोग के ग्रन्थों की भाँति इसी त्रिवेणी में स्नान करने का विधान करते हैं।

संतों ने कुंडलिनी शक्ति का उल्लेख अपनी वाणियों में बहुत किया है। कुंडलिनी जैसा कि हमने पीछे भी कहा है, महामाया है तथा महामाया नागिन है और इसीलिए यह स्थूलवेद ज़हरीली नागिन के ज़हर से आपादमस्तक सिक्त है। इसी महामाया नागिन को लक्ष्य करके कबीर ने कहा है—

अन्तरजोत सबद एक नारी।
हरिब्रह्मा ताके त्रिपुरारी।[168]

कबीरदास जी ने कुंडलिनी के लिए 'नागिन', सर्पिणी तथा 'जोगणी' इत्यादि शब्दों का प्रयोग किया है। उनका कहना है कि अनेक बार 'प्रेम पियाला' पीने से सोई हुई नागिन (कुंडलिनी) जाग उठती है। उन्होंने पाताल (मूलाधार के निम्न भाग) में पनिहारिन (कुंडलिनी) का निवास माना है।[169] यह कुंडलिनी रूपी पनिहारिन षट्चक्र रूपी कुंभों को आध्यात्मिक अनुभूति के जल से भरती है।[170]

कबीरदास आदि ने कुंडलिनी का नाम स्पष्ट शब्दों में नहीं लिया है, बल्कि उसे या तो उलटबाँसियों में व्यक्त किया है अथवा प्रतीकात्मक रूप में नागिन और सर्पिणी कहा है।

उलटबाँसियों में जब वे कुंडलिनी का चित्रण करते हैं तब बहुत विरोधाभासपरक शब्दों का प्रयोग करते हैं। आकाश (शून्य) में औंधा मुख कूप, पाताल में उस कुएँ की पनिहारी तथा उसके जल का किसी विरले (साधक) द्वारा पी जाना। इसमें आकाश ब्रह्मांड है, अधोमुख कूप सहस्रार है, पाताल की पनिहारिन कुंडलिनी है, जिसका स्थान मूलाधार चक्र है, जल अमृत तत्त्व है जिसकी प्राप्ति सच्चे शुद्ध जीव रूप हंस को होती है। यहाँ इसकी आर्थी व्याप्ति मुद्रा-साधना तक दिखाई जा सकती है। अर्थात पनिहारिन जिह्वा, कुआँ कपाल स्थित उस विवर को कहा जा सकता है जहाँ से अमृत रस टपकता है। खेचरी मुद्रा द्वारा कोई शुद्ध जीव (साधक) ही उस अमृत तत्त्व का पान कर सकता है। इसके अन्तर्गत जिह्वा को उलटकर कपाल कुहर में विपरीत रूप से प्रविष्ट किया जाता है और दृष्टि को भौंहों के मध्य में स्थिर किया जाता है। इस स्थिति में चित्त और जीभ दोनों ही आकाश में स्थित रहते हैं।

कुंडलिनी के लिए सर्पिणी और नागिन इत्यादि शब्द कबीर ने सम्भवत: गोरखनाथ से लिया था। गोरखनाथ ने भी उसके लिए भुवंग (भुवंगिनी) तथा शक्ति आदि शब्दों का प्रयोग किया है। कुंडलिनी रूपी शक्ति के विषय में गोरखनाथ कहते हैं कि जिसकी कुंडलिनी या शक्ति शिव में समा गई हो, माया मर गई हो, उसका शरीर (बाँबी) योगामृत के पान से संजीवित होकर आनन्द से नाच उठता है। उसके भीतर हाथ के बिना बजनेवाला डमरू (अनाहत नाद) बज उठता है।[171] यही वह समरस अवस्था है जिसका ज्ञान होने पर फिर कभी मोह का आक्रमण नहीं होता। इस अवस्था में परमतत्त्व निश्चल, आकांक्षाहीन और पूर्ण रूप में ज्ञात होता है, और सब अवस्थाओं में परमतत्त्व के साथ ऐक्य ही सामरस्य है। यह नित्य अवस्था है। यहाँ अनन्त वैचित्र्य है, पर सब एकाकार।[172]

कबीर साहब ने अपनी एकाध अन्तस्साधनापरक उलटबाँसियों में कुंडलिनी के लिए 'धरती' शब्द का भी प्रयोग किया है—

उलटि गंग समुद्रहिं सोखे ससिहर सूर गरासै।
धरती उलटि अकासहिं ग्रासै यहु पुरिसां की बांणी॥[173]
उलटीगंग मेर कूँ चली, धरती उलटि अकासहिं मिली।
दास कबीर तत ऐसा कहै, ससिहर उलटि राहुको गहै॥[174]

प्रथम पद में गंग (गंगा) शब्द कुंडलिनी के लिए प्रयुक्त हुआ है। इसी प्रकार धरती भी क्रमशः कुंडलिनी के लिए प्रयुक्त हुआ है और वह मूलतः अप्रस्तुत के माध्यम से आया है। लेकिन इस धरती और महा रस (मूलाधार चक्र) की साधना कबीर साहब के अनुसार कठिन साधना है। तभी तो वे कहते हैं कि वे योगी बिरले ही होंगे जिन्होंने कुंडलिनी-जागरण के माध्यम से महा रस का आस्वाद लिया हो। जिस महा रस को कबीर ने छककर पीने की बात कही है उसका आस्वाद पलटू साहब को भी मिल चुका है। किन्तु उनके अनुसार इस अमृत रस का रसास्वादन वही कर सकता है जो सर्पिणी (कुंडलिनी) को मार (जागृत कर सहस्रार तक पहुँचा) सके। कुंडलिनी के सहस्रार में पहुँचने पर शिव और शक्ति का भेद मिट जाता है—

पलटू सक्ती सीव का भेद गया अलगाय।[175]

पलटू साहब का कहना है कि शिव और शक्ति-तत्त्व के मिलन से उन्हें विचित्र आनन्द की प्राप्ति हुई—

सिव सक्ती के मिलन में मोको भयौ अनन्द॥[176]

संत दादूदयाल जी ने भी कुंडलिनी-जागरण-काल में परम आनन्द की अनुभूति एवं अमृत रस के पान का वर्णन किया है—

बंक नालि सदा रस, तब यह मनुवाँ कही न जाइ।
बिगसै कँवल प्रेम जब उपजै, ब्रह्मजीव की करै सहाइ॥
बैसि गुफा में जोति बिचारे, तब तेहिं सूझे त्रिभुवन राइ।
अन्तरि आप मिलै अबिनासी, पद आनन्द काल नहिं खाइ॥[177]

संत सुन्दरदास जी ने भी सर्पिणी के माध्यम से कुंडलिनी की स्थिति को स्पष्ट किया है। यह सर्पिणी रूपा कुंडलिनी विविध द्वारों (चक्रों) को बेधती हुई सहस्रार में पहुँचती है—

अहंनिश ब्रह्म अग्नि परजारै, सापनि द्वार छाड़ि दे जौंन।[178]

× × ×

इसी प्रकार संत गरीबदास भी कुंडलिनी को सर्पिणी कहते हैं जिसके अनिद्र होने पर ही शक्ति का जागरण होता है। संत दरिया साहब (मारवाड़ी) ने एक स्थान पर कुंडलिनी को 'बंकनाल' के रूप में प्रस्तुत किया है क्योंकि वह सुषुम्ना मार्ग से ऊर्ध्व मुख होती है—

बंकनाल की सुधग है, मेरुडंड की बाट।
अमी झरै बिगसै कँवल, अनहद धुन गाजैं।[179]

बंकनाल का उद्गम केन्द्र मूलाधार में है। वह वहाँ से आरम्भ होकर नाभि के पास वाम भाग से होते हुए हृदय और छाती को छूकर आज्ञाचक्र स्थित रुद्रग्रन्थि से मिल जाती है। यहाँ से वह आगे बढ़ती है और ब्रह्मरन्ध्र में पहुँचकर सिर के पीछे की ओर मुड़ जाती है और पुनः ऊपर की ओर भागती है। इसका आकार एक अर्द्ध-वृत्ताकार कमल-नाल (बंकनाल) के समान है।

संत तुलसी साहब (हाथरस वाले) ने कुंडलिनी का वर्णन उलटबाँसी के रूप में किया है और वहाँ कुंडलिनी के लिए 'मछरी' (मछली) शब्द का प्रयोग किया है। सहस्त्रार स्थित चन्द्र से जो अमृत स्त्रवित होता है उसे मूलाधार स्थित सूर्य ग्रस लेता है। योगी इस साधना को उलट देता है। वह विभिन्न योगपरक प्रक्रियाओं से मूलाधार (धरती) स्थित कुंडलिनी ('मछरी') को जागृत कर शून्योन्मुख कर देता है जिसके फलस्वरूप सूर्य उस अमृत को पुनः नहीं ग्रस पाता। इस अवस्था में योगी क्रमशः सांसारिक बन्धनों को तोड़ता हुआ अमर पद में लीन हो जाता है। तुलसी साहब ने धरती के जल बरसने, बादल के भींजने तथा मछली[180] (कुंडलिनी) के आकाश (शून्य मंडल) में स्नान करने का वर्णन कर इसी यौगिक प्रक्रिया का चित्रण किया है।

संत चरनदास ने कुंडलिनी शक्ति की व्यापक चर्चा की है। उन्होंने कुंडलिनी के लिए स्पष्ट रूप से 'कुंडलिनी' शब्द का प्रयोग किया है किन्तु उसके साथ ही उन्होंने उसे नागिन, शक्ति नागिनी इत्यादि भी कहा है। उनके अनुसार कुंडलिनी का स्वरूप इस प्रकार है—

ब्रह्मनाड़िका के छिद्र माहीं। रोकि रही मुख दे रही ह्वाही॥
लाय लपेटे नामी ठाही। दृढ़ ह्वै बैठी सरकै नाही॥
शक्तिनागिनी यही जु कहिए। याके भेद गुरु सो लहिए॥
ब्रह्म रन्ध्र में जाय समावै। लगै समाधि बहुत सुख पावै॥[181]

चरनदास जी के अनुसार सर्पिनी रूपी कुंडलिनी बाल के हजारवें भाग के बराबर सूक्ष्म है। कुंडलिनी प्रबोधन (जागरण) का यदि कोई (साधक) उपाय करे तो शिव और शक्ति की अद्वय स्थिति प्राप्त होती है।[182] कुंडलिनी रूपी सर्पिनी (नागिन)

कुंडली मारे रहती है और वह चन्द्राकार है। कुम्भक कर्म से साधक इस नागिन (शक्ति) को जगाता है। इस कुंडलिनी रूपी शक्ति और शिव का जहाँ मिलन हुआ कि मन उन्मन हो जाता है तथा इसी कुंडलिनी के प्रबुद्ध होने पर साधक को अनेक शक्तियाँ और सिद्धियाँ प्राप्त हो जाती हैं—

शिव शक्ती जहँ मेला होई। होय लीन मन उनमन सोई॥
योग युक्ति करि याको पावै। परासक्त अपने बल लावै॥
इच्छा करै सिद्धि की जैसी। होय प्राप्ति सो वेगिहिं तैसी॥[183]

संत सुन्दरदास ने पाताल लोक में 'नगपतनी' (नागपत्नी) और मृत्युलोक में नारी की चर्चा की है। यह नागपत्नी पाताल लोक (नागलोक) में केवल नागपत्नी नहीं है, अपितु यही पिंड में मूलाधार स्थित कुंडलिनी शक्ति है और उसी का व्यक्त रूप मर्त्यलोक में नारी या शक्ति है—

नागलोक नगपतनी कहिए, मृत्युलोक में नारी।[184]

हठयोग में कुंडलिनी का आसन, प्राणायाम तथा मुद्राओं इत्यादि के माध्यम से षट्चक्रों का भेदन कर ऊपर सहस्रारदल कमल तक पहुँचने की प्रक्रिया की तुलना चींटी के वृक्ष पर चढ़ने की क्रिया से की गई है। इसे ही पिपीलक योग कहा गया है।

इस प्रकार हम देखते हैं कि कुंडलिनी योग के माध्यम से निर्गुण संतों ने शिव और शक्ति का परम मिलन व्यक्त किया है। यदि वे साधनात्मक रूप में नारी का माया आदि के रूप में उल्लेख कर उसके त्याग की आवश्यकता पर बल देते हैं तो दूसरी ओर कुंडलिनी को अन्तस्साधनात्मक शक्ति के रूप में वर्णित कर साधना में नारी के महत्त्व को रेखांकित करते हैं। जो नारी सर्पिणी माया है, वही अन्य स्थान पर शक्ति है। इस शक्ति को जगाकर ही साधक अपनी साधना में सफलता प्राप्त करता है।

कुंडलिनी को कबीर साहब ने 'बंकनाल' तथा मालिनी इत्यादि कहा है। इसी प्रकार इड़ा-पिंगला तथा सुरति (नटिनी, सुहागन, कलवारिन) आदि का प्रतीकात्मक अथवा अन्तस्साधनात्मक रूप में चित्रण कर संतों ने जीवन और साधना में नारी के महत्त्व को रेखांकित किया है। मुद्रा इत्यादि का भी संतों ने उल्लेख किया है, किन्तु वह योग की सामान्य मुद्रा को ही द्योतित करता है न कि तंत्र और सिद्धों की महामुद्रा साधना को।

इड़ा-पिंगला और सुषुम्ना की अन्तस्साधना

पीछे हम इड़ा-पिंगला तथा सुषुम्ना की संक्षिप्त चर्चा कर चुके हैं। यद्यपि सुषुम्ना का नाड़ियों में विशेष महत्त्व है, क्योंकि कुंडलिनी उसी में से होकर ऊर्ध्वगमन करती है। किन्तु निर्गुण संतों ने 'इंगला-पिंगला' (इड़ा-पिंगला) की ही चर्चा अधिक की है—इनका बारम्बार सह-उल्लेख किया है। इन्हें ही क्रमशः चन्द्र और सूर्य कहा गया है। तंत्र की सांकेतिक भाषा में 'ह'कार और 'ठ'कार चन्द्र और सूर्य के वाचक हैं। यही इड़ा और पिंगला नाड़ी के समीकरण के नाम से अभिहित होता है। इस चन्द्र-सूर्य अथवा इड़ा-पिंगला का संतों ने 'गंगा-जमुना' के रूप में भी सह-उल्लेख किया है। इन्हीं गंगा और यमुना (इड़ा-पिंगला) के सामरस्य से सुषुम्ना के मध्य में स्थित ब्रह्म नाड़ी के मार्ग से उद्‌बुद्ध कुंडलिनी सहस्त्रार में स्थित अखंड ज्योति रूप शिव से मिलती है।[185] नारी के सन्दर्भ में गंगा और यमुना (इड़ा-पिंगला) की अन्तस्साधनात्मक स्थिति को जायसी ने पद्मावत में स्पष्ट किया है। नागमती और पद्मावती के लड़ने पर रत्नसेन उन्हें समझाते हुए कहता है, "तुम दोनों शरीर की इड़ा-पिंगला (गंगा-यमुना) नाड़ियाँ हो, विधाता ने ही तुम दोनों का संयोग किया है।"[186] डॉ. वासुदेवशरण अग्रवाल के अनुसार सूर्य और चन्द्र पुरुष और स्त्री के प्रतीक बन गए।[187] सिद्धों में चन्द्र और सूर्य के रूपक का बहुत प्रचार था। उसी को सूफ़ियों ने स्वीकार करके और अधिक बढ़ाया। हठ योगियों की साधना का उद्‌देश्य होता है चन्द्र-सूर्य, इड़ा-पिंगला, वाम-दक्षिण नाड़ियों को वश में करके सिद्धि प्राप्त करना। जायसी ने पद्‌मावती और नागमती के सौतिया डाह का जो लम्बा चित्रण किया है उसमें एक ओर तो श्रृंगार पक्ष में यह सौतिया डाह का पल्लवित रूप है, दूसरी ओर इसमें चन्द्र-सूर्य या इड़ा-पिंगला के प्रतीकवाद का भी पूरा समर्थन है।[188] रत्नसेन ने स्पष्ट शब्दों में पद्‌मावती और नागमती को इड़ा-पिंगला कहा है। जिसका उल्लेख पीछे हो चुका है।

कबीर साहब ने चन्द्र तथा सूर्य के मिलन को एक स्थान पर वीणा के रूपक के माध्यम से स्पष्ट किया है—

चंद सूर दोउ तूंबा करिहूँ चित चेतन की डाँडी।
सुषमन तन्ती बाजण लागी इहि विधि तृष्णा खाँडी॥[189]

बाह्य प्रकृति में यमुना गंगा में मिली है किन्तु हठयोग में गंगा (इड़ा शक्ति) यमुना (पिंगला : शिव) से मिलने के लिए अग्रसर होती है, इसीलिए यह उलटी साधना है। हठयोग प्रदीपिका में मूलस्थान में उड्डीयान बन्ध द्वारा गंगा तथा यमुना को बन्द कर पश्चिम पथ में सुषुम्ना में प्राण को प्रवाहित करने का विधान है।[190]

इड़ा तथा पिंगला शक्ति तथा शिव का प्रतीक होने के कारण अध और ऊर्ध्व भी कही गई हैं—

अधउरध की गंगा जमुना मूलकँवल को घाट।
षट्‌ चक्र की गागरी, त्रिवेणी संगम बाट॥[191]

कबीर ने यहाँ मूल कँवल (मूलाधार चक्र) को घाट कहा है, किन्तु पलटू ने कहीं-कहीं सुषुम्ना की उपमा भी घाट से दी है—

तिरबेनी के घाट नाव को आनि के, सुखमनि घाट थहाय चलावौ जानिकै।
असी संगम के बीच पहारी फोरि कै, गुन को खैंचु सिताब काम है जोरुकै।
सुन्न समाधि के बीच ध्यान को लावना, सुखमनि के रे घाट पवन ले आवना॥[192]

डॉ. धर्मवीर भारती के अनुसार यह कल्पना चर्या पदों की गंगा-यमुना के मध्यवर्ती मार्ग से बहनेवाली सहजयान नौका तथा उसकी मातंगी प्रज्ञा से बहुत मिलती-जुलती है। उसमें भी वाम-दक्षिण दोनों भागों को छोड़कर मध्यपथ से प्राणों को ले चलने की साधना का विधान है :

गंगा जउना माँझेरे वहइ नाइ
तहि बुड़ली मातंग पोइया लीलेपार कराइ।
वाम दाहिन दुइ भाग नचेवइ बाहतु चंडा॥[193]

दादूदयाल जी ने इसे ही सहजयोग कहा है और इसी से निर्वाण की प्राप्ति भी बताई है—

सहज लोग सुष में रहै, दादू नृ गुण जाँणि।
गंगा उलटी फेरि करि, जुमना माँहे आँणि॥
दादू पर आतम सौं आतमाँ, ज्यूँ जल जलहिं समाँन।
तन मन पाँणी लूण ज्यूँ, पावै पद नृवाँण॥[194]

संतों ने इड़ा, पिंगला और सुषुम्ना के मिलन का प्रतीकात्मक चित्रण गंगा, यमुना और सरस्वती के रूप में किया है। ये तीनों जहाँ मिलती हैं वह प्रयाग है जो पिंड स्थित 'त्रिकुटी' कहलाती है। यही संगम है। संत केशवदास जी ने इस प्रतीकात्मक मिलन (संगम) का बड़ा सुन्दर वर्णन किया है—

निगुन नाम निधान, करो मन आरति हो।
गंगा जमुना सरसुती, सुखमन घर बिसराम॥[195]

त्रिकुटी का प्रतीक संतों ने इड़ा, पिंगला और सुषुम्ना के आज्ञाचक्र में मिलने

के लिए चुना है। कबीर ने इसके लिए संगम और त्रिकुटी दोनों शब्दों का प्रयोग किया है। यारी साहब ने इसे 'त्रिकुटी लोक' भी कहा है।[196] संतों ने इसे संगम, प्रयाग इत्यादि भी कहा है। एक स्थान पर तो कबीर ने गंगा और यमुना के मिलन-स्थल को संगम कह दिया है। उनके अनुसार 'उर-अन्तर' में गंगा-यमुना (चन्द्र तथा सूर्य नाड़ियों) के संगम पर सहज शून्य के लय का घाट है; कबीर ने वहीं पर मठ रचा है और मुनि जन उसका मार्ग देखते हैं—

गंग जमुन 'उर' अन्तरे, सहज सुंनि ल्यौ घाट।
तहाँ कबीरै मठ रच्या, मुनि जन जोवें बाट॥[197]

जैसा कि पीछे कहा गया है, इड़ा, पिंगला और सुषुम्ना को गंगा, यमुना और सरस्वती भी कहा गया है। ये नदियाँ जल-धारा की वाहिका हैं, इसीलिए इनकी तुलना उन नाड़ियों से की गई है जो प्राण वायु की धारा का संचार करती हैं। इसी कारण इन तीनों नाड़ियों के मिलन-बिन्दु को संतों ने संगम कहा। दरिया साहब (बिहार) के अनुसार यौगिक क्रियाओं में योगी की आत्मा को इसी त्रिवेणी या संगम में स्नान करना होता है। इस त्रिवेणी घाट का ही दूसरा नाम त्रिकुटी है। यहीं योगी को अमृत रस की प्राप्ति होती है। त्रिवेणी और अमृत रस की चर्चा प्रायः सभी संतों ने की है।

गुरुनानक देव जी सूर्य को जलाने, चन्द्रमा का पोषण करने तथा प्राणवायु को युक्तिपूर्वक सुषुम्ना में स्थापित कर उसमें निहित अमृत-रस को पीने की सीख देते हैं—

सूर सरु सोसि ले सोम सरु पोखि ले जुगति करि मरतु सु सनबंधु कीजै।
भणति नानकु जनो रखै जे हरि मनो मन पवन सिउ अमृतु पीजै॥[198]

बुल्ला साहब का मन त्रिकुटी (संगम) में ऐसा लग गया कि वे उसी में उलझकर रह गए—

तिरकुटी जहँ बसत संगम, गंग जमुन बहाय।
बरत झिलमिल होत जगमग, तहाँ रहु अरुझाय॥[199]

संत भीखा साहब भी इसी संगम-स्थल पर योगी को सहज समाधिस्थ करते हैं। जिस प्रकार कबीर साहब कभी-कभी मस्ती में केवल गंगा-यमुना के मिलन-स्थल को संगम कह देते हैं उसी प्रकार भीखा साहब भी गंगा-यमुना के मिलन-बिन्दु को संगम कहते हैं।[200] किन्तु मारवाड़ी दरिया साहब तीनों के ही संगम में स्नान करते हैं।[201]

संक्षेप में कहा जा सकता है कि नाड़ियों की अन्तस्साधनात्मक प्रतीकात्मकता के माध्यम से निर्गुण कवियों ने स्त्री और पुरुष, शिव और शक्ति के मिलन का ही वर्णन किया है, क्योंकि जैसा कि ऊपर हम संकेत कर चुके हैं कि चन्द्र-सूर्य ही स्त्री और पुरुष के प्रतीक बन गए। इन चन्द्र-सूर्य के माध्यम से संतों ने शक्ति

और शिव के अद्वय स्थिति को द्योतित किया। शिव और शक्ति के इसी मिलन की स्थिति में पलटू साहब आनन्द का अनुभव करते हैं—

सिव सक्ती के मिलन में मोको भयौ अनन्द।[202]

इसके अतिरिक्त पलटू साहब योग पद्धति में सुषुम्ना को योगिनी के रूप में चित्रित करते हैं और उसे सुरति के द्वारा जगाने का उल्लेख करते हैं—

उठै सबद की खानि रहै अन्तर लौ लागी।
सुरति देइ उद्गारि जोगिनी आपुइ जागी॥[203]

इसी को दूसरे स्थान पर पलटू साहब जोगिनी का अलमस्त होना बताते हैं—

भूली जग की चाल सब भई जोगिनि अलमस्त।
भइ जोगिन अलमस्त खबर कुछ तन की नाहीं।[204]

गोरखनाथ ने इंगला-पिंगला को ही योगिनी के रूप में परिकल्पित किया है। उन्हीं को योगी की पत्नी मानकर सास-श्वसुर और गृह इत्यादि का रूपक प्रस्तुत किया है—

नाभ अस्थान क मोरा सासू नैं ससुरा, ब्रह्म अस्थांन-क मोरा बासा।
इला प्यंगुला जोगण भेंटी, सुषमन मिल्या घर बासा।[205]

शिव और शक्ति के मिलन का कुछ ऐसा ही रूपक बाँधकर गुलाल साहब परम प्रियतम से गाँठ जोड़कर अचल-अखंड सौभाग्य (सिन्दूर) को प्राप्त करते हैं—

सिव सक्ती मिलि स्याम घटा पर नीझर झरत हिलोरा।
धधकि धधकि सुन्दर बर राजित सतगुरु कियो गठ जोरा।
कह गुलाल पिय सेज सोहागिनि अचल है सेन्दुर मोरा॥[206]

सुरति

संतों ने तमाम रूप और नाम के प्रपंचों को निरर्थक बताते हुए उस मूल तत्त्व को ग्रहण करने की कोशिश की जिसकी अभिव्यक्ति क्रमशः स्थूल-से-स्थूलतर तत्त्वों की ओर होती गई। सारी यौगिक प्रक्रिया को ही उन्होंने सहज बनाकर सुरति या स्मृति के माध्यम से व्यक्त किया। लय को उन्होंने रस्सी बनाया और सुरति या स्मृति को ढेकुली। इस प्रकार मन के द्वारा आनन्द रस को खींचने का रूपक बाँधा गया, जिसकी सुरति रूपी ढेकुली सहायता करती है—

'सुरति ढेकुली ले जलो, मनुआँ खींचनहार।' इसी ढेकुली और मन के सहारे कबीर 'कमल कूप' का 'प्रेम-रस' बारम्बार पीते हैं।[207]

'सुरति' का उल्लेख संतों ने कई रूपों में किया है। कहीं उसे कलवारिन कहा है, कहीं सुहागन, कहीं विरहिणी तो कहीं नटिनी इत्यादि कहा है। स्पष्ट है कि ये सभी रूप नारी के हैं।

'सुरति' शब्द की अनेक व्याख्याएँ की गई हैं। आचार्य हजारीप्रसाद द्विवेदी का विचार है कि 'सुरति' शब्द पुराने स्मृति शब्द का अपभ्रंश है। लेकिन इस स्मृति शब्द से जिस सुरति शब्द का विकास हुआ है, वह केवल स्मृति रूप नहीं है। उसमें प्रेम का भाव भी है।[208] इस प्रकार सुरति मूलत: प्रवृत्यात्मक वृत्ति है। इस सुरति के साथ ही संतों ने 'निरति' की भी चर्चा की है जो संसार से विरक्तावस्था का द्योतक है। इसलिए सुरति के लिए निरति का होना भी आवश्यक है, क्योंकि जब तक बाह्य जगत से वैराग्य न हो, तब तक अन्त:स्थित परमप्रेयान के साथ 'सुरति' नहीं चल सकती। निरति बाह्य विषयों के प्रति अनास्था और वैराग्य को सूचित करती है और सुरति आन्तर विषयों के प्रति आसक्ति।[209] निरति वैराग्य प्रधान है किन्तु केवल वैराग्य से तो परमप्रियतम का साक्षात्कार हो नहीं सकता। उस परमप्रियतम के साथ प्रीति का सम्बन्ध जोड़ना होगा, अन्यथा उसके मिलन-मार्ग का सिंह-द्वार बन्द ही रह जाएगा। अत: उस सिंह-द्वार को खोलने के लिए 'सुरति' का होना परम आवश्यक है—

सुरति समांनी निरति में, निरति रही निरधार।
सुरति निरति परचा भया, तब खुले स्यंघ दुवार॥[210]

यदि उस परम प्रिय की सुरति (स्मृति) से सुरति (परमप्रीति) नहीं होती, तो जन्म-मरण का भय बना रहेगा। निरति निराधार है, सुरति साधार।[211] इसलिए सुरति और निरति को अन्तर्मुख कर ही प्रिय का समागम हो सकता है।

परमतत्त्व (परमप्रियतम) हमारे भीतर ही प्रकाश पुंज के रूप में निवर्तमान है। यह प्रकाश-पुंज केवल बाह्य आवरणों के कारण परिलक्षित नहीं होता—उसका आत्म-साक्षात्कार नहीं हो पाता। आत्मा के ऊपर के बाह्य आवरण जब हट जाते हैं तभी उस प्रकाश-पुंज के दर्शन हो पाते हैं। उस ब्रह्म ज्योति तक पहुँचने के लिए एक ऐसी क्रान्तदर्शी किरण की आवश्यकता होती है जो उन बाह्यावरणों को हटाकर सहज ही उस परमज्योति से मिल सके। ब्रह्म ज्योति के सम्बन्ध में सुरति, यही क्रान्तदर्शी किरण है जिसके द्वारा जीव इसी जीवन में ब्रह्म साक्षात्कार करके मुक्त हो जाता है, जीवन्मुक्त हो सकता है। इस प्रकार यह स्पष्ट होता है कि सुरति शब्द का प्रयोग संतों ने जीव-ब्रह्म अथवा आत्मा-परमात्मा के परम प्रेम और परममिलन के अर्थ में भी किया है। इस प्रेम और मिलन को व्यक्त करने

के लिए ही उन्होंने सुरति को सुन्दरी, सुहागन, विरहिणी तथा नटिनी इत्यादि के रूप में चित्रित किया।

सुरति सुहागन

संत कबीर साहब ने जहाँ सुरति को सुहागन कहा है वहीं उसे पनिहारी भी कहा है जो बिना डोरी के ही पानी भरती है।[212] वस्तुतः यह बिना डोरी के पानी भरना वह स्थिति है जिसमें आत्मा-परमात्मा (जो परमप्रेयान है) का सहज मिलन होता है। यह वह स्मृति-लाभ है जिसके होने पर किसी प्रकार की दैहिक क्रिया निष्प्रयोजन हो जाती है। यह अनुभूति वर्णनातीत है। षट्चक्रों का भेदन कर जब मन (पवन) की सुरति शून्य में लग जाती है तब साधक (जीवात्मा) अमरत्व को प्राप्त कर लेता है। लेकिन ऐसे साधक बहुत कम हैं जिनसे यह विवेक-सम्मत बात कही जा सके।

संत धरमदास ने 'सुरति सुहागिन' का उल्लेख जीवात्मा के सन्दर्भ में किया है। वे उसे बहुत प्यासी हुई बतलाते हैं तथा अमृत-रस में सराबोर करने का निवेदन करते हैं—

सुरति सुहागिन गजब पियासी,
अमृत रस में बोर देव हो॥[213]

यह वह 'अमृतरस' है जिसमें आपादमस्तक निमग्न होकर परमतत्त्व का सहज-सुख प्राप्त किया जा सकता है।

पीछे हमने कबीर साहब के सन्दर्भ में देखा है कि उनकी सुरति रूपी सुहागिन बिना डोरी के ही पानी भरती है। ठीक उसी प्रकार धरमदास जी की सुरति सुहागिन बिना रस्सी अथवा डोरी के ही जल भरकर ले आती है।[214] बिना रस्सी या डोरी के जल भरना ही सहज साधना है। यह जल उसी अमृत तत्त्व का अंश है जिसे साधक शून्य से शिखर प्राप्त करता है।

पलटू साहब ने सुरति सुहागन को प्रेमिका (शक्ति) तथा शब्द (ब्रह्म) को पति (शिव) माना है।[215]

संतों की सारी साधना ही इस शिव-शक्ति के मिलन की महायात्रा है। इसी महायात्रा को पूरा करके वे परमानन्द का लाभ करते हैं। डॉ. धर्मवीर भारती का विचार है कि संतों के यहाँ सुरति का अर्थ सिद्धों वाले अर्थ से बहुत भिन्न हो गया है और इस सुरति के लिए ऐसे-ऐसे उपमान प्रयुक्त हुए जो कल्पनातीत थे।[216] संत गुलाब साहब ने उसे रसोई बनाते हुए[217] दिखाया तो दूलनदास जी ने उसे सुन्दरी के रूप में गाना गाते हुए प्रस्तुत किया।

पलटू साहब ने सुरति का उल्लेख कई अर्थों में किया है। शिव-शक्ति के मिलन के अतिरिक्त वे नाम-स्मरण वाले अर्थ में भी इसका प्रयोग करते हैं—

'पलटू सुरति कमान भर नाम निसाना मार।' इस सुरति के कमान को पलटू साहब कफ़न बाँधकर खींचने का सन्देश देते हैं।[218]

गुलाल साहब 'सुरति' को आसमान (शून्य) में चढ़ाकर अद्वयभाव की प्राप्ति करते हैं। यह सुहागिन सुरति निर्गुण ब्रह्म (प्रियतम, पति) की प्यारी है तथा सुषुम्ना की 'सेज' पर शयन करती है।[219]

दूलनदास जी के यहाँ यही सुरति सुन्दरी है जो सहज (शून्य) के सत्य स्थान में अवस्थित होकर नादमय हो रही है और उसकी तान पर दूलनदास जी का मन मोहित होता है—

गावै सूरत सुन्दरी, बैठी सत असथान।
जन दूलन मन मोहिनी, नाम सुरंगी तान॥[220]

यहाँ संत दूलनदास जी ने 'सुरति सुन्दरी' का महत्त्व इसलिए स्वीकार किया है कि वह नाम (साधना) की 'सुरंगी तान' गाती है। 'सुरति' के द्वारा ही प्रभु के उस नाम के तान की निरन्तरता प्राप्त होती है जिसके द्वारा मन परमात्मा में मुग्ध (लय) होकर संकल्प-विकल्पात्मक स्थिति से ऊपर उठ जाता है। यही आत्मा की मुक्तावस्था है। इस मुक्तावस्था के पश्चात लौकिक और पारलौकिक सभी उपलब्धियाँ हस्तामलक हो जाती हैं। बिहार के संत दरिया साहब के अनुसार तो बिना 'सुरति' योग के कोई उपलब्धि नहीं हो सकती। लेकिन सुरति का सुयोग तभी हो सकता है जब निरति हो। निरति के माध्यम से ही सुरति शब्द (ब्रह्म) का साक्षात्कार कराती है—

मूल बिहंगम डोरी भाई। रवि ससि पवन जो सुरति समाई॥
सतगुर सब्द तबहिं लखि आवै। मूल फूल अम्रित मुख पावै॥
होए निरति तब सुरति देखावै। सार सब्द तब परगट पावै॥
गगन मंडल बिच सुरति सँवारी। इंगला पिंगला सुखमन नारी॥[221]

संत दादूदयाल जी सुरति की बड़ी महत्ता बताते हैं। उनके अनुसार जहाँ अविनाशी देव है वहाँ बिना सुरति के कोई पहुँच ही नहीं सकता। इसलिए प्रेम और सेवा से वे सुरति लाने का सन्देश देते हैं।[222] सुरति के सहज रूप में परब्रह्म में समाहित हो जाने पर ही परब्रह्म का सान्निध्य-सुख पाया जा सकता है।

अन्य संतों की भाँति हाथरस वाले संत तुलसी साहब ने भी सुरति का सुहागन के रूप में चित्रण किया है। उसे जगाकर नाद और बिन्दु का विस्तार कर सार (शब्द) को पाने का प्रयास करते हैं। अन्यत्र वे इसे रंगीली (स्त्री) तथा सहेली के रूप में प्रस्तुत करते हैं।[223]

सुरति विरहिणी

कबीर साहब ने सुरति को सुहागन ही नहीं विरहिणी भी कहा है। यह सुरति रूपी विरहिणी चरखा चला रही है। शून्य मंडल में प्रेम की भाँवर ले रही है। उस पर प्रेम भक्ति का बड़ा गहरा रंग चढ़ा हुआ है। चरखे से वह महीन सूत कातती है और दिन-रात की वरमाला गूँथती है। इस प्रकार वरमाला और आँसुओं का उपहार लिये हुए वह प्रिय के शुभागमन की प्रतीक्षा कर रही है—

चरखा चले सुरत बिरहिन का।
काया नगरी बनी अति सुन्दर, महल बना चेतन का।
सुरत भाँवरी होत गगन में, पीढ़ा ज्ञान-रतन का।
मिहीन सूत विरहिन कातै, माँझा प्रेम भगति का।
कहें कबीर सुनो भाई साधो, माला गूँथों दिन रैन का।
पिया मोर ऐहैं पगा रखि हैं, आँसू भेंट देहौं नैन का॥[224]

सुरति कलवारिन

कबीर साहब ने अपने एक पद में सुरति को कलवारिन भी कहा है। कलवारिन वस्तुतः मदिरा बेचनेवाली स्त्री को कहते हैं। कबीर साहब ने सुरति रूपी 'कलारी' का चित्रण किया है 'वह दूसरों को मद्यपान नहीं करा रही है, अपितु स्वयं ही पीकर मत्त हो रही है।'[225] कबीर का यहाँ सुरति कलवारिन से तात्पर्य परमतत्त्व के प्रति उस परम लय से है जिसमें साधक परमतत्त्व का अनुभव कर आत्म-भाव को खो बैठता है—जैसे कोई शराब पीकर बेसुध हो जाता है। यह परमतत्त्व के साक्षात्कार की अवस्था है जिसमें जीव को सोहं भाव की अनुभूति होती है। निर्गुण संतों का सारा ताना-बाना इसी महाभाव की प्राप्ति की विराट साधना है।

सुरति नटिनी

दयाबाई ने सुरति का उल्लेख नटिनी के रूप में किया है। नटिनी की साधना कठिन होती है। उसे अपनी कला का प्रदर्शन करने के लिए विशेष अवधान की आवश्यकता होती है। यदि जरा भी ध्यान इधर-उधर हुआ कि सारा खेल चौपट। सब कुछ नष्ट। सुरति का नटिनी रूप में उल्लेख दयाबाई ने इसी अर्थ में किया है, क्योंकि परमतत्त्व में सुरति तभी समाहित हो सकती है जब मन की सारी संकल्प-विकल्पात्मक स्थिति समाप्त हो जाए और चांचल्य का सर्वथा अभाव हो जाए। इसी अवस्था में साधक अष्ट प्रहर अनहद नाद सुनने का अधिकारी हो सकता है—

प्रथम पैठि पताल सूँ, धमकि चढ़े आकास।
'दया' सुरति नटिनी भई, बाँधि बरत निज स्वास॥

× × ×

चरनदास गुरु कृपा तें मनुवाँ भयो अपंग।[226]

इस प्रकार हम देखते हैं कि संतों ने सुरति का भी वैसा ही मानवीकरण किया है जैसा माया का। पीछे हम देख चुके हैं कि संतों ने माया को कामिनी, कलवारिन इत्यादि के रूप में चित्रित किया है।

सुरति के सन्दर्भ में संतों ने अनेक मानवीय अभिधानों का प्रयोग किया है किन्तु उसका व्यापक अर्थ में प्रयोग उन्होंने उस आत्मलीनावस्था के रूप में किया जिसमें साधक की अन्तर्मुखी वृत्ति परमतत्त्व के प्रति लगी रहती है। चित्तवृत्ति का परम स्थैर्य प्राप्त कर परमतत्त्व में लीन हो जाना ही सुरति का निरति में समा जाना है। सहजोबाई के अनुसार यही वह अन्तस्साधना है जिसमें साधक सहज (ब्रह्म) में लय हो जाता है। मन जब स्थिर हो जाता है तब सुरति का निरति और शब्द में महालय हो जाता है। इस अवस्था में पहुँचकर साधक जन्म-मरण के चक्र से सहज ही मुक्त हो जाता है।[227]

सुरति का संतों ने परम्परागत सिद्ध एवं नाथ-साहित्य के अर्थ में प्रयोग नहीं किया है, उसमें नवीन अर्थबोध का संचार किया है। इसके साथ ही उसे गुह्य से सहज बना दिया है। सिद्ध सरहपा ने इसका प्रयोग प्रज्ञोपाय या कमल कुलिस के रूप में किया है—

कमल-कुलिस वेवि मज्झ ठिउ, जो सो सुरअ बिलास।
को तं रमइ णह तिहुअणें, कस्सण पूरइ आस॥[228]

काण्हपा उसी को सुरत वीर मानते हैं जो एवंकार बीज लेकर मधुकर रूप में कुसुमित अरविन्द (महासुखचक्र) तक जाता है और वहाँ मकरन्द का पान करता है।[229] इस प्रकार सिद्धों ने सुरति शब्द का 'प्रयोग' प्रेम-क्रीड़ा के अर्थ में किया स्मृति या ध्यान इत्यादि के सन्दर्भ में नहीं किया, क्योंकि सिद्धों ने महासुख की प्राप्ति के लिए जिस महामुद्रा की प्रकल्पना की वह मूलतः मैथुनपरक अथवा भोगपरक है। इसीलिए गोरखनाथ ने सुरति शब्द का मैथुनपरक अर्थ छोड़कर 'चित्त' परक अर्थ में प्रयोग किया।[230] 'गोरखबानी' में जहाँ भी सुरति शब्द का प्रयोग हुआ है, वहाँ मैथुन भाव का कोई संकेत नहीं मिलता। वहाँ शब्द अनाहत नाद है, सुरति साधनावस्था में चित्त की स्थिर अवस्था है तथा निरति वह अवस्था है जिसमें निरालम्ब स्थिति आती है जो सहज है। इसीलिए मत्स्येन्द्रनाथ सुरति को साधक और शब्द को सिद्धि कहते हैं—

अवधू सुरति सो साधिक शब्द सो सिधि।[231]

संतों ने सुरति का प्रयोग नाथ-साहित्य के शब्द-सुरतियोग से बहुत भिन्न नहीं किया है। इस अर्थ में वे सिद्धों से अवश्य भिन्न हो गए हैं, क्योंकि मुद्रा का भी जहाँ उन्होंने प्रयोग किया है वहाँ वह सहज-साधना के अर्थ में है न कि मुद्रा (नारी) साधना के अर्थ में। इसीलिए कबीर साहब अवधूत को सम्बोधित करते हुए कहते हैं कि असली योगी वही है जो निरति (ईश्वर की सहज स्मृति) की मुद्रा और सुरति (ईश्वर के ध्यान) की सिंगी लेकर (अनाहत) नाद की धारा को सतत प्रवाहित रखता है। वह शून्यमंडल में निवास करता है, दुनिया को नहीं देखता। वहाँ मधुर रस का पान करता है और सहज भाव से शून्य में आत्माराम से लय लगाता है। इसीलिए कबीर साहब सुरति-साधना के महत्त्व को स्वीकार करते हैं—

सहजे ही धुन होत है, हरदम घट के माँहि।
सुरत शब्द मेला भया, सुख की हाजत नाँहि॥[232]

अर्थात इस साधना के द्वारा घट (शरीर) के भीतर सहज ही ध्वनि होती रहती है। इसके अतिरिक्त सुरति और शब्द का मिलन हो गया है। इस शब्द में जब सुरति समा जाती है, तब तो साधक को काल भी अपना ग्रास नहीं बना सकता। लेकिन इस सबके लिए सुरति का होना आवश्यक है—

सुरति होवे पति ऊगवै गुरवचनी मउखाइ।
नानक सचा पति साहु आपे लए मिलाइ॥[233]

निष्कर्षत: कहा जा सकता है कि निर्गुण संतों ने सुरति का प्रयोग परम्परा से हटकर व्यापक सन्दर्भ में किया है। इस सन्दर्भ में उन्होंने सिद्धों के सुरतिवाले अर्थ को एकदम भुला दिया है। नाथों की सुरति योग का अवलम्ब अवश्य लिया, किन्तु उससे भी कहीं आगे बढ़कर इस अन्तस्साधना को मानवीय आयामों में उतारकर उसे विरहिणी, सुहागिन, कलवारिन और नटिनी बना दिया। लेकिन इन मानवीय आयामों में भी वे एक ही तत्त्व को ध्यान में रखते हैं—अर्थात परमात्मा के प्रति प्रेम जो बिना ध्यान और स्मृति (सुरति) के नहीं हो सकता, और बाह्य जगत के आयामों से विरक्त होकर परमतत्त्व में लय। परमतत्त्व (परमप्रियतम) के प्रति सहज ध्यान, प्रेम और उसकी स्मृति ही सुरति है तथा बाह्य जगत की प्रवृत्ति की निवृत्ति ही निरति है। इसीलिए जब आचार्य क्षितिमोहन सेन सुरति का अर्थ प्रेम तथा निरति का अर्थ निवृत्ति या वैराग्य करते हैं तो वह संतों की सुरति और निरति के सन्दर्भ में अप्रासंगिक नहीं लगता। किन्तु इससे भी आगे बढ़कर उन्होंने सुरति को शक्ति और शब्द को शिव के रूप में कल्पित कर सुरति शब्द को नवीन आयाम प्रदान किया है।

संतों ने सुरति के साथ निरति का भी उल्लेख किया है, किन्तु परिमाण की दृष्टि से सुरति का ही विशेष निर्वचन किया है निरति को वह मानवीय स्वरूप भी नहीं प्रदान किया है जो सुरति को—यद्यपि सुरति के लिए निरति आवश्यक है, क्योंकि बिना निरति के सुरति नहीं हो सकती। लेकिन, संतों के अनुसार चूँकि सुरति शक्ति तत्त्व है अत: उसका महत्त्व अधिक है।

सूफ़ी काव्य

नारी का पारस रूप

सूफ़ी कवियों का उद्‌देश्य लौकिक प्रेम के माध्यम से अलौकिक प्रेम की व्यंजना करना है। इसीलिए वे जिस सौन्दर्य और प्रेम का वर्णन करते हैं उसमें अलौकिकता और आध्यात्मिकता का संकेत बराबर करते रहते हैं। लौकिक सौन्दर्य और प्रेम के द्वारा उन्होंने उस अलौकिक प्रेम के सन्धान की साधना की है जिसे पाकर साधक (जीव) की साधना सफल हो जाती है।

हिन्दी-सूफ़ी काव्य में जायसी का पद्‌मावत अद्वितीय है। यद्यपि जायसी ने इस कृति में रत्नसेन और पद्‌मावती की अनुपम प्रेम-कथा का वर्णन किया है, किन्तु उनका उद्‌देश्य इस कथा को मात्र लौकिक कथा तक सीमित रखना नहीं है। वे कथा के बीच-बीच में पाठक को पात्रों के माध्यम से अलौकिकता और आध्यात्मिकता का आभास देते चलते हैं। मसनवी पद्धति पर लिखी गई प्राय: सभी सूफ़ी काव्य-रचनाओं में यह विशेषता पाई जाती है; चाहे वह चांदायन हो, मृगावती हो अथवा चित्रावली हो। अलौकिकता का आभास वहाँ भी है, लेकिन उसका रूप कुछ भिन्न है।

वहाँ जायसी की पद्‌मावती की तरह नायिका 'पारस' (मणि) नहीं है किन्तु अलौकिक या इस लोक से परे अवश्य है। चांदायन में दाउद ने लोरिक के द्वारा चाँदा को स्वर्ग की चीज बताया है और लोरिक को धरती की।[234]

जायसी ने पद्‌मावत में रूप-राशि पद्‌मावती को 'पारस' कहकर सम्बोधित किया है—

पारसजोति लिलाटहिं ओती।
दिस्टि जो करै होइ तेहिं जोती॥[235]

रूप की पारस पद्‌मावती को पाकर सरोवर भी धन्य हो जाता है। उसी के शब्दों में उसके चरण छूकर मैं निर्मल हुआ और उसके रूप का दर्शन करके मैंने भी रूप पाया। उसके शरीर से चन्दन की सुगन्ध मिली और शीतल हुआ। जहाँ, जिसने उसे देखा वह उसी के रूप का हो गया। जैसा सब चाहते थे वैसे रूप उन्होंने

पाए। उसके नेत्रों को जिसने देखा वे कमल हो गए। जिसने उसे हँसते हुए देखा वे हंस हो गए। दाँतों की ज्योति हीरा नग बन गई। इन वस्तुओं ने दर्पण की भाँति पद्मावती के अंगों का प्रतिबिम्ब ग्रहण किया।[236]

भारतीय परम्परा के अनुसार लोहा पारस का स्पर्श पाकर सोना हो जाता है। पद्मावती रूपी पारस का स्पर्श पाकर सभी स्वर्णमय हो जाते हैं, दिव्यता को प्राप्त हो जाते हैं। यही साधना में बिम्ब-प्रतिबिम्ब भाव है। जीव रूप साधक जब पद्मावती रूपी पारस तत्त्व का सान्निध्य पा लेता है तो वह भी स्वर्णमय हो जाता है—आध्यात्मिक सन्दर्भ में परमभाव को प्राप्त कर लेता है।

सूफ़ियों का मानना है कि यह सृष्टि दर्पण जैसी है जिसमें उस परमसौन्दर्य के गुण प्रतिबिम्बित होते हैं। जायसी ने कहा है कि परमज्योति स्वरूपा पद्मावती की ज्योति से ही जगत में दिखलाई पड़नेवाली ज्योतियाँ निर्मित हुई हैं। पद्मावती के दाँतों की ज्योति से सूर्य, चन्द्र, नक्षत्र, रत्न, हीरे, माणिक्य, मोती आदि को ज्योति मिली—

जेहि दिन दसन जोति निरमई। बहुतन्ह जोति जोति ओहि भई।
रबि ससि नखत दीन्ह ओहिं जोती। रतन पदारथ मानिक मोती॥
जहँ जहँ बिहँसि सुभावहिं हँसी। तहँ तहँ छिटकि जोति परगसी॥[237]

चन्द्र और सूर्य भी पद्मावती के ललाट की आभा से देदीप्यमान हैं। अत: वह बिम्ब है और सारा जगत उसका प्रतिबिम्ब। इस बिम्ब रूपी पद्मावती का सौन्दर्य भी दिव्य है। संसार में ऐसा कोई नहीं जो इसकी समता कर सके। हीरामन सुग्गा उसके अद्वितीय दिव्य रूप का वर्णन करते हुए कहता है कि उसके सौन्दर्य का मैं क्या बखान (वर्णन) करूँ? उसका श्रृंगार तो उसी को शोभा देता है—अर्थात वह अद्वितीय है, अनुपम है। जब वह अपने काले बालों को खोलकर झाड़ती है तो सारा आकाश और पाताल लोक अन्धकाराच्छन्न हो जाता है।[238]

पद्मावती रूप पारस को पाने के लिए सात स्वर्ग की साधना करनी पड़ती है, क्योंकि उसका वास ही वहाँ पर है। दूसरे, यह पारस रूप उसी के हाथ लग सकता है जो 'अपनास' करे, अपना सब कुछ खो दे—

हौं रानी पद्मावती, सात सरग पर बास।
हाथ चढ़ों मैं तेहि के, प्रथम करे अपनास॥[239]

जो 'अपनास' नहीं करता वह पारस रूप पद्मावती को नहीं पा सकता। रत्नसेन और अलाउद्दीन ने अपने-अपने ढंग से उसे पाने का प्रयास किया, किन्तु वह हाथ लगी तो रत्नसेन के ही; क्योंकि उसने 'अपनास' किया। इसके विपरीत अलाउद्दीन को उसकी राख मिली, क्योंकि उसने 'अपनास' नहीं किया और उस

मार्ग पर नहीं भी न चला जो पद्मावती तक जाता था। वह सिंहलद्वीप तो 'मरजिया' (गोताख़ोर) का मार्ग है, जिस पर चलना अलाउद्दीन-जैसे साधक के लिए कठिन तो क्या, असम्भव है। यह ऐसा साधना-मार्ग है जो बिना 'मरजिया' भाव के प्राप्त नहीं किया जा सकता—

जस मरजिया समुद धँस, हाथ आव तब सीप।
ढूँढ़ि लेइ जो सरग दुआरी, चढ़े सो सिंघलदीप॥[240]

रत्नसेन 'मरजिया' भाव को प्राप्त है, इसीलिए वह पद्मावती रूपी पारस को पा सकने में समर्थ होता है। लेकिन इस पारस रूप चन्द्र को पाकर सूर्य (रत्नसेन) बेसुध भी हो जाता है जिसे सूफ़ी-साधना की शब्दावली में 'हाल' (भावाविष्टावस्था) कहा जा सकता है—

पारसरूप चाँद देखराई। देखत सूरज गा मुरछाई।[241]

इस प्रकार हम देखते हैं कि यहाँ जायसी ने नारी पद्मिनी को अलौकिक रूप प्रदान करते हुए पारस कहा है जो साधक को सोने के समान निर्मल शुद्ध-बुद्ध बना देती है। वैसे भी पद्मावती बुद्धि का प्रतीक है। इस बुद्धि को प्राप्त करने के लिए हीरामन जैसे गुरु की आवश्यकता है और नागमती जैसे 'दुनिया-धन्धा' को छोड़ने की। किन्तु ध्यान रखने की बात है कि यही बुद्धि रूपी पद्मावती घरनारी होकर सांसारिक हो जाती है।

पद्मिनी : परमसत्ता का प्रतीक

प्रेम सूफ़ी काव्य की केन्द्रीय संवेदना है। प्रेम को विविध रूपों में रूपायित करना ही सूफ़ियों का लक्ष्य है। प्रेम का मानव-जीवन में बहुत महत्त्व है। 'उसके प्रभाव से मानव का सीमा-भाव हट जाता है और वह ईश्वर का सान्निध्य प्राप्त कर लेता है, या विश्वात्मक ज्योति में तन्मय हो जाता है।'[242] प्रेम के कारण मानव चेतना विशदता प्राप्त कर लेती है और उससे युक्त मानव वैकुंठ के योग्य हो जाता है—जायसी ने बहुत ठीक कहा है :

मानुस पेम भएउ बैकुंठी। नाहि त काह छार एक मूँठी॥

जगत का सारा प्रपंच ही इस 'मानुष प्रेम' के लिए है; अन्यथा उसमें है ही क्या मुट्ठी-भर राख!

प्रेम-मार्ग में सिद्धि के लिए नारी की सत्ता अनिवार्य है। वह परमसत्ता है, परमज्योति का रूप है। वही उस महापद्म का मधु है जिसके लिए साधक का मन

रूपी भ्रमर रस-लोभी बनकर सर्वस्व त्याग देता है और फिर सब कुछ प्राप्त करता है। प्रेम की साधना द्वारा दो पृथक् तत्त्व एक-दूसरे से मिलकर अद्वय स्थिति प्राप्त करते हैं। इसी सम्मिलन को प्राचीन सिद्धों की भाषा में युगनद्ध-भाव, समरस या महासुख कहा गया है।

निर्गुण संत कवियों और सूफ़ी कवियों की परमात्मा-विषयक प्रेम-भावना भिन्न है। संतों ने परमात्मा को पुरुष रूप में देखा और सूफ़ी कवियों ने स्त्री (माशूका) के रूप में। अतः सूफ़ी कवि यहाँ भारतीय परम्परा से हट गए हैं। दूसरी बात यह कि संत कवियों के यहाँ परस्त्री गमन या परपुरुष सेवन का सर्वथा निषेध है, जबकि सूफ़ी कवियों के यहाँ प्रायः परकीया भाव को ही साधना का आधार बनाया गया है।

सूफ़ी कवियों ने अपने काव्य की नायिकाओं को प्रायः अलौकिक या परमसत्ता का प्रतीक माना है। वे कैलास (कविलास) वासिनी हैं। जायसी का कहना है कि परमसत्ता रूपी पद्मावती को प्राप्त करने के लिए सात खंडों से ऊपर कविलास की यात्रा (साधना) करनी पड़ती है, क्योंकि कैलास के ही शयनागार में पद्मावती (परमसत्ता) की सेज बिछी है—

सात खंड ऊपर कविलासू। तहँवा नारिसेज सुखबासू।

इस 'कविलास' (कैलास) पर जो चरमसुख होता है, वह अनिर्वचनीय है। इसे देखकर दृष्टि के सारे दोष ही दूर हो जाते हैं।

स्पष्ट है कि साधनात्मक रूप में यह 'कविलास' (कैलास) पिंड में षट्चक्रों के ऊपर स्थित सातवाँ सहस्रार चक्र है। यहीं शिव और शक्ति का मिलन होता है। 'सात रंग नग लाग' से जायसी ने चक्रों के रंगों का संकेत किया है। इसी प्रकार हठयोग के चन्द्र-सूर्य का प्रतीक भी जायसी के यहाँ मिलता है। इसका उल्लेख पीछे अन्तस्साधनात्मक उपशीर्षक के अन्तर्गत हो चुका है।

चांदायन में दाऊद ने भी चाँदा का स्थान 'सरग' (स्वर्ग, आकाश) कहा है, जहाँ जाने पर जीव (साधक) को पुनः इहलोक में नहीं आना पड़ता—

सरग चाँदु घरलोरिकु आहा। इन्ह बातन्ह दहूँ कहियइ काहा।
सरग गए घर बहुरिन आवइ। जियतइ सरगेहिं जान न पावइ॥

इस प्रकार किसी-न-किसी रूप में दाऊद ने यहाँ चाँदा के परमसत्ता रूप की रक्षा की है। किन्तु जायसी ने इसमें विशेष कुशलता पाई है। उन्होंने 'पद्मावत' के नख-शिख खंड में, जिसका उद्देश्य रत्नसेन के हृदय में पद्मावती के प्रति प्रेम उत्पन्न करना है, पद्मावती को परमात्मा या परमसत्ता के प्रतीक रूप में चित्रित किया है। वास्तव में, जहाँ भी, जिस रूप में तनिक भी अवसर आध्यात्मिक संकेत

के उपयुक्त मिला है, कवि ने उसे हाथ से जाने नहीं दिया है। हीरामन तोते के माध्यम से जायसी ने पद्मावती के जिस अलौकिक दिव्य रूप का वर्णन किया है उसमें पद्मावती के परमसत्ता रूप की प्रतीकात्मक व्यंजना हुई है। हीरामन उसके दिव्य रूप का आख्यान इसीलिए करता है कि पद्मावती के प्रति रत्नसेन के मन में प्रेम का अंकुर फूटे। जब तक प्रेम का अंकुर नहीं फूटेगा, वह उसे पाने का प्रयास नहीं करेगा। किन्तु जब रत्नसेन के मन में प्रेम उत्पन्न होता है तब वह सब कुछ त्याग देता है और अनेक कष्टप्रद साधनाएँ करता हुआ पद्मावती को प्राप्त कर सकने में सफल होता है। पारमार्थिक पृष्ठभूमि में वह ब्रह्मरूपी पद्मावती को प्राप्त करने के लिए अपनी घरनारी को भी त्याग देता है, क्योंकि जायसी के ही शब्दों में वह 'दुनिया-धन्धा' (सांसारिकता) का प्रतीक है और सांसारिकता का त्यागकर ही आध्यात्मिकता के मार्ग पर अग्रसर होते हुए परमसत्ता को प्राप्त किया जा सकता है। 'उपसंहार खंड' में जायसी ने कथा के प्रतीक-विधान को बहुत स्पष्ट कर दिया है। आचार्य रामचन्द्र शुक्ल ने लिखा है, "रत्नसेन को पद्मावती तक पहुँचानेवाला प्रेमपंथ जीवात्मा को परमात्मा में ले जाकर मिलाने वाले प्रेमपंथ का स्थूल आभास है। प्रेम पथिक रत्नसेन में सच्चे साधक भक्त का स्वरूप दिखाया गया है। पद्मिनी ही ईश्वर से मिलानेवाला ज्ञान या बुद्धि अथवा चैतन्य स्वरूप परमात्मा है, जिसकी प्राप्ति का मार्ग बतलानेवाला सुआ सद्गुरु है। नागमती संसार का जंजाल है। माया में पड़े हुए सुलतान अलाउद्दीन को माया रूप ही समझना चाहिए।"

साधक का साध्य होता है परमप्रेयान (परमात्मा) की प्राप्ति। पद्मावत में रत्नसेन वह साधक है जो परमसत्ता (पद्मावती) को प्राप्त करने की अनवरत साधना करता है। किन्तु जीव रूप साधक के भीतर हमेशा यह अन्देशा बना रहता है कि पता नहीं उसकी साधना कितनी सफल होगी। वह मिल भी सकेगा या नहीं—

कंठ सिरी मुकुताहल, माला सोहे अमरन गीवँ।
को होइ हार कंठ ओहि लागै, केइं तपु साधा जीवँ॥

पीछे हम दिखला चुके हैं कि जायसी इस बात का संकेत करते हैं कि उसे पाने के लिए 'अपनास' करना पड़ता है; क्योंकि आत्मा और परमात्मा के मिलन-मार्ग की सबसे बड़ी बाधा 'आपाभाव' (अहंभाव) है। इसलिए सूफ़ी साधक अहं के विनाश की बात हर समय करते हैं। पद्मावती भी अपने पत्र में एक जगह कहती है जब रत्नसेन (साधक) आकाश-मार्ग से आएगा, तभी उस तक पहुँच सकेगा। हीरामन सुग्गा रत्नसेन जैसे साधक से कहता है कि मात्र इच्छाओं से सिद्धि नहीं मिलती। उसके लिए घोर कठिन साधना करनी पड़ती है। इसे वही जान सकता है जो अपना सिर काटकर रख दे—अर्थात अपने को सर्वतोभावेन समर्पित कर दे। भक्त (साधक) भगवान को तभी पा सकता है जब वह अपने अहं का सर्वथा विलयन

कर दे, उसका विनाश कर दे। कबीरदास जी यूँ ही नहीं कहते हैं कि "आपा मेट्या हरि मिले।" हरि का प्रेम पाने के लिए सिर देना पड़ता है—'सिर दे सो ले जाइ।' साधक रत्नसेन की सारी साधना परमात्मा (पद्मावती) की प्राप्ति की साधना है। वह उसे पाने के लिए सर्वस्व त्याग देता है। वह कहता है कि एक-एक फूल के पास घूमकर उसका पता पूछूँगा। यदि उस केतकी के पास पहुँच जाऊँ तो अपना शरीर भी देकर उससे मिलूँगा जैसे भौंरा उसमें छिपकर प्राण दे देता है—

फूल फूल फिरिं पूछौं, जौं पहुँचौं ओहि केत।
तन नेवछावर के मिलौं, ज्यौं मधुकर जिउ देत॥[243]

अन्यत्र रत्नसेन कहता है कि जब तक जीऊँगा, रात-दिन उसी का नाम स्मरण करूँगा। मरण के समय तक भी उसका नाम लेता रहूँगा—

जौं लहि जिओं रात दिन, सँवरों ओहि कर नावँ।
मुख राता, तन हरियर, दुहूँ जगत लेइ जावँ॥[244]

इस समर्पण और अनन्यता के माध्यम से जायसी ने पद्मावती के परमसत्ता रूप की प्रतीकात्मकता को अभिव्यंजित किया है। समर्पण, अनन्यता और गुरु रूप सुग्गे द्वारा दिखाए मार्ग का अनुसरण करता हुआ ही साधक रत्नसेन बोध (ज्ञान) स्वरूप परब्रह्म पद्मावती का सायुज्य प्राप्त करता है। इस प्रकार जायसी ने पद्मावती को परमसत्ता का प्रतीक बनाकर जीवन और साधना में नारी के महत्त्व को संकेतित किया है। कथा का ताना-बाना भले ही मानवीय या लौकिक है किन्तु स्थान-स्थान पर प्रतीक-पद्धति से अलौकिकता की रक्षा की गई है! पद्मावती का परमसत्ता रूप इसी प्रकार अभिव्यंजित हुआ है।

नारी : सांसारिकता का प्रतीक

जायसी ने 'पद्मावत' में नागमती को सांसारिकता का प्रतीक कहा है। उनके अनुसार चित्तौड़ रूपी तन मन (जीव) राजा है। सिंहलद्वीप हृदय है। पद्मावती बोध (ज्ञान) रूप परमसत्ता है और नागमती दुनिया-धन्धा (सांसारिकता) का प्रतीक है। इस प्रतीकात्मकता की संगति केवल पद्मावती के साथ ही बैठती है; क्योंकि वह रत्नसेन के लिए परमसत्ता है। नागमती पद्मावती को उसी रूप में ग्रहण नहीं करती जिस रूप में रत्नसेन। इसका कारण शायद यह भी हो सकता है कि नारी, नारी पर मोहित नहीं हो सकती और यह बात सत्य है। नागमती रूप-यौवन-सम्पन्न गर्विता स्त्री है। उसे अपने रूप और यौवन पर बहुत घमंड है। सोलहो शृंगार करके जब वह हाथों में दर्पण लेकर अपना सौन्दर्य देखती है तो उसे अपने-आप पर

गर्व होता है कि उसके समान संसार में कोई सुन्दर ही नहीं है। इसी गर्व में फूली हुई वह हीरामन सुग्गे से पूछती है कि क्या मेरे समान भी कोई इस संसार में सुन्दर है?—

बोलहु सुआ पियारे नाहाँ। मोरे रूप कोई जगमाहाँ।

उसे अपने रूप पर इतना गर्व हो जाता है कि सुग्गे को सत्य कहने के लिए विवश कर देती है और राजा की शपथ तक दे डालती है। नागमती 'दुनिया-धन्धा' क्यों है? जायसी ने उसे ही यह स्वरूप क्यों प्रदान किया? जो स्त्री इतनी पतिव्रता है, कि प्रिय के विरह में जलकर कौवे और भौंरे के समान काली हो गई है, वही कथान्त में हाशिए पर क्यों चली जाती है? इसका समाधान जायसी उसके 'दुनिया-धन्धा' रूप से करते हैं; क्योंकि नागमती का प्रारम्भिक स्वरूप दुनिया-धन्धामय ही है उसे केवल अपने रूप की चिन्ता है। पति जो स्वामी है, सर्वस्व है, उसके कल्याण अथवा आनन्द की चिन्ता नहीं है। हीरामन के सत्य कथन से उसका सत डोल जाता है और उसे वह मार डालने का प्रयास करती है। किन्तु धाय उसे बचा लेती है। रत्नसेन के वापस आने पर नामगती बड़े अभिमान के साथ सफ़ेद झूठ बोलती है कि विवेकी सुग्गे को बिल्ली ले गई। यहाँ नागमती का पातिव्रत एकदम खंडित हो जाता है। प्रकृति तक को रुला देनेवाली यह नारी वियोग की दारुण दशा में भी अपने प्राणपति से यही पूछती है—

कहुकंत। ओहि देस लोभाने। कसधनि मिली भोग कसमाने॥
जो पद्मावति होइ सुठि लोनी। मोरे रूप कि सरवरि होनी॥[245]

स्पष्ट है कि नागमती को अपने अधिकार का बोध नहीं है, उसे अपना रूप ही सब कुछ दिखाई देता है। रत्नसेन उसके रूप को महत्त्व नहीं देता, उसे यदि महत्त्व भी देता है तो सम्भवतः नागमती के विवाहिता होने के कारण। नागमती का रूप-रंग में निरत रहना ही उसका सांसारिक रूप है। सांसारिकता में संलग्न हो जाने पर परमसत्ता के प्रेम को नहीं पाया जा सकता। इसीलिए नागमती रूपी सांसारिकता का त्यागकर रत्नसेन परमसत्ता रूप पद्मिनी को प्राप्त करने के लिए साधना करता है किन्तु नागमती को 'दुनिया-धन्धा' (सांसारिकता) कहकर जायसी ने उसका उपहास नहीं किया है अपितु यह व्यंजित करने का प्रयास किया है कि केवल सांसारिकता में रमे रहना जीवन का लक्ष्य नहीं होना चाहिए। दुनिया-धन्धा से आगे बढ़कर कोई और चीज भी है, जिसे पाने का प्रयास करना चाहिए। यही कारण है कि परमसत्ता रूप पद्मिनी का साक्षात्कार करने के पश्चात भी रत्नसेन जगत-धन्धा रूपी नागमती के पास वापस आता है और पद्मावती-नागमती को इड़ा-पिंगला के रूप में ग्रहण करता है।

नारी की पराधीनता और परवशता

सूफ़ी कवियों ने नारी की पराधीनता और परवशता का भी चित्रण किया है। 'पद्मावत' में जायसी ने रत्नसेन और पद्मावती के विदाई के समय सखियों के माध्यम से नारी की पराधीनता और परवशता पर प्रकाश डाला है। सखियाँ अपने को परायी (पराया धन) कहती हैं; क्योंकि आदि पिता ने भी गेहूँ के एक दाने के लिए बेटी बेच दी थी।[246] पीछे हम इस सन्दर्भ में यह भी उल्लेख कर चुके हैं कि सामन्त अपनी बेटियों को राजमहल में सौंप देते थे और वे वहाँ राजकुमारी की सहेली या परिचारिकाओं के रूप में रहती थीं।

'मान सरोदक खंड' में भी जायसी ने नारी की पराधीनता का संकेत किया है। पद्मावती की सखियाँ उससे नैहर से ससुराल तक की जो बात करती हैं उसमें नारी की पराधीनता की ही व्यंजना है—

ए रानी! मन देखु बिचारी। एहि नैहर रहना दिन चारी॥
सासु ननद बोलिन्ह जिउ लेहीं। दारुन ससुर न निसरै देहीं॥[247]

नैहर में पिता और ससुराल में पति, सास, ससुर के अधीन रहना कन्या की मानो नियति है। नागमती का समूचा विरह और दुख नारी की पराधीनता और परवशता की करुण कथा है। इसी प्रकार चांदायन में मैना और मृगावती में रूपमिनी का दुख भी नारी की परवशता की चरम अवस्था को द्योतित करता है। किन्तु चांदायन की चाँदा नारी की परवशता की भावना तोड़ती भी है। उसका विवाह बावन से हुआ था जो सर्वथा अयोग्य था। इसलिए वह लोरिक से प्रेम करती है; क्योंकि विवाह के एक वर्ष तक उसने अपने पति की छाया तक नहीं देखी। कितनी विडम्बना है कि एक तरफ़ चाँदा पति का संयोग-सुख चाहती और दूसरी तरफ़ उसकी सास है कि इस मर्म को ही नहीं समझती, उसे पान-फूल के रस का भोग करने का सन्देश देती है—

जउलहि बावन होइ संजोगा। पान फूल रस करही भोगा।

इसी सन्दर्भ में दाऊद ने सास-भय भी दिखलाया है—

तूँ उभरैलि नहिं देखिसि काहू। बिनु घाठे कसनवइ कयाहू॥[248]

किन्तु मैना के सन्दर्भ में सास को दयालु भी दिखाया गया है। वह मैना के दुख में सहभागी होती है और अपने बेटे लोरिक के जीभ काढ़ने और देश-निकाला देने को कहती है। किन्तु मैना स्वयं को परायी कन्या और समस्त स्त्री-जाति को चेरी मानती है जो नारी की परवशता और पराधीनता का संकेत है। इस पराधीनता का संकेत कुतुबन ने भी मृगावती में किया है। स्वयं मृगावती ने अपने को राजकुँवर की

काम करनेवाली (चेरी) कहा है जो मध्ययुगीन समाज में नारी की पराधीनता का संकेत है। वास्तव में उस समय नारी पति के ऊपर ही पूर्णत: आश्रित थी। इसकी विस्तृत चर्चा पीछे की जा चुकी है।

संक्षेप में कहा जा सकता है कि सूफ़ी कवियों ने भी नारी के विविध आयामों का निदर्शन निर्गुण संत कवियों के समान ही किया है। पद्मावत में रत्नसेन द्वारा 'तुम्ह तिरिआ मतिहीन तुम्हारी, मूरुख सो-जो मतै घरनानी' कहलवाकर नारी की निन्दा भी की गई है, किन्तु नारी के साधनात्मक और अन्तस्साधनात्मक रूप को रेखांकित कर जीवन और साधना में उसके महत्त्व को भी बतलाया गया है।

सन्दर्भ

1. तंत्र और संत, पृ. 405
2. कबीर पदावली, पृ. 51
3. चांदायन, मा. प्र. गुप्त, पृ. 209
4. वही
5. कबीर वचनामृत-सार, मुंशीराम शर्मा, पृ. 17
6. भक्ति साहित्य में मधुरोपासना, पृ. 63
7. दयाबाई की बानी, पृ. 6
8. दादू ग्रन्थावली, परशुराम चतुर्वेदी, पृ. 368
9. क. ग्र., श्यामसुन्दर दास, पृ. 7
10. वही
11. रज्जब बानी, ब्रजलाल वर्मा, पृ. 35
12. क. ग्र., श्यामसुन्दर दास, पृ. 7
13. धनी धरमदास जी की शब्दावली (2), पृ. 10
14. क. ग्र., श्यामसुन्दर दास, पृ. 7
15. संत-साहित्य : पुनर्मूल्यांकन, पृ. 265
16. दादू ग्रन्थावली, परशुराम चतुर्वेदी, पृ. 29
17. वही, पृ. 685
18. नानक वाणी, जयराम मिश्र, पृ. 756
19. वही, पृ. 685
20. क. ग्र., मा. प्र. गुप्त, पृ. 14
21. संत सुधा सार, वियोगी हरि, पृ. 636
22. क. ग्र., मा. प्र. गुप्त, पृ. 14
23. वही, पृ. 18
24. प्रकृति और काव्य, रघुवंश, पृ. 276
25. संत सुधा सार, वियोगी हरि, पृ. 549
26. सुन्दर ग्रन्थावली (2), पु. ह. ना. शर्मा, पृ. 684

27. नानक वाणी, जयराम मिश्र, पृ. 674
28. क. ग्र., श्यामसुन्दर दास, पृ. 69
29. कबीर वचनावली, हरिऔध, पृ. 234
30. क. ग्र., श्यामसुन्दर दास, पृ. 146
31. पलटू साहब की बानी (3), पृ. 20
32. वही, पृ. 64
33. हिन्दी काव्य में निर्गुण सम्प्रदाय, पृ. 392
34. वही, पृ. 61
35. सुन्दर ग्रन्थावली (2), पुरो. शर्मा, पृ. 905
36. कबीर, ह. प्र. द्विवेदी, पृ. 273
37. वही, पृ. 275
38. दादू ग्रन्थावली, परशुराम चतुर्वेदी, पृ. 43
39. क. ग्र., श्यामसुन्दर दास, पृ. 104
40. वही, पृ. 13
41. पलटू साहब की बानी (3), पृ. 11
42. क. ग्र., श्यामसुन्दर दास, पृ. 24
43. वही, पृ. 5
44. नानक वाणी, जयराम मिश्र, पृ. 268
45. तुलसी साहब की शब्दावली (2), पृ. 6
46. वही-(1), पृ. 6
47. चरणदास जी की बानी (2), पृ. 19
48. पलटू साहब की बानी (1), पृ. 17
49. वही
50. गुलाल साहब की बानी, पृ. 22
51. कबीर वचनावली, हरिऔध, पृ. 119
52. क. ग्र., श्यामसुन्दर दास, पृ. 100
53. नानक वाणी, जयराम मिश्र, पृ. 140
54. वही, पृ. 113
55. दादू ग्रन्थावली, परशुराम चतुर्वेदी, पृ. 281
56. वही, पृ. 281
57. वही, पृ. 329
58. रैदास जी की बानी, पृ. 30
59. दरिया ग्रन्थावली (दरिया सागर), धर्मेन्द्र ब्रह्मचारी, पृ. 91
60. गुलाल साहब की बानी, पृ. 21
61. वही, पृ. 42
62. कबीर वच., हरिऔध, पृ. 234
63. क. ग्र., मा. प्र. गुप्त, पृ. 370
64. धनी धरमदास जी की शब्दावली, पृ. 57
65. वही, पृ. 56

66. क. ग्र., श्यामसुन्दर दास, पृ. 123
67. नानक वाणी, जयराम मिश्र, पृ. 265
68. पलटू साहब की बानी (1), पृ. 42
69. गुलाल साहब की बानी, पृ. 41
70. जगजीवन साहब की बानी (2), पृ. 41
71. कबीर साहेब की शब्दावली (भाग-1), पृ. 63
72. क. ग्र., श्यामसुन्दर दास, पृ. 161
73. जा. ग्र., रामचन्द्र शुक्ल, पृ. 20 (मानसरोदक खंड)।
74. कबीर साहेब की शब्दावली (1), पृ. 32
75. संतकवि दरिया : एक अनुशीलन, पृ. 168
76. कबीर वचनावली, हरिऔध, पृ. 234
77. धरमदास जी की शब्दावली, पृ. 62
78. रज्जब वाणी, स्वामी नारायण दास, पृ. 115
79. संत सुधा सार, पृ. 113
80. संत नामदेव की हिन्दी पदावली, भगीरथ मिश्र, पृ. 53
81. सहजोबाई की बानी, पृ. 57
82. दयाबाई की बानी, पृ. 17
83. जगजीवन साहब की बानी (1), पृ. 15
84. क. ग्र., श्यामसुन्दर दास, पृ. 75
85. पलटू साहब की बानी (3), पृ. 114
86. नानक वाणी, जयराम मिश्र, पृ. 202
87. रज्जब बानी, ब्रजलाल वर्मा, पृ. 39
88. वही, पृ. 226
89. कबीर ग्रन्थावली, श्यामसुन्दर दास, पृ. 26
90. संत-साहित्य की लौकिक पृष्ठभूमि, पृ. 249
91. दोहा कोश, राहुल सांकृत्यायन, पृ. 161
92. सिद्ध-साहित्य, धर्मवीर भारती, पृ. 309
93. जा. ग्र., मा. प्र. गुप्त, पृ. 420
94. मध्ययुगीन रोमांचक आख्यान, पृ. 180
95. ख़िलजी कालीन भारत, सै. अतहर अब्बास रिज़वी, पृ. 181
96. सिद्ध-साहित्य, भारती, पृ. 424
97. क. ग्र., श्यामसुन्दर दास, पृ. 125
98. वही, पृ. 28 (भूमिका)
99. बुल्ला साहिब का शब्द सागर, पृ. 29-30
100. अष्टछाप और वल्लभ सम्प्रदाय, दीनदयालु गुप्त, पृ. 455
101. कबीर साखी-संग्रह (वे. वे. प्रेस), पृ. 164
102. क. ग्र., श्यामसुन्दर दास, पृ. 26
103. दादू ग्रन्थावली, परशुराम चतुर्वेदी, पृ. 138
104. रज्जब बानी, ब्रजलाल वर्मा, पृ. 227

105. नानक वाणी, जयराम मिश्र, पृ. 475
106. वही
107. क. ग्र., श्यामसुन्दर दास, पृ. 124
108. वही, पृ. 174
109. कबीर वचनावली, हरिऔध, पृ. 189-90
110. चरनदास की बानी-1, पृ. 74
111. मारवाड़ी दरिया की बानी, पृ. 49
112. मलूकदास जी की बानी, पृ. 16
113. पलटू साहब की बानी (1), पृ. 74
114. वही, पृ. 73-74
115. दादू ग्रन्थावली, परशुराम चतुर्वेदी, पृ. 138
116. धनी धरमदास की शब्दावली, पृ. 47
117. दादू ग्रन्थावली, परशुराम चतुर्वेदी, पृ. 140
118. क. ग्र., श्यामसुन्दर दास, पृ. 25
119. वही, परिशिष्ट, पृ. 195
120. कबीर वचनावली, हरिऔध, पृ. 191
121. नानक वाणी, जयराम मिश्र, पृ. 152
122. क. ग्र., श्यामसुन्दर दास, पृ. 27
123. सुन्दर विलास, पृ. 45
124. रज्जब बानी, ब्रजलाल वर्मा, पृ. 228
125. क. ग्र., श्यामसुन्दर दास, पृ. 27
126. नानक वाणी, जयराम मिश्र, पृ. 469
127. पलटू साहब की बानी (1), पृ. 15
128. संत कवि दरिया : एक अनुशीलन, पृ. 182
129. वही, पृ. 158
130. नानक वाणी, जयराम मिश्र, पृ. 250
131. पलटू साहिब की बानी (2), रेख्ता 82, अरिल्ल-121
132. कबीर वचनावली, हरिऔध, पृ. 132
133. क. ग्र., श्यामसुन्दर दास, पृ. 25
134. वही, पृ. 25
135. सुन्दर विलास, पृ. 36
136. क. ग्र., श्यामसुन्दर दास, पृ. 30
137. दादू ग्रन्थावली, परशुराम चतुर्वेदी, पृ. 145
138. मलूकदास जी की बानी, पृ. 9
139. सुन्दर-ग्रन्थावली, पुरोहित शर्मा, पृ. 828
140. गरीबदास जी की बानी, पृ. 98
141. संत कवि दरिया : एक अनुशीलन, पृ. 104
142. तुलसी साहिब की शब्दावली (1), पृ. 34
143. संत कवि दरिया : एक अनुशीलन, पृ. 161

144. वही
145. वही
146. क. ग्र., श्यामसुन्दर दास, पृ. 113
147. सम्मेलन पत्रिका-भाग-46, 8, शक 1882, पृ. 119
148. जा. ग्र., रामचन्द्र शुक्ल, पृ. 37
149. क. ग्र., श्यामसुन्दर दास, पृ. 123
150. संत कवि दरिया : एक अनुशीलन, पृ. 960
151. क. ग्र., श्यामसुन्दर दास, पृ. 134
152. दरिया ग्रन्थावली (द्वि. ग्रन्थ), पृ. 314
153. वही, पृ. 99
154. कबीर वचनावली, हरिऔध, पृ. 123
155. पलटू साहब की बानी (2), पृ. 33
156. वही (भाग-3), पृ. 62
157. सुन्दर ग्रन्थावली (2), पुरोहित शर्मा, पृ. 651
158. कबीर वचनावली, हरिऔध, पृ. 193
159. रज्जब वाणी, स्वा. दास, पृ. 648
160. सुन्दर ग्रन्थावली (2), शर्मा, पृ. 873-74
161. भारतीय संस्कृति और साधना, गोपीनाथ कविराज, पृ. 59
162. नाथ-सम्प्रदाय, पृ. 123-24
163. सहज साधना, ह. प्र. द्विवेदी, पृ. 83
164. तांत्रिक साधना और सिद्धान्त, पृ. 196
165. वही, पृ. 197
166. नाथ सम्प्रदाय, ह. प्र. द्विवेदी, पृ. 124
167. कबीर, ह. प्र. द्विवेदी, पृ. 51
168. वही
169. क. ग्र., श्यामसुन्दर दास, पृ. 12, दोहा-45
170. वही, पृ. 141, पद 298
171. गोरखबानी, डॉ. बड़थ्वाल, पृ. 174
172. तांत्रिक साधना और सिद्धान्त, गोपीनाथ कविराज, पृ. 197
173. क. ग्र., श्यामसुन्दर दास, पद-162
174. वही, पद-329
175. पलटू साहब की बानी (1), पृ. 90
176. वही (1), पृ. 101
177. दादूदयाल जी की बानी (2), पृ. 159
178. सुन्दर ग्रन्थावली-(ज्ञान समुद्र), पु. शर्मा, पृ. 20 एवं 56
179. मारवाड़ी दरिया की बानी, पृ. 13-14
180. तुलसी साहिब की शब्दावली, पृ. 136
181. संत चरनदास, त्रिलोकी नारायण दीक्षित, पृ. 175
182. वही, पृ. 176

183. वही, पृ. 177
184. सुन्दर ग्रन्थावली (2), पृ. 828
185. सहज-साधना, ह. प्र. द्विवेदी, पृ. 83
186. पद्मावत, मा. प्र. गुप्त, पृ. 442
187. पद्मावत, वासुदेवशरण अग्रवाल, भूमिका, पृ. 60
188. वही
189. क. ग्र., श्यामसुन्दर दास, पृ. 115
190. सिद्ध-साहित्य, धर्मवीर भारती, पृ. 415
191. क. ग्र., श्यामसुन्दर दास, पृ. 74
192. पलटू साहिब की बानी (2), पृ. 97-98
193. सिद्ध-साहित्य, धर्मवीर भारती, पृ. 415
194. दादू ग्रन्थावली, परशुराम चतुर्वेदी
195. अमीघूँट, वे. वे. प्रेस, पृ. 7
196. यारी साहब की रत्नावली, पृ. 8
197. क. ग्र., श्यामसुन्दर दास, पृ. 35
198. नानक वाणी, जयराम मिश्र, पृ. 580
199. बुल्ला साहिब का शब्द-सागर, शब्द-5
200. भीखा साहिब की बानी, पृ. 48
201. मारवाड़ी दरिया की बानी, पृ. 13-14
202. पलटू साहब की बानी (1) पृ. 101
203. वही, पृ. 89
204. वही, पृ. 26
205. गोरख बानी, बड़थ्वाल, पृ. 105
206. गुलाल साहब की बानी, पृ. 29
207. क. ग्र., श्यामसुन्दर दास, पृ. 14
208. कबीर, पृ. 98
209. वही, पृ. 102
210. क. ग्र., श्यामसुन्दर दास, पृ. 11
211. कबीर, ह. प्र. द्विवेदी, पृ. 102
212. वही, (कबीर वाणी), पृ. 232
213. धनी धरमदास की शब्दावली, पृ. 26
214. वही, पृ. 32
215. पलटू साहिब की बानी (1), पृ. 90
216. सिद्ध-साहित्य, धर्मवीर भारती, पृ. 412
217. गुलाल साहब की बानी, पृ. 26
218. पलटू साहब की बानी (1), पृ. 40-41
219. गुलाल साहब की बानी, पृ. 38, 100
220. दूलनदास जी की बानी, पृ. 29
221. दरिया ग्रन्थावली (2), पृ. 66-67

222. दादू ग्रन्थावली, परशुराम चतुर्वेदी, पृ. 94
223. तुलसी साहब की शब्दावली (2), पृ. 95
224. कबीर, ह. प्र. द्विवेदी, पृ. 237-38
225. वही, पृ. 217
226. दयाबाई की बानी, पृ. 11,
227. सहजोबाई की बानी, पृ. 44
228. दोहा कोश, रा. सांकृत्यायन, पृ. 75
229. सिद्ध-साहित्य, धर्मवीर भारती, पृ. 409
230. गोरखबानी, बड़थ्वाल, पृ. 196
231. वही, पृ. 200
232. कबीर वचनावली, हरिऔध, पृ. 106
233. नानक वाणी, जयराम मिश्र, पृ. 110
234. चांदायन, मा. प्र. गुप्त, पृ. 231
235. जा. ग्र., रामचन्द्र शुक्ल, पृ. 183
236. वही, मानसरोदक खंड, पृ. 22
237. पद्मावत, वा. श. अग्रवाल, पृ. 121
238. वही, नख-शिख खंड, पृ. 111
239. जा. ग्र., रा. च. शुक्ल, पृ. 88
240. वही, पृ. 81
241. वही, पृ. 115
242. पद्मावत, वासुदेवशरण अग्रवाल, पृ. 13
243. वही, पृ. 141
244. जा. ग्र., रामचन्द्र शुक्ल, पृ. 34
245. वही, पृ. 31
246. पद्मावत, वा. श. अग्रवाल, पृ. 468
247. जा. ग्र., रा. च. शुक्ल, पृ. 20
248. चांदायन, मा. प्र. गुप्त, पृ. 44

नारी-भावना के अन्य रूप

पीछे हम निर्गुण कवियों की नारी-भावना से सम्बद्ध उसके पारिवारिक, साधनात्मक और अन्तस्साधनात्मक रूप की विवेचना कर चुके हैं। पारिवारिक सन्दर्भ में नारी के विरहिणी, सुहागन, पत्नी, माँ, बहन और सास-ननद इत्यादि रूप हैं। इन रूपों में संतों ने नारी को विशेष महत्त्व दिया है। इसके अतिरिक्त संतों ने सती तथा पतिव्रता की भी प्रशंसा की है। किन्तु दूसरी ओर नारी की निन्दा भी की है।

पतिव्रता

नारी के पातिव्रत्य की प्रशंसा सभी निर्गुण कवियों ने की है। उसे साधना का आदर्श बनाया है—अर्थात साधक को वैसा ही होना चाहिए जैसी पतिव्रता स्त्री। संत ज्ञानेश्वर ने पतिव्रता की प्रशंसा करते हुए कहा था कि जो पति की प्रेम से सेवा करती है और पति जिसका आदर करता है, वह पतिव्रता पति की अपेक्षा क्या अधिक नहीं बखानी जाती? संतों ने पतिव्रता का प्रयोग दो अर्थों में किया है : प्रथम सांसारिक भाव में तथा द्वितीय आध्यात्मिक भाव में। सांसारिक भाव में जब कवि पतिव्रता शब्द का प्रयोग करता है तो तात्पर्य होता है. उस स्त्री से जो मनसा, वाचा, कर्मणा सर्वथा अपने पति पर अनुरक्त है। आध्यात्मिक सन्दर्भ में इसका प्रयोग अद्वैत ब्रह्म की उपासना के लिए हुआ है। इसीलिए कबीरदास जी ने परमतत्त्व (राम) के प्रति एकनिष्ठ भाव से भक्ति न करनेवाले साधक की तुलना वेश्या के पुत्र से की है। साधक के इसी पातिव्रत्य (एकनिष्ठ भाव) का कबीर ने अन्य रूप में निर्वचन किया है। यदि मन एक से लगेगा तो उसका निर्वहण हो सकता है, किन्तु यदि कोई मुख से (एक साथ) दो तूर्यों को बजाए, तो न्याय यही है कि बजानेवाला तमाचे खाएगा अर्थात अनेक से मन लगाना एक ही साथ दो तूर्य बजाने के समान विसंगत है।

पतिव्रता और उसके पातिव्रत्य की महिमा का भारतीय वाङ्मय में विशेष महत्त्व प्रतिपादित किया गया है। मध्ययुगीन प्रेमाख्यानक रचनाओं में भी इसके उदाहरण मिलते हैं। दाऊद-कृत 'चांदायन' और साधन-कृत 'मैनासत' में मैना और जायसी कृत 'पद्मावत' में नागमती के माध्यम से नारी के पातिव्रत्य की सुन्दर अभिव्यंजना हुई है।

नारी से जिस विशेष पातिव्रत्य की अपेक्षा की जाती है उस मानसिकता के तहत दाऊद, साधन और जायसी उसे व्यापक मानवीय संवेदना और गरिमा के साथ उभार सके हैं। मैना के पातिव्रत्य और सतीत्व को जिस ऊँचाई से दाऊद और साधन ने प्रस्तुत किया है वह अद्‌भुत है। चांदायन की मैना मालिनी के द्वारा प्राप्त फूल को तभी हाथ लगाती है जब उसे पता चलता है कि यह तो उसके पति का ही है। साधन-कृत 'मैनासत' में मालिनी जब मैना को किसी अन्य सुन्दर 'रसिया' से मिलाने को कहती है तो मैना उसे डाँटती हुई कहती है—

लाज कानि तोहि कहत न आई। ऐसे बोलन कत पतिआई॥
फाटै तासु नारि को हीयो। एक छंडि जिहिं दूज्यो कीयो॥[1]

नागमती के वियोग में भी पातिव्रत्य की यही ऊँचाई है—

गिरि, समुद्र, ससि, मेघ, रवि, सहि न सकहिं वह आगि।
मुहमद सती सराहिए, जरे जो बस पिउ लागि॥[2]

पातिव्रत्य की इस ऊँचाई को दरसाने के लिए ही जायसी ने नागमती को सहज मानवीय भूमि पर उतार दिया है।

निर्गुण संत कवियों ने सबसे अधिक महत्त्व नारी के माँ रूप को दिया है अथवा पतिव्रता और सती को। पतिव्रता की प्रशंसा का एक कारण यह भी प्रतीत होता है कि मध्यकालीन समाज में परपुरुष और परनारी-गमन की प्रवृत्ति थी। मध्ययुगीन प्रेमाख्यानों में ऐसे बहुत से उदाहरण मिलते हैं जहाँ परपुरुष सेवन और परनारी का सेवन कोई आश्चर्यजनक बात न थी। लोरिकायन के आरा के प्रकाशित भोजपुरी रूप में लोरिक कहता है कि "जैसे अपना खेत रहने पर भी लोग दूसरे के खेत से कचरी (कच्चा चना) उखाड़कर खाते हैं उसी तरह चनवाँ के साथ दस दिन सुख-विलास कर लेने दो। इस तरह के कार्यों और कथनों से लोरिकायन भरा पड़ा है।"[3] स्वयं संतों ने समाज में वेश्याओं के होने का उल्लेख किया है। कबीर साहब ने तो स्पष्ट कहा है कि सती-साध्वी स्त्रियों को गजी (सामान्य वस्त्र) भी पहनने को नहीं मिलता जबकि वेश्याएँ अच्छे-से-अच्छे वस्त्र पहनती थीं।[4] पलटू साहब ने तो वेश्या के बाज़ार में बैठने का उल्लेख किया है जो अनेक पुरुषों के भोग के कारण बन्ध्या हो गई।[5] इसी प्रकार संतों ने परनारी सेवन की बहुत निन्दा की है, और यह भी संकेत किया है कि अनेक स्त्रियों के सेवन से शरीर को भले ही क्षणिक सुख प्राप्त होता हो, किन्तु उससे शरीर रोगग्रस्त अवश्य हो जाता है।[6] इस प्रकार यह स्पष्ट होता है कि अतिशय भोगवादी दृष्टि और यौनाचार से समाज को बचाने के लिए भी संतों ने पतिव्रता और सती-साध्वी नारियों की प्रशंसा और निन्दा का मार्ग निकाला। पीछे हम इस बात का संकेत कर चुके हैं कि संतों ने पतिव्रता को सर्वाधिक महत्त्व दिया

और उसकी एकनिष्ठ समर्पण भावना इत्यादि के कारण उसे साधना का आदर्श बनाया। कबीरदास जी ने पतिव्रता की विविध रूपों में प्रशंसा की है तथा उसके भीतर एक विचित्र प्रकार के आत्मविश्वास भाव को दर्शाया है—

पतिबरता पति को भजे, और न आन सुहाय।
सिंह बचा जो लंघना, तो भी घास न खाय॥[7]

पतिव्रता उसे कहा जाता है जो अपने पति के सिवा किसी और को जानती ही नहीं। उसका सारा सुख पति पर आधृत है। पति के अतिरिक्त किसी अन्य पुरुष का वह ध्यान तक नहीं करती। पति ही उसकी गति है, मति है, वह सतत प्राणनाथ के चरणों की दासी है। कबीरदास की पतिव्रता अपने गुणियाले कंत से बहुत आश्वस्त और चुनौती भरे शब्दों में कहती है कि हे प्रियतम! मुझे केवल तुमसे प्रेम है। मैं यदि किसी और से हँसकर बात भी करूँ तो अपने दाँतों में नील रँगा दूँ—

कबीर प्रीतड़ी तो तुझसों, बहु गुणियाले कंत।
जै हँसि बोलों आन सों, नील रँगाऊँ दंत॥[8]

अपने पति के अतिरिक्त और कहीं ध्यान जाते ही पतिव्रता का धर्म भ्रष्ट हो जाता है। इसलिए वह अन्यत्र निहारती ही नहीं। उसके हृदय की एकमात्र साध है—

लालन मेरा लाड़िला, रूप बहुत तुझ माँहि।
सुन्दर राखे नैन में, पलक उघारे नाँहि॥ (सुन्दरदास)

कबीरदास की पतिव्रता सुन्दरदास की पतिव्रता की तरह नेत्रों को खोलने से नहीं डरती अपितु वह तो अपने प्रियतम को नेत्रों में ही तत्काल समाविष्ट कर लेना चाहती है, ताकि न वह किसी और को देखे और न उसे ही किसी और को देखने दे। कबीर के सन्दर्भ में आचार्य हजारीप्रसाद द्विवेदी ने लिखा है कि "कबीरदास भक्त और पतिव्रता को एक कोटि में रखते थे। दोनों का धर्म कठोर है, दोनों की वृत्ति कोमल है, दोनों के सामने प्रलोभन का दुस्तर जंजाल है, दोनों ही कांचन पदधर्मी हैं—बाहर से मृदु, भीतर से कठोर, बाहर से कोमल, भीतर से परुष। सबकी सेवा में व्यस्त, पर एक की आराधिका पतिव्रता ही भक्त के साथ तुलनीय हो सकती है।"[9] इसी भाव की चरम अभिव्यक्ति करते हुए संत पलटू साहब ने पतिव्रता नारी का जो रूपांकन किया है वह निर्गुण साहित्य में अनूठा है—

पतिवरता को लच्छन सबसे रहे अधीन॥
सबसे रहे अधीन टहल वह सबकी करती॥
सास ससुर और भसुर ननद देवर से डरती॥
सबका पोषन करै सभन की सैज बिछावे।

सबको लेय सुताय, पास तब पिय के जावे॥
सूते पिय के पास सभन को राखे राजी॥[10]

पतिव्रता का इतना सुन्दर निरूपण समूचे निर्गुण साहित्य में कबीर को छोड़कर अन्यत्र नहीं मिलता। यहाँ पलटू साहब ने पतिव्रता की एकनिष्ठता और समर्पण भावना का अंकन तो किया ही है; संयुक्त परिवार में नारी (बहू) के दायित्व और उसके त्यागमय जीवन की भी सुन्दर विवेचना की है। कितना त्यागमय जीवन है उसका। सबके अधीन रहती है, सबकी सेवा करती है, सबसे डरती है, सबका पोषण करती है, सबकी शैया तैयार करती है और सबको सुलाकर तब प्रिय के पास जाती है। इस प्रकार प्रियतम के साथ शयन कर वह सबको प्रसन्न रखती है। सारी जीवनचर्या, सारा समर्पण सबके लिए होते हुए भी पति के लिए सर्वस्व है। यही भारतीय नारी का आदर्श है जो विश्व संस्कृति में अपनी अस्मिता के लिए प्रेरणास्रोत है।

संत नामदेव ने भी स्त्री के पातिव्रत्य पर बल दिया है। इसीलिए उन्होंने केवल शृंगार करके पति को रिझानेवाली स्त्री को कोई श्रेय नहीं दिया है। इसके विपरीत पतिव्रता स्त्री बिना शृंगार के, केवल अपनी समर्पण-भावना के बल पर पति का प्रेम प्राप्त करती है और प्रियतम उसके मान (मर्यादा) की रक्षा करता है।[11] पतिव्रता का महत्त्व केवल उसके निष्ठा और त्याग भावना के कारण है, जबकि व्यभिचारिणी स्त्री के पास इनमें से कुछ भी नहीं होता इसलिए पतिव्रता और व्यभिचारिणी की (संतों के अनुसार) कोई तुलना नहीं की जा सकती।[12] गणिका नाना भाँति के शृंगार करती है और अनेक पुरुषों का सेवन करती है, किन्तु पतिव्रता अपने सादे वेश में भी उससे अच्छी लगती है। कबीरदास जी ने स्पष्ट कहा है कि पतिव्रता चाहे मैली ही क्यों न रहे, उसके गले में काँच की गुरिया (माला) ही क्यों न पड़ी हो फिर भी अपनी सखियों के मध्य वह उसी प्रकार देदीप्यमान होती है जिस प्रकार सूर्य और चन्द्रमा की ज्योति—

पतिबरता मैली भली, गले काँच की पोत।
सब सखियन में यों दिपे, ज्यों रवि ससि की जोत॥[13]

बिहार के संत दरिया साहब ने भी इसी से मिलती-जुलती बात कही है जिससे लगता है कि कबीर का उन पर गहरा प्रभाव है। दरिया साहब का कहना है कि पतिव्रता स्त्री के गले में मोतियों की माला नहीं होती तब भी वह सभी सखियों में अपनी एकनिष्ठता की आभा में देदीप्यमान रहती है—

पतिवर्ता के गले ना मोती।
सभ सखियन में झलके जोती॥[14]

पातिव्रत्य के समक्ष नारी के शृंगार का कोई औचित्य नहीं। इसके साथ ही यदि पति पास नहीं है तो नारी—पतिव्रता—का शृंगार व्यर्थ है क्योंकि उसके शृंगार को देखने ही वाला जब नहीं है, तो उस शृंगार का क्या महत्त्व? इसीलिए पतिव्रता पति की याद में सर्वसुख भुला बैठती है—

जैसे नारी नाहबिन, भूली सकल शृंगार।
त्यों रज्जब भूला सकल, सुनसनेह दिलदार॥[15]

सामान्यतः समाज में देखा जाता है कि पतिव्रता स्त्रियाँ अपने पति का नाम नहीं लेतीं। यह धारणा मध्यकाल में भी रही होगी, इसीलिए संतों ने अनेक स्थलों पर संकेत किया है कि पतिव्रता स्त्री अपने पति का नाम नहीं लेती। पति का नाम न लेना पति के प्रति उनके एकनिष्ठ और अनन्य भाव का द्योतक है। अतिबुद्धिवादी विचारधारा भले ही इसे रूढ़िवादिता माने किन्तु पतिव्रता स्त्री इसे पति की मर्यादा का अंग मानती है और आत्यन्तिक स्थिति में पति का नाम संकेतों से लेती है। इस शील और मर्यादा के आदर्श को ही बनाए रखने के लिए संतों ने एतद्विषयक संकेत किये हैं।

पीछे हम कह चुके हैं कि संतों ने पतिव्रता को साधना का आदर्श माना है। इसका कारण यह है कि भगवान की भक्ति जब तक एकनिष्ठ भाव से नहीं की जाएगी तब तक साधना का उच्च सोपान नहीं प्राप्त हो सकता। इसलिए संतों ने साधक की वैसी ही कल्पना की है जैसी पतिव्रता की। इस आधार पर दोनों समानधर्मी हैं। दोनों का मार्ग कष्टसाध्य है। किन्तु इस कष्ट में भी आत्मिक सुख है।

सुन्दरदास ने पतिव्रता के साथ ही सती की चर्चा भी सामान्यतः भक्त (साधक) की अडिग-एकनिष्ठ भक्ति-भावना के प्रतीकात्मक रूप में की है। 'सुन्दरविलास' के अन्तर्गत 'पतिव्रता को अंग' में ऐसे अनेक पद कहे हैं जिसमें पतिव्रता का दो-एक विशुद्ध सामाजिक सन्दर्भ और दूसरा आध्यात्मिक भावना से सम्बद्ध रूप (साधक के अर्थ में)—दिखाई पड़ता है। यह प्रवृत्ति प्रायः सभी निर्गुण संत कवियों में परिलक्षित होती है। कबीरदास जी ने स्पष्ट कहा है कि उस परमतत्त्व का दास होने पर कभी भी अकार्य नहीं होता—जैसे पतिव्रता स्त्री को यदि नग्न रहना पड़े, तो उसके पति को ही लज्जा आएगी,[16] क्योंकि वह किसी अन्य का ध्यान ही मन में नहीं लाती। सदैव प्रियतम पर ही उसका आस-विश्वास टिका रहता है। अहर्निश वह उसी की सेवा में लगी रहती है और प्रियतम के प्रेम का रस लेती रहती है।[17]

कबीर, दादू, सुन्दरदास इत्यादि की भाँति चरणदास जी ने भी 'पतिव्रता का अंग' लिखा है। पतिव्रता के लिए वे कहते हैं कि उसे केवल अपने पति की ओर ही देखना चाहिए औरों से क्या काम है; अर्थात अन्य पुरुष से बात करने की कोई आवश्यकता नहीं। उसी प्रकार भक्त को चाहिए कि वह केवल एक (हरि) का नाम-जाप करे, बाक़ी सभी देवताओं को छोड़ दे—

पति की ओर निहारिये, औरन सूँ क्या काम।
सबै देवता छोड़ि के, जपिये हरि का नाम॥[18]

पतिव्रता स्त्री पितृ-गृह और पति-गृह, दोनों कुलों में प्रशंसा और सम्मान का पात्र होती है। इस प्रकार हम देखते हैं कि संतों ने पतिव्रता का उल्लेख अपनी वाणियों में बहुत अधिक किया है। संतों ने समाज में नारी के पातिव्रत्य व उसके समर्पण को आदर्श रूप कहा। समर्पण की इसी अनाविल दृष्टि के फलस्वरूप उन्होंने उस भक्त की समता पतिव्रता से की जो सर्वतोभावेन एक देव के प्रति अपनी भक्ति प्रदर्शित करता है। सुन्दरदास ने तो बड़े ही तीखे शब्दों में कहा है कि जो निर्गुण ब्रह्म को त्यागकर किसी अन्य देवता का ध्यान करता है वह मन्दबुद्धि है, उसका बड़ा फजीता होता है। उसकी स्थिति वैसी कही जाएगी जैसे कोई स्त्री अपने पति को छोड़कर किसी अन्य पुरुष का सेवन करे। ऐसे लोगों के प्रति कोई सहानुभूति नहीं होती, न ही उन्हें कोई सम्मान ही मिलता है, बल्कि ऐसे लोगों को तो जाकर कुएँ में ही डूबकर मर जाना चाहिए।[19] एकनिष्ठ साधक की भाँति पतिव्रता के लिए पति को छोड़कर अन्य कुछ भी काम्य नहीं होता, क्योंकि उसका सारा प्रेय और श्रेय वही है। नारी के अपने पति के प्रति सर्वतोभावेन समर्पण के कारण ही कबीर जैसे सहृदय संतों ने उसे व्यापक मानवीय संवेदना के आलोक में स्थापित किया है। पातिव्रत्य की विशाल वेदी पर वे करोड़ों सुन्दरियों को न्योछावर करते हैं—

पतिबरता मैली भली, काली कुचित कुरूप।
पतिबरता के रूप पर, वारों कोटि सरूप॥[20]

अर्थात एक काली, कुचित और कुरूप पतिव्रता पर करोड़ों सुन्दरियाँ न्योछावर की जा सकती हैं। इस प्रकार संक्षेप में कहा जा सकता है कि संत कवियों ने नारी के पतिव्रता रूप को व्यापक प्रशंसा का पात्र बनाकर उसका जीवन और साधना में महत्त्व प्रतिपादित किया और साथ ही समाज के कर्दम को निकालकर एक स्वस्थ और स्वच्छ समाज के निर्माण की आधारशिला रखी। पतिव्रता के सन्दर्भ में यह भी ध्यातव्य है कि निर्गुण संतों के यहाँ वह दो रूपों में प्रयुक्त हुआ है—एक सामाजिक सन्दर्भ में और दूसरा आध्यात्मिक सन्दर्भ में। सामाजिक सन्दर्भ में पतिव्रता से अभिप्राय विशुद्ध रूप में नारी से है और आध्यात्मिक सन्दर्भ में उसका अभिप्राय उस एकनिष्ठ साधक से है जो केवल हरि (निर्गुण ब्रह्म) की भक्ति करता है; अपनी सारी साधना केवल उस एक के प्रति समर्पित करता है। डॉ. बड़थ्वाल ने भी इस तथ्य की पुष्टि की है; लिखा है कि "निर्गुणी एकेश्वर भक्त को आलंकारिक भाषा में पतिव्रता नारी कहते हैं।"[21]

सदाचारिणी, कुलवन्ती और गुणवन्ती नारी

कबीरदास जी ने सदाचारिणी का उल्लेख भक्त के रूप में किया है। संत नानक देव का कहना है कि जो स्त्री अपने प्रियतम के प्रति पूरी तरह से समर्पित होती है, वही सच्ची, शीलवती, संयमी सदाचारिणी होती है तथा अपने परिवार में पूर्ण प्रतिष्ठा प्राप्त करती है।[22]

संतों के लिए भक्ति मापदंड थी। इसीलिए वे जीवन और जगत को उससे अलग करके नहीं देखते थे। कबीरदास जी ने नित्य प्रति प्रातःकाल उठकर प्रिय के लिए मांग सँवारनेवाली नृप-नारी की अपेक्षा हरि जन की पनिहारी को सम्मान दिया है; क्योंकि वह नित्य राम का स्मरण करती है।[23] हाथी-घोड़ा और अपार धनराशि के स्वामी (छत्रपति राजा) की नारी से हरिजन की पनिहारी की तुलना कैसे की जा सकती है। कबीरदास जी के अनुसार जिस माता का पुत्र राम की भक्ति में मन नहीं लगाता, वह माता सदाचारिणी नहीं हो सकती। ऐसी माँ को गर्भ-स्राव कर बाँझ हो जाना चाहिए।[24] इसकी अपेक्षा वह स्त्री धन्य होती है जो वैष्णव पुत्र उत्पन्न करती है। वह राम का स्मरण कर निर्भय हो जाता है जबकि सारा जगत अनुत्पन्न होकर नष्ट हो गया—

कबीर धनि ते सुन्दरी, जिनि जाया बैसनों पूत।
राम सुमरि निरभै भया, सब जग गया अऊत॥[25]

कबीर आदि निर्गुण संतों के यहाँ सदाचारिणी नारी का उल्लेख भी एकनिष्ठ, एकेश्वरवादी साधक के सन्दर्भ में किया गया है। किन्तु सामाजिक सन्दर्भ में उसका उल्लेख करना वे नहीं भूलते। सामाजिक सन्दर्भ में ही कबीरदास वेश्या और सतवन्ती स्त्री की चर्चा करते हुए कहते हैं कि सतवन्ती स्त्रियों को साधारण वस्त्र भी नहीं मिलता, जबकि वेश्याएँ अच्छा-खासा पहनती हैं। कबीर के इस उल्लेख से यह अर्थ लगाना कठिन नहीं है कि उस समय के समाज में वेश्याओं की आर्थिक स्थिति अच्छी थी। एक अन्य रूप में यहाँ कबीरदास समाज में नारी की स्थिति को ही स्पष्ट करते हैं। डॉ. सरनाम सिंह शर्मा के इस विचार से सहमत होना बहुत कठिन है कि नारी के सन्दर्भ में कबीर की भावना मधुर नहीं रही है तथा उन्होंने अपने समसामयिक समाज में नारी की स्थिति को दिखाने में विशेष रुचि भी नहीं ली है। इस मान्यता को तोड़ने के लिए कबीर-साहित्य में प्राप्त नारी के सतरूप—माँ, प्रिया, सुहागन विरहिणी, सती, पतिव्रता इत्यादि बहुत सहायक प्रतीत होते हैं।

सदाचारिणी की समानधर्मी कुलवन्ती व गुणवन्ती नारी का उल्लेख भी संतों ने किया है। यद्यपि यह पतिव्रता का ही एक रूप है किन्तु संत गुलाल साहब और चरणदास ने इसका विशेष रूप से उल्लेख किया है, जबकि चरणदास ने तो 'पतिव्रता का अंग' ही लिखा है।

गुलाल साहब का कहना है कि कुलवन्ती स्त्री अपने प्रिय के साथ होली खेल रही है। वह इतनी मग्न है कि उसने लोक-लाज तक बिसरा दिया है—

अब खेलों मन महा मगन ह्वै, छूटलि लाज हमारी।
कह गुलाल पिय होरी खेलो, हम कुलवन्ती नारी॥[26]

यही कुलवन्ती नारी गुणवन्ती भी है और साधना की ऊर्ध्व स्थिति को प्राप्त कर परमप्रभु (प्रियतम) की सुहागन हो जाती है। वह सुहाग (सौभाग्य) की पूर्णता पाकर परमप्रिय का शाश्वत साहचर्य प्राप्त कर लेती है—

गुन जानी गुनवंत नारि, कंत मन भाइल हो।
गावहिं सखियाँ सहेलरि, दुलहिन भाइल हो।
दास गुलाल सोहागिनि, प्रभु संग पाइल हो॥[27]

चरणदास जी के अनुसार कुलवन्ती नारी पति की आज्ञा का कभी भी उल्लंघन नहीं करती, और बड़े यत्न से उसकी सेवा करती है। वह गुणवन्ती परमप्रिय की बड़ी लाडली होती है, क्योंकि वह गुणों की राशि, चतुर (सयानी) और सुघड़ होती है—

सुघर चतुर गुनरासि लाडिली पी की।[28]

सती

सती-प्रथा का उल्लेख प्राचीन भारतीय साहित्य में भी यत्र-तत्र मिलता है। 'हर्ष चरित' में हर्ष की माता यशोवती के सती होने का व्यापक वर्णन है। बाण ने लिखा है कि "रानी यशोवती अन्तःपुर से पैदल ही सरस्वती के किनारे तक गई और वहाँ सती हो गई।" मरण से पूर्व हर्ष ने अपनी माता को सती-वेश धारण किये हुए देखा था—'गृहीतमरण प्रसाधनम्।'[29] इसी प्रकार हर्ष-विरचित 'प्रियदर्शिका' में विन्ध्यकेतु की स्त्री के सती होने का वर्णन मिलता है। इससे पूर्व छठी सदी के एक शिलालेख से भानुगुप्त के सेनापति गोपराज की स्त्री के सती होने का उदाहरण मिलता है।[30] मध्ययुग में इस्लाम के प्रवेश के साथ ही सती-प्रथा को और फलने-फूलने का अवसर मिला। कुछ स्त्रियाँ तो स्वतः सती हो जाया करती थीं, किन्तु कुछ परिस्थिति के दबाव के कारण। पद्मावत में रत्नसेन की मृत्यु के उपरान्त नागमती और पद्मावती का सती होना प्रसिद्ध है ही। मृगावती में भी कुतुबन ने मृगावती और रूपमिनि का तो सती होना दिखलाया है किन्तु उनके साथ चौरासी रानियों तथा अलग चिता बनाकर नाऊ-बारी इत्यादि के भी जलने का वर्णन किया है। किन्तु इसके बीच जो अन्य संकेत कुतुबन ने दिया है वह बहुत महत्त्वपूर्ण है।

कुतुबन का कहना है कि मृगावती और रूपमिनी कुँवर के शव के साथ जलकर राख हो गईं। सब जल गए। धोबी भी जल गए, किन्तु उनकी स्त्रियाँ नहीं जलीं और वे ब्राह्मण नहीं जले जो रसोई बनाते थे।[31]

कुतुबन के इस वर्णन से पता चलता है कि सती-प्रथा का चलन विशेष रूप से सवर्णों में ही था। इसका कारण यह था कि अवर्णों की स्त्रियाँ आर्थिक दृष्टि से आत्मनिर्भर होती थीं, जबकि सवर्णों की स्त्रियाँ अपने पति पर ही आश्रित होती थीं। कुतुबन ने रूपमिनी और मृगावती के साथ जिन चौरासी रानियों के सती होने (या जलने) का वर्णन किया है उन्हें निराश्रित दिखाया है।[32] इसलिए निराश्रित, सवर्ण स्त्रियों के लिए सती होने का यह ठोस कारण प्रतीत होता है। नारी पराधीनता का जो वर्णन तुलसीदास ने किया है उसके मूल में भी आर्थिक पराधीनता की कसक की व्यंजना का ही स्वर निहित है।

निर्गुण संतों के यहाँ सती का उल्लेख प्रभूत परिमाण में है। किन्तु इस प्रथा (आधुनिक दृष्टि में कुप्रथा) के प्रति संतों ने कोई विरोध-भाव प्रकट नहीं किया। उन्होंने सती की एकनिष्ठता को भी अपनी आध्यात्मिक साधना के प्रेरणास्त्रोत के रूप में ग्रहण किया है और उसके प्रति सम्मान का भाव प्रकट किया है। आत्मोत्सर्ग की भावना संतों ने सती और शूर में ही देखा है। इसीलिए उनके प्रेम और साधना के आदर्श सती और शूर हैं। साधक की साधना शूर की साधना से कठिन है, सती के सत् से भी कठिन है, किन्तु, इसके बावजूद कबीर जैसे संत भक्त या साधक के लिए त्याग और उत्सर्ग का स्थान ढूँढ़ने जाते हैं तो सती और शूर के यहाँ। इसीलिए कबीर साहब इन तीनों का सह-उल्लेख करते हुए उन्हें अतुलनीय कहते हैं—

साधु सती और सूरमा, इन पटतर कोउ नाहिं।
अगथ पंथ कों पग धरे, डिगै तो कहाँ समाहिं॥[33]

संतों ने सती का उल्लेख अधिकांशतः 'सूरातन को अंग' में किया है। सुन्दरदास जी ने 'सूरातन को अंग' में केवल काम, क्रोधादि के जीतनेवाले शूर (साधक) का वर्णन किया है। 'सुन्दर विलास' के अन्तर्गत पतिव्रता के अंग में उन्होंने एक स्थान पर सती का उल्लेख किया है। यहाँ उन्होंने सती और शूर (सच्चे साधक) के मार्ग की कठिनता की बात कही है।[34] इसी प्रकार रज्जब जी का कहना है कि यदि शूरवीर संग्राम छोड़कर भाग जाता है और सती चिता छोड़कर भागती है तो भाट और चारण उनका यश-गान नहीं करते—निन्दा करने लगते हैं—

सूर डिगे संग्राम शिर, सती चले सल छाड़।
तो भट चारण विरुद तज, तबहिं उठें मन भांड़॥[35]

धधकती चिता की विकरालता को देखकर स्त्रियों का भयभीत हो जाना स्वाभाविक है! स्त्रियों के चिता पर से भागने की भी आशंका रहती थी। इसलिए संतों ने यह उल्लेख किया है कि यदि सती होनेवाली स्त्री चिता को देखकर भागने लगे तो पितृकुल और पतिकुल दोनों में वह हँसी का पात्र बनती है—

ढोल ढमामा बाजिया, सबद सुणइ सब कोइ।
जैसल देखि सती भजे, तो दुह कुल हाँसी होइ॥[36]

मध्ययुग में सती के चिता पर चढ़ते समय ढोल इत्यादि वाद्य भी बजाए जाते थे, यह कबीर के इस पद से ज्ञात होता है। इसका संकेत इब्नबतूता ने भी अपने वर्णनों में किया है। एक स्त्री के सती होने की प्रक्रिया का वर्णन करते हुए उसने लिखा है, "उसने अग्नि देवता की प्रार्थना की, कुछ क्षण तक ध्यान-मग्न रही, फिर अचानक दृढ़ता के साथ उसने स्वयं को आग की लपटों में झोंक दिया। ठीक इसी क्षण, दूसरी ओर से तुरही, ढोलों और अन्य बाजों से कोलाहल किया गया, जो स्पष्टत: दृश्य की बीभत्सता से लोगों का ध्यान बँटाने के लिए किया गया था।[37] ढोल इत्यादि बजाने का एक अन्य कारण भी प्रतीत होता है। वह यह कि चिता में जलते समय वह स्त्री चीख़ती होगी। उसकी चीख़-पुकार सुनकर अन्य स्त्रियाँ स्वेच्छया सती होने से घबरातीं या इस प्रथा के प्रति विद्रोह भी कर सकती थीं। कबीर के उक्त पद में इस भाव की दबी सी हल्की व्यंजना सुनाई पड़ती है। संतों में कबीर ने सती पर सबसे अधिक लिखा है। ईश्वर के प्रति एकनिष्ठता अनन्यता और उत्सर्ग (त्याग) की भावना का आदर्श सती ही हो सकती है। इसीलिए कबीर साहब साधक को सती और शूरवत होने की शिक्षा देते हैं।

सती नारी के पास असीम धैर्य और साहस होता है। इसी के बल पर वह अपने प्रियतम के लिए प्राणों की आहुति दे देती है। उस समय वह 'बरतन'-भाँड़े इकट्ठा नहीं करती, बल्कि सम्बन्धों के सारे जाल को काटकर पति-प्रेम के प्रति सदा के लिए समर्पित हो जाती है—

सती जलन कूँ नीकली, पीव का सुमरि सनेह।
सबद सुनत जीव निकल्या, भूलि गई सब देह॥[38]

जब वह अपने शूरत्व को साधकर प्रियतम के रंग में रँगी हुई महावर लगाकर जलने के लिए चल पड़ती है तब मरघट (श्मशान) जैसा अमूर्त भी उसकी प्रशंसा करने लग जाता है—

सती सूरातन साहि करि, तन मन कीया घांण।
दिया महौला पीव कूँ, तब मड़घट करै बषांण॥[39]

अपने सत्य (अडिग और अविचल प्रेम) को प्रमाणित करने के लिए वह काठ की चिता को शैया बनाती है और प्रिय के शव के साथ चिता में आग लगाकर सदा के लिए सो जाती है। लेकिन इस अन्तिम शयन से पूर्व वह श्मशान के साथ वार्ता करती है और कबीरदास जी के अनुसार वह अपने तात्कालिक मित्र श्मशान से कहती है कि अब सारे स्वजन और मार्ग के पथिक चले गए, केवल हम और तुम रह गए।[40] यह वास्तव में जीवन की नश्वरता का बोध है। इस प्रकार का नश्वरता बोध कबीर के यहाँ बहुत मिलता है।

सती के प्रसंग में निर्गुण संतों का दृष्टिकोण बहुत कुछ एकांगी लगता है। वे पति-प्रेम में चिता पर आरूढ़ होकर जल जानेवाली सती को साधना का आदर्श तो मानते हैं, किन्तु उसके अमानवीय रूप को भूल जाते हैं। तमाम धार्मिक, सामाजिक रूढ़ियों और अन्धविश्वासों इत्यादि के प्रति वे विद्रोह करते हैं, किन्तु सती-प्रथा के बारे में चुप रहते हैं।

सती-प्रथा मूलतः सवर्ण और अति समर्थ वर्ग में ही थी। राजपूत शासकों में यह प्रथा अधिक थी अवर्ण या निम्नवर्गीय समाज में यह प्रथा प्रायः नहीं थी। इसके बारे में हम ऊपर भी कह चुके हैं। सवर्ण समाज की स्त्रियाँ आर्थिक दृष्टि से स्वतंत्र नहीं थीं वे पति पर ही आश्रित थीं। इस प्रकार मध्यकालीन अर्थतंत्र में सवर्ण समाज की नारी के आर्थिक दृष्टि से आत्मनिर्भर न होने के कारण उनका सारा जीवन ही पराधीनता में बीतता। अतः सवर्ण समाज में सती-प्रथा का एक कारण आर्थिक भी था। संतों ने समसामयिक सामाजिक-आर्थिक स्थिति पर प्रकाश अवश्य डाला है, किन्तु समाज तो अपनी ही गति से चलता है। सती के प्रति अमानवीयता के विरोध में संतों ने भले ही कुछ नहीं कहा किन्तु उसकी कठिनता और आत्मोत्सर्ग भाव की चर्चा वे अवश्य करते हैं। किन्तु उनका मूल उद्देश्य सती का वर्णन नहीं अपितु साधक के लिए वैसा आदर्श स्थापित करना है। सती इसके लिए प्रेरणा का स्रोत है। सती का जो लौकिक सन्दर्भ है उसमें संतों की व्यापक मानवीय संवेदना परिलक्षित होती है। यही कारण है कि वे सती के समर्पित व्यक्तित्व को रेखांकित करते हैं। विरोध यदि कहीं है तो व्यवस्था से। इसलिए पलटू साहब समर्पिता सती की सराहना करते हैं। लेकिन यह उस व्यवस्था का समर्थन नहीं है जो स्त्री को सती होने के लिए बाध्य करती है। यह उसके अविचल और अनाविल समर्पण की ही अपर व्यंजना है।

नारी-निन्दा के आयाम

संतों ने जहाँ नारी के समर्पण, त्याग और एकनिष्ठ आदर्श स्वरूप को साधना का आधार बनाया, वहीं उसके साधना-बाधक रूप की निन्दा भी की। नारी की जहाँ उन्होंने निन्दा की है, वहाँ वे बहुत उग्र और कठोर भी हो गए हैं। वस्तुतः यह नारी-निन्दा भी अकारण नहीं है। उसका सामाजिक-आर्थिक कारण है।

उन सन्दर्भों में हम जब उनके निन्दात्मक शब्दों को विश्लेषित करते हैं तो नारी-निन्दा का प्रश्न निराधार-सा लगता है।

संत-साहित्य के आविर्भाव के साथ ही नारी का प्राचीन स्वरूप बहुत बदल गया था। इस काल में नारी की सामाजिक अस्मिता प्राय: मिट चुकी थी। नारी के माता, बहन इत्यादि रूपों के प्रति भले ही सम्मान का भाव था, किन्तु नारी सम्पत्ति हो गई थी और भोगवादी दृष्टि के कारण उसका कामिनी रूप प्रधान हो गया था। वेश्यावृत्ति को भी ख़ूब फलने-फूलने का अवसर मिला। इसीलिए संतों ने नारी के वेश्या रूप की बहुत निन्दा की है। साधनात्मक स्तर पर भी उन्होंने माया को वेश्या कहकर सम्बोधित किया क्योंकि वह विषय-वासनाओं की ओर ले जाती है। वेश्या का साथ भी लोग विषय-सुख के कारण ही करते हैं। यही नहीं इस विषय-सुख की कामना में लोग परनारी का भी सेवन करने पर बाध्य हो जाते थे। परनारी-सेवन की जितनी निन्दा संतों ने की है वह अन्य कवियों के यहाँ कम ही मिलता है। इसके अतिरिक्त संतों ने कहीं परनारी की स्वतंत्र निन्दा की है, क्योंकि उसके कामपरक जितने भी आयाम हैं आध्यात्मिक साधना में बाधक हैं। वहाँ नारी न माँ है, न पत्नी-पतिव्रता है, न प्रिया है न बहन है—केवल भोग्या है। यही उसका सामन्ती रूप है, जहाँ वह केवल शरीर है। केवल शरीर होने के कारण ही नारी निन्दा का पात्र बनी है; अन्यथा स्वयं गृहस्थ जीवन बितानेवाले संत नारी को समग्रत: निन्दनीय मानते तो इससे बड़ी बिडम्बना और क्या होती? कबीर के सन्दर्भ में डॉ. विश्वनाथ त्रिपाठी का यह विचार बहुत सार्थक प्रतीत होता है कि बहुत बड़ी विडम्बना होती यदि गृहस्थ होकर भी संत कहे जानेवाले कबीर नारी मात्र को निन्दनीय मानते।[41] इसलिए संतों की नारी-भावना को उसकी समग्रता और स्थिति परिस्थिति सापेक्षता में देखने की आवश्यकता है। समग्रता और सापेक्षिक दृष्टि से देखने पर यह भ्रान्त धारणा निर्मूल हो जाती है कि संत नारी निन्दक थे। किन्तु जहाँ उन्होंने नारी की निन्दा की है, वहाँ वह निन्दनीय ही है—और नारी क्या, जहाँ पुरुष निन्दनीय है, वहाँ उसकी भी निर्गुण संतों ने निन्दा की। नारी के जिन निंद्य आयामों की संतों ने चर्चा की है उनका बहुत कुछ विश्लेषण तो हम कर चुके हैं, बाक़ी रूपों का विवेचन हम यहाँ करेंगे।

वेश्या

वेश्याओं, गणिकाओं का उल्लेख प्राचीन भारतीय साहित्य में भी मिलता है और यह परम्परा मध्यकाल में भी अविरल चलती रही। मुसलमान शासकों के काल में तो वेश्यावृत्ति का व्यापक उल्लेख मिलता है। श्री के. एम. अशरफ के अनुसार, "अकबर ने दिल्ली नगर के बाहर सार्वजनिक स्त्रियों के लिए अलग स्थान का निर्माण कराया था तथा इनके मोहल्ले का निरीक्षण करने के लिए विशेष कर्मचारी नियुक्त किये थे।

यदि कोई सरकारी कर्मचारी या सार्वजनिक कर्मचारी किसी कुमारी के साथ सम्भोग करना चाहता, तो उसे एक विशेष सरकारी अनुमति-पत्र लेना पड़ता था। इन नियमों का उल्लंघन करने पर कठोर दंड दिया जाता था।[42] इस विवरण से पता चलता है कि मध्यकालीन समाज में वेश्याओं का बहुत प्रभाव था। समाज के इस कुत्सित पक्ष की ओर संतों का ध्यान जाना स्वाभाविक था। पलटू साहब ने तो वेश्या का सांगोपांग चित्रण किया है, जिसमें उन्होंने यह दिखलाया है कि वेश्याएँ शृंगार करके बीच बाज़ार में लोगों से कामाचार करती थीं। उनका काम ही लोगों को मीठी-मीठी बातों में फँसाकर पैसा ऐंठना होता था। वे शृंगार के लिए नाना प्रकार के अंगराग तथा इत्रादि का उपयोग करती थीं। मलमल के अच्छे-अच्छे कपड़े पहनती थीं। वे अनेक पुरुषों का अनेक प्रकार से मन बहलाव करती थीं। लेकिन रैदास जी के अनुसार परपुरुष का निरन्तर उपभोग करनेवाली गणिका भी राम-नाम के प्रताप से वैकुंठ की अधिकारिणी हो गई।[43]

कबीरदास ने वेश्या की निन्दा तो की है किन्तु उसकी सामाजिक स्थिति पर विचार भी किया है। वेश्या-पुत्र को समाज में कोई स्थान प्राप्त नहीं होता। यह विचित्र विसंगति है कि जिस वेश्या के साथ पुरुष संभोग कर सन्तान को जन्म देता है, उस वेश्या-पुत्र या सन्तान को अपना मानने से इनकार कर देता है। कबीरदास जी ने इस सामाजिक विसंगति पर प्रकाश डालते हुए कहा है, गणिका के घर बेटा उत्पन्न हुआ है, किन्तु (मुश्किल है कि) वह अपना पिता किसे कहे—

गनिका के घरि बेटा जाया, पिता नांव किस कहिए।[44]

एक अन्य प्रसंग में भी कबीर ने ऐसी ही व्यंजना की है जिससे पता चलता है कि तत्कालीन समाज में स्त्री-पुरुष दोनों ही अनैतिक सम्बन्ध रखते थे और ऐसे में जब शिशु पैदा होता था तब दोनों ही ख़तरे में पड़ जाते थे।[45] संत तुलसी साहब अपने समय के ऐसे कुटिल, कुपंथगामी विषय-रस में लिप्त लोगों से परिचित हैं जो वेश्याओं के साथ राग-रंग में अपना जीवन बिताते हैं।[46] जगजीवन साहब ने ऐसी स्त्रियों का उल्लेख किया है जो गर्वीली और अन्य पुरुष का सेवन करनेवाली हैं।[47] इस प्रकार हम देखते हैं कि संतों ने नारी के कुत्सित-वेश्यारूप को भी उद्घाटित किया और उसके प्रति एक प्रकार का उपेक्षा भाव ही दिखाया। किन्तु इस उपेक्षा के बीच वे कहीं-न-कहीं वेश्या के परिस्थिति सापेक्ष जीवन और उसकी सामाजिक स्थिति के प्रति असन्तोष व्यक्त करते प्रतीत होते हैं। कबीर साहब ने गणिका के बेटे होने पर उसके पिता की समस्या को सामने लाकर सामाजिक विसंगति और व्यवस्था पर ही प्रहार किया है। मूलत: संतों ने वेश्यावृत्ति के प्रति विद्रोह किया है न कि वेश्या के प्रति। यदि ऐसा ही होता तो रैदास जी के 'राम' वेश्या को वैकुंठ नहीं भेजते साक्षात नर्क भेजते।[48]

व्यभिचारिणी

पातिव्रत्य धर्म का निर्वाह न करनेवाली नारी को संतों ने व्यभिचारिणी के रूप में देखा है। माया के सन्दर्भ में हम देख चुके हैं कि किस प्रकार संतों ने माया को धरकटी (धिकृता—व्यभिचारिणी) इत्यादि कहा।

विशुद्ध लौकिक सन्दर्भ में नारी के व्यभिचारिणी रूप के प्रति भी संतों ने बहुत उपेक्षा दिखलाई और उसकी घोर निन्दा की। कबीरदास जी के अनुसार जो स्त्री अपने पति के रहते किसी अन्य पुरुष के साथ सोती है वह व्यभिचारिणी है और उसका पति उससे कभी भी प्रसन्न नहीं होता—

नारि कहावै पीव की, रहे और संग सोइ।
जार मीत हृदया बसे, खसम खुसी क्यों होइ॥[49]

जो स्त्री (सुन्दरी) जान-बूझकर व्यभिचार करती है उसे उसका पति (भर्तार) कभी भी आदर नहीं देता।

संत दादूदयाल जी के अनुसार अपने पति को छोड़कर जो स्त्री परपुरुष का सेवन करती है वह व्यभिचारिणी होती है। वह बाँझ (बन्ध्या) हो जाती है और इस प्रकार उसका सारा जीवन ही व्यर्थ (निष्फल) हो जाता है।[50] रज्जब जी भी अपने गुरु का अनुसरण करते हुए कहते हैं कि जो स्त्री अन्य पुरुष से मिलकर पुत्र उत्पन्न करती है तथा परपुरुष को ही अपना कहती है, उसे पतिव्रता नहीं व्यभिचारिणी समझना चाहिए—

पुत्र जणायाआन मिल, कहै पुरिष पुनिआन।
रज्जब सौ बिभिचारिणी, पतिबरता नहिं जान॥[51]

बिना स्वामी (पति) के जो शृंगार करे, बिना उसके (किसी अन्य के लिए) शैया तैयार करे; ऐसी नारी को तो (तुलसी साहब के अनुसार) विष खाकर मर जाना चाहिए। इस प्रकार यह स्पष्ट होता है कि व्यभिचारिणी स्त्री की संतों ने भरपूर निन्दा की है। प्रतीकात्मक रूप में ही संतों ने बहुदेववादी साधकों को व्यभिचारिणी नारी के रूप में देखा है। कबीरदास के 'वेस्वा केरा पूत' वाले पद से इसी तथ्य की व्यंजना होती है। इस प्रकार, आध्यात्मिक और सामाजिक, दोनों सन्दर्भों में संतों की दृष्टि में व्यभिचार निंद्य प्रतीत होता है।

पर नारी-सेवन की निन्दा

संतों ने पर नारी-सेवन को गर्हणीय कर्म बताया है। संत नामदेव का कहना है कि जो अपनी पत्नी का त्याग कर अन्य की पत्नी से गुप्त सम्बन्ध जोड़कर विलास करता है, वह मूर्ख है। उसकी स्थिति वैसी ही है जैसी एक सुग्गे की जो सेमल

के फल को देखकर प्रसन्न हो जाता है। वह उस पर बार-बार चोंच मारता है, और अन्ततः उससे लिपटकर मरता है।[53] इसीलिए नामदेव पर धन और पर-स्त्री-त्याग पर बल देते हुए कहते हैं कि जो व्यक्ति पर-धन और परनारी का परित्याग करता है उसे नरहरि (भगवान) का सामीप्य होता है—भगवान उसके समीप आकर रहते हैं—

परधन परदारा परहरी।
ताके निकट बसे नरहरी॥[54]

कबीर साहब अपना अकाट्य तर्क और ठोस दृष्टान्त प्रस्तुत करते हुए कहते हैं कि परनारी के साथ भोग-विलास करना छिपता नहीं है। वह तो लहसुन की गाँठ के समान है जिसे कोने में बैठकर खाने पर भी पता चल ही जाता है।[55] परनारी में अनुरक्त होना बहुत बड़ा अवगुण है। उसका साथ थोड़े दिनों के लिए भले ही मधुर लगे, किन्तु अन्ततः वह कष्टप्रद हो जाता है। नदी के मधुर जल में बहनेवाले कितने ही मत्स्य अन्ततः समुद्र के खारे जल में चले जाते हैं—

परनारी कै राचणौं, औगुण, है गुण नाँहिं।
षार समन्द मैं मंछला, केता बहि बहि जाँहिं॥[56]

परनारी और पर-सुन्दरी के व्यामोह से कोई बिरला ही बच पाता है। उसका उपभोग पहले तो 'खाँड़' (चीनी) के समान मीठा लगता है किन्तु अन्त समय में वह विषमय ही लगता है।[57]

परनारी पैनी छुरी के समान है, इसलिए उसे अपने अंग से लगाना विपत्ति को आमंत्रण देना है। परनारी सेवन अनैतिक कर्म है। यदि किसी अन्य की स्त्री का सेवन करने से लाभ होता तो रावण जैसे प्रतापी राजा की दुर्गति न होती—

पाप गुलीचा धरम निबोली देखि देखि फल चीख रे॥
पर तिरिया संग भलो जौं होवैं, तो राजा रावन देख रे॥[58]

गुरुनानक ने कापड़ी सम्प्रदाय के साधुओं पर व्यंग्य करते हुए कहा है कि वे हाथ में कमंडल लेते हैं किन्तु उनका मन मोह-लिप्सा की तृष्णा से भरा रहता है।[59] वे अपनी स्त्री को तो छोड़ देते हैं किन्तु कामातुर होने के कारण परनारी का चिन्तन करते हैं। दादूशिष्य रज्जब तो परनारी का सेवन करनेवाले को घोर नरक में भेजते हैं। वे इस सन्दर्भ में कबीरदास का अनुसरण करते हैं—

नारि पराई आपनीं भुगत्या नरकहिं जाई।[60]

परायी स्त्री का संस्पर्श नरक ले जाने का साधन है। इसके अतिरिक्त यह मध्ययुगीन मानसिकता को भी उद्घाटित करता है जिसमें परस्त्री और परपुरुष का संसर्ग कोई आश्चर्यजनक बात न थी। यह इस मानसिकता के प्रति एक प्रकार का विरोध भाव है।

इसीलिए चरणदास परनारी के प्रति प्रेम जतानेवालों को मना करते हैं कि वे उसकी ओर न देखें—'अरे नर परनारी मत तक रे।'

वास्तव में संतों का उद्देश्य एक स्वच्छ और स्वस्थ समाज का निर्माण था। उनके समय का समाज बहुत सारी विषमताओं और दुष्प्रवृत्तियों का शिकार था जिसमें अनैतिक कामाचार की प्रवृत्ति भी थी। यही कारण है कि पुरुष ही नहीं नारी[61] संतों ने भी पर पुरुष और परनारी गमन का जमकर विरोध किया।

कनक-कामिनी

कबीर इत्यादि संतों ने कई स्थानों पर कनक और कामिनी का सह-उल्लेख करते हुए उसकी निन्दा की है। कबीर पूर्ववर्ती साहित्य-विशेषत: नाथ-साहित्य में भी कंचन और कामिनी के प्रति विरोधी चेतना परिलक्षित होती है। गोरखनाथ ने कहा है कि जो योगेश्वर कनक-कामिनी का त्याग कर देता है वह निर्भय हो जाता है; अर्थात ये कनक और कामिनी ही साधक के लिए सबसे बड़ी बाधा हैं। अन्यत्र गोरखनाथ ने कहा है कि जो धन और यौवन की आशा नहीं करता, स्त्री में मन नहीं लगाता, जिसके शरीर में नाद और बिन्दु (साधित रहकर) जीर्ण होते रहते हैं, पार्वती भी उसकी सेवा करती है।[62] अर्थात साधना में वही सफलता प्राप्त करता है जो कनक-कामिनी के प्रति मोह भाव न रखे। अतिशय काम-भाव अथवा भोगवाद का विरोध सिद्ध सरहपा ने भी किया था; क्योंकि उससे साधक भव-बन्धन में पड़ जाता है।[63] इस प्रकार यह स्पष्ट होता है कि कंचन और कामिनी का विरोध संतों ने परम्परा से प्राप्त किया है। कई स्थानों पर नामदेव-कबीर इत्यादि के भाव तथा शब्द तक गोरखनाथ से मिलते-जुलते हैं।

संत नामदेव के अनुसार कनक-कामिनी, दोनों ही मोह में बाँधनेवाले हैं। कबीर और उनके परवर्ती संतों ने तो कनक और कामिनी की बहुत निन्दा की है। कबीरदास तो कनक और कामिनी को संसार की सबसे बड़ी बाधा मानते हैं और यहाँ तक कहते हैं कि जो इनमें लिप्त नहीं होता, मैं उसकी दासता स्वीकार कर लूँ।[64]

कनक और कामिनी से मुक्त हो पाना बहुत मुश्किल है। ये दोनों माया के अंग हैं। इन दोनों के ही कारण संसार माया की ज्वाला में जला है। ये दोनों मनुष्य को वैसे ही नष्ट करते हैं जैसे रुई में लिपटी हुई आग।[65] कनक और कामिनी से निस्तार पाने का एक ही रास्ता है राम-नाम—अन्यथा उसके बिना मनुष्य (स्त्री के) रज और पुरुष के वीर्य की कलिका है। केवल बाहरी रूप की उस पर सज्जा है। यही कनक-कामिनी का धर्म है जिसमें मनुष्य डूब रहा है।[66] कनक-कामिनी को (माया ने) विष-फल के रूप में उत्पन्न किया है; इनको देखने से ही विष चढ़ता है और उपभोग करने से तो मनुष्य मरणासन्न ही हो जाता है।[67]

तात्पर्य यह है कि इन दोनों की चाह मनुष्य में बराबर बनी रहती है। एक बार के उपभोग से तुष्टि नहीं होती है और निरन्तर पाने के चक्र में ही मनुष्य मरणशील हो जाता है। संतों की दृष्टि में जिसके पास आध्यात्मिक साधना नहीं है वह मरणासन्न ही है। कनक और कामिनी को कबीर साहब ने दुर्गम घाटी कहा है जिसके बीच में होकर साधक साधना-मार्ग को सुगम नहीं बना पाता। कनक और कामिनी में संलग्न मुग्ध (मूर्ख) व्यक्ति उसी प्रकार काल के फंदे को नहीं देख पाता जिस प्रकार पतंगा और पशु आग के स्वधर्म को—

नैनं देखि पतंग उरझै, पसु न पेखे आगि।
काल फाँस न मुगुध चेते, कनक कामिनी लागि॥[68]

कनक और कामिनी साधक को उसी प्रकार मलिन कर देते हैं जिस प्रकार पांशु (मैल) कपड़े को मलीन कर नष्ट कर देता है। इसीलिए कबीर जैसे ज्ञानी (साधक) कनक-कामिनी का त्याग कर देते हैं।[69]

कनक-कामिनी विषय-वासनाओं और माया-मोह में फँसाने वाले हैं इसलिए सभी संतों ने समवेत स्वर से इनके त्याग का उपदेश दिया। दादूदयाल जी के अनुसार ये दोनों जीव को नाना प्रकार से आबद्ध करते हैं। कनक और कामिनी की ज्वाला में सारा संसार जलकर मर रहा है।[70]

मलूकदास कनक और कामिनी को मिस्री की छुरी मानते हैं।[71] गुरुनानक देव का मानना है कि जो कंचन और कामिनी के वशीभूत होकर हरि-नाम को भूल जाते हैं, वे अत्यन्त मूर्ख और गँवार हैं। वे द्विधाग्रस्त होकर माया-मोह के चक्र में फँसे रह जाते हैं। अन्यत्र नानक कहते हैं कि लोग कंचन-कामिनी का मिथ्या गर्व करते हैं। वे नाम की साधना को छोड़कर कनक-कामिनी की साधना करते हैं और इसीलिए संसार में निरुद्देश्य भटकते रहते हैं—

तनु धनु देखत गरबि गइआ।
कनक-कामनी सिउ हेतु बधाइहि की नामु विसारहि भरमि गइआ॥[72]

वास्तव में संतों ने कनक-कामिनी को परमात्म साधना में बाधक तत्त्व के रूप में देखा है। कंचन-कामिनी का स्वधर्म ऐसा है कि जीव उसके लोभ में पड़कर अध्यात्म साधना भूल ही जाता है। पीछे हम कह चुके हैं कि संतों की साधना का एकमात्र लक्ष्य भक्ति-साधना है। यह भक्ति ही उनकी साधना का मापदंड भी है। इसीलिए उसके साँचे में जो ठीक नहीं बैठता संतों ने उसे निकाल फेंकना ही उचित समझा। अतः कनक-कामिनी की निन्दा अथवा उसके त्याग के पीछे सतों की अध्यात्म साधना ही कारण रही है। अध्यात्म साधना के मार्ग में जो भी बाधा स्वरूप उपस्थित हुआ संतों के लिए वह निन्दा का पात्र बना।

रज्जब जी का कहना है कि आत्मा और परमात्मा (राम) के बीच कनक और कामिनी ही सबसे बड़ी बाधा हैं। दोनों मनुष्य को जलानेवाले हैं।[73]

संत चरणदास ने कनक और कामिनी की निन्दा इसलिए की है कि तत्कालीन समाज में लोग न गुरु सेवा करते थे और न सत्संग करते थे। केवल कनक और कामिनी में लगे रहते थे—यहाँ तक कि लोग मरते दम तक भगवान का नाम नहीं लेते थे। इसके विपरीत कनक और कामिनी सभी को ठगते रहते हैं; अर्थात उनकी साधना को निरर्थक करते हैं—

छले सब कनक कामिनी रूप।[74]

वस्तुतः 'कनक-कामिनी' संतों की दृष्टि में भोग और वासना का पर्याय है। इस भोग-साधना में पड़कर ही साधक अध्यात्म-साधना को भूल जाता है। भौतिक सुख का अध्यात्म-सुख के सामने कोई औचित्य नहीं है, क्योंकि एक क्षणिक है और दूसरा शाश्वत। इसीलिए सहजोबाई स्त्री, पुत्र और महल इत्यादि के तृष्णाजन्य आयामों को त्यागकर सुख पाने की कामना करती हैं।[75] वास्तव में सुत, वित्त और नारी का मोह छोड़कर ही भक्ति-साधना का मार्ग प्रशस्त किया जा सकता है। अतः कनक-कामिनी का सह-उल्लेख और उनके प्रति उपेक्षा का भाव प्रकट कर संतों ने भक्ति-साधना के मार्ग को प्रशस्त करने का प्रयास किया; क्योंकि ये ही इस मार्ग की दो प्रधान बाधाएँ हैं, किन्तु कनक के साथ कामिनी की उपेक्षा करते हुए संतों ने इस बात को प्रायः भुला दिया है कि कनक का लोभ भी नारी को 'कामिनी' बनाता है। समाज में यदि वेश्याएँ हैं तो उसका बहुत कुछ कारण आर्थिक भी है। किन्तु उसके समाधान में संतों का कर्मण्य जीवन आदर्श है अतः आर्थिक से भी बढ़कर उसका सामाजिक कारण है।

नारी-निन्दा

निर्गुण संत-साहित्य से पूर्व नारी-निन्दा की परम्परा नाथ-साहित्य में भी दिखलाई पड़ती है। वामाचार और अतिशय भोगवाद की प्रतिक्रिया के फलस्वरूप ही गोरखनाथ नारी को विनाश की जड़ कहते हैं। उनके अनुसार नारी के साथ रहनेवाला पुरुष वैसा ही अल्पायु हो जाता है जैसा नदी-तट स्थित वृक्ष।[76] अन्यत्र वे कहते हैं कि स्त्री के संग में अर्थात पास सोना यम का भोग करना या भोग होना है। वस्तुतः गोरखनाथ नारी की निन्दा भोगवाद के विरोध में करते हैं अन्यथा वह यह क्यों कहते कि रात के चारों प्रहर (स्त्री का) आलिंगन और निद्रा में बिताकर सारा संसार विषय-वासनाओं में बहा जा रहा है—

चारि पहर आलंगन निंद्रा, संसार जाइ बिषिया बाही।[77]

गोरखनाथ ने तो यहाँ तक कहा कि भग से अलग रहने पर ही वास्तविक आनन्द पाया जा सकता है।[78] इस प्रकार अन्य साधनात्मक तत्त्वों के साथ संतों को नारी निन्दा की वृत्ति विरासत में मिली थी और यह परम्परा केवल निर्गुण साधना तक ही सिमटकर न रही, अपितु सगुण भक्त कवियों के यहाँ भी इसका निर्वाह किया गया है। यदि रामभक्ति शाखा के प्रधान तुलसीदास 'अवगुण आठ सदा उर रहई' कहकर नारी-निन्दा करते हैं तो कृष्णभक्त सूरदास कबीर की ही भाँति नारी को नागिन और भुजंगिनी कहते हैं।[79] इस प्रकार भक्तों और संतों की पूरी परम्परा में निन्दा का स्वर सुनाई पड़ता है।

माया के जिन नागिनी-डाकिनी इत्यादि रूपों की चर्चा हमने पीछे की है उसमें संतों ने ऋषि-मुनियों और देवताओं के सत्य के डोलने का सविस्तार वर्णन किया है। इसीलिए उन्होंने माया के तमाम अविद्यात्मक रूपों की घोर भर्त्सना की है। वास्तव में संतों की दृष्टि में नारी उन्हीं रूपों में निंद्य हुई है, जहाँ वह माया है, मोह-लोभ में फँसानेवाली और साधना में बाधक है। वह इसी परिप्रेक्ष्य में संतों के लिए नागिन, भग वाहिका, वासना-प्रवृत्तिकारिणी और नरक का कुंड हो गई है।

कबीरदास का कहना है कि नारी माया की पोषिका है। उसके मायिक इन्द्रजाल में पड़कर पुरुष (साधक) भक्ति, मुक्ति और ज्ञान की साधना का सुख खो बैठता है। कामिनी (नारी) रूपी काली नागिन का प्रभाव तीनों लोकों में है। वह विषय-वासनाओं में लिप्त लोगों का समूल नाश कर देती है; जबकि राम का स्नेही साबित बच जाता है।[80] नारी (कामिनी) नरक का कुंड है और कोई बिरला ही उससे साबित बच पाता है। केवल संत ही उससे बच पाते हैं; अन्यथा सारा संसार उसमें निरत होकर मृत्यु को प्राप्त होता है।[81] भग (और उसके कारण कामिनी) के प्रेम (के दलदल) में न जाने कितने धँसते (गड़ते) नर्क चले गए और अभी भी कितने ही हँसते-हँसते जा रहे हैं। नारी जगत की झूठन है और उसके सम्बन्ध से भले-बुरे की पहचान होती है। जो उत्तम मनुष्य हैं, वे उससे अलग रहते हैं। इसके विपरीत जो उसके निकट रहते हैं वे नीच हैं। वह (नारी) आग है उसमें हाथ नहीं डालना चाहिए—

आगि आगि सबरो कहैं, तामें हाथ न बाहि।[82]

कबीरदास ने तो यहाँ तक कहा कि नारी की छाया पड़ने से सर्प भी अन्धा हो जाता है, फिर उसकी क्या गति होगी जो नित्य नारी के साथ रहता है?[83] जहाँ नित नारी के संग के माध्यम से कबीरदास ने मध्यकालीन सामाजिक स्थिति में नर-नारी के सम्बन्ध का बोध कराया है, जिसमें पुरुष भोग-साधना में प्राय: निरत रहता था। नारी के भोग के अतिरिक्त उसे कुछ सूझता ही नहीं था। अन्यत्र भी कबीरदास ने इस बात का संकेत किया है कि लोग नारी का मुख देखकर सुख का अनुभव करते थे; सत्संग में कभी नहीं आते थे।[84] इस प्रकार नारी-निन्दा का एक कारण मध्यकालीन समाज में पुरुष की अतिशय विलासिता की प्रतिक्रिया के रूप में है।

रज्जब जी ने कहा है कि अबला (नारी) ही काम की सहायिका है। कामरूपी शत्रु नारी की सहायता से स्वर्ग, पृथ्वी और पाताल तीनों को मारने के लिए महाबली हो जाता है। वह देवताओं के दल को दलित करने लगता है फिर साधारण जीव की क्या बिसात?[85] जिस प्रकार सूर्य की ओर देखने से छींक आने लगती है और सामान्य स्थिति बिगड़ जाती है उसी प्रकार शक्ति सुन्दरी के सम्मुख होने पर साधक की स्थिति बिगड़ जाती है।

'काम-भाव' भक्ति-साधना के मार्ग का सबसे बड़ा बाधक तत्त्व है। इस काम-भाव के कारण ही साधक (जीव) प्रभु (परमात्मा) से नहीं मिल पाता। यह काम साधक को साधना-पथ से तो विचलित करता ही है, अन्य अनेक असर्जनात्मक आयामों में भी फँसा देता है। यद्यपि यह काम (मर्यादित होने पर) राम से भी मिलाता है, किन्तु मध्ययुगीन मानव-मूल्यों में वह अतिशय विलासिता का रूप ग्रहण कर चुका था इसीलिए संतों ने काम वाहिनी कामिनी की निन्दा की ताकि लोग उससे विमुख होकर भगवान का नाम लें, सत्संग करें और समाज को आदर्श रूप प्रदान कर सकें। नारी के रूप के प्रति उपेक्षा भाव दिखाते हुए गुरुनानक ने उसकी रूप साधना को निरर्थक साधना कहा है। दादूदयाल उसे कबीरदास की भाँति नागिन मानते हैं और राम की प्रीति पाने के लिए उसके माया-मोह से मुक्त होने का सन्देश देते हैं। रज्जब जी युवती (स्त्री) को ज़हर एवं सामान्यतया सभी स्त्रियों को विष का अवतार और दोज़ख कहते हैं। अन्यत्र वे कहते हैं कि सुन्दरी (स्त्री) के साथ सर्वथा संकट रहता है, भला नारी के निकट रहकर भी किसी ने सुख पाया है—

सुन्दरि संग संकट सदा, दिन दिन दीरघ दुख।
जन रज्जब नारी निकट, कहु किन पाया सुख॥[86]

नारी-निन्दा में रज्जब जी अपने गुरु दादू और उनके पूर्ववर्ती कबीर, रैदास आदि से भी आगे बढ़ गए हैं और उसे सूखी हुई हड्डी और पुरुष के मूर्ख मन को कुत्ते के समान कहा है। जिस प्रकार कुत्ता हड्डी से अपना मुँह काटकर अपने ही रक्त का स्वाद जिह्वा से लेता है, उसी प्रकार पुरुष का मूर्ख मन अपने बिन्दु (वीर्य) चपलता से होनेवाले सुख को नारी में मानकर बिन्दु-नाश द्वारा अपनी हानि कर बैठता है—

अबला सूखी अस्थिसम, मन शठ सुनहां सुख।
रज्जब रसना रुधिर रुचि, फोड़ आपणा मुख॥[87]

मलूक दास के अनुसार नारी के नैन-चोट से शायद ही कोई बच पाता है—परब्रह्म की शरण में गया हुआ कोई हरिजन (भगवान भक्त) ही उबर सका है। अतः नारी की ओर देखना ख़तरे से ख़ाली नहीं।[88]

सुन्दरदास ने नारी को नख-शिख निंद्य कहा है। उसका शरीर मानो सघन वन है जहाँ कोई जाए तो भ्रमित हो जाता है। उसकी गति हाथी के समान तथा कटि शेर जैसी है वेणी काली नागिन, स्तन पहाड़ हैं और उसी में काम-रूपी चोर निवास करता है। वह नैनों का कटाक्ष-बाण बहुत साधकर मारती है जिससे व्यक्ति के प्राण पखेरू विद्ध हो जाते हैं। वह राक्षसी के समान मुँह फैलाए हमेशा खाने के लिए तैयार रहती है।[89] इसके अतिरिक्त सुन्दरदास ने कबीर इत्यादि की परम्परा का निर्वाह करते हुए नारी को विष वेलि, नरक कुंड, नागिनी, मलिन, अशुद्ध इत्यादि कहा है। वे उसके उदर में नरक अधरों में नरक, कुचों में नरक, छाती में नरक, कंठ में नरक, गाल और चिबुक में नरक, मुँह और जिह्वा में नरक, आँख, कान, नाक, हाथ-पाँव तक में नरक बतलाते हैं।

बिहार के दरिया साहब के अनुसार नारी का साथ होने पर केवल रस का भोग होता है भक्ति-भाव का सर्वथा अभाव हो जाता है। उसके संग में सर्वथा विकार है यह जानते हुए भी पुरुष उस विकार रूपी अग्नि में अपने पाँव डालता है—

नारी संग होखे रस भोग। भक्ति भाव होखे नहिं जोग।
नारी रूप है संग बिकारा। जानि के पाँव अगिनि में डारा॥[90]

दरिया साहब 'साधो' को सम्बोधित करते हैं कि नारी के नैन-बाण से कोई भी नहीं बच पाया। गोरखनाथ के गुरु मत्स्येन्द्रनाथ और देवताओं के राजा इन्द्र भी मतिभ्रम में पड़ गए—

साधो नारि नैन सर बंका।
सुर सुरापति इन्द्र बापुरे, तिन्हि के परि गौ शंका॥
गोरख के गुरु महा मछीन्द्रा, तिन्हे पकरि सिर ठंका।
सिंघल दीप में दरस पदुमनी, वाके बदन मयंका॥[91]

इसी प्रकार गुलाल साहब भी नारी को निंद्य कहते हैं क्योंकि उसने ब्रह्मा, विष्णु, शिव, सनकादि, देवताओं, मुनियों तथा मनुष्यों को नहीं छोड़ा—

संतों नारि सकल जग लूटा।
ब्रह्मा बिस्नु सीव सनकादिक, सुरनर मुनि नहिं छूटा॥[92]

इसलिए नारी से प्रीति नहीं लगानी चाहिए, क्योंकि उससे जो भी प्रीति लगाता है अपना मूलधन रूपी (समग्र) साधना खो बैठता है और अन्ततः ठगा जाता है। धरणीदास के अनुसार नारी चौराहे पर बैठकर बटमारी करती है और जो उस मार्ग से जाता है, वह नारी की बटमारी (वृत्ति) से बचकर नहीं जा पाता।[93] पलटू साहब नारी को पैनी छुरी और संसार के पुरुषों को ख़रबूज़ा के रूपक में बाँधकर नारी-निन्दा करते हैं।

चरणदास के अनुसार वह नरक की खान है और चौरासी लाख योनियों में भ्रमित करनेवाली है[94] तथा उसने बहुत से अभिमानियों का सर्वनाश कर दिया।

नारी संतों में सहजोबाई भी कनक-कामिनी की निन्दा करती हैं। उनके अनुसार राम के भक्त कनक-कामिनी के प्रति मोह न रखकर उसका त्याग कर देते हैं।[95] इस प्रकार यह स्पष्ट होता है कि निर्गुण काव्य के प्रायः सभी संतों ने नारी (कामिनी) की निन्दा की है। इस निन्दा का (जैसा पीछे भी हमने कहा है) सर्वप्रधान कारण वास्तव में नारी का कामिनी—मायामय रूप—है जो पुरुष (साधक) को विषय-वासनाओं की ओर आकृष्ट करता है और उसके मोह में पड़कर साधक जीवन के शाश्वत तत्त्व को खो बैठता है जो अमरता प्रदान करता है। नारी-निन्दा के पीछे एक अन्य कारण मध्ययुगीन समाज में व्याप्त अतिशय भोगवादी दृष्टि भी है। इस भोगवाद का आधार नारी थी जो तत्कालीन (भोगवादी) समाज के लिए केवल देह थी। अतः नारी-निन्दा करके भी संतों ने उसके प्रति सन्तुलित दृष्टि बनाए रखा अन्यथा वे नारी को साधना का आधार नहीं बनाते और भगवान को माँ तथा स्वयं को उनकी पत्नी के रूप में न देखते।

सन्दर्भ

1. मैनासत, हरिहरनिवास द्विवेदी, पृ. 181
2. जा. ग्र., शुक्ल, पृ. 136
3. मध्ययुगीन रोमांचक आख्यान, नित्यानन्द तिवारी, पृ. 204
4. कबीर वचनावली, हरिऔध, पृ. 224
5. पलटू साहब की बानी (1), पृ. 84
6. क. ग्र., पारसनाथ तिवारी, पृ. 45
7. कबीर वचनावली, हरि., पृ. 118
8. क. ग्र., श्यामसुन्दर दास, पृ. 15
9. कबीर, पृ. 141
10. पलटू साहब की बानी (1), पृ. 43
11. संत नामदेव की हिन्दी पदावली, भगीरथ मिश्र, मौर्य, पृ. 11
12. दादू ग्रन्थावली, परशुराम चतुर्वेदी, पृ. 102
13. कबीर वचनावली, हरिऔध, पृ. 118
14. दरिया ग्रन्थावली, ब्रह्मचारी, पृ. 199
15. रज्जब वाणी, दास, पृ. 90
16. क. ग्र., श्यामसुन्दर दास, पृ. 15
17. दादू ग्रन्थावली, चतुर्वेदी, पृ. 281
18. चरनदास जी की बानी (1), पृ. 33
19. सुन्दर विलास, पृ. 71
20. कबीर वचनावली, हरिऔध, पृ. 118

21. हिन्दी काव्य में निर्गुण सम्प्रदाय, पृ. 151
22. नानक वाणी, जयराम मिश्र, पृ. 666
23. क. ग्र., श्यामसुन्दर दास, पृ. 41
24. वही, पृ. 97
25. वही, पृ. 41
26. गुलाल साहब की बानी, पृ. 70
27. वही, पृ. 89
28. चरणदास जी की बानी (1), पृ. 34
29. हर्षचरित : एक सांस्कृतिक अध्ययन, वा. शरण अग्रवाल, पृ. 98, 104
30. मध्यकालीन भारतीय संस्कृति, गौ. शं. हीराचन्द ओझा, पृ. 56
31. मृगावती, मा. प्र. गुप्त, पृ. 366-67
32. वही, पृ. 366
33. कबीर, ह. प्र. द्विवेदी, पृ. 167
34. सुन्दरविलास, पृ. 71
35. रज्जब वाणी, दास, पृ. 442
36. क. ग्र., श्यामसुन्दर दास, पृ. 55
37. हिन्दुस्तान के निवासियों का जीवन और उनकी परिस्थितियाँ, के. एम. अशरफ, पृ. 193
38. क. ग्र., श्यामसुन्दर दास, पृ. 56
39. वही, पृ. 55
40. वही
41. मीरा का काव्य, पृ. 42
42. हिन्दुस्तान के निवासियों का जीवन और उनकी परिस्थितियाँ, पृ. 275
43. रैदास जी की बानी, पृ. 31-32
44. क. ग्र., श्यामसुन्दर दास, पृ. 116
45. वही, पृ. 144
46. तुलसी साहिब (हाथ) की शब्दावली (1), पृ. 49
47. जगजीवन साहब की बानी (2), पृ. 73
48. रैदास जी की बानी, पृ. 31-32
49. क. ग्र., पा. ना. तिवारी, पृ. 175
50. दादू ग्रन्थावली, परशुराम चतुर्वेदी, पृ. 101
51. रज्जब बानी, ब्रजलाल वर्मा, पृ. 278
52. संत सुधा-सार, हरि, पृ. 274
53. हिन्दी को मराठी संतों की देन, वि. मो. शर्मा, परिशिष्ट, पृ. 257
54. संत नामदेव और हिन्दी पद-साहित्य, रामचन्द्र मिश्र, पृ. 164
55. क. ग्र., मा. प्र. गुप्त, कामी नर कौ अंग, पृ. 66
56. क. ग्र., श्यामसुन्दर दास, पृ. 31
57. वही, पृ. 30
58. रैदास जी की बानी, पृ. 22
59. नानक वाणी, जयराम मिश्र, पृ. 597
60. क. ग्र., श्यामसुन्दर दास, पृ. 32

61. सहजोबाई की बानी, पृ. 7
62. गोरख बानी, पृ. 7
63. दोहा कोश, रा. सांकृत्यायन, पृ. 30
64. कबीर ग्रन्थावली, श्यामसुन्दर दास, पृ. 113
65. वही, पृ. 27
66. वही, पृ. 26
67. वही, पृ. 31
68. क. ग्र., पा. न. तिवारी, पृ. 39
69. क. ग्र., श्यामसुन्दर दास, पृ. 47
70. दादू ग्रन्थावली, चतुर्वेदी, पृ. 135
71. संत सुधा-सार (2), वियोगी हरि, पृ. 31
72. नानक वाणी, जयराम मिश्र, पृ. 290
73. रज्जब वाणी, दास, पृ. 1309
74. चरणदास जी की बानी (1), पृ. 157
75. सहजोबाई की बानी, पृ. 15
76. गोरख बानी, बड़थ्वाल, पृ. 137
77. वही, पृ. 85
78. वही, पृ. 139
79. सूरसागर (प्रथम खंड), नन्ददुलारे वाजपेयी, नवम स्कन्ध, पद-2
80. क. ग्र., श्यामसुन्दर दास, पृ. 30
81. वही, पृ. 31
82. वही, पृ. 32
83. कबीर ग्रन्थावली, हरिऔध, पृ. 141
84. कबीर ग्रन्थावली, श्यामसुन्दर दास, पृ. 126
85. रज्जब वाणी, स्वा. दास, पृ. 917
86. वही, पृ. 904
87. वही, पृ. 905
88. संत मलूकदास, त्रि. ना. दीक्षित, पृ. 81
89. सुन्दर विलास, पृ. 48
90. दरिया ग्रन्थावली (2), पृ. 354
91. संत कवि दरिया : एक अनुशीलन, पृ. 131
92. गुलाल साहब की बानी, पृ. 12
93. धरणीदास जी की बानी, पृ. 46
94. चरणदास जी की बानी (1), पृ. 20
95. सहजोबाई की बानी, पृ. 14

समाहार

मध्ययुगीन भारतीय संस्कृति और समाज पर दृष्टिपात करने पर पता चलता है कि उस समय का समाज बहुत सारी विकृतियों और कुप्रवृत्तियों का शिकार था। नारी का जीवन भी उससे बहुत प्रभावित था। मध्ययुग से पूर्व यद्यपि स्त्रियों की स्थिति बहुत अच्छी थी, किन्तु उसकी वास्तविक अधोगति महाभारत काल से आरम्भ होती है। नारी यहाँ सम्पत्ति बन जाती है और जुए के दाँव पर रखी जाती है। इसी प्रकार धर्मग्रन्थों में नारी और शूद्रों का सह-उल्लेख मिलता है। सामन्ती समाज में नारी का स्थान शूद्र के बराबर ही समझा जाता है। महाभारत में गालव ऋषि की कथा है, जिसमें उन्होंने राजा ययाति से प्राप्त कन्या (माधवी) को तीन राजाओं को किराये पर दिया। यह सामन्ती समाज में नारी के शोषण का ही एक रूप कहा जाएगा। सामन्ती समाज की संकल्पना महाभारत से आरम्भ हो जाती है। चौथी-पाँचवीं शती तक तो सामन्ती व्यवस्था को स्थायी आधार मिल जाता है और चौदहवीं-पन्द्रहवीं शताब्दी तक आते-आते तो यह उत्कर्ष को प्राप्त हो गई।

मध्ययुग में मुसलमान शासकों के शासनकाल में भी नारी का जीवन सामान्य नहीं था। अधिकांश शासक विलासप्रिय थे जिनके हरमों में बहुसंख्यक स्त्रियाँ होती थीं। सामन्त और शासकीय पदाधिकारी भी इस कार्य में पीछे न थे। पृथ्वीराज रासो में चन्द ने कयमास और करणाटी दासी के क्रीड़ारत होने का जो बिम्बधर्मी चित्रण किया है वह तत्कालीन विलासिता का जीवन्त उदाहरण है। इस युग का साधारण श्रेणी का सामन्त भी बहुसंख्यक स्त्रियों, दासियों और नर्तकियों से घिरा रहता था, जिसका अधिकांश समय सुरा-सुन्दरी के सेवन में बीतता था। वास्तव में मध्यकालीन समाज में नारी का कोई स्वतंत्र अस्तित्व नहीं था। आर्थिक-सामाजिक एवं पारिवारिक दृष्टि से भी वह पति पर ही पूर्णत: निर्भर थी। अर्थतंत्र ने नारी को प्रत्यक्ष रूप में प्रभावित किया, क्योंकि जब वे आर्थिक दृष्टि से स्वत्रंत नहीं थीं तो उनकी बहुत सारी आशा-आकांक्षाएँ भी पूरी नहीं हो पाती थीं। इस प्रक्रिया में व्यभिचार की भी सम्भावना बढ़ जाती थी। इसके विपरीत मध्यकालीन वर्ण-व्यवस्था और वर्गीय ढाँचे पर दृष्टिपात करने पर स्पष्ट होता है कि अवर्ण और निम्न वर्ग की स्त्रियाँ सवर्णों और उच्चवर्ग की स्त्रियों की अपेक्षा आर्थिक दृष्टि से अधिक स्वतंत्र और आत्मनिर्भर थीं।

वे खेतों-खलिहानों में जाकर काम कर सकती थीं। परिवार के लिए उपयोगी थीं। कुतुबन ने मृगावती में सारे नगर के जलने का वर्णन किया है, किन्तु भोजन बनानेवाले ब्राह्मण और धोबियों की स्त्रियों के जलने का उल्लेख नहीं किया है। इसके अतिरिक्त सती-प्रथा भी सवर्णों में ही देखी जाती। इस प्रकार सामन्ती समाज में नारी की स्थिति पूर्णत: पराश्रित थी और उस समाज का स्वरूप ऐसा था जिसमें नारी केवल देह-भोग्या थी।

दक्षिण में देवदासी प्रथा का विकास हुआ, जो आज भी नारी-शोषण के एक आयाम को संकेतित करता है। बहुत कम उम्र में ही कुमारियों को येलम्मा देवी के मन्दिर में समर्पित कर दिया जाता, जहाँ कुछ दिनों बाद वे वेश्या का जीवन व्यतीत करतीं। उनकी आय का बहुत बड़ा भाग पंडे-पुजारियों के हाथ लगता। अत: नारी मात्र पर समाज के आर्थिक ढाँचे का बहुत प्रभाव पड़ा। इसके साथ ही समाज के वर्गीय ढाँचे और वर्ण-व्यवस्था इत्यादि ने भी नारी को प्रत्यक्ष या परोक्ष रूप से प्रभावित किया। संतों ने वर्ण-वर्ग की व्यवस्था एवं समाज की आर्थिक व्यवस्था में जहाँ असमानता या अव्यवस्था थी उसे रेखांकित किया है। कबीरदास ने कहा कि लोग भूखों मरते थे और पलटू साहब ने कहा कि बनिया पसंघा मारते थे। सामन्त किसानों से बेगारी करवाते थे। समाज की वेश्याएँ अच्छा-ख़ासा पहनावा पहनती थीं और सती-साध्वी स्त्रियाँ गजी। वेश्या का मलमल पहनना और सती-साध्वी का सामान्य वस्त्र पहनना मध्यकालीन भोगवादिता और विसंगत जीवन का ही संकेत है। निर्गुण कवि केवल साधना में ही नहीं लगे रहते थे; समाज के सुख-दुख, उन्नति-अवनति का भी ध्यान रखते थे। वर्ण और वर्ग-व्यवस्था के ढाँचे पर निर्गुण संतों ने प्रहार करते हुए धार्मिक अन्धविश्वास, पाखंड और शास्त्रवाद का भी जमकर विरोध किया। इस विद्रोह के द्वारा उन्होंने समाज में उस स्वस्थ परम्परा को स्थापित करने का प्रयास किया जिसमें सब बराबर हों, किसी प्रकार का अन्धविश्वास और पाखंड न हो और न ही मुल्ला और पंडित के शास्त्र-भय हों।

निर्गुण काव्य में नारी के मुख्यत: दो रूप हैं। एक उसका साधनात्मक एवं अन्तस्साधनात्मक रूप और दूसरा विशुद्ध सामाजिक। साधनात्मक रूप में जहाँ माया का चित्रण किया गया है वहाँ उसके अविद्या रूप की ही विशेष चर्चा है, यद्यपि कहीं-कहीं माया के विद्या रूप का भी उल्लेख निर्गुण संतों ने किया है और उसे ब्रह्म की शक्ति के रूप में तथा सृष्टि की कारणभूता बताया है। किन्तु माया के अविद्या रूप की चर्चा संतों ने विशेष उत्साह के साथ किया है। उसे डाकिनी, शाकिनी, डाइन, जादूगरनी, धिकृता, ठगिनी, छिनाल, ठकुरानी, पटरानी, मोहिनी, विश्वासघातिनी, चोरनी, कुट्टनी, राँड़, कलवारिन, वेश्या, सर्पिणी तथा बाघिन इत्यादि कहा है। माया का एक अंग कनक और कामिनी भी हैं, क्योंकि ये भी विषय-वासनाओं की ओर ले जानेवाले हैं। माया भी जीव को भ्रमित कर विषय-वासनाओं में लिप्त करती है

इसीलिए संतों ने उसकी अनेक रूपों में निन्दा की है। इस माया का प्रभाव संतों के यहाँ नहीं होता। किन्तु कच्चे साधक को वह साधना-मार्ग से विचलित कर देती है। उसने बड़े-बड़े मुनियों और देवताओं को भी डिगा दिया। इसलिए निर्गुण संतों ने माया के अविद्या रूप से बचने और साधना के मार्ग को प्रशस्त करने का सन्देश दिया है। सूफ़ी कवियों में जायसी ने पद्मावत में नागमती को सांसारिकता का प्रतीक माना है और अलाउद्दीन को माया का। सांसारिकता भी माया का उपादान है इसीलिए रत्नसेन 'दुनिया-धन्धा' (नागमती) को त्यागकर परमसत्ता (पद्मावती) को प्राप्त करता है।

अन्तस्साधनात्मक रूप में निर्गुण कवियों ने कुंडलिनी, इड़ा-पिंगला, सुषुम्ना तथा सुरति-निरति का वर्णन किया है। तंत्रों में कुंडलिनी को महाशक्ति और चित्शक्ति के रूप में देखा गया है। यह कुंडलिनी महाशक्ति पिंड में, मूलाधार में, स्वयंभू लिंग को साढ़े तीन वलयों में लपेटे हुए सुप्तावस्था में रहती है। साधक जब हठयोग के माध्यम से इसे जगाता है तब यह सहस्रार चक्र में शिव तत्त्व से जाकर मिलती है। इस शिव और शक्ति के मिलन में निर्गुण संतों को परमानन्द की अनुभूति होती है। इसी को पलटू साहब ने कहा कि 'शिव शक्ति के मिलन में मोको भयो अनन्द।' कुंडलिनी के लिए निर्गुण संतों ने नागिन तथा सर्पिणी इत्यादि शब्दों का प्रयोग किया है। यही कुंडलिनी पाताल लोक (नागलोक) में नागपत्नी के रूप में अवस्थित है। (नागलोक नगपतनी कहिए, मृत्युलोक में नारी) यह पाताल लोक मूलतः मूलाधार चक्र है, जहाँ सर्पिणी कुंडलिनी कुंडली मारे सोई है।

इड़ा-पिंगला और सुषुम्ना नाड़ियों का वर्णन भी नाड़ी और 'नारी' दोनों अर्थों में किया गया है। कबीरदास 'सुषुमन' नारी को कभी सहज में समाहित करते हैं और कभी उसके घर में ताला लगाने का वर्णन करते हैं। इड़ा (गंगा) की शक्ति और पिंगला (यमुना) की शिव के रूप में कल्पना की गई है। सामान्यतः गंगा में यमुना के मिलने की चर्चा होती है किन्तु हठयोग में गंगा (इड़ा) ही यमुना (पिंगला) से मिलने के लिए अग्रसर होती है। इसे ही संत दादूदयाल जी सहजयोग कहते हैं। वे इस सहज योग में गंगा को उलटी ओर लाकर 'जमुना' में समाहित करते हैं। (गंगा उलटी फेरिकरि जउंना माँहै आंणि)। जायसी ने इड़ा-पिंगला की नारी के रूप में प्रतीकात्मक अभिव्यक्ति करते हुए पद्मावती और नागमती को रत्नसेन के माध्यम से इड़ा-पिंगला कहलवाया है। इस प्रतीकात्मक अन्तस्साधना के माध्यम से उन्होंने जीवन और साधना में नारी के महत्त्व को संकेतित किया है।

सुरति और निरति को भी निर्गुण संतों ने नारीपरक आयामों में विश्लेषित किया है। कहीं यह सुरति सुहागन है तो कहीं यह नटिनी के रूप में परिकल्पित है। कबीर साहब सुरति-निरति का परचा (परिचय) करवाकर सुरति को शब्द (ब्रह्म) में समाहित करते हैं। संतों ने सुरति-निरति का केवल प्रेम और वैराग्यमय रूप में वर्णन नहीं किया,

अपितु वे उसे व्यापक परिप्रेक्ष्य में परिभाषित करते हैं। इसीलिए उनके यहाँ सुरति शक्ति (प्रेमिका) और शब्द या ब्रह्म शिव (पति) का प्रतीक हो गया है। तभी तो पलटू साहब 'सुरति सुहागिन' के शब्द में मिलने का प्रेममय चित्रण करते हैं (सुरति सुहागिनि उलटि के, मिली सबद में जाए...) और गुलाल साहब उसके रसोई बनाने का चित्रण करते हैं (सुरति सोहागिन करहिं रसोई, नाना भाँति बनाय) तथा दयाबाई उसे नटिनी बनाकर गगन-मंडल में ब्रह्म के साथ खेल करने का चित्रण करती हैं (दया सुरति नटिनी भई, बाँधि बरत निज स्वाँस)। इस प्रकार संतों ने सुरति-निरति को नव्य आयामों में चित्रित कर उसके परम्परागत अर्थ में नवीनता ला दी है और इस प्रक्रिया में वे सिद्धों एवं नाथों से बहुत भिन्न हो गए हैं।

निर्गुण संतों के विषय में बहुत दिनों से यह धारणा बद्धमूल रही है कि वे नारी के घोर निन्दक और विरोधी थे। वस्तुतः यह निर्गुण काव्य की नारी-विषयक अवधारणा को समग्रता में न देखने का परिणाम है। यह बात बहुत अटपटी लगती है कि जो संत गृहस्थ थे, पतिव्रता और सती को साधना का उच्चतम आदर्श मानते थे, वे नारी-निन्दक या उसके विरोधी कैसे होते? वास्तव में उन्होंने नारीमात्र की नहीं, बल्कि उसके कामिनी रूप की निन्दा की है, जो विषयों में फँसानेवाला है तथा माया का साधन और साधना बाधक है। इसीलिए नारी-निन्दा का बहुत-सा अंश 'कनक-कामिनी' और 'कामीनर' के प्रसंग में है। सुन्दरदास जैसे एकाध निर्गुण संतों को छोड़कर किसी ने भी 'नारी-निन्दा का अंग' स्वतंत्र रूप से नहीं लिखा है। यदि संत नारी मात्र के निन्दक होते तो 'कामीनर को अंग' न लिखकर 'नारी-निन्दा को अंग' लिखते। कबीर ने 'सुन्दरि को अंग' अवश्य लिखा, किन्तु वहाँ नारी की निन्दा कहीं नहीं है। व्यभिचारिणी नारी की यदि निन्दा है तो उसे नारी-निन्दा नहीं कहा जा सकता, क्योंकि व्यभिचारिणी नारी की निन्दा कबीरादि क्या, कोई भी करता। इसी के साथ व्यभिचारी पुरुषों की भी वे निन्दा करते हैं। परनारी-सेवन की जितनी निन्दा निर्गुण संतों ने की है उतनी अन्यत्र कम परिलक्षित होती है। पर नारी-सेवन या परपुरुष-सेवन समाज का कोई भी आदर्श व्यक्ति उचित नहीं समझता। निर्गुण संतों का नारी-विषयक यह ऐसा दृष्टिकोण है जो समाज के लिए ग्राह्य है। आधुनिक युग में भी इसे प्रासंगिक कहा जा सकता है।

मध्यकालीन समाज में नारी की स्थिति का जो स्वरूप दिखाई पड़ता है, उसके अनुसार उसमें नारी का भोग्या रूप विशेष रूप से उभरकर आता है। नारी, सामन्ती समाज के लिए उपभोग की सामग्री थी और उससे भी बढ़कर पुरुष की सम्पत्ति। समाज का अधिकांश भाग भोग-विलास में निमग्न था। कबीर साहब ने स्पष्ट रूप से कहा कि लोग स्त्री का मुख देखकर सुख पाते थे, अहर्निश नारी में संलग्न रहते थे (त्रिया का बदन देखि सुख पावे)। लोग चोरी-चोरी दूसरे की स्त्रियों के साथ कामाचार करते थे। पर-नारी-त्याग पर बल देते हुए उसके सेवन की निन्दा

संतों ने यूँ ही नहीं किया है। इसके अतिरिक्त निर्गुण संतों ने नारी की जहाँ निन्दा की है वहाँ उसका कामिनी रूप प्रधान है, जो एक सीमा तक साधना में बाधा उत्पन्न करता है। यही कारण है कि स्वयं सहजोबाई ने कनक-कामिनी के त्याग का सन्देश दिया है। नारी के कामिनी रूप की निन्दा तमाम सामाजिक मर्यादाओं को बहाकर गोपियों के उन्मुक्त प्रेम को प्रदर्शित करनेवाले सगुण भक्त सूरदास भी करते हैं, यहाँ तक कि कबीरादि निर्गुण संतों की भाँति नागिन और भुजंगिनी कहते हैं। इसलिए निर्गुण संतों के विषय में नारी-निन्दा का प्रश्न एक तरह से अप्रासंगिक हो जाता है। दूसरी बात यह कि किसी भी विचारधारा की समीक्षा उसकी समग्रता व समसामयिक परिप्रेक्ष्य में करना ही संगत होता है। इसलिए यह आवश्यक है कि निर्गुण संतों की नारी-भावना को व्यापक परिप्रेक्ष्य और उसकी समग्रता में देखा जाए। इस दृष्टि-फ़लक के आलोक में जब हम उसकी नारी-भावना को देखते हैं तो स्पष्ट होता है कि संत नारी मात्र के विरोधी नहीं थे। नारी-विषयक सामग्री के विवेचन और विश्लेषण के फलस्वरूप, परिमाण की दृष्टि से देखने पर भी निर्गुण संतों का दृष्टिकोण सर्वथा सन्तुलित प्रतीत होता है। यदि नारी की कहीं निन्दा है तो वह सामन्ती भोगवादी दृष्टि और तांत्रिक गुह्याचार वृत्ति की प्रतिक्रिया-स्वरूप है। पुनश्च, निर्गुण संत यदि नारी-विरोधी या उसके निन्दक होते तो पतिव्रता की प्रशंसा नहीं करते, नारी को माँ और बहन के रूप में देखने का आग्रह नहीं करते, और उससे भी बढ़कर स्वयं को भगवान की पत्नी नहीं कहते और बालक बनकर उन्हें अपनी माँ नहीं कहते। यह सब उनके नारी विरोधी या निन्दक होने का संकेत नहीं देते। उनका संघर्ष भोगवाद के प्रति था और नारी-निन्दा का स्वर जहाँ मुखर है उसे भोगवाद के विरुद्ध विद्रोह समझना चाहिए। इसके अतिरिक्त वे स्त्री-पुरुष में भेद नहीं मानते थे और स्त्री-पुरुष दोनों ही में भगवान का रूप देखते थे। उससे भी अधिक उल्लेख्य तथ्य यह है कि निर्गुण संत काव्य-धारा में सहजोबाई और दयाबाई जैसी संत कवयित्रियाँ हुईं; जबकि तत्कालीन सूफ़ी काव्य और सगुण भक्ति काव्य में कवयित्रियों का उल्लेख प्राय: नहीं मिलता। आवश्यकतावश उन्होंने नारी-निन्दा की है यह अलग बात है। प्रसंगवश नारी-निन्दा सूफ़ी कवियों ने भी की है। जायसी के पद्मावत में नारी को मन्दबुद्धि (मतिहीन) कहा जाता है, लेकिन पद्मावती को परमसत्ता या पारस रूप में चित्रित कर जीवन और साधना में उसका महत्त्व भी प्रतिपादित किया गया है।

परिशिष्ट

सहायक ग्रन्थ

आधार ग्रन्थ

1. अमी घूँट : केशवदास, संस्करण-1976 ई. वेलवेडियर प्रेस, इलाहाबाद।
2. कबीर ग्रन्थावली : (सं.) डॉ. श्यामसुन्दर दास, पंचदश संस्करण, संवत् 2036 वि., नागरी प्रचारिणी सभा, वाराणसी।
3. कबीर ग्रन्थावली : डॉ. माताप्रसाद गुप्त, नवीन संस्करण, सन् 1985, साहित्य भवन लि., इलाहाबाद।
4. कबीर ग्रन्थावली : डॉ. पारसनाथ तिवारी, प्रथम संस्करण, 1961 ई., हिन्दी परिषद, प्रयाग विश्वविद्यालय।
5. कबीर वचनावली : हरिऔध, द्वादश संस्करण, संवत् 2021, ना. प्र. स., वाराणसी।
6. कबीर साहेब की शब्दावली : संस्करण, सन् 1983, वेलवेडियर प्रेस, इलाहाबाद।
7. कवितावली : तुलसीदास : संस्करण, संवत् 2038, गीताप्रेस, गोरखपुर।
8. गरीबदास जी की बानी : संस्करण, सन् 1956, वेलवेडियर प्रेस, इलाहाबाद।
9. गुरुग्रन्थ साहिब : संस्करण, सन् 1951, शिरोमणि गुरुद्वारा प्रबन्धक कमेटी, अमृतसर।
10. गुलाल साहब की बानी : संस्करण, सन् 1983, वे. वे. प्रेस, इलाहाबाद।
11. गोरख-बानी : डॉ. पीताम्बरदत्त बड़थ्वाल, चतुर्थ संस्करण, सन् 1979, हिन्दी साहित्य सम्मेलन, प्रयाग।
12. चांदायन : (सं.) डॉ. माताप्रसाद गुप्त, प्रथम संस्करण, सन् 1967, प्रामाणिक प्रकाशन, आगरा।
13. चरनदास जी की बानी (भाग 1 एवं 2) : संस्करण, सन् 1981 एवं 1976, वे. वे. प्रेस, इलाहाबाद।
14. चित्रावली : (सं.) जगमोहन वर्मा, संस्करण, सं. 1969, ना.प्र.स. वाराणसी।
15. जगजीवन साहेब की बानी (भाग 1 एवं 2) : संस्करण, सन् 1976 एवं 1983, वे. वे. प्रेस।
16. जायसी ग्रन्थावली : आचार्य रामचन्द्र शुक्ल, पंचदश संस्करण, संवत् 2018 वि., नागरी प्रचारिणी सभा, वाराणसी।
17. जायसी ग्रन्थावली : डॉ. माताप्रसाद गुप्त, संस्करण, सन् 1952, हिन्दुस्तानी एकेडेमी, इलाहाबाद।
18. तुलसी साहिब (हाथरसवाले) की शब्दावली (भाग 1 एवं 2) : संस्करण, सन् 1966 एवं 1978, वे.वे. प्रेस।

19. दयाबाई की बानी : संस्करण, सन् 1976, वे. वे. प्रेस।
20. दरिया ग्रन्थावली : डॉ. धर्मेन्द्र ब्रह्मचारी, प्रथम संस्करण, सन् 1962, बिहार, राष्ट्रभाषा परिषद, पटना।
21. दरिया साहब (मारवाड़ी) की बानी : संस्करण, सन् 1966, वे. वे. प्रेस।
22. दादूदयाल की बानी (भाग 1 एवं 2) : संस्करण, सन् 1966, वे. वे. प्रेस।
23. दादूदयाल ग्रन्थावली : आचार्य परशुराम चतुर्वेदी, प्रथम संस्करण, संवत् 2023 वि., ना. प्र. सभा, वाराणसी।
24. दूलनदास जी की बानी : संस्करण, सन् 1966, वे. वे. प्रेस।
25. दोहा कोश : म. प. राहुल सांकृत्यायन, प्रथम संस्करण, सन् 1957 ई., बिहार, राष्ट्रभाषा परिषद, पटना।
26. धनीधरमदास जी की शब्दावली : संस्करण, सन् 1980, वे.वे. प्रेस।
27. धरनीदास जी की बानी : संस्करण, सन् 1976, वे. वे. प्रेस।
28. नानक वाणी : डॉ. जयराम मिश्र, प्रथम संस्करण, सन् 1961, मित्र प्रकाशन, इलाहाबाद।
29. पद्मावत : डॉ. माताप्रसाद गुप्त, द्वितीय संस्करण, सन् 1973, भारती भंडार, इलाहाबाद।
30. पद्मावत : डॉ. वासुदेवशरण अग्रवाल, तृतीय संस्करण, संवत् 2037 वि., साहित्य-सदन, चिरगाँव, झाँसी।
31. पलटू साहिब की बानी (भाग 1, 2, 3) : संस्करण, सन् 1980, 1966, वे. वे. प्रेस।
32. बुल्ला साहिब का शब्द सागर : संस्करण, सन् 1966, वे.वे. प्रेस।
33. भीखा साहिब की शब्दावली : संस्करण, सन् 1980, वे. वे. प्रेस।
34. मधुमालती : डॉ. माताप्रसाद गुप्त : प्रथम संस्करण, सन् 1961, मित्र प्रकाशन, प्रा. लि., इलाहाबाद।
35. मलूकदास जी की बानी : संस्करण, सन् 1976, वे. वे. प्रेस।
36. मीराबाई की पदावली : आचार्य परशुराम चतुर्वेदी, 16वाँ संस्करण, सन् 1976, हिन्दी साहित्य सम्मेलन, प्रयाग।
37. मृगावती : डॉ. माताप्रसाद गुप्त, प्रथम संस्करण, सन् 1968, प्रामाणिक प्रकाशन, आगरा।
38. मैनासत : श्री हरिहरनिवास द्विवेदी, प्रथम संस्करण, सन् 1959, विद्या मन्दिर (साधन) प्रकाशन, ग्वालियर।
39. यारी साहब की रत्नावली : संस्करण, सन् 1976, वे. वे. प्रेस।
40. रज्जब बानी : डॉ. ब्रजलाल वर्मा, प्रथम संस्करण, सन् 1963 ई., उपमा प्रकाशन, कानपुर।
41. रज्जब वाणी : स्वामी नारायण दास, प्रथम संस्करण, सन् 1967, संत-साहित्य प्रकाशन, अजमेर।
42. रामचरितमानस : तुलसीदास, गीताप्रेस, गोरखपुर, संस्करण-2038 वि.।
43. रैदास जी की बानी : संस्करण सन् 1966 वे. वे. प्रेस।
44. संतकवि दरिया : एक अनुशीलन : डॉ. धर्मेन्द्र ब्रह्मचारी, प्रथम संस्करण, 1954 ई., बिहार राष्ट्रभाषा परिषद, पटना।
45. संत काव्य : आचार्य परशुराम चतुर्वेदी, प्रथम संस्करण-सन् 1952, किताब महल, इलाहाबाद।
46. संत गुरु रविदास-बानी : डॉ. वेणीप्रसाद शर्मा : प्रथम संस्करण-संवत् 2035, सूर्य प्रकाशन, दिल्ली।
47. संत-सुधासार : वियोगी हरि, प्रथम संस्करण-सन् 1953, सस्ता साहित्य मंडल, दिल्ली।

48. सहजोबाई की बानी : संस्करण 1980 ई., वे. वे. प्रेस इलाहाबाद।
49. सुन्दर ग्रन्थावली (भाग 1-2) : (सं.) पुरोहित हरिनारायण शर्मा, प्रथम संस्करण, सं. 1993 वि., राजस्थान रिसर्च सोसाइटी, कलकत्ता।
50. सुन्दर विलास : संस्करण-1983 ई., वे. वे. प्रेस।
51. सूरसागर (पहला खंड) : (सं.) आचार्य नन्ददुलारे वाजपेयी, द्वितीय संस्करण, संवत् 2009 वि., ना. प्र. सभा, काशी।
52. सूरसागर (दूसरा खंड) : (सं.) आचार्य नन्ददुलारे वाजपेयी, तृतीय संस्करण, संवत् 2018 वि., ना. प्र. सभा, काशी।
53. सूरसागर-सार : (सं.) धीरेन्द्र वर्मा, षष्ठ संस्करण, सन् 1988, साहित्य भवन लि., इलाहाबाद।
54. हिन्दी प्रेमगाथा काव्य-संग्रह : श्री गणेशप्रसाद द्विवेदी एवं डॉ. गुलाबराय, द्वितीय संस्करण, सन् 1953, हिन्दुस्तानी एकेडेमी, इलाहाबाद।
55. हिन्दी जनपद के संत : (सं.) आचार्य काका साहेब कालेलकर आदि, प्रथम संस्करण, सन् 1963, मोतीलाल बनारसीदास, दिल्ली।

सन्दर्भ ग्रन्थ

56. अष्टछाप और वल्लभ सम्प्रदाय (भाग-2) : डॉ. दीनदयालु गुप्त, द्वितीय संस्करण, संवत् 2026 वि., हिन्दी साहित्य सम्मेलन, प्रयाग।
57. आत्मिक साहचर्य : डॉ. राधाकृष्णन् (अनु.) डॉ. ज्ञानवती दरबार, सन् 1961, रंजन प्रकाशन, दिल्ली।
58. आधुनिक कवि : सुमित्रानन्दन पंत, संस्करण 2003 वि., भारती भंडार, इलाहाबाद।
59. आधुनिक भाव बोध की संज्ञा : अमृतराय, संस्करण सन् 1987, हंस प्रकाशन, इलाहाबाद।
60. आलवार भक्तों का तमिल प्रबन्धम् और हिन्दी कृष्ण काव्य : डॉ. मलिक मोहम्मद, प्रथम संस्करण, सन् 1964, विनोद पुस्तक मन्दिर, आगरा।
61. इतिहास-चक्र : डॉ. राममनोहर लोहिया (अनु.) ओंकारशरद, चतुर्थ संस्करण, सन् 1984, लोक भारती प्रकाशन, इलाहाबाद।
62. उत्तर भारत के निर्गुण पंथ साहित्य का इतिहास : डॉ. विष्णुदत्त राकेश, प्रथम संस्करण, सन् 1975, साहित्य भवन लि., इलाहाबाद।
63. उत्तरी भारत की संत परम्परा : आचार्य परशुराम चतुर्वेदी, प्रथम संस्करण, सन् 1951, भारती भंडार, इलाहाबाद।
64. उलटबाँसी शैली और संत कबीर : डॉ. रमेश चन्द्र मिश्र, प्रथम संस्करण, सन् 1982, अलंकार प्रकाशन, दिल्ली।
65. कन्नड़ साहित्य का इतिहास : प्रो. रंश्री मुगलि, प्रथम संस्करण, सन् 1971, साहित्य अकादेमी, दिल्ली।
66. कबीर : आचार्य हजारीप्रसाद द्विवेदी, तृतीय संस्करण, सन् 1985, राजकमल प्रकाशन, दिल्ली।
67. कबीर और अखा : डॉ. रामनाथ शर्मा, प्रथम संस्करण, सन् 1983, विश्वविद्यालय प्रकाशन, वाराणसी।
68. कबीर : एक अनुशीलन : डॉ. रामकुमार वर्मा, प्रथम संस्करण, सन् 1983, साहित्य भवन लि., इलाहाबाद।

69. कबीर की विचारधारा : डॉ. गोविन्द त्रिगुणायत, तृतीय संस्करण, संवत् 2024 वि., साहित्य निकेतन, कानपुर।
70. कबीर : व्यक्तित्व, कृतित्व एवं सिद्धान्त : डॉ. सरनाम सिंह शर्मा, प्रथम संस्करण, सन् 1964, भारतीय शोध संस्थान, राजस्थान।
71. कबीर का रहस्यवाद : डॉ. रामकुमार वर्मा, संस्करण, सन् 1966, साहित्य भवन लि., इलाहाबाद।
72. कबीर वचनामृत : डॉ. विजयेन्द्र स्नातक एवं डॉ. रमेशचन्द्र मिश्र, प्रथम संस्करण, सन् 1986, नेशनल पब्लिशिंग हाउस, दिल्ली।
73. कबीर वचनामृत-सार : डॉ. मुंशी राम शर्मा, द्वितीय संस्करण, ग्रन्थम्, कानपुर।
74. कबीर वाणी पीयूष : डॉ. जयदेव सिंह, डॉ. वासुदेव सिंह, चतुर्थ संस्करण, सन् 1988, विश्वविद्यालय प्रकाशन, वाराणसी।
75. कबीर साहित्य का सांस्कृतिक अध्ययन : डॉ. आर्याप्रसाद त्रिपाठी, प्रथम संस्करण, सन् 1974, सरोज प्रकाशन, इलाहाबाद।
76. ख़िलजी कालीन भारत : प्रो. सैयद अतहर अब्बास रिजवी, प्रथम संस्करण, सन् 1954, भारत प्रकाशन मन्दिर, अलीगढ़।
77. गुजरात के संतों की हिन्दी साहित्य को देन : डॉ. रामकुमार गुप्त, प्रथम संस्करण, संवत् 2024, जवाहर पुस्तकालय, मथुरा।
78. गुजरात के हिन्दी गौरव ग्रन्थ : डॉ. अम्बा शंकर नागर, प्रथम संस्करण, सन् 1964, गंगा पुस्तक माला, लखनऊ।
79. गुजराती साहित्य का इतिहास : श्री जयन्त हरिकृष्ण दवे, प्रथम संस्करण, सन् 1963, हिन्दी समिति, सूचना विभाग, उत्तर प्रदेश।
80. गोरखनाथ और उनका युग : डॉ. रांगेय राघव, प्रथम संस्करण, सन् 1963, आत्माराम एंड संस, दिल्ली।
81. चिन्तामणि : (भाग-1) : आचार्य रामचन्द्र शुक्ल, संस्करण, सन् 1957, इंडियन प्रेस लि., इलाहाबाद।
82. जाति, वर्ग और व्यवसाय : डॉ. गोविन्द सदाशिव घुर्ये, संस्करण, सन् 1961 ई., राजपाल एंड संस, दिल्ली।
83. जायसी के परवर्ती हिन्दी सूफ़ी कवि और काव्य : डॉ. सरला शुक्ल, प्रथम संस्करण, संवत् 2013, लखनऊ विश्वविद्यालय।
84. जायसी : डॉ. रामपूजन तिवारी : तृतीय संस्करण, सन् 1973, साहित्य भवन लि., इलाहाबाद।
85. तंत्र और संत : प्रो. राममूर्ति त्रिपाठी, प्रथम संस्करण, सन् 1975, साहित्य भवन लि., इलाहाबाद।
86. तमिल और हिन्दी का भक्ति-साहित्य : डॉ. एन. चन्द्रकांत, प्रथम संस्करण, सन् 1971, दक्षिण भारत हिन्दी प्रचार सभा, मद्रास।
87. तांत्रिक साधना और सिद्धान्त : महामहोपाध्याय डॉ. गोपीनाथ कविराज, प्रथम संस्करण, सन् 1979, बिहार राष्ट्रभाषा परिषद, पटना।
88. तांत्रिक वाङ्मय में शाक्त दृष्टि : डॉ. गोपीनाथ कविराज, द्वितीय संस्करण, 1978, बिहार राष्ट्र भाषा परिषद, पटना।
89. दक्खिनी हिन्दी काव्यधारा : म. पंडित राहुल सांकृत्यायन, प्रथम संस्करण, सन् 1959, बिहार राष्ट्रभाषा परिषद, पटना।
90. दादूदयाल : डॉ. रामबक्ष, प्रथम संस्करण, सन् 1985, साहित्य अकादेमी, दिल्ली।

91. देश के इस दौर में : डॉ. विश्वनाथ त्रिपाठी, प्रथम संस्करण, सन् 1989, परिमल प्रकाशन, इलाहाबाद।
92. नाथ और संत-साहित्य : डॉ. नागेन्द्र नाथ उपाध्याय, प्रथम संस्करण, सन् 1965, काशी हिन्दू विश्वविद्यालय, वाराणसी।
93. नाथ पंथ और निर्गुण संत काव्य : डॉ. कोमल सिंह सोलंकी, प्रथम संस्करण, सन् 1966, विनोद पुस्तक मन्दिर, आगरा।
94. नाथ सम्प्रदाय : आचार्य हजारीप्रसाद द्विवेदी, तृतीय संस्करण, सन् 1981, लोकभारती प्रकाशन, इलाहाबाद।
95. निर्गुण साहित्य : सांस्कृतिक पृष्ठभूमि : डॉ. मोती सिंह, प्रथम संस्करण, सन् 1962, ना. प्र. सभा, वाराणसी।
96. निराला की साहित्य-साधना (खंड-2) : डॉ. रामविलास शर्मा, द्वितीय संस्करण, सन् 1981, राजकमल प्रकाशन, दिल्ली।
97. पंजाब प्रान्तीय हिन्दी साहित्य का इतिहास : डॉ. चन्द्रकांत बाली, प्रथम संस्करण, सन् 1962, नेशनल पब्लिशिंग हाउस, दिल्ली।
98. परम्परा का मूल्यांकन : डॉ. रामविलास शर्मा, प्रथम संस्करण, सन् 1981, राजकमल प्रकाशन, दिल्ली।
99. परिवर्तन और विकास के सांस्कृतिक आयाम : प्रो. पूरनचन्द्र जोशी, प्रथम संस्करण, 1987 ई., राजकमल प्रकाशन, दिल्ली।
100. परिवार, निजी सम्पत्ति और राज्य की उत्पत्ति : फ्रेडरिक एंगेल्स, द्वितीय संस्करण, सन् 1986, प्रगति प्रकाशन, मास्को।
101. प्रकृति और काव्य : डॉ. रघुवंश, द्वितीय संस्करण, सन् 1963, नेशनल पब्लिशिंग हाउस, दिल्ली।
102. प्राचीन भारत का इतिहास : (सं.) प्रो. डी. एन. झा, प्रथम संस्करण, सन् 1981, हिन्दी माध्यम कार्यान्वयन निदेशालय, दिल्ली विश्वविद्यालय।
103. प्राचीन भारत की संस्कृति और सभ्यता : डॉ. दामोदर धर्मानन्द कोसाम्बी, द्वितीय संस्करण, सन् 1977, राजकमल प्रकाशन, दिल्ली।
104. पुनर्नवा : आचार्य हजारीप्रसाद द्विवेदी, संस्करण, 1984 ई., राजकमल प्रकाशन, दिल्ली।
105. बावरी-पंथ के हिन्दी कवि : डॉ. भगवती प्रसाद शुक्ल, प्रथम संस्करण, सन् 1972, आर्य बुक डिपो, दिल्ली।
106. भक्तमाल (नाभादास) : (सं.) सीतारामशरण, भगवान प्रसाद, प्रथम संस्करण, सन् 1913, नवल किशोर प्रेस, लखनऊ।
107. भक्ति कालीन काव्य में नारी : डॉ. गजानन शर्मा, प्रथम संस्करण, सन् 1972, रचना प्रकाशन, इलाहाबाद।
108. भक्तिकाव्य और लोकजीवन : डॉ. शिवकुमार मिश्र, प्रथम संस्करण, सन् 1983, पीपुल्स लिटरेसी, दिल्ली।
109. भक्तिकाव्य की सामाजिक सांस्कृतिक चेतना : डॉ. प्रेमशंकर, प्रथम संस्करण, सन् 1979, मैकमिलन कं. लि., दिल्ली।
110. भक्ति साहित्य में मधुरोपासना : आचार्य परशुराम चतुर्वेदी, प्रथम संस्करण, संवत् 2018 वि., भारती भंडार, इलाहाबाद।

111. भागवत सम्प्रदाय : आचार्य बलदेव उपाध्याय, प्रथम संस्करण, 2010 वि., ना. प्र. सभा, वाराणसी।
112. भारत : आदिम साम्यवाद से दास-प्रथा तक का इतिहास : श्रीपाद अमृत डांगे, तृतीय संस्करण, सन् 1978, पीपुल्स पब्लिशिंग हाउस, दिल्ली।
113. भारत का इतिहास : प्रो. रोमिला थापर, छठा संस्करण, सन् 1987, राजकमल प्रकाशन, दिल्ली।
114. भारत का इतिहास : को. अ. अन्तोनोवा आदि, द्वितीय संस्करण, सन् 1988, प्रगति प्रकाशन, मास्को।
115. भारतवर्ष में जाति-भेद : आचार्य क्षितिमोहन सेन, नवीन संस्करण, सन् 1952, साहित्य भवन लि., इलाहाबाद।
116. भारतीय चिन्तन परम्परा : श्री के. दामोदरन, तृतीय संस्करण, सन् 1982, पीपुल्स पब्लिशिंग हाउस, दिल्ली।
117. भारतीय परम्परा : प्रो. हुमायूँ कबीर, प्रथम संस्करण, सन् 1963, केन्द्रीय हिन्दी निदेशालय, दिल्ली।
118. भारतीय परम्परा के मूल स्वर : प्रो. गोविन्द चन्द्र पांडेय, संस्करण, 1981 ई., नेशनल पब्लिशिंग हाउस, दिल्ली।
119. भारतीय मध्ययुग का इतिहास : डॉ. ईश्वरी प्रसाद, संस्करण, सन् 1955, इंडियन प्रेस प्रा. लि., इलाहाबाद।
120. भारतीय संत परम्परा और समाज : डॉ. रांगेय राघव, प्रथम संस्करण, विनोद पुस्तक मन्दिर, आगरा।
121. भारतीय संस्कृति और उसका इतिहास : डॉ. सत्यकेतु विद्यालंकार, द्वितीय संस्करण, सन् 1956, सरस्वती सदन, मसूरी।
122. भारतीय संस्कृति और साधना (खंड-2) : म. म. डॉ. गोपीनाथ कविराज, द्वितीय संस्करण, सन् 1979, बिहार राष्ट्र भाषा परिषद, पटना।
123. भारतीय समाज में नारी : नीरा देसाई, प्रथम संस्करण, सन् 1982, मैकमिलन इंडिया लि., दिल्ली।
124. भारतीय समाज का ऐतिहासिक विश्लेषण : डॉ. भगवतशरण उपाध्याय, तृतीय संस्करण, सन् 1987, पीपुल्स पब्लिशिंग हाउस, दिल्ली।
125. भारतीय समाज में नारी आदर्शों का विकास : पं. चन्द्रबली त्रिपाठी, द्वितीय संस्करण, सन् 1981, दुर्गावती प्रकाशन, गोरखपुर।
126. भारतीय समाज संस्कृति तथा संस्थाएँ : डॉ. कैलाशनाथ शर्मा, प्रथम संस्करण, सन् 1952, समाजशास्त्र समिति, कानपुर।
127. भारतीय सामन्तवाद : प्रो. रामशरण शर्मा, प्रथम संस्करण, सन् 1973, राजकमल प्रकाशन, दिल्ली।
128. भारतीय साहित्य : (सं.) डॉ. नगेन्द्र, प्रथम संस्करण, 1987 ई., प्रभात प्रकाशन, दिल्ली।
129. भारतीय साहित्य का समेकित इतिहास : (सं.) डॉ. नगेन्द्र, प्रथम संस्करण, सन् 1989, हिन्दी माध्यम कार्यान्वयन निदेशालय, दिल्ली वि. वि.।
130. भारतीय साहित्य की सांस्कृतिक रेखाएँ : आचार्य परशुराम चतुर्वेदी, नवीन संस्करण, सन् 1962, साहित्य भवन लि., इलाहाबाद।

131. भारतीय साहित्य के इतिहास की समस्याएँ : डॉ. रामविलास शर्मा, प्रथम संस्करण, सन् 1986, वाणी प्रकाशन, दिल्ली।
132. भाषा और समाज : डॉ. रामविलास शर्मा, द्वितीय संस्करण, सन् 1977, राजकमल प्रकाशन, दिल्ली।
133. मध्य एशिया का इतिहास : म. प. राहुल सांकृत्यायन, द्वितीय संस्करण, सन् 1985, बिहार राष्ट्रभाषा परिषद, पटना।
134. मध्यकालीन धर्म-साधना : आचार्य हजारीप्रसाद द्विवेदी, चतुर्थ संस्करण, सन् 1970, साहित्य भवन लि., इलाहाबाद।
135. मध्यकालीन प्रेम-साधना : आचार्य परशुराम चतुर्वेदी, तृतीय संस्करण, सन् 1962, साहित्य भवन लि., इलाहाबाद।
136. मध्यकालीन भारतीय संस्कृति : म. प. डॉ. गौरीशंकर हीराचन्द ओझा, तृतीय संस्करण, सन् 1951, हिन्दुस्तानी एकेडेमी, इलाहाबाद।
137. मध्यकालीन भारत (भाग-1) : प्रो. सतीशचन्द्र, संस्करण, सन् 1986 ई., राष्ट्रीय शैक्षिक अनुसन्धान परिषद, दिल्ली।
138. मध्यकालीन भारत (अंक-1) : प्रो. इरफान हवीब, द्वितीय संस्करण, सन् 1990, राजकमल प्रकाशन, दिल्ली।
139. मध्यकालीन भारत (अंक-2) : प्रो. इरफान हबीब, प्रथम संस्करण, सन् 1983, मैकमिलन इंडिया लि., दिल्ली।
140. मध्यकालीन भारत (अंक-3) : प्रो. इरफान हवीब, द्वितीय संस्करण, सन् 1990, रामकमल, प्रकाशन दिल्ली।
141. मध्यकालीन भक्तिकाव्य में विरहानुभूति की व्यंजना : डॉ. चौथीराम यादव, प्रथम संस्करण, सन् 1974, रचना प्रकाशन, इलाहाबाद।
142. मध्यकालीन रचना और मूल्य : डॉ. कमला प्रसाद, प्रथम संस्करण, सन् 1984, वाणी प्रकाशन, दिल्ली।
143. मध्यकालीन संत : विचार और साधना : डॉ. केशनीप्रसाद चौरसिया, प्रथम संस्करण, सन् 1965, हिन्दुस्तानी एकेडेमी, इलाहाबाद।
144. मध्यकालीन संत-साहित्य : डॉ. राम खेलावन, पांडेय, प्रथम संस्करण, सन् 1965, हिन्दी प्रचारक संस्थान, वाराणसी
145. मध्यकालीन साहित्यिक प्रवृत्तियाँ : आचार्य परशुराम चतुर्वेदी, प्रथम संस्करण, सन् 1984, भारती भंडार, इलाहाबाद।
146. मध्यकालीन हिन्दी कवयित्रियाँ : डॉ. सावित्री सिन्हा, प्रथम संस्करण, सन् 1953, आत्माराम एंड संस, दिल्ली।
147. मध्यकालीन हिन्दी काव्य में भारतीय संस्कृति : डॉ. मदनगोपाल गुप्त, प्रथम संस्करण, सन् 1968, नेशनल पब्लिशिंग हाउस, दिल्ली।
148. मध्यकालीन हिन्दी साहित्य : पंजाब का सन्दर्भ : डॉ. मनमोहन सहगल एवं डॉ. शास्त्री, प्रथम संस्करण, सन्मार्ग प्रकाशन, दिल्ली।
149. मध्ययुगीन निर्गुण चेतना : डॉ. धर्मपाल मैनी, प्रथम संस्करण, सन् 1972, लोकभारती प्रकाशन, इलाहाबाद।
150. मध्ययुगीन रोमांचक आख्यान : डॉ. नित्यानन्द तिवारी, प्रथम संस्करण, सन् 1970, नेशनल पब्लिशिंग हाउस, दिल्ली।

151. मध्ययुगीन हिन्दी साहित्य में नारी-भावना : डॉ. उषा पांडेय, प्रथम संस्करण, सन् 1959, साहित्य संसार, दिल्ली।
152. मनुष्य और समाज : डॉ. चैस्नोकोव तथा वी. कारपुशिन, तृतीय संस्करण, सन् 1980, पीपुल्स पब्लिशिंग हाउस, दिल्ली।
153. मराठी संतों का सामाजिक कार्य : डॉ. विष्णुभीकाजी कोलते, प्रथम संस्करण, सन् 1954, हिन्दी ग्रन्थ रत्नाकर, बम्बई।
154. मानव और संस्कृति : प्रो. श्यामाचरण दुबे, तृतीय संस्करण, सन् 1982, राजकमल प्रकाशन, दिल्ली।
155. मार्क्स और पिछड़े हुए समाज : डॉ. रामविलास शर्मा, प्रथम संस्करण, सन् 1986, राजकमल प्रकाशन, दिल्ली।
156. मिश्र बन्धु विनोद (भाग-1) : डॉ. श्यामबिहारी मिश्र आदि, संस्करण 1972 ई., गंगा पुस्तक माला, लखनऊ।
157. मीरां और आंडाल का तुलनात्मक अध्ययन : डॉ. ना. सुन्दरम्, प्रथम संस्करण, सन् 1971, हिन्दी साहित्य सम्मेलन, प्रयाग।
158. मीरा का काव्य : डॉ. विश्वनाथ त्रिपाठी, द्वितीय संस्करण, सन् 1989, वाणी प्रकाशन, दिल्ली।
159. मीरां की प्रेम-साधना : डॉ. भुवनेश्वरनाथ मिश्र 'माधव', तृतीय संस्करण, सन् 1957, अजंता प्रेस, पटना।
160. मुग़लकालीन कृषि सम्बन्ध पर कुछ विचार : प्रो. नूरुलहसन (अनु.) एस. गोपाल संस्करण, सन् 1975 ई., मोतीलाल बनारसीदास, दिल्ली।
161. मुग़लकालीन भारत : डॉ. आशीर्वादीलाल श्रीवास्तव, संस्करण सन् 1989, शिवलाल अग्रवाल एंड कं., आगरा।
162. मुक्तिबोध रचनावली (खंड-6) : (सं.) श्री नेमिचन्द जैन, पेपरबैक संस्करण, सन् 1985, राजकमल प्रकाशन, दिल्ली।
163. योग-प्रवाह : डॉ. पीताम्बरदत्त बड़थ्वाल, प्रथम संस्करण, सन् 1943, काशी विद्यापीठ, वाराणसी।
164. रामभक्ति साहित्य में मधुर उपासना : डॉ. भुवनेश्वरनाथ मिश्र 'माधव', द्वितीय संस्करण, सन् 1976, बिहार राष्ट्रभाषा परिषद, पटना।
165. रीति काव्य की भूमिका : डॉ. नगेन्द्र, तृतीय संस्करण, सन् 1956, नेशनल पब्लिशिंग हाउस, दिल्ली।
166. विचार-विमर्श : आचार्य चन्द्रबली पांडेय, द्वितीय संस्करण, संवत् 2008 वि., हिन्दी साहित्य सम्मेलन, प्रयाग।
167. विराम चिह्न : डॉ. रामविलास शर्मा, संस्करण, सन् 1985, वाणी प्रकाशन, दिल्ली।
168. वैष्णव भक्ति-आन्दोलन का अध्ययन : डॉ. मलिक मोहम्मद, प्रथम संस्करण, सन् 1971, राजपाल एंड संस, दिल्ली।
169. शब्द और कर्म : डॉ. मैनेजर पांडेय, प्रथम संस्करण, सन् 1981, धरती प्रकाशन बीकानेर।
170. शिवनारायणी सम्प्रदाय और उसका साहित्य : डॉ. रामचन्द्र तिवारी, संस्करण, सन् 1972, विश्वविद्यालय प्रकाशन, वाराणसी।
171. शूद्रों का प्राचीन इतिहास : डॉ. रामशरण शर्मा (अनु.) विजयनाथ ठाकुर, प्रथम संस्करण, सन् 1979, मैकमिलन इंडिया लि., दिल्ली।

172. शृंखला की कड़ियाँ : महादेवी वर्मा, संस्करण, संवत् 2007 वि., भारती भंडार, इलाहाबाद।
173. श्री शंकराचार्य : आचार्य बलदेव उपाध्याय, द्वितीय संस्करण, सन् 1963, हिन्दुस्तानी एकेडेमी, इलाहाबाद।
174. संगम और संघर्ष : डॉ. रांगेय राघव, प्रथम संस्करण, किताब महल, इलाहाबाद।
175. संत कबीर : डॉ. रामकुमार वर्मा, चतुर्थ संस्करण, सन् 1958, साहित्य भवन लि., इलाहाबाद।
176. संतकवि मलूकदास : डॉ. त्रिलोकी नारायण दीक्षित, प्रथम संस्करण, सन् 1965, संत-सूफ़ी साहित्य संस्थान, इलाहाबाद।
177. संत काव्यधारा : आचार्य परशुराम चतुर्वेदी, चतुर्थ संस्करण, सन् 1981, किताब महल, इलाहाबाद।
178. संत काव्य में प्रतीक विधान : डॉ. देवेन्द्र आर्य, प्रथम संस्करण, सन् 1971, नेशनल पब्लिशिंग हाउस, दिल्ली।
179. संत चरनदास : डॉ. त्रिलोकी नारायण दीक्षित, प्रथम संस्करण, सन् 1953, साहित्य निकेतन, कानपुर।
180. संत दर्शन : डॉ. त्रिलोकी नारायण दीक्षित, प्रथम संस्करण, सन् 1953, साहित्य निकेतन, कानपुर।
181. संत नामदेव और हिन्दी पद-साहित्य : डॉ. रामचन्द्र मिश्र, प्रथम संस्करण, सन् 1969, शैलेन्द्र साहित्य सदन, फर्रुखाबाद।
182. संत नामदेव की हिन्दी पदावली : डॉ. भगीरथ मिश्र एवं डॉ. राजनारायण मौर्य, प्रथम संस्करण, सन् 1964, पूना विश्वविद्यालय प्रकाशन, पूना।
183. संत पलटूदास और पलटू पंथ : डॉ. राधाकृष्ण सिंह, प्रथम संस्करण, सन् 1966, सूर्य प्रकाशन, दिल्ली।
184. संत मत का सरभंग सम्प्रदाय : डॉ. धर्मेन्द्र ब्रह्मचारी, प्रथम संस्करण, सन् 1959, बिहार राष्ट्रभाषा परिषद, पटना।
185. संत वैष्णव काव्य पर तांत्रिक प्रभाव : डॉ. विश्वम्भरनाथ उपाध्याय, प्रथम संस्करण, सन् 1962, विनोद पुस्तक मन्दिर, आगरा।
186. संत-साहित्य : डॉ. भुवनेश्वर नाथ मिश्र 'माधव', द्वितीय संस्करण, सन् 1956, पारिजात प्रकाशन, पटना।
187. संत-साहित्य की लौकिक पृष्ठभूमि : डॉ. ओमप्रकाश शर्मा, प्रथम संस्करण, सन् 1985, हिन्दुस्तानी एकेडेमी, इलाहाबाद।
188. संत-साहित्यः पुनर्मूल्यांकन : डॉ. राजदेव सिंह, प्रथम संस्करण, सन् 1973, आर्य बुक डिपो, दिल्ली।
189. संत-साहित्य के प्रेरणास्रोत : आचार्य परशुराम चतुर्वेदी, प्रथम संस्करण, सन् 1975, राजपाल एंड संस, दिल्ली।
190. संतों के धार्मिक विश्वास : डॉ. धर्मपाल मैनी, प्रथम संस्करण, सन् 1966, नेशनल पब्लिशिंग हाउस, दिल्ली।
191. संस्कृति के चार अध्याय : श्री रामधारी सिंह दिनकर, प्रथम संस्करण, सन् 1956, राजपाल एंड संस, दिल्ली।
192. संस्कृति संगम : आचार्य क्षितिमोहन सेन, तृतीय संस्करण, सन् 1957, साहित्य भवन लि., इलाहाबाद।

193. समाजदर्शन की रूपरेखा : जे. एस. मेकेंजी, तृतीय संस्करण, सन् 1969, राजकमल प्रकाशन, दिल्ली।

194. सप्तपर्णा : महादेवी वर्मा, तृतीय संस्करण, सन् 1982, लोकभारती प्रकाशन, इलाहाबाद।

195. सहचिन्तन : अमृत राय, प्रथम संस्करण, सन् 1967, सर्जना प्रकाशन, इलाहाबाद।

196. सहज-साधना : आचार्य हजारीप्रसाद द्विवेदी, संस्करण, 1982 ई., राजकमल प्रकाशन, दिल्ली।

197. साहित्य और इतिहास दृष्टि : डॉ. मैनेजर पांडेय, प्रथम संस्करण, सन् 1981, पीपुल्स लिटरेसी, दिल्ली।

198. साहित्य साधना और समाज : डॉ. भगीरथ मिश्र, प्रथम संस्करण, सन् 1951, अवध पब्लिशिंग हाउस, लखनऊ।

199. सिद्ध-साहित्य : डॉ. धर्मवीर भारती, द्वितीय संस्करण, सन् 1968, किताब महल, इलाहाबाद।

200. सुन्दर दर्शन : डॉ. त्रिलोकी नारायण दीक्षित, प्रथम संस्करण, सन् 1953, किताब महल, इलाहाबाद।

201. सूफ़ीमत : साधना और साहित्य : डॉ. रामपूजन तिवारी, द्वितीय संस्करण, संवत् 2025 वि., ज्ञानमंडल, लि., वाराणसी।

202. हमारी परम्परा : (सं.) वियोगी हरि, प्रथम संस्करण, सन् 1967, सस्ता साहित्य मंडल, दिल्ली।

203. हर्ष चरित : एक सांस्कृतिक अध्ययन : डॉ. वासुदेवशरण अग्रवाल, द्वितीय संस्करण, सन् 1964, बिहार राष्ट्रभाषा परिषद, पटना।

204. हिन्दी और कन्नड़ में भक्ति-आन्दोलन का तुलनात्मक अध्ययन : डॉ. हिरण्मय, प्रथम संस्करण, सन् 1959, विनोद पुस्तक मन्दिर, आगरा।

205. हिन्दी और तेलुगु : एक अध्ययन : प्रो. जी. सुन्दर रेड्डी, द्वितीय संस्करण, सन् 1967, राजपाल एंड संस, दिल्ली।

206. हिन्दी और तेलुगु कविता की नारी परिकल्पना : डॉ. मल्लिकार्जुन राव, प्रथम संस्करण, सन् 1983, संगम प्रकाशन, इलाहाबाद।

207. हिन्दी और तेलुगु वैष्णव भक्ति साहित्य का तुलनात्मक अध्ययन : डॉ. के. रामनाथन, प्रथम संस्करण, सन् 1968, विनोद पुस्तक मन्दिर, आगरा।

208. हिन्दी और मराठी का निर्गुण संत काव्य : डॉ. प्रभाकर माचवे, प्रथम संस्करण, सन् 1962, चौखम्भा विद्या भवन, वाराणसी।

209. हिन्दी की निर्गुण काव्यधारा और कबीर : डॉ. राजदेव सिंह, प्रथम संस्करण, सन् 1981, आलेख प्रकाशन, दिल्ली।

210. हिन्दी की निर्गुण काव्यधारा और उसकी दार्शनिक पृष्ठभूमि : डॉ. गोविन्द त्रिगुणायत, प्रथम संस्करण, सन् 1961, साहित्य निकेतन, कानपुर।

211. हिन्दी काव्य धारा : म. प. राहुल सांकृत्यायन, प्रथम संस्करण, सन् 1945, किताब महल, इलाहाबाद।

212. हिन्दी काव्य में निर्गुण सम्प्रदाय : डॉ. पीताम्बर दत्त बड़थ्वाल, संस्करण, संवत् 2007 वि., अवध पब्लिशिंग हाउस, लखनऊ।

213. हिन्दी काव्य में नारी : डॉ. वल्लभदास तिवारी, प्रथम संस्करण, सन् 1974, जवाहर पुस्तकालय, मथुरा।

214. हिन्दी को मराठी संतों की देन : आचार्य विनयमोहन शर्मा, प्रथम संस्करण, सन् 1957, बिहार राष्ट्रभाषा परिषद, पटना।
215. हिन्दी ज्ञानेश्वरी : रघुनाथ माधव भगाड़े, प्रथम संस्करण, सन् 1913, अनन्त वैभव प्रेस, वर्धा।
216. हिन्दी प्रेमाख्यानक काव्य : डॉ. कमल कुलश्रेष्ठ, संस्करण, सन् 1962, साहित्य भवन लि., इलाहाबाद।
217. हिन्दी भाषा और साहित्य का विकास : अयोध्यासिंह उपाध्याय 'हरिऔध', संस्करण, सन् 1958, किताब महल, इलाहाबाद।
218. हिन्दी भाषा का इतिहास : डॉ. धीरेन्द्र वर्मा. 11वाँ संस्करण, सन् 1988, हिन्दुस्तानी एकेडेमी, इलाहाबाद।
219. हिन्दी साहित्य : डॉ. श्यामसुन्दर दास, नवम् संस्करण, संवत् 2010 वि., इंडियन प्रेस प्रा. लि., इलाहाबाद।
220. हिन्दी साहित्य : उद्भव और विकास : आचार्य हजारीप्रसाद द्विवेदी, संस्करण, सन् 1984, राजकमल प्रकाशन, दिल्ली।
221. हिन्दी साहित्य और बिहार (खंड-1) : (सं.) आचार्य शिवपूजन सहाय, प्रथम संस्करण, सन् 1960, बि. रा. भा. परिषद, पटना।
222. हिन्दी साहित्य का आलोचनात्मक इतिहास : डॉ. रामकुमार वर्मा, षष्ठ संस्करण, सन् 1971, रामनारायण लाल बेनी माधव, इलाहाबाद।
223. हिन्दी साहित्य का इतिहास : आचार्य रामचन्द्र शुक्ल, संस्करण, संवत् 2018 वि., ना.प्र. सभा, वाराणसी।
224. हिन्दी साहित्य का इतिहास : (सं.) डॉ. नगेन्द्र, संस्करण, सन् 1985, नेशनल पब्लिशिंग हाउस, दिल्ली।
225. हिन्दी साहित्य : (द्वितीय खंड) : (सं.) डॉ. धीरेन्द्र वर्मा, प्रथम संस्करण, सन् 1952, भारतीय हिन्दी परिषद, प्रयाग।
226. हिन्दी साहित्य का वृहत् इतिहास : (सं.) डॉ. राजबली पांडेय, प्रथम संस्करण, 2014, वि., ना. प्र. सभा, वाराणसी।
227. हिन्दी साहित्य का वृहत् इतिहास (खंड-4) : आचार्य परशुराम चतुर्वेदी, प्रथम संस्करण, संवत् 2025 वि., ना. प्र. सभा, वाराणसी।
228. हिन्दी साहित्य की भूमिका : आचार्य हजारीप्रसाद द्विवेदी, संस्करण, सन् 1979, राजकमल प्रकाशन, दिल्ली।
229. हिन्दुई साहित्य का इतिहास : गार्सा द तॉसी (अनु.) डॉ. लक्ष्मीसागर वार्ष्णेय, प्रथम संस्करण, 1953 ई., हिन्दुस्तानी एकेडेमी. इलाहाबाद।
230. हिन्दुस्तान के निवासियों का जीवन और उनकी परिस्थितियाँ : श्री के. एम. अशरफ, नवीन संस्करण, सन् 1990, हिन्दी माध्यम कार्यान्वयन निदेशालय, दिल्ली विश्वविद्यालय।
231. हिन्दू विवाह में कन्यादान का स्थान : डॉ. सम्पूर्णानन्द, प्रथम संस्करण, सन् 1954, भारतीय ज्ञानपीठ, काशी।
232. हुमायूँनामा : (सं.) ब्रजरत्नदास, संस्करण, संवत् 1980 वि., ना. प्र. सभा, वाराणसी।

संस्कृत ग्रन्थ

233. कालिदास ग्रन्थावली : (सं.) आचार्य सीताराम चतुर्वेदी, चतुर्थ संस्करण, सन् 1980, चौखम्बा सुरभारती प्रकाशन, वाराणसी।

234. पाराशर स्मृति : (सं.) श्यामसुन्दरलाल त्रिपाठी, प्रथम संस्करण, संवत् 1982 वि., श्री वेंकटेश्वर प्रेस, बम्बई।

235. मनुस्मृति : (सं.) श्री राजवीर शास्त्री, द्वितीय संस्करण, सन् 1986, आर्य साहित्य प्रचार ट्रस्ट, दिल्ली।

236. महाभारत (खंड-2, 3, 5, 6) : (अनु.) पं. रामनारायणदत्त शास्त्री पांडेय 'राम', चतुर्थ संस्करण, संवत् 2044 वि., गीता प्रेस, गोरखपुर।

237. याज्ञवल्क्य स्मृति : (व्या.) डॉ. उमेशचन्द्र पांडेय, प्रथम संस्करण, संवत् 2024 वि., चौखम्बा संस्कृत सीरीज, वाराणसी।

238. श्रीमद्भगवद्गीता : अष्टादश संस्करण, संवत् 2038 वि., गीता प्रेस, गोरखपुर।

अंग्रेजी ग्रन्थ

239. Kabir and the Kabir Pantha : G. H. Westcott, Ist ed. 1907, Bhartiya Publishing House, Varanasi.

240. Moghul Kingship and Nobility : Prof. R. P. Khosala, ed. 1976, IDARAH-I. ADABIYAT-I. Delhi.

241. Perspective in social and economic History of early India : Prof. R.S. Sharma, Ist ed. 1983, Munshiram Manoharlal, Delhi.

242. Some Aspects of Muslim Administration : Dr. R. P. Tripathi IInd ed. 1959, Central Book Depot, Allahabad.

243. The position of women in Hindu Civilization : Dr. A. S. Altekar, ed. 1983, Motilal Banarsidas, Delhi.

244. Travels in the Mogul Empire : Bernier, IIIrd ed. 1972, S. Chand & Co. Delhi.

कोश ग्रन्थ

245. बृहत् हिन्दी कोश : (सं.) कालिका प्रसाद आदि, पंचम संस्करण, सन् 1984, ज्ञानमंडल लि., बनारस।

246. मानक हिन्दी कोश : (सं.) श्री रामचन्द्र वर्मा, प्रथम संस्करण, सन् 1966, हिन्दी साहित्य सम्मेलन, प्रयाग।

247. संक्षिप्त हिन्दी शब्द सागर : (सं.) श्री रामचन्द्र वर्मा, अष्टम संस्करण, 2038 वि., ना. प्र. सभा, वाराणसी।

248. हिन्दी साहित्य कोश (भाग-1) : (सं.) डॉ. धीरेन्द्र वर्मा आदि, प्रथम संस्करण, संवत् 2015, ज्ञानमंडल लि., बनारस।

249. हिन्दी साहित्य कोश (भाग-2) : (सं.) डॉ. धीरेन्द्र वर्मा आदि, प्रथम संस्करण, संवत् 2020 वि., ज्ञानमंडल लि., बनारस।

पत्र-पत्रिकाएँ

1. असली भारत : (सं.) अजयसिंह, मार्च अंक, 1990, दिल्ली।
2. कल्पना : (सं.) डॉ. आर्येन्द्र शर्मा आदि। वर्ष-3, अंक 10, 1952, हैदराबाद।
3. कल्याण : (मानवता एवं योग अंक), गीताप्रेस, गोरखपुर।
4. नागरी प्रचारिणी पत्रिका (भाग-10), संवत् 1989 वि., वाराणसी।
5. मध्यधारा : (सं.) डॉ. जयशंकर त्रिपाठी, अंक-3, फरवरी, 1989, राका प्रकाशन, इलाहाबाद।
6. पाटल : संत-साहित्य विशेषांक, वर्ष-3, अंक-5 अप्रैल 1955, पटना।
7. सम्मेलन पत्रिका : (सं.) ज्योति प्रसाद मिश्र आदि, भाग-46, संख्या-4, शक संवत् 1882 तथा भाग-59, संख्या-1, शक संवत् 1895, हिन्दी सा. सम्मेलन, इलाहाबाद।
8. साहित्य : (सं.) आचार्य नलिनविलोचन शर्मा एवं शिवपूजन सहाय, वर्ष-2, अंक-1, अप्रैल, 1951, पटना।